引火线

引爆好内容与消费者的联系

[美]巴哈拉特·阿南德（Bharat Anand） 著
黄文钰 译

文化发展出版社
Cultural Development Press

谨以此书献给我的父母，

感谢他们引领我走上这条道路；

也献给Anju[①]和Rhea[②]，

感谢她们一路与我同行。

①作者的妻子。——译者注（后文如无特殊说明，均为译者注）

②作者的女儿。

目录

Contents

序言
PREFACE

我自幼热爱音乐。每当母亲的歌声响起，我便像被施了魔咒似的，听得入迷极了，而我自己也对歌唱痴迷了好多年。我爱读书报杂志，爱看宝莱坞电影，就连广告都看得津津有味（那时的印度时常涌现出令人终生难忘的广告）。在印度的媒体之都——孟买，音乐与艺术无处不在。这些都是我们全家乐此不疲的爱好。

所以，当几年后互联网横空出世时，我立刻便对它着了迷——我们聆听、观看、阅读的内容，无不受其影响。互联网的影响终将扩大到众多其他领域，如汽车业与出租车业、酒店业与航空业、银行业与时尚业。但在那之前，某些事物会先受到互联网的冲击，面临被摧毁的危险。首当其冲的便是音乐，而后是报纸，最后是书籍、电影、电视，乃至教育。这些行业仍处于技术发展的最前沿——换言之，它们正在被颠覆。它们是变革的实验室，在这里，破坏与重塑交织进行。它们就像煤矿里的金丝雀①，扮演着产业走势晴雨表的角色。

同这些领域的几乎每个关注者一样，我也想弄

①金丝雀可以比人更早嗅到煤矿中的有毒气体。17世纪，英国人将金丝雀放到矿井里检测矿井里的空气质量。如果金丝雀死了，表示矿井里的空气已达到令人中毒的程度。因此，人们用“煤矿中的金丝雀”比喻“安全预警”。

清楚这背后的意义。这时我注意到了一些不寻常的情况。对未来动向做出预测早已变成司空见惯的做法，甚至成为一种时尚。人们想知道：电视或报纸的前景如何？下一个革新性思想将来自何方？什么会成为下一个重大事件？

尝试对未来进行预测常令人备感兴奋，同时也难免让人疲惫不堪，况且这些预测往往错谬百出。我逐渐意识到，这类预测并无多少价值可言。鉴于此，我和哈佛商学院的同事菲力克斯·奥伯霍尔泽-吉（Felix Oberholzer-Gee）在近10年前开设了一门有关数字战略的课程，目的不在于做出预测，而在于更好地理解我们所处的世界。

这门课我们教了很多年。在教授的过程中，我在专家圈子里又注意到一些新情况。人们每天都会抛出一堆新观点，每周都会炮制一番新理论、新方案。其中很多颇具吸引力，但任何试图紧跟潮流的人都会发现，这么做的疲惫程度一点不亚于时时留心各种迹象，再据此做出预测。什么超精准定位、个性化、核心竞争力、焦点、加速器、孵化器、网络、平台、捆绑、颠覆……仿佛一眨眼的工夫，就有一个新概念出现，一个新名词诞生。

这让我意识到，真正的挑战不在于了解这些理论——了解理论总是容易的，而在于找出这些想法的现实意义，弄清它们之间的联系，认识它们的局限。换言之，懂得适时地舍弃它们。

上过这门课的人有企业家、管理者，也有编辑、艺术家，还有律师、分析师和投资者。他们每个人都处在一个飞速变化的世界，想与时俱进，想知道何时行动以及如何行动，想了解时下发生的一切。最重要的是，他们渴望清晰明确的阐述和指引。

因此，我写下了这本书。

本书探讨了数字变革及应对策略。它阐述并尝试理解20年来所发生的变化。它关注眼下正在发生的一切，同时清楚地知道未来必将迥然不同于今日。然而，若想做出正确的行动，我们不可把眼光局限于此时此地，也不应沉迷于对未来的幻想。恰恰相反，理解今日之事，需要我们忘掉今日之事，退后一步，去理解既往之事。若想知晓这疾驰的列车去向何方，就必须跳下列车，哪怕只有一瞬间。唯有先掌握游戏的既有规则，才可能在未来赢得游戏的胜利。

本书提出的诸多理论，前人或已有论述。但在理解每一理论的局限并将它们串联起来、寻找我们所犯的诸种常见错误并找寻正确解决方案的过程中，我逐渐意识到，应对数字变革，关键在于拥有某种思维模式。

这种思维模式，是我在成功应对或引领了数字变革的人身上观察到的。他们品性谦逊，承认有些事是自己不能控制的，但对掌控范围内的一切因素则随时准备好加以利用。他们从不佯装知晓所有答案，但自信能提出正确的问题。他们敢于同时代格格不入，敢于做不一样的尝试。自始至终，他们既看得见树木，又看得见整片森林。

从根本上来看，本书的核心寓意即在于此。要想把事情做对，就必须理解小事是如何与大事联系起来的。更具体地说，有三件必做之事：一是看到自己的行动与他人的行动之间越发紧密的联系；二是将目光投向自身活动范围之外，聚焦于那些相关却无形的机遇；三是认识到人们的行动受其所处位置的影响。

把事情做对，需要你认识这些联系，而后尊重、创造并利用它们。这样做可使你避免一种危险——这种危险把许多人拖入失败的泥潭，它看似容易避开，实则极难躲避——我称之为“内容陷阱”。

本书的论证基于证据和案例，利用了经济学、营销学和战略学等多个领域的研究成果，参考了不同组织的经验。在给本书做调研的过程中，我游历世界各地，与全球企业应对数字挑战中的重要角色进行了对话。在书中，研究者、管理者、企业家和分析师讲述了他们自己的故事，回顾了人生中那些走对与走错的路。在他们看来，大多数人究竟错过了什么呢？

一路走来，这本书变成了一场个人旅行。3年前，在哈佛商学院，我们开始重新构想课堂应该有的样子，并将我们对未来数字教育的构想付诸实践。我被几位富有灵感的同事吸引到这项工作中，他们邀请我担任负责人。随着工作的推进，我发现自己对这些问题的思考，既受益于本书中的思想，又反哺于本书中的思想。我们创建的数字课堂的某些特征即来源于本书，而在某种程度上，本书又是我们创建数字课堂的经验产物。随着这场旅行的延续，我不再只是数字事业的观察者，更成为一位参与者。

本书围绕音乐、报纸、书籍、电视、电影、广告和教育领域的数字变革展开。

它们通常被称作信息商品，本质上依赖于信息、比特和字节的移动。但我希望，我所收获的经验教训能运用于远超这些领域之外的广阔天地。我们有理由相信，这一希望终将实现。要知道，在当今时代，无论是商人、教育者、政治家，还是学生、艺术家、企业家，每个人都能直接与他人联络、互动。换言之，在今天，人人都是媒体公司。

引言

INTRODUCTION

火灾管理

1988年黄石国家公园的一场大火

1988年7月22日，爱达荷州塔基国家森林。干了几个小时的活儿后，一名伐木工人和他的三个伙伴聚在一起休息、吸烟，随手把一个还在燃烧的烟蒂丢进草丛。烟蒂燃起了小火，但他毫无察觉。几个小时内，火势迅速蔓延，很快将500英亩的森林吞没。这场随后被称为“北福克大火”的火灾，最终向东蔓延到了距此地400码的黄石国家公园。

黄石国家公园位于美国西北部的怀俄明州、爱达荷州和蒙大拿州，占地220万英亩，是世界上最古老的国家公园。不到3周的时间，北福克大火烧毁了5.3万英亩的绿地，成为黄石国家公园116年来历史上最大的一场火灾。此时，一切才刚刚开始。8月15日，蒙大拿州加拉廷国家森林的灌木丛被一块马蹄铁迸出的火花点燃，引发“狱吼大火”，火势也迅速蔓延到黄石国家公园。8月20日（当地人此后称这一天为“黑色星期六”）刮起阵阵狂风，风速高达每小时80英里。在强风的助长下，火势越发凶猛。火焰一直蹿到森林顶部，足有300英尺之高，树木“像牙签一样咔嚓折断”，大火本身又形成了新的狂风。倒下的树干砸在电线上，又引发两处新火。在不到8个小时的时间内，黄石国家公园火灾面积整整扩大了一倍。

这两场大火持续了近一个月，烧毁面积逾45万英亩，占黄石国家公园总面积的20%。

如果说大火的起因平常到不值一提，那么公园对火灾的反应速度则绝对令人瞠目结舌。在火灾发生的几周前已有数处明火燃起，但国家公园管理局的官员认为它们不会威胁到人身和财产安全，于是放任不管。等到发现时，火情早已一发而不可收拾。

黄石国家公园负责人罗伯特·巴比（Robert Barbee）遭到了尖锐批评。当地人拉起了抗议横幅，横幅上把大火戏称为“巴比烤”（Barbee-que）。生态学家唐·德斯佩恩（Don Despain）由于有过更为刺耳的表达，也遭到了人们的斥责。德斯佩恩是一位在研究黄石火灾及其影响方面颇有建树的环境科学家。由于太过渴望检验大火的影响，他说了一些听上去简直是幸灾乐祸的话。“烧呀，宝贝儿，接着烧。”《丹佛邮报》一篇文章的标题如是记录了黄石狼湖附近发生大火后，德斯佩恩歇斯底里的激动反应。

《丹佛邮报》的报道很快引起了全国新闻媒体的注意。各大媒体痛斥护林员玩忽职守。刚成立不久的有线电视新闻网（CNN）24小时不间断播放火灾镜头。全国广播公司（NBC）新闻主播汤姆·布罗考（Tom Brokaw）随后说：“很多愤怒的人认为国家公园管理局对火灾负有责任，指责它不应任由大火燃烧如此之久才采取行动。”极具冲击力的火灾画面激起了全国民众的愤慨。

那时我刚大学毕业，是CNN的忠实观众。我被电视上描绘的火灾和少得可怜的灭火行动的画面吸引住了。与数百万美国人一样，我无法理解这场悲剧何以产生。怎么会有人放任火势蔓延而置之不理？人们究竟为何不在起火当天就抓紧把火灭了？

正如公众随后了解到的那样，相邻公园和森林的管理者在如何应对大火的问题上产生了重大分歧。塔基国家森林负责人约翰·博斯（John Burns）先前一直与黄石国家公园负责人巴比保持良好的关系，但现在他们却针锋相对、各执一词。那年夏天初火蔓延后，博斯告诉巴比，“塔基不会允许任何始于黄石、由闪电引起且被有意放任燃烧的火进入塔基”，并引述了燃烧的条件及其带来的风险。布里杰-狄顿国家森林负责人布莱恩·斯托特（Brian Stout）则持不同的立场。7月11日由闪电引起的明克溪大火曾一度有吞没整个布里杰-狄顿和黄石东南地区的势头，而此时的斯托特正忙于应付另一场大火，无暇顾及，只得任其燃烧。

7月中旬，正当巴比准备募集资源，大力抗击火灾时，他遭到了黄石国家公园一些员工的抗议，这些员工主张任由自然现象发生而不对其施加干涉。当巴比决定出动推土机推出隔离带来阻止火势蔓延时，他又受到环保团体的嘲笑，这些团体认为人为弄出的地缝恢复起来比火烧痕迹还要困难。由此看来，没有什么事做起来是轻而易举的。

9月10日，黄石国家公园在历史上第一次停止向公众开放。仿佛大自然一直在等待人类发出这样一个认输信号似的，第二天，黄石便迎来当年第一场降雪，火势开始减退。9月，黄石居民唱起了“铃儿响叮当”。然而，火灾的损害业已造成，其影响将在未来数十年甚至数百年的时间里持续存在。

黄石大火发生后的3个月，火灾给美国这座最重要的国家公园造成了毁灭性的破坏。大黄石生态系统超过130万英亩土地和公园36%的面积遭到焚毁。游客们发现山坡居然是焦黑色的。200多万吨颗粒物和440万吨一氧化碳被排放进了空气。在一些地方，白天极为灰暗，摄影几乎不可能进行。空气污染最终一路扩散到东海岸，向南最远到达了得克萨斯州。

从“森林大火”到“数字大火”

1988年黄石大火的应对方式有几个显著特点：

第一，大火起于烟蒂和马蹄铁的火花，纯属糟糕的偶然事件——我们可称之为良性“导火线”。

第二，公园管理层反应被动，对火情明显不够重视，而这部分缘于火灾专家错到离谱的预测。例如，8月1日，距离起火已有相当长的时日，然而管理者此时依旧乐观，认为在降雨（8月为该地区雨季）、弱风和幼龄黑松的共同作用下，火焰终将得到遏制。德斯佩恩曾这样说："如果没有降雨，火势扩散速度将在8月底前大幅减弱；而如果有降雨，燃火面积更会远远小于预期。我们预测，目前的火势不会再扩大多少了。"

第三，管理层在制定行动方针时出现重大分歧和激烈的冲突。对于如何扑灭大火，以及以多快的速度灭火，黄石、塔基、布里杰-狄顿和肖肖尼国家森林的管理者意见不一。美国林务局和国家公园管理局的主管也看法不一。而各州的政客和参议员则有他们自己的观点，这些观点往往较为激进。

这一切导致火灾正如人们所预计的那样对大黄石生态系统造成了毁灭性影响。森林需要重新播种。树木的死亡将导致动物死亡——麋鹿和其他野生动物失去了香甜的内树皮、苔藓和山艾等它们赖以为生的食物来源；由于吃不到白皮松的松果，灰熊也将面临同样的绝境。虫害将日益增多。死树将为新的火灾提供燃料，从而增加公园的安全隐患。土壤侵蚀将越发严重，造成河流淤塞、鱼群死亡的状况。公园游客人数将下滑，甚至锐减。

1988年的黄石大火似乎给我们上了一堂管理学的课，告诉我们何事不可为。它为未来的火灾管理提供的宝贵教训，不仅对黄石，也对其他公园意义重大。它所蕴含的教训，也能使媒体、娱乐这些相去甚远的领域的管理者深受启发——在过去的20多年里，这些领域也经历了一场场"数字大火"。

我们来看看良性"导火线"。有三个朋友，都是贝宝（PayPal）的早期员工，想在网上查找某些活动的视频片段，于是创建了视频分享网站——YouTube，使数字视频分享行业得以重振。还有三个朋友，创建了可使人们轻松分享MP3音乐文件的服务——纳普斯特（Napster），给音乐产业带来了史上最大的颠覆性影响。一个大学二年级的学生写了一条计算机程序，有了这个程序，他的同学能从一对给定的学生里选出"更火辣"的那个——这个程序最终发展为Facebook。为了帮六年级的表弟学习数学，一个在对冲基金工作的年轻的MBA毕业生制作了教学短片并放在YouTube上播放，最终，可汗学院诞生，引发了教育行业300年来最大的一场变革。

这些事件一开始都是孤立的、特殊的、毫不起眼的，最后却产生了巨大影响。

而类似的模式在其他地方也可见到。一名据称被女警察掌掴的小贩自焚身亡，揭开了“阿拉伯之春”[①]的序幕；一名80岁男子绝食抗议，迫使印度议会通过了几十年来第一部重大的反腐败法案。凭借着并不新鲜，更谈不上前所未有的行动——毕竟几十年来，街头打斗和绝食行为已经在这些国家屡见不鲜了，一个人引发了10年前根本无法想象的政治与社会巨变。小小“导火线”有着巨大的影响力。

第二个特点是管理层反应被动，这点在媒体界也普遍存在。1997年，里德·哈斯廷斯（Reed Hastings）为自己租赁的一张碟片向百视达（Blockbuster）支付了40美元滞纳金。受此事启发，他创办了网飞（Netflix）。然而，百视达选择无视，这在当时似乎是个理性的反应——6年后，网飞的收入超过了50亿美元，是百视达收入的10倍还多。此时，管理层决定采取行动回击网飞，但已为时过晚。2010年，百视达宣布破产。

等待多年后，报纸终于大举转战网络。在早期的数字尝试中，几乎每家报纸都是三天打鱼，两天晒网，且不愿投入大量资源。图书出版商只是在亚马逊积极涉水数字领域后才推出电子书进行应对，尽管它们转型的机会早在多年前就出现了；唱片公司只是在点对点服务撼动了整个唱片业的根基后才开始应对数字格式；电视频道和有线电视运营商仍紧抓着过往模式（有线电视订阅、捆绑销售以及不断增长的价格）不放，即使在宽带视频服务和“点单”方案层出不穷的情况下也依旧如此。如此看来，问题的迫在眉睫常常不足以引起人们的反应。

管理层的分歧和冲突也是屡见不鲜的。很少有议题像数字转型这样引发如此大的争论。何时应对？如何应对？如何组织？该不该自己抢自己的市场？这些问题持续催生着人们的强烈情绪和激烈讨论。在任何一家媒体机构，你都很容易看到经理受指责、编辑被解雇、董事会成员遭批评的情形。一年后回来一看，你会发现，接替他们的人经受着同样的命运。

如果内容行业兼具了以上特点，就会导致与黄石大火类似的后果：行业格局遭遇灭顶之灾。等到唱片业意识到数字格式、MP3播放器和点对点服务的影响力时，早已为时过晚。自2004年到2014年，激光唱片（CD）和数字单曲这些音乐“内

---

①“阿拉伯之春”是阿拉伯世界的一次革命浪潮。

容”的单位销量下降了大约50%。这也预示着媒体和娱乐业以及其他领域的未来走势：读报人数10年间连续下滑，利润更是锐减；图书和音乐零售商纷纷破产；人们不再为电视付费；电影院相继倒闭。始于20世纪90年代初万维网诞生的“文化产业”整体性毁灭趋势，如今即将成为现实。

黄石大火给我们的真正教训

“数字大火”与1988年夏天的黄石大火有许多共同之处，但有一个问题：以上对于黄石大火的原因、管理和影响的描述不只是戏剧性的，更是错误的。

火灾的真正原因和它给我们的真正教训，是截然不同的。

毫不相干的“导火线”

烟蒂和马蹄铁的火花并非引发大型火灾的常见因素，更不用说世纪之火了。闪电是个常见的起因。[①]但真正造成那年夏天的灾难的并非这些“导火线”，而是那些导致火势蔓延的因素。毕竟，那些“导火线”之前引起过数千起火灾。然而，那年夏天是黄石国家公园有文字记载的112年历史上最干燥的季节，西部连续两年饱受干旱之苦。到5月底，森林和牧场以异乎寻常的速度越变越干。

干燥——而非“导火线”——才是导致黄石火势蔓延的真正原因。

“放任燃烧”的逻辑

认为公园管理局护林员对火情满不在乎、疏于职守或不称职的观点，就与觉得粗心大意的樵夫或马蹄铁的火花应对火灾负责的想法一样荒诞。实际上，护林员应对火灾的做法是有意为之的理性反应，是几十年来火灾管理政策发展的结果。

看到火，人们的本能反应就是扑灭它。1886年的黄石国家公园同样是这样的反应。那年，美国陆军队长摩西·哈里斯（Moses Harris）率领部队进入公园，扑

①的确，闪电是那年夏天黄石国家公园大多数主要火灾（包括斯托姆溪大火、肖肖尼大火、凡大火、雷德大火、米斯特大火、克洛弗大火、明克大火、佛斯大火）的起因。

灭了肆虐数月之久的火灾。尽管最终扑灭多起火灾的是雪而非人，哈里斯还是成了英雄，灭火则成了公园的火灾管理准则。

这一策略逐渐发展为高度系统化的响应机制：消防队协调作业，建造瞭望塔以及早发现火情，快速响应。黄石国家公园的一些公共露营地，初衷实际上是为了防火。它们形成了独立的游览区域，以防篝火蔓延；万一出现篝火，也更易确定火的位置。

但在接下来的几十年里，关于火的观念逐渐发生改变。不同的科学家、环境研究者和护林员在处理一系列不同问题的过程中，得出了惊人的结论。包括20世纪30年代著名的公园管理局主管奥尔多·利奥波德（Aldo Leopold）在内的一些人，在努力恢复惨遭摧毁的大草原的过程中，发现播种当地植物会造成杂草生长茂盛的意外后果，而火则可以解决这个问题。一些被请来研究如何减少公园内种群规模已超过可持续增长范围的麋鹿数量的人，发现大多数尝试要么成本高昂，要么存有争议，而火是一种成本低廉又天然的解决方法。那些想增加公园植被多样性、促进植被更新的生态学家面临一个问题：现有森林长得太密、太高，而火可以解决这个问题。

到20世纪60年代，关于火的观点已完全改变。利奥波德的儿子、加利福尼亚大学伯克利分校的野生生物学家A. 斯塔克·利奥波德（A.Starker Leopold）的一系列论著将观念的转变推向了高潮。最初，在担任联邦政府减少黄石麋鹿种群工作顾问时，他和其他一些科学家指出，解决减少动物种群数量、开垦栖息地、重新引进本地物种甚至消灭外来物种等种种需求的最佳方法，是创造尽可能接近原始美洲的环境。这需要管理，并且“在各种管理植被的方法中，可控地利用山火是最天然、成本最低，也最易采用的做法”。

斯塔克·利奥波德的报告成为推动国家公园管理局制定新的火灾政策的决定性力量。在这份报告发表的同期，查普曼（Chapman）、德斯佩恩和巴比等人也正形成类似的观点。到1971年罗伯特·巴比接任黄石国家公园负责人时，“放任燃烧”的方针已在公园管理局牢牢地扎了根。在接下来的15年里，黄石国家公园按照这一方针管理火灾，形势出现了明显好转。在1972年到1987年，黄石国家公园有235场由闪电引起的火灾在不同程度上被放任燃烧，公园被毁面积总共只有3.4

万英亩。

于是在1988年，巴比任由大火燃烧。

为什么分歧是正常的事：情境的作用

在如何应对1988年火灾这个问题上，人们产生了重大分歧。有人主张立即灭火，有人赞成自然焚烧。这样的分歧会让未受过训练的观察者忧心忡忡，但这种感觉是错的。事实上，分歧之所以令我们不安，正是缘于我们决策时的偏见：我们总希望找到一个放之四海而皆准的解决方案，却认识不到正确的决策应视具体情境而定。

例如，将森林的面积缩小一半，那么追求自然的火灾政策就变得不那么有吸引力了——即使是一场小火也有可能毁掉整片森林。如果是在人口稠密的城市的一户住所内发生的小火灾，那么“放任燃烧”的做法就是犯罪行为了。在酷热难耐的7月，黄石国家公园四分之一的区域被大火烧毁的情况下，所有人都会像公园的护林员那样，倾尽全力救灾灭火。但若是在春天出现同样大小的火灾，那么任其燃烧的做法就可能恰好是正确的。

为什么我们总是畏惧“放任燃烧”的做法？因为我们的判断标准是火灾对我们的负面影响：它使建筑物和财产惨遭损毁，有百害而无一利。于是，我们便想当然地认为，火灾在各个方面都没有什么好处。然而，如果我们站在公园护林员的角度来考虑，便会得出一个截然不同的结论。

正确的决策往往与情境密切相关——对管理而言，这个简单的观念意义深远。我们稍后会回到这个问题上。

1988年的大火原本可以将黄石国家公园，包括生长于其中的植物和野生动物彻底烧毁。公园管理者贴出了标识，告知游客未来几年只有草地可看。然而结果证明，这些标识都错了。

公园的短期毁坏孕育了种子（字面含义）的未来生长。松树、云杉、冷杉的缓慢腐烂滋养了公园的火山土壤，增加了土壤养分，也减少了土壤侵蚀，有利于为鸟类和昆虫提供家园，为其他动物提供庇护。正如研究人员几十年前所预测的那样，大火烧毁了覆盖在晚熟的美国黑松果上的具有保护作用的树脂，“爆炸出大量种子散落到森林地表”。基因多样化的新型北美颤杨能在没有高树竞争的情况下生长。黄石国家公园几十年未见的稀有动植物开始茁壮成长。有人估计，在火灾发生前，某些萌芽的植物已蓄势待发了整整3个世纪。到2004年，“彼此相隔适宜、匀整不密的15英尺高的美国黑松，从灰烬中自然地破土而出”。

公园游客也没有消失。火灾后，游客量逐年增加，到2015年超过了350万人，比1988年提升了60%。而大多数游客并不知道1988年公园曾发生过火灾。

公园没有被大火毁掉。就像一位护林员总结的那样，公园得以“重生，重建，重新焕发生机”。

关于“内容陷阱”

“过于明亮的光，往往令此类人士目眩。他们只见树木，不见森林。”

——克里斯多夫·马丁·维兰德，《穆萨里昂》，第二篇章（1768年）

对黄石的护林员而言，公园没有什么资产比它的“内容”——散布于数百万英亩土地上的生机勃勃的动植物群——更为宝贵。然而，公园却任由这些资产被烧毁，而且是被那些最在意它们的人烧毁。

乍看起来，这是个奇怪的叙述，但它蕴含着巨大的经验教训，供那些正面临“数字大火”（因数字技术而引发的经济危机）的企业引以为鉴。

对全世界数十亿人而言，没有什么资产比他们每天消费的书籍、歌曲、节目、报纸、电影等内容更为宝贵。于是，所有企业、企业家和创意型人才都想方设法培育、生产出“最好的”内容，把关注焦点放在任何可能破坏或提升内容价值的因素上，在面临无可挽回的颓势时尽力保持内容价值，指望从其他生产或管理内容的人身上寻找解决办法，就是再自然不过的事了。

这些行为看似理性、明智，却最终证明存在严重缺陷。我称之为“内容陷阱”。

在下文中，我将阐述“内容陷阱”的主要特点。本书余下篇章将带我们更深入地思考“内容陷阱”让我们犯了哪些错误，以及怎样才能避免这些错误。首先，让我们来看看数字野火的源头。

数字野火之源

今天，用户可以零成本地与他人互动。这是数字技术的精髓，无论它是文件共享服务、社交网络、微博、新闻推送、视频上传、即时通信、应用程序共享、病毒式广告，还是教育平台。

这意味着，今天任何人都可以提供和分发内容。这常常被盛赞为“媒体的民主化”，但它给所有组织都制造了一个巨大的难题：替代品激增和产品混乱。

今天，美国的传统出版商每年发行30多万册图书，而非传统出版商发行量却超过100万册，与自出版图书平齐。现在，电视网已有900多个频道，而40年前只有12个。每年有近100万名音乐人发行歌曲，较20年前大幅增加。在数字内容方面，数据更是不得了。每分钟内，有近72个小时的视频上传到YouTube，300万篇内容被Facebook用户分享，23万张新照片发布在Instagram上。每年新建网站超过9000万个。而最发人深省的数据莫过于：5艾字节①数据可存储自世界诞生至2003年人类说过的所有话，而在2011年，每两天就有5艾字节的新内容创造出来。

如果你只需同四家广播频道进行竞争，你会清楚地知道你要面临什么样的挑战。但如果你的竞争对手变成900家频道、数百万个短视频和全部准备重新发行的视频档案库（你自己的视频档案也包括在内），那么只是让消费者了解你的产品都会变成一场战略和营销上的噩梦。

我们把这称作“获得关注的难题”。

传播成本近乎为零的事实还意味着：一旦内容生产出来，就极难控制。数字版权混乱复杂，难以界定。内容常常在正式发行前就被大众知晓——文件共享网站在

---

①艾字节（exabytes），计算机存储容量单位，常用EB来表示。$1EB=2^{60}B$。

唱片公司或电影制作公司公开发行前一周就放出歌曲和影片的情况早已屡见不鲜。一个人或一次侵权行为能产生乘数效应，纳普斯特、努特拉（Gnutella）和比特流就是明证。这一切又产生了第二个问题：一旦将产品提供出去，就无法收费。

我们把这称作“收费的难题”。

单独来看，这些问题每个都难以解决；综合在一起，更是构成了致命的威胁，极有可能摧毁整个内容行业——如同一场大火使数字领域的内容被“付之一炬”。

“内容陷阱”与“联系三部曲”

几乎每家饱受“获得关注”和“收费”难题折磨的组织，无论是在媒体界、金融界还是教育界，也无论是制作新闻报道还是设计手机，都存在“内容陷阱”式的思维模式。这一思维模式有三大表现形式，与黄石国家公园犯的三大错误很是类似：

1．对孤立的“导火线”过分关注，却认识不到使因素传播开来的各种条件。这类似于认为，导致成败的只是产品功能，而非那些促使用户分享和联系的因素。这是重点放错了地方，是混淆因果的结果。

2．不惜一切代价保持内容质量，却抓不住围绕着内容的种种机遇。这是产品边界划定得太过狭窄的错误。

3．不停寻求最佳做法，认为存在一种应对数字大火的“正确模式”，却无法理解对抗大火的正确方式取决于燃火的具体情境。这是把策略当成通用解决方案的错误。

这三个错误几乎普遍存在于每个数字领域。它们有共同之处：使人将事物看成互不相连的孤立个体，而非整体中相互联系的部分；令人只见树木，不见森林（在黄石案例中的确是不见“森林”）；让人忽视了真正关键的东西——“联系”。

正如我将在本书中论证的那样，联系是当下和可预见的未来里塑造数字化业务的核心力量。能否认识、利用并管理联系，决定着企业的成败。

与“内容陷阱”有三种表现形式一样，本书也有三类核心联系：**用户间的联系、产品间的联系以及一个组织各项业务间的联系**。无论单独来看还是综合来看，这三类联系能引导我们摆脱“内容陷阱”，并帮助我们解释大量案例的成与败。我们称之为“联系三部曲”（见图1）。

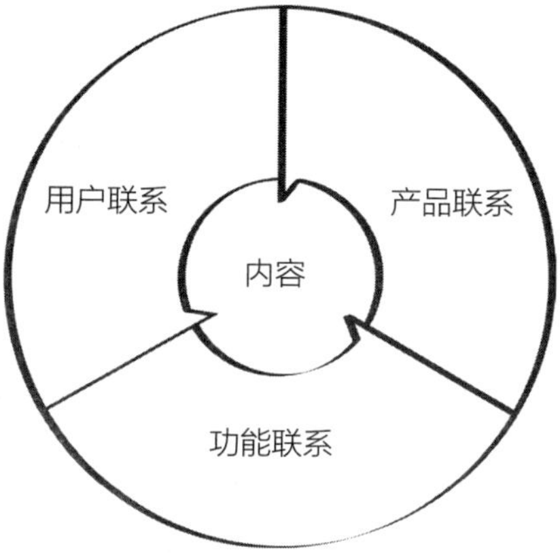

图1 “联系三部曲”

用户联系——为什么不关注事件因何而起，而应关注事件缘何传播?

“内容陷阱”的第一种形式是将重点放在“导火线”“火花”上，而非使火花变成熊熊大火的条件上。它认为烟蒂是造成黄石大火的原因，我们也将此类“导火线”视为业务成败的核心。在内容领域，我们重视消费者孤立的行为或喜好，却不关心是什么将这一切联系在了一起；我们只知道做出“最好”的内容，却不关心促使用户分享的因素有哪些；我们专注于培养天才的创造性火花，或盯着某个威胁不放，一心要压制住它。但是，**那些被认为是产品成功造成的意外结果，其实几乎都是导致产品成功的原因。**

数字野火——数字行业中成与败的传播——**更多地来源于个人之间的密切联系，而不是来自内容的质量或内容背后的单独行动。**允许人们沟通、分享，那么良性“导火线”就能以惊人的速度传播开来；但若切断联系，这些“导火线”就会变得平庸无奇。例如，媒体产品的盗版问题已存在几十年之久，绝非新现象，数字技术改变的只是分享、传播内容的能力而已。

1984年，苹果推出了麦金塔电脑（Macintosh），一款在易用性、体验和稳定性方面均远远胜过当时任何一款竞品的个人电脑（PC）。10年后，麦金塔电脑的市场份额不足10%，而且数字还在迅速下跌。苹果之所以处境艰难，不是因为它没有做出优秀的产品，而是因为它未能充分发挥用户联系的力量。用户从个人电脑中获得的最大好处不是质量、易用性和稳定性，而是与朋友和同事分享文件的能力，亦即联系的能力。

本书第一部分的重点——用户联系，解释了中国的一家即时通信公司何以成长为全球最具价值的互联网企业；解释了斯堪的纳维亚的一家报业公司何以成为西方世界数字转型最为成功的报纸；解释了为何《纽约时报》2013年的付费墙尝试创造了数亿美元的年收入，但早期的付费墙收入却只是前者的九牛一毛；解释了为何人人期待的有线频道捆绑销售的解除，不但遭到有线频道的抵制，而且很可能令观众后悔；还解释了为何一些最了不起的数字广告机构的成功秘诀并非预测“导火线”，而是预测“大火”将在何时、以何种方式蔓延开来。

产品联系——如何让伤害产生助益

“内容陷阱”的第二个版本是不惜一切代价把着了火的树木保存下来。在数字领域，它关注的是可能遭遇灭顶之灾的内容，哪怕这些内容是你全部的业务。然而，高明的策略看的是未来的利益，而非当下的伤害；重视的不是内容的毁灭或颠覆，而是隐藏在这之下的机遇。许多表面上的威胁，如果能合理利用，反而可以创造巨大的利益。

音乐盗版问题原本可以毁掉整个行业，却反而创造了捕获价值的新机遇。我将在第二部分考察这个令人匪夷所思的现象背后的道理，以及一类音乐产品的覆灭何以为其上下游领域创造更多的价值。

这只是产品联系的一个例子。此类联系在媒体和娱乐业比比皆是。我将讲述一档节目的成功如何使印度星空电视网整体的市场份额大大增加，并改变印度电视业的生态，探讨为何体育节目的要价远远高于收视率的合理范围，阐释为何媒体行业最惊人的一些成就不是来源于对热门或畅销内容的预测（这纯属白费工夫），而是因为在这些内容出现后及时借助了它们的力量。我将考察“协同效应”之争的两方观点，思考为何系统性创造“协同效应”的尝试往往会失败，而对这一效应的事后利用却常能奏效。我还将详细阐述一位向运动员提供一系列常规服务的企业家何以成为体育界最具影响力的人物。所有这些成功，都不是靠加大对某一产品的投入获得的，而是靠管理产品组合赢得的。

认识产品联系，你会发现新的机遇。你将明白，为什么一种产品遭受的损害能在眼下或将来换来其他产品的发展。接受甚至拥抱盗版，降低产品质量，低价或免费出售产品——越来越多违反直觉行事的组织大获成功，而非惨遭失败。

随着重点越来越向核心产品收紧，组织往往投入更多的精力创作内容，以内容界定自己的业务，或维持内容的价格。这些虽是正常之举，最终却越来越走向成功的对立面。狭隘的产品视角会使企业抓不住产品间的联系，因而错失存在于别处的巨大机遇。

功能联系——为什么差异不仅正常，而且有利？

“内容陷阱”的第三种形式源于认为“存在一种正确的应对大火的方式”——要么是灭火，要么是任其燃烧。在数字领域，内容企业大多热衷于寻找灵丹妙药，寻找保持价值、对抗颠覆的那一种正确的做法。“模仿竞争对手”“向他人学习”“拥抱最佳做法”——在今天，几乎所有的商业建议都反复地向人们灌输这些概念。

然而，这些建议并不总能奏效。原因听起来很简单：情境至关重要，却总为我们所忽视。

正如我们所说的那样，管理火灾在干燥条件下与在潮湿条件下截然不同，哪怕是在同一个公园；管理小型林地的火灾与管理大型公园的火灾截然不同，哪怕是在相同的环境条件下；管理城市的火灾又与管理无人居住的公园的火灾截然不同。以这种方式陈述各种情况的差异，那么显而易见，适合某一情境的行动有可能完全不适合另一情境。然而在决策和行动的过程中，情境大多数时候被当成背景噪声。

今天，几乎每家图书出版商都会从对手身上寻找自己向电子书领域转型的方式和速度，几乎每家电视网都会参考别人的做法来制定自己的宽带策略，几乎每家报社都会以《纽约时报》为模板，尽可能地效仿它的模式。然而，此类尝试十有八九以惨败告终。

除了企业所处的外部情境外，还有企业自身所营造的内部情境，即企业做出的所有决策的集合。

应如何给数字产品定价？应如何设计移动应用程序？应如何组织数字业务和传

统业务的架构？若以这种方式提出问题，就会倾向于照搬别人做出的个别政策或决定，却意识不到与之相关联的大量选择。数字产品的定价正确与否，取决于营销目标——是想让新用户体验，还是想吸引现有的忠实用户；移动应用的设计要与内容策略相匹配，反之亦然；是否将数字业务与母业务分隔开，取决于两类业务的产品是否互补。这些独立的功能决策，都与其他诸多功能决策密切相关，这就是“功能联系”。

最成功的机构统揽功能联系的全貌来理解各个决策的具体情境。他们不到别处寻求答案，而是努力找到自己的答案。这是战略的一条基本原则。与众不同，不只是有利于战略的成功，而且是实现后者的必要条件。在商业世界，如果你泯然众人，就只有死路一条。

商业策略无外乎两个问题：目标市场与制胜方式。要找到正确的答案，就必须生产正确的产品，了解消费者，掌握这些因素在市场上的变化情况。但我认为，光靠这一点已经越来越不够。理解市场格局，不仅要考虑产品和消费者（这是一大趋势），还要考虑这些因素相互间的联系；理解制胜方式，不能指望从其他组织那里求得答案（这是另一趋势），而要依靠自身各项业务间的联系找到答案。

致读者

“内容陷阱”既无处不在，又隐蔽难防。在本书余下篇章，我将探讨一系列出现“内容陷阱”的情景和一些公司摆脱陷阱的方式。通过这些案例和调研所提供的经验教训，我们将看到，在数字互联的世界里，战略性思维能完善我们的选择和机遇。

“内容陷阱”之所以危险，恰是因为我们会被世俗观念和专家意见诱入其中。

企业永远把独特创意和上乘品质奉为必需的“导火线”。它们被建议要心无旁骛地专注于既有产品，要以别人的最佳做法作为自己的决策依据。把重点放在内容上——提升内容质量、对内容收费、向别人学习——本质上并非没有道理。但若忽视了联系（用户、产品或功能联系）的作用，就会遭受失败。只关注内容、不重视联系，你就无法利用黄石大火提供的重要教训来对抗“数字大火”。

此外，在“数字变革”方面，我们经常听到三大类建议。它们建立在某些前提的基础上：改变是威胁、听顾客的话、预测的价值。在这些问题上，本书与通常的观点不同，具体阐述如下：

改变是威胁

联系可以帮助企业，而不仅仅是伤害它们。历史上，媒体观察者一再认为，新技术会摧毁在位者。他们预言，广播电台对音乐销量、盗版对音乐行业、录像机对广告收入、数字录像机对电视广告、流媒体直播对有线收视、基于互联网（或曰直接面向消费者）的视频服务对有线电视业务，都会造成毁灭性的打击。但事实证明，上述新事物对旧事物的影响非但与预测不同，反而与之截然相反。看似消极的联系，最终被证明是积极的联系。

一说起消极联系，我们立马就想到“威胁”“替代品”“颠覆”之类的名词——这种思考方式太省事了，它在很大程度上是因为我们没有接受过寻找积极联系的训练。的确，这些名词都可能将管理者引向歧途。我们不敢拥抱技术、听天由命，只知道跟在那些具有颠覆力的人后面亦步亦趋。

听顾客的话

联系的概念给我们提供了新视角去思考一个旧问题：怎样才算做到以顾客为中心？传统观点认为，组织要遵照三句老话做事：“迎合每一位用户”“缩小焦点”，以及“对顾客说‘是’”，最大限度地提供价值。然而，对联系的详细阐释将带来不同于这些传统教条的新理念。

· “迎合每一位用户”：我将论证，管理用户组合能产生更丰硕的成效。这一洞见来源于对用户联系的理解。

· “缩小焦点”：我将论证，以用户为中心的经营观要求你经常拓宽视野，甚至推出多样化的产品组合。这一洞见来源于对产品联系的理解。

· “对顾客说‘是’”：要理解功能联系，则永远要说“不”，而非“是”。

预测的价值

当你读到本书时，书中必有一些案例已经过时。这便是当今媒体和娱乐的本质——技术的变化比任何人的预期都迅速得多。任何一位数字企业家、任何一篇媒体报道、任何一场娱乐业会议都会谈到未来技术对媒体和娱乐的塑造和影响，但几乎所有的预测都是错的。

本书不做预测，但会提供一种视角，用以观察那些推动数字企业发展的力量对战略和决策的塑造和影响。我希望，即使行业瞬息万变，引发变革的技术层出不穷，这一视角对企业家、管理者、艺术家和行业观察者都将是有益的。

换句话说，本书不关注什么会成为下一个烟蒂或马蹄铁的火花，而关注烟蒂或火花出现时会发生些什么。预测未出现的“导火线”实乃徒劳之举，但管理已出现的“导火线”则不然。热门内容和垃圾内容都是常见的“导火线”，对其他产品都有溢出效应，但它们通常难以预测（的确，媒体业的一条公理是，“我们不知道”什么会奏效）——而这往往便是管理层出错的地方。企业想方设法对不可能预知的协同性联系做系统化处理，而非在联系出现后再予以利用。这是犯了傲慢的错误，其根源在于没有认清预测能力的局限。

黄石大火是否可以避免？一种观点认为，如果第一天就开始灭火工作，大火是可以避免的。其他人则认为这种观点没抓住要领：即使是最老练的分析师也无法预测到火灾会以如此毛骨悚然的势头迅速失控。就连最持怀疑态度的人后来也承认，7月中旬的火灾一旦爆发，“就算你搬来整个美国陆军，也不会有什么差别”。到那个时候，主宰一切的是大自然，而非管理者。

我们还未培养起在不掌控局势的情况下进行管理的习惯，但我们最好适应这一点。它影响战略（应否干预），影响时机（何时干预），亦影响过程（如何干预）。这类管理的核心并非对永恒不变之法则的坚守，而是对决断力、辨别力与意志力之局限的清醒认知。

而无论是何种情况，了解联系都可以让我们做得更好。

Chapter

01

分类广告——用户联系

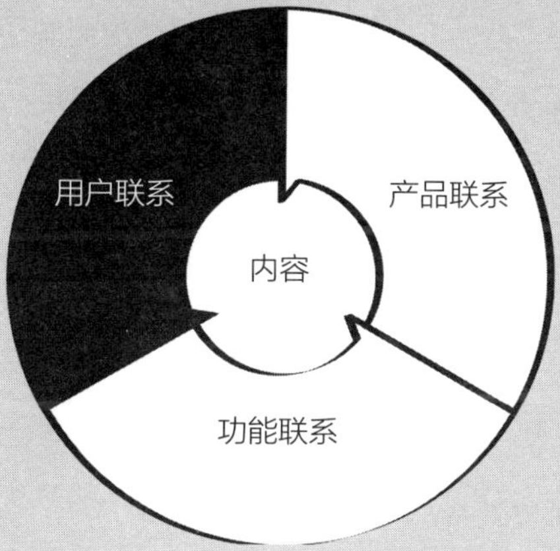

发生在奥斯陆和深圳的故事

Schibsted——斯堪的纳维亚的报业战士

挪威的冬天来得早。2001年11月12日，奥斯陆又迎来一个气温降到零下的严寒天。在斯堪的纳维亚传媒出版商Schibsted朴素的、红砖砌成的总部内，空气里也明显透着股冷意。此刻，Schibsted董事会正开会决定首席执行官（CEO）谢尔·阿莫特（Kjell Aamot）的去留。

在过去的两年，由于网络媒体吸走大量读者和广告主，Schibsted的主要报纸《晚邮报》和《世界之路报》的营收都在下滑。Schibsted于6年多前创始的在线运营业务仍在增长，但已没有多少拿得出手的业绩，回报远远低于投资。最近互联网泡沫的破灭又导致Schibsted股票崩盘，一蹶不振。阿莫特后来以其惯常的坦率口吻总结了当时的情形：

一切都出了问题。到处都是亏钱的大项目，亏了整整7年。泡沫破灭时，我们损失了约2亿美元的挪威克朗，这对我们来说是一笔巨大的损失。这绝对是我的责任。董事会强烈认为公司应停掉一些业务。多数成员认为我应该辞职。

最终，阿莫特得到了Schibsted的主要股东蒂纽斯·内格尔-艾利克森（Tinius Nagell-Erichsen）的支持，他以一人之力，使阿莫特得以继续留在CEO的位置上。但是，这次危机震动了公司高管层，他们由此面临更大的向董事会阐明互联网战略的压力。

Schibsted并非唯一一家在互联网的威胁下艰难求生的纸质媒体公司，全世界数以百计的报纸都被数字野火吞没。2001年，《纽约时报》宣布裁员9%；从2001年到2006年，其市值蒸发一半以上；到2012年，其亏损超过75%。《华盛顿邮报》遣散了新闻编辑部23%的员工，《波士顿环球报》也进行了类似的裁员。诸如“谁杀死了报纸？”（《经济学人》，2006年）“为传统媒体的式微默哀”（《纽约时报》，2008年）之类的文章标题比比皆是。

但随着事态的进一步发展，奥斯陆又发生了一些奇怪的情况。自2003年起，Schibsted的线上业务开始盈利，起初利润很少，后来越来越多。到2006年，这家出版商的线上业务占营业利润的35%。在这场惊天大逆转中，Schibsted的走势最先起伏不定，而后渐趋明朗，最终漂亮地扭转了颓势。《经济学人》提到，尽管2005年对西方世界绝大多数报纸企业而言是“悲情的一年”，Schibsted的表现却是“一个罕见的例外”，成为仅有的几家使在线业务扭亏为盈的报纸之一。2011年，Schibsted宣布其在线业务的营业利润约为2.2亿美元，几乎占集团总营业利润的60%。

腾讯——来自中国的虚拟世界巨人

奥斯陆东南约6000英里处坐落着中国增长速度最快的城市之一——深圳。20世纪70年代末，它还是一个只有几千人口的渔村。如今，它已是一座拥有1100万人口的大都市。它的增长，很大程度上是由1980年设立经济特区的举措引发的。如今的深圳是制造业中心、华南金融中心，以及众多全球知名品牌（如华为和中兴）的总部所在地。尽管它的增长主要是人为规划的结果，但在总部设在深圳的公司中，最著名的还是由本土创业者马化腾和张志东一手创立的腾讯。

1998年，为抓住中国互联网热潮的发展机遇，这两位毕业于深圳大学计算机科学专业的年轻人创办了腾讯公司。腾讯最初做的业务平淡无奇——给本地电信运营商和寻呼中心提供服务。与很多本土初创企业一样，腾讯的产品开发也主要靠模仿西方。

腾讯交出了漂亮的成绩单：其推出的第一款产品——免费即时通信（IM）软

件OICQ，便是对美国在线（AOL）的ICQ（“I Seek You”[①]的缩写）近乎完美的复制。除了易于浏览的通信平台外，OICQ还提供了一些实用的附加功能，如聊天室和移动服务。短短3年内，这款后来更名为QQ的软件成为中国领先的IM提供商，用户逾5000万人。尽管众多提供商纷纷效仿腾讯踏入这一领域，仍难以减慢它前进的步伐。

即时通信是个极难变现的行业。许多人尝试过，但均以失败告终。腾讯与其他数百家中国初创企业创立于同一时期，但在大多数企业还在苦苦挣扎的时候，腾讯的产品已从即时通信及其标志性的企鹅形象发展为产品组合，涵盖范围惊人地广泛：社交网站、新闻门户、移动平台、单人和多人游戏以及微博服务。它的最新产品——微信——是一款集语音聊天（类似于Skype）、照片分享（类似于Instagram）、社交网络（类似于Facebook）、电子商务（类似于亚马逊）、群组消息和对讲机于一身的移动应用程序，且全部免费。到2015年，超过10亿中国人使用腾讯的产品和服务，获得渠道包括手机、PC和网吧。

同许多电商网站一样，在腾讯的网站上，消费者能购买衣服、宠物、枪支和食品，但要注意：腾讯所有的产品都是虚拟商品，只存在于网络世界，绝大多数须用腾讯的虚拟货币——“Q币”——购买。在这样一个虚幻的背景幕前的，却是腾讯实实在在的财力。2015年，腾讯收益接近160亿美元，与Facebook相差无几，比领英和推特总和的3倍还多。2015年4月，腾讯市值超2000亿美元，成为世界第四大互联网公司，仅次于谷歌、Facebook和阿里巴巴。

在整个行业陷入困顿时，斯堪的纳维亚一家报业公司是怎样在线上找到丰厚的收益来源的？腾讯是如何破除重重困难，凭借免费IM产品起家，继而在接下来的15年里将通信方面的优势转化为多样化的产品组合？它是如何做到让用户为只存在于虚拟世界的产品付费？我们又能从这些例子中汲取哪些可推而广之的经验呢？

乍看起来，Schibsted和腾讯的故事截然不同。前者位于西方发达经济体，后者是在东方新兴市场；前者代表传统媒体，后者是数字初创企业；前者由拥有30多年媒体经验的主管经营，后者由一群只懂互联网的30多岁的人经营。然而，这

---

①意为“我在找你”。

两个故事是息息相关的。

它们的关联，不在于产品质量有多好，也不在于创新能力或向市场推广新产品的能力有多强，而在于能否认识并管理好用户间的联系。“用户联系”的原则是媒体、技术和互联网机构的一个至关重要的概念，但很少有人能把它做对。

要解释这个概念，让我们先从报业说起。

报纸行业面临的真正问题

报纸似乎成了濒临灭绝的物种。最常见的原因显而易见："读者转移到网上了！"为什么不呢？网上新闻大多是免费的，能随时随地浏览，更新频繁，还可以个性化定制、互动、搜索。很难想象还有什么产品的数字版本看上去如此优秀。显然，这些因素是给新闻行业造成严重破坏的原因。

只可惜，这些因素并非罪魁祸首。真实情况是另外一番情形。

图2表明，按家庭计算，美国的读报人数随时间逐渐下降。

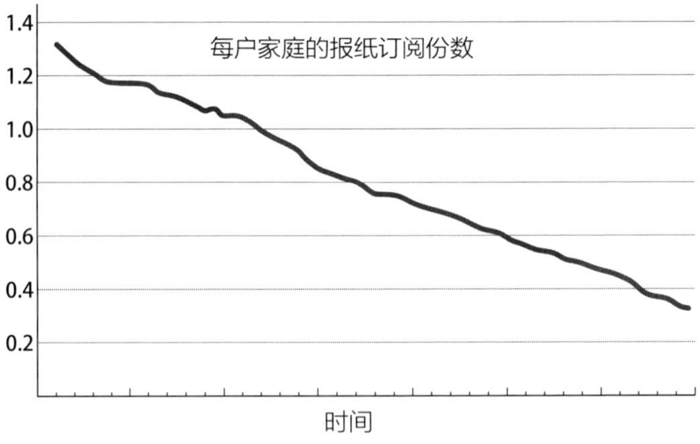

图2　美国每户家庭的报纸订阅量随时间发生的变化。谷歌首席经济学家哈尔·瓦里安（Hal Varian）根据美国报纸协会提供的美国所有报纸的发行量构建了这些数据

报纸的衰落令人警醒——考虑到互联网的崛起，这也许并不出人意料。但现在我们把日期补充进去，再看一看这些数据（见图3）。

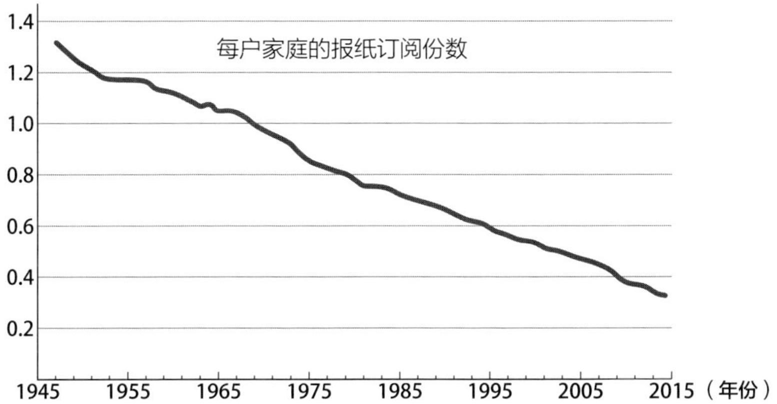

图3 美国每户家庭的报纸订阅量随时间发生的变化。1947—2007年的数据来自哈尔·瓦里安；2008—2014年的数据由作者构建

读报人数的下降不能归咎于数字媒体的崛起。实际上，这一过程已持续了60年之久。

报纸的衰落开始于20世纪50年代广播电台和免费新闻简报的出现，在60年代电视广播网推出后继续进行，然后随着80年代有线电视和7天24小时不间断播出的新闻频道的出现而持续存在。但是，中心要点始终未发生改变：互联网对读报人数的影响无法用实证方法与之前已存在的因素区分开来。

报纸问题的真正原因存在于其他地方。

原因之一是报纸典型的成本结构。报纸的成本大多属于经济学家所说的“固定成本”，即不随读者数量变化而变化的成本，包括员工和记者的薪水、印刷设备以及管理和分发支出，也就是撰写报道、印刷及递送报纸所需的一切费用。固定成本在增长期间是极好的——读者数量增加几千人，收益随之增加，但固定成本保持不变，因而可以分摊到更多的用户身上。也恰恰由于同样的原因，固定成本在衰退期间是毁灭性的——读者数只需减少3%，收益的下滑就会直接反映在盈亏状况上。

乍看起来，固定成本可以解释报纸的经营情况缘何在互联网时代变糟——但真的解释得通吗？尽管总人口数在20世纪50年代、60年代和70年代增长了，但每户读报人数却下降了；之后，尽管人口增长从20世纪80年代开始放缓，但总读报人数的降幅却也逐渐平缓。即使在那时，情况也没那么糟糕：许多报纸提高了价格，因而抵消了读者数量下降所带来的影响。在过去20年间，排名前25位的报纸价格平均实际上涨了50%，因而发行收入即使在读者数量下降的情况下依然在1994年至2012年实现了增长。因此，固定成本不是罪魁祸首，报纸的衰落必定另有其因。

这就引出了一个更微妙却也更重要的问题，一个与联系有关而与内容和成本结构无关的问题：报纸如何确定广告的构成？

大多数报纸含有两类广告：零售广告（《纽约时报》第3页梅西百货接近整版的广告）和分类广告（汽车广告、招聘信息和藏在后面几版里的房地产广告）。尽管零售广告在1994年至2008年略有增加，但分类广告却下降了20%。自2000年以来，随着报纸收入达到顶峰，两类广告的差距变得越发明显。从2000年到2010年，美国报纸74%的分类广告收入全部蒸发，这几乎是零售广告降幅——39%——的两倍之多（见图4）。

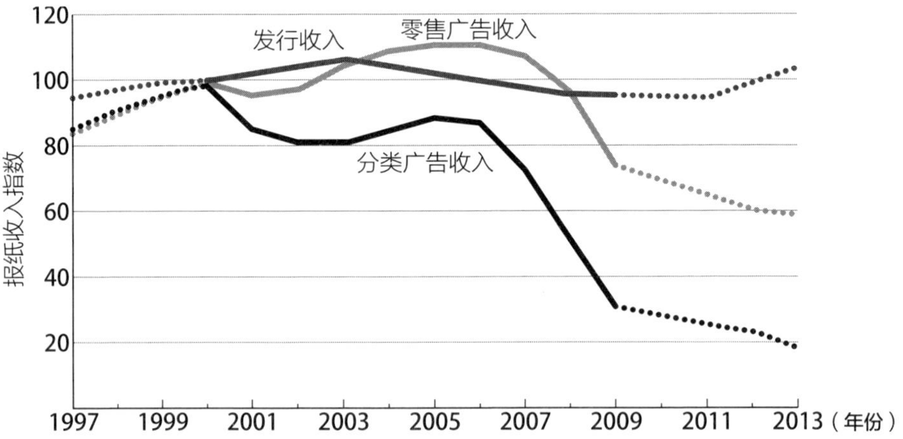

图4　美国报纸收入随时间的变化（指数：2000年=100）

分类广告的下滑本身并不出人意料，分类广告、零售广告和新闻发行之间收入降幅的差距才是最惊人的。这三项都极易受到在线新闻服务的威胁：实时更新、更易搜索、更多样化、媒体格式更丰富、随时随地获取、价格更低。然而，分类广告的降幅明显大于另外两项。下表总结了这一谜题：

表1 在线新闻服务对报纸不同方面的威胁

	新闻	分类广告
实时更新	是	是
更易搜索	是	是
更多样化	是	是
视频格式	是	是
随时随地获取	是	是
价格更低	是	是
收入降幅	小	大

为什么唯独分类广告收入一路暴跌，而发行收入却没有？答案就在用户行为中。

读者之所以选择某类新闻媒体，是因为它提供了最好的新闻，但分类广告“买家”选择某类新闻媒体，则是因为它集合了绝大多数的广告信息。在第一种情况下，购买决定建立在内容质量和特色之上；而在第二种情况下，购买决定则首先建立在拥有商品条目的广告主数量之上。

这个简单的区别有着深刻的意义。虽然新闻的经营依赖于吸引一个个读者，但经营分类广告的关键却是买卖双方的联系。这种联系来源于“正反馈环”（人们常称其为“网络效应”）：你拥有的商品条目越多，吸引的买家就越多，反过来又会吸引广告主列出更多的商品。所以，尽管阅读纸质新闻还是在线新闻的决定一次只能由一位读者做出，但阅读纸质分类广告还是在线分类广告的决定则取决于多数人的选择。

因此，若参与新闻战，你就必须竭尽全力争取市场上的每位新读者——无论你本身有多大。而若参与分类广告战，那么领先者就会借助正反馈环的作用获得越来越大的市场份额，最终赢得整个市场。

这意味着，谷歌、CNN网站、新闻博客等一切在线新闻服务都不是报纸的真正问题。实际上，读者向在线新闻转移的速度极为缓慢。在1994年至2006年（互联网时代的前13年），《纽约时报》的周均纸质版读者数量下降了7%，也就是说，平均每年只下降0.5%。加上2008年至2011年（在此期间发生了80年来最严重的经济衰退）的数据后，年均降幅也不过提高至1.5%左右。换句话说，在互联网时代，《纽约时报》每年每100位纸质版读者里只流失了一到两位读者。其他主要报纸的情况也与此类似。

真正的“罪魁祸首”是Monster.com、克雷格列表和Trader Online这样的网站。尽管互联网改变了新闻的制作和发布成本、易搜索性、易访问性和价格等诸多方面，但分类广告的反馈环却从未改变过。反馈环，特别是分类广告的赢者通吃效应，是美国大多数城镇只有一家报纸的原因所在（每个城镇可不是只有一家机构懂新闻制作），也是分类广告业务一旦上线发展就会迅猛增长的原因所在。

在任何与新闻未来相关的会议上，你都会听到增加新闻机构补贴以应对日益激烈的数字威胁的呼声。然而，一旦理解了分类广告的效应，你就会发现，报纸总能得到补贴（这种情况最近已有所改变）恰是真正问题之所在。互联网没有杀死新闻，而是摧毁了分类广告的补贴。新闻机构的失败也不是因为它们没有提供更迅速、更低廉、更优质的在线新闻——持相反想法就掉进了“内容陷阱”，而是因为它们未能保护好分类广告的补贴，或未能管理好线上转型并继而实现盈利。在数字领域争夺用户联系的较量中，报纸眼睁睁地看着对手们抢先行动，只得受制于人。

正如大多数报纸的经验，一旦错失了用户联系，那么无论你的在线新闻策略多么强大、多么富有创意，你都会在错误问题的解决上浪费精力。相反，如能像某些公司那样（我们很快就会回到其中一个例子）抓住用户联系，你便能获得惊人的回报。

网络效应

网络简史

分类广告的反馈环印证了数字行业最重要的思想之一——网络效应。

贝尔实验室研究员杰弗里·罗尔夫斯（Jeffrey Rohlfs）在1974年的一篇标题晦涩的文章（《对通信服务的相互依赖的需求理论》）中首先描述了这个概念（虽然还不叫这个名字）。罗尔夫斯对视频通信服务市场很感兴趣。但就像麻省理工学院的理查德·史马兰奇（Richard Schmalensee）教授最近指出的那样，罗尔夫斯描述的其实是Facebook——此时距离这家公司的诞生还有35年。

网络效应就是用户联系的问题。它也许是技术公司的行为与传统公司如此不同的最大原因——前者着迷于“免费”模式、迅速增长和快速原型设计。

为了更好地理解这一点，我们可以把网络化产品与非网络化产品进行对照。想想看，在买连衣裙、衬衫、汽车等非网络化产品时，你的决策依据是价格、质量、颜色、商店位置和服务等因素。但在买网络化产品时，你的决定就不仅仅取决于这些因素，还取决于除你之外还有多少人买了它（见图5）。就网络化产品而言，使用它的人越多，它对你的价值就越大，如即时通信软件、Facebook等社交网络和FaceTime等视频聊天应用程序、语言（随着全球化的深入，英语越来越普及）和时尚（尽管品牌会因用户过多而失去“酷”的感觉）。反之，如果一款网络化产品没有用户，那它就没有价值：想想第一个拥有电话或传真机的人。

要想了解这些差异的影响有多么深刻，看看苹果和它那成败参半的历史就知道了。

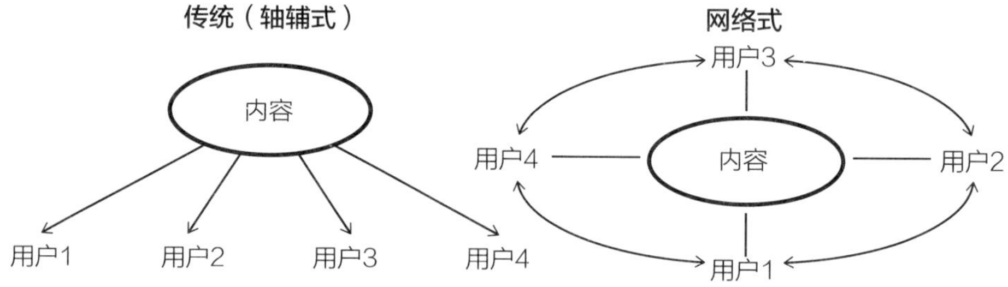

图5　传统产品与网络化产品的对比

直接网络与间接网络的对比：史蒂夫·乔布斯败在了哪里？

如果问这样一个问题：苹果过去10年间靠什么获得了空前成功？——i系列的胜利，所有人都会给出卓越的产品、优美的设计、酷炫的营销这几个答案。这一公式通常也被认为是媒体市场，以及汽车、服装、酒店等众多行业的成功关键。

然而，在20年的大部分时间里，苹果遵循了这一公式，却在与微软争夺个人电脑全球领先地位的较量中败下阵来。

从1984年推出Mac以来，苹果便开始与运行微软操作系统的PC正面交锋。与国际商用机器（IBM）、惠普和戴尔的机器相比，Mac一直都被认为是更易用、更稳定、更酷的。苹果领先微软好几年推出了著名的图形用户界面（从施乐模仿而来）。它的广告令人过目难忘：1984年的“老大哥”超级碗广告只在比赛中播放了一次，之后再未播放，却依然是史上观看次数最多的电视广告。

然而，Mac推出后的20年里，苹果个人电脑的国际市场份额逐渐下滑，2004年仅为1.9%。大多数人在用微软。为什么会这样呢？

用户对个人电脑的购买意愿主要取决于两点：与别人（朋友、家人、同事）交流和分享信息是否便捷，软件兼容性如何。没有这些联系性功能，电脑基本上就是块废铁。价格、设计、颜色、营销等因素当然也很重要，但没有一个比使用这款电脑的人更重要。

当个人电脑问世时，微软的优势体现为两类对早期市场领先者有利的网络效应。第一类是“直接”的用户到用户网络：对每个新用户而言，PC比Mac的价值更大，因为PC的现有用户更多，PC新用户可以与更多人交流。第二类是用户与应用开发者之间的反馈环：随着更多的用户选择PC，开发者平台由于可将开发成本分摊到更大的用户基数上，因而价值提升。而更多的应用反过来又吸引更多的用户，从而形成强大的“间接”或“跨边”网络效应。

直接网络效应产生于相似用户之间的联系。要确定这类效应是否存在，只需问一个问题：产品对任意一位购买者的价值是否随产品购买者和使用者数量的增加而增加？间接网络效应则产生于不同类型用户或供应商（在这里即顾客和应用程序开发者）之间的联系。要确定这类效应是否存在，也只需问一个问题：任意一类用户获得的价值是否随供应商或其他类用户数量的增加而增加（见图6）？

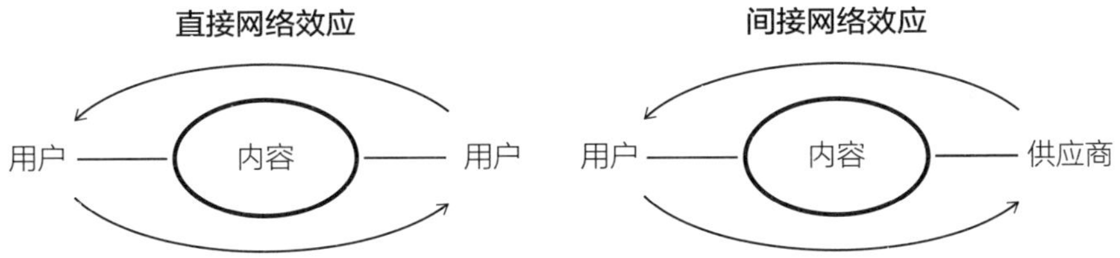

图6　直接网络效应与间接网络效应的对比

间接网络的力量可以与直接网络一样强大，分类广告就证明了这一点。想一想亿贝（eBay）在收藏品市场的优势：亿贝上某一商品的潜在买家越多，卖家越有可能在亿贝而非其他地方发布商品，这反过来又使网站的商品门类更丰富，增大了用户的选择范围。

直接网络效应和间接网络效应都可以单独使企业成为大赢家，而这两者微软兼而有之。面对这一压倒性优势，原本被视为20世纪最伟大的产品设计师之一的史蒂夫·乔布斯（Steve Jobs）只能赢得3%的市场份额。

苹果与微软的较量不仅塑造了个人电脑行业，还影响了对网络效应的研究。罗尔夫斯早期关于“相互依赖的需求”（积极的用户联系）的论著发表之后，这一领域的研究迅速升温。普林斯顿大学20世纪80年代初期两位研究技术经济学的助理教授卡尔·夏皮罗（Carl Shapiro）和迈克尔·卡茨（Michael Katz）是这个领域早期的重要贡献者。夏皮罗最近告诉我：“那时个人电脑刚开始起步。这是家用录像系统（VHS）与Beta制大尺寸磁带录像系统（Betamax）的平台较量后紧随而来的一场全新的平台战争。有关网络的很多问题都可以一直追溯到电话，但现在我们看到了平台竞争的新维度。”

夏皮罗等人在产业组织方面的研究不仅促使司法部制定了网络化市场的反垄断政策，还创造了一门新的语言。诸如兼容性、动态和开放性之类的名词开始见诸媒体。数字媒体的成功必然意味着语言出现新的变化。产品质量和创意营销已经被网络、社群和对话所取代。

与技术领域的情况类似，用以描述媒体成功的语言与内容的关系越来越小，但与联系的关系越来越大。

网络效应入门指南：你真正需要了解的四件事

网络效应（有时被称为“网络外部性”）是用户间联系的问题。它普遍存在于数字市场，交流、分享和社交业已成为定义成功的标准。在进一步了解网络效应的过程中，企业须牢记以下四件事。

1）产品质量不必胜过别人

设想两家正面竞争但做法截然不同的公司：一家专注于打造卓越的产品、酷炫的设计和易用的服务；另一家则大量生产看上去粗粗笨笨、全是毛病的产品，依靠的是快速模仿，而非原始创新。第二种做法听起来不像是能赢的样子，但它确实能赢。

这实际上是苹果和微软在PC战争中的做法的差别。问题不在于微软的主管非要在质量上或创新上落后于人，而只在于他们把重心放在了别处。早在1994年，比尔·盖茨（Bill Gates）就将他的策略简单地总结成了一句话：“我们靠网络外部性寻找机会。”

一旦微软获得了市场领先地位，它就几乎不必在针对终端用户的销售上花费任何精力了，因为现有顾客群体实际上就充当了招徕新顾客的销售队伍的角色。的确，在某种程度上，苹果与微软之争是个一方持续不懈地努力，一方追求低投入高回报的故事。如果提供一款没有网络优势的产品，你就得花极大的精力和成本改进产品性能；但如果提供一款网络化产品，一旦领先，你差不多就可以坐享其成了，因为即便产品功能毫无改进，也会有越来越多的用户加入。

在网络化市场，网络效应的优势能压倒有吸引力的产品性能。克雷格列表之所以击败竞争对手，VHS之所以战胜Betamax，不是因为这些公司拥有卓越的产品，而是因为它们在初期占有较大的网络份额。诸如星佳出品的《农场小镇》《城市小镇》或魔赞最近出品的《我的世界》（*My World*）等社交电子游戏，它们值得称道的地方不是高质量的图像、三维功能或令人欲罢不能的游戏体验——在这些方面，它们可比艺电出品的《麦登橄榄球》和暴雪娱乐出品的《魔兽世界》逊色太多了。然而，星佳的每一款游戏都能在推出的几个月内斩获1000多万个玩家（获得同样的成就，艺电和暴雪要花几年工夫），而《我的世界》甚至成为有史以来第二款畅销的电子游戏。这些案例的成功都不是因为游戏本身的完美，而是因为游戏的网络效应。

令人惊讶的是，多少数字媒体管理者仍然从产品对单个用户的吸引力，而非联系的管理和利用的角度思考问题。考虑到媒体消费与生俱来的社会性，这就更让人吃惊了。

2006年，社会学家马修·萨尔甘尼克（Matthew Salganik）和邓肯·沃茨（Duncan Watts）进行了一场备受瞩目的在线实验室实验，以观察人们的音乐喜好是否受到他人的影响。实验人员为参与者提供了48首可供下载的歌曲，参与者先听后评分。他们在开始时被告知每首歌曲已有多少人下载。结果证明，歌曲的受欢迎程度影响人的音乐喜好：一首歌越受欢迎，人们越有可能下载它。

就其本身而言，实验结果并未证明歌曲的受欢迎程度与人的喜好存在因果关系，毕竟，参与者可能只是口味相近。因此，研究人员对实验做了修改。他们将之前的歌曲受欢迎程度排名颠倒顺序后展示给其中一组参与者看：排在第48名的歌曲改成了第1名，排在第47名的歌曲改成了第2名，以此类推。结果极具戏剧性：之前最不受欢迎的歌曲，现在被听和被下载的次数显著增加——只因为人们以为这些歌也受其他人喜爱。更有趣的是，它们的被下载次数甚至高于那些真正受欢迎的歌曲，持续的时间也很长。

听众本身的喜好因社会影响而偃旗息鼓。萨尔甘尼克和沃茨用不同的情境证明了苹果与微软之争所带来的启示：内容不重要，用户联系才是硬道理。

斯考特·库克（Scott Cook）绝非技术新手。早在30多年前硅谷创业潮刚刚兴起时，他就与别人合伙创办了税务软件巨头——财捷。在商业和技术方面，他什么都见识过了，确切地说，是他以为自己什么都见识过了，直到他近距离目睹了早期的电商霸主争夺战。

到20世纪90年代末，亿贝是在线拍卖市场无可争议的领导者。雅虎和亚马逊决定紧跟亿贝步伐，推出自己的拍卖服务。雅虎是那个时代的互联网巨头，其主页吸引了全网最多的流量，雅虎正是在主页上对其设计醒目的全新网站——雅虎拍卖——进行的推广。亚马逊是最大的电商平台，其拍卖服务可让买卖双方免费交易（相反，亿贝要收取佣金）。库克同时是亿贝和亚马逊董事会的成员，他向我讲述了下列这些事件：

（亚马逊CEO）杰夫·贝佐斯（Jeff Bezos）打电话给我和（风险资本家）约翰·杜尔（John Doerr），然后飞到阿斯彭与我们共进晚餐。他把他打算如何推出亚马逊拍卖的想法和我们说了说。他想让我了解一下，因为他认为我一定会退出亿贝董事会——很显然，亿贝马上就要成为历史。在别的行业，如果世界最大的竞争对手复制了你的产品并做了技术上的改进，然后大力推广并免费提供，或许都会发生这种情况。可是，在网上拍卖市场发生了什么呢？亚马逊和雅虎似乎毫无作为。

雅虎拍卖最终关门大吉，亚马逊的原创拍卖服务也以失败告终。后者后来重新创立了亚马逊集市，运作良好，但它独立的拍卖业务始终未能普及开来。库克如此总结他的所见所闻：“这一切皆缘于网络效应。我由此得出了一个结论：网络效应是我整个职业生涯中接触过的最深刻的概念。”

认为成功来源于卓越产品和优秀内容的观念不只存在于媒体界。库克回忆起早年间的互联网：“如果你在1994年和1995年参加个人电脑技术会议，你会发现，那时业界的新焦点是网络，普遍接受的信念是内容为王。”行业观察者预测网络会让全球分销成本降至零，而由于内容是稀有资产，因此内容所有者将统治互联网。但库克接着说道：

这些预言看起来大错特错。巨大利润、重大突破、庞大受众群，普遍来源于那些不靠内容起家、极力避免内容制作的公司。人们嘲笑雅虎，说："等一下——你把人们弄到你的网站，就是为了再把他们送到另一个网站上？多么愚蠢的想法啊。"结果，雅虎却比任何拥有内容的网站都更成功。随后出现的谷歌、Facebook等例子就更不必说了。

库克如是描述了"内容陷阱"，他不忌讳表达自己的看法：

内容一直是个祸害。它让你以为你能做出顾客喜欢的东西。它使你忽视用户的贡献。它令你只关注自己的内容，却不愿花时间思考怎样才能获得世界上最好的内容，那便是任何人都可以做出的内容。

2）网络可使你免于犯错

组织所面临的最大挑战之一是了解技术的最新信息，应对竞争压力，跟上快速变化的趋势。传统观点教人更快地创新，但网络效应完全颠覆了这个旧观念。正如我们所见，网络效应能让你在这些市场中一举制胜。不仅如此，它还使对手难以在网络化的较量中扭转败局。2010年，谷歌推出了社交网络Google+，旨在与Facebook展开竞争。评论者盛赞Google+的群组视频聊天服务、隐私功能以及随后添加的新特性，如方位共享和全屏高清。但是，它的安装用户基数太小。一位评论者说："我总遇到同一个问题——这个沙盒里只有我一个人。"在接下来正面迎击Google+这个强大新对手的两年内，Facebook的活跃用户数几近翻番，吸引的新用户数远超Google+，在争夺社交网络主导权的较量中把对手远远地甩在了身后。

在智能手机的操作系统中，微软的Windows 8常常被认为优于苹果的iOS和谷歌的Android。但是，由于缺乏面向开发者的网络，微软的创新性举措的影响力受到了严重削弱（这也是苹果20年前得到的教训）。尽管做出了种种努力，微软智能手机的份额仅从2012年的2%增长到2015年的2.7%。

同样的道理，网络效应比持续的创新更能使你免受竞争压力且远离组织性错误。在过去的10年里，很少有公司像微软那样面临那么多来自新贵企业和竞争对手的挑战。移动设备和操作系统、社交网络、搜索、电子商务、广告等领域的市场领先地位一一被旁人夺走，新产品充其量也只是得到不温不火的评价，公司还经历了多次重组。这一切本可将微软彻底击溃，但在2016年，它依然是世界上最有价值的公司之一。这就是网络的力量。没有人能让微软失去操作系统和应用程序方面的网络优势。相反，从2002年到2016年，苹果创造了5000多亿美元的市值，超过历史上其他任何公司，但它的全球PC市场份额仅从3%增长到7%。观察者称Windows系统是“世界上影响最为深远的产品，没有之一”。

我们经常认为，互联网公司是靠鼓励自由创新或培育开放的、不分等级的文化（更不必说那些免费食物了）获得成功的。但更多情况下，网络优势才是互联网公司成功的原因。我们再听一下库克是怎么说的：

传统上，产品创新的一个重要问题是一家公司能否系统地量产出好的产品。然而，虽然我们谈论了成功互联网企业的创新能力，但实际上仅有少数公司能持续不断地颠覆、变革，绝大多数公司只创新过一次便再无作为。它们仍然严重依赖收购，而且这种依赖是有意为之的。网络效应给它们带来更高的利润，阻止竞争对手，并大大降低商品的成本。网络效应使它们获得了看似持久的优势。

这并不是说网络化市场的赢家就可以一劳永逸，事实上，它们唯有变成偏执狂才能继续生存和成功。原因在于，在网络化市场，你只要赢就一定是大赢家，但若是输也必定跌得很惨。大多数报纸不只是放弃了分类广告的增长份额，而且是完完全全地失去了。亿贝曾在中国的集市领域拥有超过80%的市场份额，但它的份额在对阿里巴巴走低后，就一发不可收拾地暴跌，短短几年就降到5%以下，最终不得不退出中国市场。

3）网络是可以创造出来的

思考一下网络化产品所固有的技术属性，或者相关个体看似难以预测的分享行为所产生的口碑效应，人们很容易将这些用户联系视为几乎不受管理者控制的“自然过程”，但事实并非如此。

到2002年，亚马逊用5年多的时间在电商领域积累了巨大优势。这一优势不仅源自其人性化的平台和推荐引擎——其他新公司也有这两项特性，还源自它的仓储和物流运作。通过在全国建立配送中心、投资算法以优化在中心的取货时间，以及从沃尔玛等竞争对手那里招聘运营人才，亚马逊能在美国的任何地方最快、最低廉地把产品送到顾客手中。然后，就在它马上要把竞争对手远远甩到身后时，亚马逊做了一件看似不可思议的事情：它向所有想要参与进来的第三方零售商开放了自己的订单履行网络和仓储网络。

为什么一家公司要把辛辛苦苦创造出来的竞争优势拱手让人呢？答案恰恰证明了亚马逊对网络效应的深刻理解。如果你创建出一个绝佳的仓储网络，其他人最终也能做到这一点，你的竞争优势总会消失。而若你创建出一个零售平台，在上面任何人都可以卖东西给你的顾客，你就获得了完全不同的竞争地位。亚马逊想要的，是能使其掌控整个电商市场的间接网络效应，而不仅仅是自身产品的市场份额。

通过“亚马逊集市”，亚马逊的策略从销售产品转变成了经营平台。今天，许多组织也面临着“要内容还是要平台”的相似选择。报纸正艰难地在使用内部记者生产的内容和聚合他人生产的内容之间做选择；网飞和亚马逊正努力在聚合他人生产的电视节目、电影和生产独家内容之间寻求平衡；无线电网络PRX将重点从经营无线电台转移到了经营无线电交换台——任何地方的独立生产者都可以将节目上传到PRX平台，供任何地方的电台下载。

2007年，Facebook推出“Facebook平台”，将自身定位从依赖于内部开发的功能的产品转变为向任何人提供应用程序的平台；第二年，它又推出了“Facebook连接”，进一步扩展这一平台策略，允许第三方网站的用户与Facebook好友连接并发布更新到他们的Facebook个人资料。2008年，苹果为它的智能手机推出了“应用商店”（App Store），将其定位从主要运行苹果应用程序的设备转变为运行任何人的应用程序的设备。

从“集市”到“平台”“连接”，再到“应用商店”，这些并不是挣扎在生存线上的企业的殊死一搏，而是处于数字市场领先地位的公司做出的战略性选择。从产品转向平台，收益是惊人的。在2004年至2008年，亚马逊的电商销售额每年增长25%—30%，增长速度几乎是前两年的两倍；从2007年到2015年，Facebook的活跃用户数从5000万增长到逾10亿，是推出“平台”和“连接”前的两倍；在苹果推出“应用商店”后的一周，iPhone用户下载了超过1000万个应用程序。这些故事教给我们一个显而易见的道理：优质产品固然好，但更好的是能充分发挥联系作用的策略。

多年来，酒店业依靠新建物业实现增长。爱彼迎（Airbnb）选择了一条不同的路线，专注于将需要住宿的人与拥有房源的人联系起来。优步（Uber）之于汽车也是一样。（同样地，就优步而言，当它把服务限制在只有持商业执照的高端车车主才有资格提供豪华专车服务时，增长是平稳的；而一旦把平台开放给所有合作车主，它就会呈指数级增长。）爱彼迎的一位主管最近发的一条推文略显夸张，但清晰明了地总结了“产品”型策略与“平台”型策略的差异：“万豪想在今年全年增加3万个房间。这事我们接下来两周就能办到。”

重点在于：网络不仅仅是一种技术规律，它还可以被创造出来。《精灵宝可梦》的游戏卡在1996年推出时备受追捧，但它对用户的真正价值存在于它的交易。手机运营商、零售银行和航空公司有吸引个人用户的产品和服务，但也有吸引群体用户的“亲友”计划。《华盛顿邮报》WaPo Labs团队的个性化数字新闻阅读器Trove在首次推出时并无多少吸引力。之后，团队做了微小的调整——优化Facebook上的Trove应用。这款阅读器的用户数随即爆炸式增长，在几个月内增长了逾1000万人。

在以上所有案例中，企业都在创造联系。

4）网络和规模不是一码事

苹果PC和报纸分类广告的教训，证明许多组织都面临着这样一个问题：在网络存在时对其视而不见。但第二个问题同样令人困惑：一旦管理者接触了网络效应的概念，他们便到处都能看出一些效应，哪怕根本不存在。

我们来看一下高朋网（Groupon）建立全球性业务的尝试。多年来，高朋网的创始者坚称，公司的发展得益于网络效应，这种效应会带来赢者通吃的有利局面，使高朋网成为最后的赢家。高朋网的用户越多，商家就越有可能开出优惠条件，反之亦然——这是间接的网络效应；而由于一些优惠只在购买人数足够多的情况下才能享受，因此这里还有直接的网络效应。高朋网的早期成功——它是有史以来增长最快的互联网公司之一——就证明了这一点。

然而，高朋网的网络理论是错误的。商家在多个网站上提供优惠并不是什么难事。激活一个优惠所需要的人数很少，少到几乎每个优惠都能被激活——社交特性根本派不上用场。在这里，管用的不是网络效应，而是规模效应：随着自身的扩张，高朋网雇用了庞大的销售团队，做出了巨大的营销努力，这两点都不是小公司玩得起的。然而，规模本身并不能带来指数式增长和赢者通吃的结果。2011年11月首次公开募股后的9个月内，高朋网的股票市值蒸发了75%。高朋网从此一蹶不振。

把规模效应与网络效应混为一谈的做法并不鲜见。规模效应来自固定成本，而网络效应来自信息传播。如果你靠网络效应在市场上获得领先优势，你很有可能赢得一切；而若依靠规模效应进行竞争，那么对手十有八九也能取得规模效应，只要承担得起足够高的固定成本即可。

世界各地的内容企业都喜欢用其生产的内容来定义自己。这是个陷阱。内容越来越抵挡不住用户联系所造成的冲击，而网络效应可能是用户联系最有效的形式。让我们再回到斯堪的纳维亚，去看看网络效应给那家内容企业带来了哪些回报。

Schibsted

我首次造访Schibsted是在2006年11月。那天早晨，时任国际运营负责人的斯维勒·芒克（Sverre Munck）和我坐了下来。芒克性格乐观，好奇心强，思维敏捷。随便什么话题，他都能与你侃侃而谈。然而，聊起Schibsted的故事，他讲了几分钟就停了下来。

请容我离题片刻，谈一谈报纸的经济学：报纸是一种自然垄断。如果你想买卖东西，你肯定希望在一个集合了所有买家和卖家的地方做这件事。所以分类广告往往出现在读者人数最多的报纸上。当这家报纸得到了最多的分类广告，它便得到了最多的收益、最好的记者和最佳的产品，从而赢得更多的读者。这是个良性循环。

网络效应？良性循环？自然垄断？有那么一瞬间我以为自己在跟一个经济学博士对话（事实上，芒克的确是）。他和他在Schibsted的同事早在1995年就看到了网络和市场带来的机遇。

直到今天，我们仍很少听到哪个报社主管像芒克那样描述他们的行业。但在当时，仅仅看到联系对Schibsted是不够的，它还得利用联系。然而，Schibsted的开局并非一帆风顺。

早期尝试

《晚邮报》是Schibsted在挪威的首份报纸。近年来，它多数时候占据着纸质分类广告市场的最大份额。从1995年到1999年，它成立了一家子公司来经营在线分类广告业务，但整个公司只有一名兼职雇员。发布在网站上的广告是纸质广告的PDF版本，这跟当时其他报纸的做法很是类似。公司的定价机制使网站的广告招揽变得更加困难：互联网广告的价格是与纸质版捆绑在一起的，如果你在报纸上买了一则广告，就可以在网站上免费获得一份副本。

泰耶·塞耶瑟斯（Terje Seljeseth）是《晚邮报》当时的信息技术经理。他回忆道："人们不需要技术背景就能看出这是错误的经营方式。"原有的激励机制又加重了这个问题。正如国际分类广告和搜索副总裁罗伯特·斯蒂恩（Robert Steen）所说："对一名销售人员来说，如果卖出一则纸质广告能赚2000克朗，卖出一条互联网广告能赚20克朗，那他一秒钟都不会花在卖互联网广告上。事实也的确如此。"

推出一项数字业务时，缺乏远见、抢夺纸质业务市场、治理不善等问题已足以造成相当大的困难。如果竞争对手此时再利用网络效应迅速摧毁你的核心，情况还会更糟。据斯蒂恩回忆，到1999年，"我们已经比Job Line（招聘类）、StepStone（汽车类）和Tinde（房地产类）等专营分类广告的公司落后了好几年。我们的网上计划彻底失败了。到底该如何应对？"

二次尝试

在最初的5年里，《晚邮报》的在线分类广告业务是与挪威其余5家订阅量最大的报纸合作开展的。这么做的理由是对的：报纸与报纸之间没有多少地理上的冲突，每家报纸都是所在地区的市场领导者。它们还可以通过为分类广告网站创建技术平台之类的做法分摊成本。这类合作并不罕见：几年后，大西洋另一岸的数百家美国报纸也与雅虎展开了类似合作。

让同一家报纸的管理者达成共识已经够难了，在5家报纸之间达成一致简直是不可能实现的。斯蒂恩回忆道："5家不相上下的企业，每家都有自己的广告总监，每个人都只想发表自己的意见，做出自己的决定。这真是一场灾难。我们的在线合作就这样走上了绝路。"美国报业的尝试亦经历了相似的冲突，一样是徒劳无益。

但就在情况越变越糟时，《晚邮报》看到了机遇。

1999年，塞耶瑟斯接管在线分类广告项目。更积极的投资是必要的。但《晚邮报》需要不止于此的举措与那些抢得先机的对手展开竞争。因此，它充分利用了自身报纸品牌的作用——为了实现这一目标，它并没有把报纸品牌直接搬到线上，而是先创建了一个全新的线下品牌，供日后线上利用。这么做的根本理由，部分是要充分利用读者对自己阅读的报纸的信任。另一个目标是将本地的分类广告业务转化为全国性业务。例如，汽车和招聘信息对本地市场之外的地区也具有吸引力。但要建立全国性品牌，《晚邮报》仍需要与其他地方性报纸展开合作。斯蒂恩解释道：

首先要做的事不是制定在线分类广告的方案，而是把挪威各地所有报纸的分类广告版块统一整合在Finn品牌之下。我们希望Finn不仅仅是一个互联网品牌——在读者心中，它是“属于我的报纸，是一份存在了150年，并在这漫长的岁月里建立了深厚信任的报纸”。那时有很多不值得信赖的互联网服务，诈骗、快钱、白领犯罪都时有发生。因此，这是一种可在短时间内且在全国范围内确立品牌价值的方式。如果你去斯塔万格的报社找工作，你会再次看到你在奥斯陆所熟悉的那个在线品牌——Finn。

当然，在不同报纸之间协调决策的困难依然存在。斯蒂恩解释道：“为了解决这个问题，我们改变了所有权结构，大致按照各个报纸在全国性分类广告中所占的份额进行了修改。《晚邮报》占62%，其余四家各占9%。”当时的情况促成了这个协议的达成：“那个时候，其余几家报纸并不真正相信互联网的力量。在它们看来，互联网是个赔钱的买卖。所以，它们一点儿也不在乎。”

现在，防洪闸门打开了。Finn招聘了新员工，他们几乎全部来自报纸以外的行当，如房地产经纪公司、猎头公司、汽车行业，是一群“了解业务且人脉丰富的人”。Finn还修改了薪酬结构，允许新员工购买公司的股票。销售与产品开发的合作与日俱增。Schibsted的企业中心还鼓励竞争，让《世界之路报》——Schibsted的小报和挪威领先的日报，也参与到分类广告市场的竞争中来。《晚邮报》CEO认识到，无论谁赢得分类广告的较量，母公司都会受益，因此，他鼓励互联网部门与纸媒部门之间的竞争。据塞耶瑟斯说，纸媒部门的销售人员“至今还对我们恨得牙痒痒”：

《晚邮报》的广告部门认为Finn不应该有销售人员和营销人员。我们可以有产品制作人员和IT人员，却不可以有销售人员和营销人员。我提出我们可以雇一名销售人员，然后给其他所有销售人员与销售无关的职称，但他们实际上是销售人员。

积极的投资、公正的治理结构、新人辈出的员工团队和家喻户晓的品牌给Finn带来了新的优势。新的商业计划甚至有单独一章阐述企业文化及其与纸媒企业文化的差异。

斯蒂恩告诉我，通过Finn，Schibsted创造了一种新模式。它一方面是为了“忘掉存在于传统业务的某些行为，即纸媒业务1500人的思维模式——‘我们一直都是这么干的’”，另一方面则是为了“把一切对新机构有价值的资源都派上用场，无论是品牌价值、客户关系，还是免费的推广和营销”。他们将这两点表述为“忘记习惯做法，利用一切资源”。这一模式成为未来许多年里Finn数字业务最重要的特征。

Finn是在2000年3月17日，即互联网泡沫破裂后的两天推出的。按斯蒂恩的说法，这个时间选得“糟透了”。但是，这并未阻碍付费网站以强劲的势头迅猛增长。“不到一年半，我们就在房地产类别中排名第一，很快又得了汽车类的第一名，然后又在招聘类排名中跃升至第一。到2004年，我们确信已赢得了市场。”

到2007年，Finn拥有主要产品类别的在线分类广告超过90%的市场份额。在汽车类别，它甚至取得了115%的市场份额。这是为什么呢？原因就在于，Finn上面的交易频率极高，甚至连瑞典和德国的车主也把汽车发到这个挪威网站上，导致Finn上卖出的汽车比全挪威的汽车都要多。高市场份额转化为高价格，因此Finn的分类广告价位全球最高：发一条汽车广告需400挪威克朗（约50美元），哪怕它最大的竞争对手免费做也是一样。到2007年，Finn的估值超过了它的母公司《晚邮报》。

塞耶瑟斯最近跟我着重谈了谈赢得以网络效应为特征的市场所获得的收益：

第一名和第二名之间的差距是戏剧性的。从一开始我们就意识到，这可能是个赚钱的生意。但5年内赚5亿挪威克朗，我想都不敢想。曾几何时，《晚邮报》拥有全挪威房地产广告90%—95%的市场份额。而今天，我们的规模比它大了10—15倍。没有人再打电话给《晚邮报》了。

扩张至瑞典

如果你看到这里不再继续往下看，那么Schibsted的经历对其他报纸的影响似乎不那么令人振奋。人们可以简单地得出结论：Schibsted很幸运，因为它早早地进入了分类广告领域。就网络化市场而言，如果你进入得很晚，你就进不去了。

只不过，Schibsted的故事并未在2007年完结。对它来说，分类广告的游戏此刻才刚刚开始。事实证明，它在接下来几年的行动对于公司了解分类广告市场和用户联系甚至比先前的举措还要重要。很多地方，Schibsted也许去得比较晚，但仍然会赢。

瑞典是Schibsted尝试复制Finn的成功模式的第一个市场。Schibsted现任CEO罗尔夫-埃里克·里斯达尔（Rolv-Erik Ryssdal）是当时Finn瑞典区的负责人。同挪威的情况一样，Finn的网站得到了瑞典最大报纸（Schibsted的《晚报》，也受里斯达尔的管理）的支持，并寻求与汽车经销商、房地产经纪人、招聘广告平台等那些曾给Finn带来成功的参与方建立同样的关系。然而此时，瑞典的一家小网站另辟蹊径争夺网络的领导地位。Blocket是一家“由两个人用几台PC”建立的网站。在Blocket上，分类广告不局限于企业，任何人都可以发布物品出售广告，这种模式被称为“消费者对消费者”（C2C）。它是 种极端形式的联系——不给任何人做广告，只提供一个让消费者彼此连接的平台。里斯达尔向我描述了接下来发生的事情：

我们以为Blocket没那么厉害，以为我们可以超过它。但事实证明，C2C创造了大量的流量，因为如果你买卖小东西，如果你卖东西比卖房、卖车更频繁，你就会产生很多流量和网络口碑。然后你就可以开始出售资本商品了。我低估了Blocket的增长速度。6个月后，它已经遥遥领先。

2003年春天，里斯达尔找到Blocket的创始人，提出买下它的想法。他出价8500万瑞典克朗，结果被拒。6个月后，里斯达尔意识到："Finn在瑞典的路线失败了。我夹着尾巴灰溜溜地回去见Blocket的老板，问他们可否重新谈判。"最终的买价是先前价格的两倍还多。对Schibsted来说很幸运的是，Blocket一直保持着增长势头："Blocket如今估值超50亿瑞典克朗，足足比我们买它时高了近30倍。"

后发制胜

Schibsted的挪威经验给我们的启示简单明了：趁早行动，积极投资。又或者，它只是看上去如此：实际上，Schibsted试图将挪威公式复制到瑞典的做法失败了。首先，Schibsted并非最早的那个。而在争夺网络效应时，哪怕起步时间只早6个月，由此获得的领先优势也可能无法逾越：亿贝几年前在日本就有过类似的经历，启动后没几个月便输给了雅虎。

Blocket的成功，不仅凸显了趁早行动的重要性，还凸显了初期免费提供服务的重要性。此外，懂得如何制造网络效应与认识到这件事的紧要性一样重要。里斯达尔描述了像Blocket那样从C2C交易起步而非像Finn那样依赖专业卖家的优点都有哪些。创造条件让用户联系自然形成并实现病毒式传播与自上而下地把用户联系设计出来，两者之间的差异看似微小，实则意义深远：

我们把Blocket模式输出到了20多个国家，但我们自己的Finn模式却只在一个国家——挪威——成功过。我们认为，C2C会传播得更好，因为我们比任何人都更了解这个概念，我们有软件，我们知道哪些类别是重点，我们不必将每个国家的广告主都了解一遍。原因在于，C2C就是我们所说的"一场人民的运动"。借助口碑而非电视广告，它实现了"先农村，后城市"的病毒式传播。在瑞典，它始于农村地区。我们带着Leboncoin进入法国时，情况还是一样：从农村地区开始兴起，巴黎是最后一个被征服的地方。

在西班牙和法国，Schibsted很晚才参与到分类广告的游戏中，但它还是赢了。在法国的经验是，如果你不仅在启动时免费，而且一直免费下去，你还是能赚得盆满钵溢。到2015年，Leboncoin斩获了3000多万美元的利润，收入来自展示广告和搜索广告、专业卖家以及精选推介（卖家付费将广告展示在顶部），消费者无须为此花一分钱。策略的输出和改进带来了可观的回报。随着Schibsted转战新兴市场——有时比别人迟了两年多才进入，如印度尼西亚——它意识到，晚些行动不见得就会失败，因为现有玩家的市场占有率可能很低。

Schibsted又打入了葡萄牙、菲律宾和马来西亚市场并大获全胜。随着组织的成长，它的信心也与日俱增。它还进入了芬兰市场——“这样一个非常成熟的市场、世界上宽带占有率最高的国家之一，我们来得有些晚”——然后再次获胜。塞耶瑟斯如是强调：“在大多数欧洲市场，我们是作为后入者取得的胜利。在意大利、西班牙和奥地利这些非常成熟的市场，我们来得很迟，但一投放市场就赢了。”

一路上，Schibsted创造了一种更新的市场进入模式，它被称为“延迟管理”。做法是，在新的市场随意推出网站，具体来说，就是在新地区基于Schibsted的C2C平台架构来设计网站，但几乎不做新的投资，不雇用地面工作人员，也不开展本地运营。Schibsted从瑞典对这些平台实施有效的远程控制。如果平台能吸引到买家和卖家，Schibsted就在当地扩大平台的规模。这是一种试错的管理模式，它能使公司迅速了解平台在全球各个市场的吸引力。

截至2015年年底，Schibsted的分类广告业务已遍布42个国家，在全球分类广告市场中位列第一。它的主要竞争对手是一家名叫Naspers的南非传媒集团，后者追随Schibsted的步伐，在全球范围内积极投资分类广告（2015年，日益激烈的网络领导权大战促使两家公司合并了它们在几个国家的分类广告业务）。分类广告占了Schibsted 30%的收入和高达85%的市值。通过了解用户联系的力量，Schibsted保存了——实际上是充实了——供养新闻业务长达150年的财源。在这个过程中，它重塑了公司的文化。

网络效应是近几十年来最受瞩目的用户联系形式和被研究得最多的领域。然而，理论落后于实践。卡尔·夏皮罗最近告诉我："关于网络效应及其力量，我们仍有许多不确定的问题：网络效应的真正来源是什么？它可以被抵消吗？它的极限在哪里？"Schibsted的历程就与这些问题密切相关。在全球扩张的过程中，它打破了几乎每个有关网络化市场竞争的公认准则：迟到者也能赢得胜利，赢得市场后仍能保持免费，"用户对用户"的直接联系比"企业对消费者"的策略更具病毒式威力。这些启示不仅影响了那些想在分类广告或网络化行业竞争的企业，还影响了Schibsted的其余部门，其中最引人注目的当属它的新闻编辑部。

新闻的联系

与分类广告不同，新闻不是网络化产品。然而，网络的概念和用户联系很快就扩展到了Schibsted的新闻部门，进而改变了它的在线新闻产品。

托里·佩德森（Torry Pedersen）和埃斯蓬·埃吉尔·汉森（Espen Egil Hansen）绝不是你想象中领导了西方世界最激动人心的报业转型的管理者该有的样子——佩德森最初是编辑，而汉森是摄影师。但在2000年，他们一同成了《世界之路报》在线部门的领导者。

起先，Schibsted的报纸部门出现了和在线分类广告相似的谨小慎微的尝试。纸质业务仍是桩赚钱的生意，纸质新闻编辑部的文化仍占主导地位，创立在线新闻业务的努力是很可怜的。汉森告诉我：

我们最初是个非常小的团队，团队中只有七八个记者和几个程序员，条件更是差到没什么自尊可言。我们真的坐在新闻编辑部的楼梯下面。那帮人霸道极了，他们不把在线新闻当新闻看，认为它不过是复制、粘贴了报纸上的新闻。所以从一开始，我和托里就意识到，我们必须把团队搬到别处。于是，我们就真的去了另一个楼层。

用一个楼层将数字业务与传统业务分开绝对算不上大胆之举。新旧业务的分离也同样不是什么新鲜事。早在几年前，哈佛商学院的克莱顿·克里斯坦森（Clayton Christensen）在畅销书《创新者的窘境》中就倡导过这种创新模式。新奇的是接下来发生在《世界之路报》的事，它是直觉、经验和意外的综合结果。

接下来的一年半里发生了两个事件，它们完全在管理层的掌控范围之外，却改变了管理层的整体做法和经营理念。第一个事件是俄罗斯潜艇“库尔斯克号”的爆炸沉没。汉森说：“在救援人员营救船员的三四天里，那些船员就远远地漂在白令海上。这是一个仍在继续的故事，一场持续上演的大戏——我们随时跟进它的最新进展。对于我，它不啻一次警钟。”

接着发生了“9·11”事件。

我们是世界上少数能维持运转的新闻网站之一。我们从未倒下。这对我们极其重要，因为我们每分钟都要发布新闻。能做到这一点，主要归功于我们的技术团队。他们勇敢且专注，能在几分钟内把新闻网站上的所有内容清除干净，只留下最初的四行新闻。所以我们的服务器从未崩溃过。然后，我们会把实时收到的最新情况更新到这四行关于灾难的新闻里。我们当时做出的这个“四行新闻”的决定，最终证明发挥了重要作用——我们就是从这里发展起来的。

从这些经历中，佩德森和汉森开发了一种全新的新闻作业法——“三层”法。汉森说：

第一层是实况直播或近实况直播：我们实时告诉你事件的最新进展。新闻在这里是一个过程。第一层再往下是事件梗概——这是已经发生的情况，是我们现在知道的情况——对报道的编辑也比第一层多。最后一层是传统的新闻报道——完整地写出全文，编辑，然后发布。

“三层”法虽来自传统的新闻编辑部，却不啻对传统新闻的悖逆。三个层次体现了迥然不同的新闻制作理念。它不仅仅是以日为单位的新闻周期——绝大多数（甚至包括今天的）新闻编辑部最典型的一种特征——与实况新闻文化的区别，而且是传统发布与维基式发布的区别。第三层就像是传统报社的新闻制作——编辑一篇报道，再编辑一遍，然后准备发布。第一层则恰恰相反：哪怕只有一个句子，也要先发布，再编辑——类似于维基百科条目。汉森向团队强调的一句话："我们将带回更多精彩内容。""这个句子至关重要，"他说，"我不知道其他人是否做到过，但至少传统媒体没人做到过。"

这些变化孕育了一种与母组织沿袭150年之久的文化截然不同的新闻文化，但未来还会有更多改变。看看今天《世界之路报》的首页，你会发现一些不寻常的特点：主体是图片，而非文本；没有"版块"；围绕政治、娱乐、体育或文化的报道无缝融合；页面很长——的确非常非常长。在这些方面，《世界之路报》的做法至今仍不同于世界上绝大多数的新闻网站。

首页带给人的这种长长的、"无限滚动"的感觉，基本上是凑巧形成的，与专家的编辑意见背道而驰。汉森再次说道：

长长的首页基本上是偶然形成的。那个时候，我们生产的内容越来越多，但没有一支强大的团队来编辑它们，所以首页也就变得越来越长。我们往顶部加一条新的报道，其余内容就跟着往下挪。这个情况后来被托里发现了，他气炸了——他觉得我们应该按轻重缓急更合理地安排报道的次序。所以我们减少了首页的长度，但流量紧接着就下降了。于是我们开始深入研究这个问题，试验了短页面和长页面，结果发现，人们真的很喜欢长页面。

我们的视觉语言和理念也来源于此。每滚动一次，读者都能收获一些东西——文化、政治、体育、旅游、技术，而不是传统报纸的"版块"。我们把最重要的新闻置于顶部，但如果你向下滚动整个首页，这么说吧，你能看到过去24小时的所有报道。

报纸之所以分为不同版块，部分是因为版块解决了报纸特有的协调问题——如何将讨论不同话题或由不同团队完成的报道放入同一份报纸中。版块为每个版块编辑提供了一个简单的答案：召集你的团队，完成你负责的那一部分版面，然后我们把它们合到一起即可。而在线新闻"制作"就不需要跨部门协调。

在线新闻与纸质新闻背后的经济学原理也不同。就纸质版而言，读者必须购买一整期，而在线版则可以选择只阅读某些文章。因此，在线新闻网站迫切地希望把读者引导至首页，因为读者在首页停留的时间越长，广告就越值钱。汉森详细说道："与报纸一样，我们最初是分版块的。从一开始，托里就认为我们要采取新做法。每张屏幕图片中，都应当既有新闻，又有体育和娱乐。为什么？原因就在于，我们要让每位读者在每个页面上都能找到自己想读的内容。"

然后有了图片，汉森描述道：

作为一名摄影师，我一直对知觉心理学感兴趣，于是我们开始用的是巨幅图片。托里看到后尖叫着说："这究竟是什么鬼东西？"但恰恰因为它很大，所以它非常有效，一拿下来流量立马就下降。从那时起我们达成共识：好的东西应当有大有小，而不应像档案那样，什么都是一般大。作为记者，我们要告诉你什么才是生动鲜明的，什么才是重要的。

直到今天，绝大多数新闻网站仍只有寥寥几张图片，原因不在于图片没有效果——它们绝对是有效果的——而在于网站的格式和设计仍受到纸质偏好的影响。以传统方式创办一家报纸，新闻报道的配图一定是到最后才加进去的东西，而绝非第一个放进去的。

今天，如果你到大多数传统报纸创建的新闻网站看看，你会发现这些网站的格式跟10年前几乎没什么变化——文字很多，图片很少，字体都差不多大小，首页都相对较短，新闻日仍由印刷周期决定，用来跟踪独立访客数的指标以月而非以天为单位，仍采用先编辑、后发布的模式，仍分成多个版块。在所有这些方面，《世界之路报》选择了全然不同的做法。的确，由于传统的新闻网站仍依附于其纸质母公司，因此，与Schibsted最为相似的是推特和Facebook这样数字优先的网站。2015年3月，娱乐与体育节目电视网（ESPN）以类似的方式重新调整了它的首页。在接下来的几个月里，其流量飙升。

“我们能帮助读者实现互助吗？”

到2004年，《世界之路报》建立和经营新闻网站的新模式已经成熟。但同年12月发生的一起世界性事件——东南亚海啸，引发了《世界之路报》在线新闻编辑部一个标志性功能的产生。汉森描述道：

我们创建了一个简单的工具，用户可用来发图片或故事给我们。我们邀请他们：在这里创作你的故事，告诉我们你在哪里。反响好得令人难以置信——我们收到了成百上千个故事。我想我们是世界上第一个通过电话发送现场图片的新闻机构。这促使我们提出一个问题，这个问题现在每次发生重大事件时我们都会一遍遍地问自己：“我们能帮助读者实现互助吗？”

在随后的几年里，这个问题成为重大危机或重大事件期间《世界之路报》新闻编辑部的关注焦点。2009年，冰岛埃亚菲亚德拉冰盖的火山喷发，在高空急流的推动下，火山灰从冰岛扩散到斯堪的纳维亚，而后扩散到欧洲其他地区，向南最远到达摩洛哥。超过9.5万次欧洲乃至中国的航班最终被迫取消。在挪威，包括医疗搜救直升机在内的所有航班都被取消。针对这场前所未有的事件，《世界之路报》不仅增加了发布的内容，还专门为此创建了一个应用程序——首日晚上不到10点，“搭车中心”发布。汉森解释道：

这不是新闻。这是一个工具。它就像一个集市。“我有一部车，我正要去特隆赫姆，想搭车的话就联系我，我们可以分摊汽油费。”或者，“我被困在这儿了，我需要到那儿去。”我们会在隐藏电话号码的情况下将读者联系在一起。这就是我们所做的一切：连接人与人。

结果是显著的：

“搭车中心”迅速流行开来。我们连接的人数以千计，不仅在挪威，而且在整个欧洲乃至更远的地方。不管是西班牙、保加利亚、法国，还是其他地方，所有欧洲国家的首都都有通过“搭车中心”组织的巴士出发。我们把人们送去参加婚礼、葬礼，把孩子送回家，把一只猫送到芬兰的猫展。这简直不可思议。然后，人们给新闻编辑部发图片表达感谢之情。“我们正在去保加利亚的路上，谢谢你们。”这样一来就有两件事发生：一是我们得到了大量有关这个正在进行的、波及所有人的新闻事件的照片；二是由于人们是用手机发的照片，我们便有了他们的号码，可以采访他们。此举令我们的声誉大大提升。

为用户创建一个分享拼车信息的应用程序，不是一个合乎常理的报道火山喷发的起点——除非你去问《世界之路报》新闻编辑部现在每次重大事件发生时都会问的那个问题：“我们能帮助读者实现互助吗？”汉森阐述了这个问题的重要意义：

这才是我们要问的问题，而不只是关心是否有事件可以报道。每当发生危险或突发新闻事件时，我们总会提出这个问题。我们会问：你在现场吗？你有照片吗？点击这里吧。所以，无论突发什么事，我们都能立即得知。这只是我们现在工作方式的一部分。

2009年的猪流感疫情使这一新模式得到更为广泛的传播。猪流感爆发后，挪威政府建议每个人都注射流感疫苗，并发放防疫用品。但是，决定在哪里发疫苗、优先发给谁的是每个本地社区。“这不是一种集中式的处理办法，而且人们对信息有着巨大的需求。”汉森回忆道。《世界之路报》在挪威创建了一个基于维基的覆盖所有社区的地图，允许用户发布有关疫苗注射时间、地点的信息。结果它再次引人注目：“地图上线后几分钟内就开始发挥作用，几个小时内就完成了信息收集。《世界之路报》再一次让人大开眼界。”

“我们能帮助读者实现互助吗？”对一个新闻机构来说，这似乎是个奇怪的问题。你可能认为，新闻是被播放的东西，它不是“社交性的”。但正是对这个问题的不停追问，使《世界之路报》突破了原有的思维定式——正如一位编辑所说——完成了从追求“重要性”到追求“现实相关性”的转换，改变了新闻报道的方式和范围。《世界之路报》取得的惊人成绩正如汉森描述的那样："每次有重大新闻事件发生，我们都能增加流量，达到新的高度。这些故事对我们绝对起到了至关重要的作用。"

到2007年，尽管报纸市场份额落后于《晚邮报》，《世界之路报》的网站却吸引了数量庞大的读者——人数超过挪威任何一家网站。网站的用户黏性极高：每个访问者的平均会话数、每次会话浏览页数等参与度指标是绝大多数新闻网站（包括《纽约时报》在内）的两倍。几乎每个人都是从首页开始浏览。近70%的挪威人每个月至少访问一次，而到达率如此之高，广告费自然也水涨船高：到2007年，《世界之路报》网站首页的广告价位追平了其报纸头版的价位。对一家在线新闻网站而言，这无疑是个史无前例的成就。

今天，Schibsted旗下的网站是世界上所有由传统媒体开办的网站中最赚钱的。它能有这样的成就，不是靠挖空心思创作出"更好的内容"，而是靠首先认识到分类广告的威胁，然后想办法解决这个问题。它的成功源于它创造了全新的、非基于纸质的新闻模式。Schibsted的成功转型堪称防避"内容陷阱"、拥抱用户联系的典范。

《纽约时报》的付费墙

通过将用户的购买决定直接联系起来，网络效应将用户联系在了一起：一件产品对某个用户的价值大小，取决于还有多少用户购买了这件产品。但即使情况不是如此，用户联系也能形成。思考一下定价策略：根据某个人群的偏好确定产品价格的决定，往往会影响其他用户的购买决定。这类联系与网络效应无关，但认识、管理它与认识、管理后者一样重要。

2011年3月17日，《纽约时报》推出了备受外界期待的付费墙，宣布对在线媒体内容收费。和许多报纸一样，《纽约时报》付费墙的前景不容乐观。2008年经济衰退之后，《纽约时报》纸质版广告收入下降了20%。由于广告网络（指倾向于用技术驱动的做法取代基于人际关系的广告销售模式的数据驱动型互联网公司）的崛起，在线广告收入很难弥补纸质广告的收入缺口。此外，在线广告空间总有新的、接近无限的供应——就像广告主总爱说的那样："今天，一切有网站的公司都是发行商。"在互联网时代的头15年，《纽约时报》的报纸发行收入显示出了非凡的韧性，但自2009年以来却经历了两位数的下滑。

2011年的付费墙并非《纽约时报》首次尝试对在线内容收费。它在2006年尝试过另外一种数字订阅模式——TimesSelect。正如一位高级经理所说，这个项目是"拍脑门儿"决定的，"没花多少工夫就草草做出来了"。与此相反，这一次，《纽约时报》几乎没有仓促行事：它先是花了几个月的时间进行内部调研，请麦肯锡做"联合分析"（一种统计学上很复杂的方法，用以测试读者的支付意愿），开焦点小组座谈会，然后才做出定价结构上的决定，并采取了不一样的定价管理机制。

付费墙推出时，马丁·尼森霍尔茨（Martin Nisenholtz）是数字部门的负责人。他告诉我：

这一次的组织方式几乎不同于过去所有的数字尝试。首先，小亚瑟·苏兹贝格（Arthur Sulzberger Jr.，《纽约时报》的发行人）有或多或少的直接控制权。这个项目由他发起，流程也受他管理，但它的经营方式并非自上而下的。亚瑟设立了一个委员会，每周开一次会以完成项目运作。大家认为，这是《纽约时报》一个开创性的伟大时刻，因此它的运作方式必须有别于其他数字决策。

丹尼斯·沃伦（Denise Warren）是一位在《纽约时报》工作了25年之久的老将。2011年，她是领导报社数字转型的高级经理之一。回忆起当时机构内部的气氛，她说：

我们正从有史以来经历过的最严重的广告衰退中走出来。相对而言，数字广告的情况还可以，但我们中已有许多人意识到，光靠这一项业务担负不起特许经营权的费用。我们需要其他收入来源。但是，只是获得别的收入来源还不够，它还必须是纯递增的。我们面临格外高的风险，所以必须把每件事做对。

苏兹贝格、尼森霍尔茨和沃伦是"付费墙项目"数字领导团队的成员。他们有理由感到乐观："人们已经表现出了花高价购买我们的纸质产品的意愿。移动设备付费应用的市场正在崛起。而且我们认为，我们的内容是高度差异化的。"但许多观察者认为，大多数读者15年来已习惯于在网上免费看新闻，因此不会愿意为网上内容付费。

付费墙项目不仅在结构和模式上异于TimesSelect，商业理念也与后者不同。在TimesSelect下，某些类型的内容（尤其是意见栏）与读者被一道墙隔开了，但其余内容是免费的。这一次，《纽约时报》选择了一种不同的定价方式：不设硬墙，而是向每月阅读文章数超过20篇的读者收取固定月费。如此一来，《纽约时报》的收费依据就不是阅读了什么内容，而是阅读了多少内容。

意想不到的情况接踵而至。第一，每周7美元或每年360美元的数字订阅费，比市面上的订阅价都至少贵了一倍。然而，《纽约时报》却决定给予已订阅报纸的用户免费阅读全部数字内容的权限。第二，令人不安的是，付费墙发布后，很多观察者立即注意到了一个设计漏洞：读者不仅可以通过Facebook、谷歌等网站绕过付费墙，还可以通过侵入统一资源定位器（URL）、删除cookies[①]或用多台设备访问网站等简单方法绕过付费墙。一时间，教人避开付费墙限制的博客帖子层出不穷。第三，则是"周日定价"这个令人头疼的逻辑。以下是提供给读者的一个选项：

周日纸质版+全数字权限：每周7.95美元

全数字权限：每周8.95美元

换言之，《纽约时报》让读者用更少的钱获得更多的东西，经济学家称之为"价格套利"。以这种方式（企业有时会这么做）出售产品，较贵的那款产品（本例中是全数字权限）就不太可能有人购买了。

总而言之，尽管做了近两年的研究和尝试，《纽约时报》的付费墙似乎仍考虑欠周。许多观察者持批评态度，大家对《纽约时报》做付费墙的真正意图众说纷纭、莫衷一是。有人认为，允许纸质版订阅者免费获得数字内容和周日定价套利就是力图保护纸质版的证明；有人则持相反意见，认为付费墙意在加快数字转型，因为数字内容的订阅费比报纸低。然而，大多数人都同意一点，那就是付费墙的漏洞将长期困扰这家报社。一位博主写道："《纽约时报》要么觉得我太蠢，要么觉得我太聪明，然后暗地里让我受骗上当。不管哪种情况，我都搞不懂这么干到底意义何在。"

联系1：数字版发烧友与纸质版订阅者

为什么你花两年时间发明出一款能创造新收益的数字产品，转过头来却把它

①指网站为了辨别用户身份而储存在用户本地终端上的数据。

免费送给115万已订阅纸质版的读者？如果你问别的出版商这个问题，他们保准会吓得往后缩。“尽量不要让数字版的定价低于纸质版，不然给人的感觉会非常廉价。”他们可能会说。由于同样的原因，他们还会说：“永远不要把数字产品当作免费附赠品。”

一些分析家、博主和备受尊敬的记者认为，捆绑销售的核心反映了《纽约时报》保护纸质版的意愿——要不然它干吗只给报纸读者免费发放数字产品？《纽约时报》究竟是怎么想的？

“捆绑销售反映了《纽约时报》保护纸质版的愿望”这个论点是很有诱惑力的，但它是错的。为说明原因，我们从《纽约时报》付费墙启动之初（捆绑销售当时甚至没有被列入考虑范围）看起。正如《纽约时报》的主管所说：

> 我们的分析大部分针对的是纯数字销售方案……（为了让数字内容成为新的收入来源，）我们把精力全都放在了网站上。然而，我们从联合分析中持续得到这样的反馈：付费墙会抢走大批纸质版订阅者。

乍一看，这有些出人意料。毕竟，对数字产品收取更高的费用，怎么反而会增加纸质业务遭到蚕食的风险呢？

来看看原因。为简单起见，我们假设《纽约时报》只有两类读者：纸质版订阅者（每周花15美元）和数字版发烧友（不付钱）。当在线新闻可免费阅读时，不仅数字版读者获得很多内容，纸质版订阅者也受益良多，因为他们可以随意访问在线新闻。若对数字内容收费，就会使纸质版订阅者获得全部内容（纸质版+数字版）的成本增加，实际上是迫使他们在保留纸质版订阅和改为购买价格较低的数字产品之间二选一。这正是研究结果敲响的警钟。

《纽约时报》的主管没能预见到这一风险，但现在他们不得不做出应对：怎样给数字内容定价？怎样针对数字版爱好者定价而不致影响从纸质版订阅者手中赚取的收益？将纸质版与全数字权限捆绑销售是一种选择，但它是《纽约时报》退而求其次的选择，而非优先选择。

换言之，将纸质版订阅与免费的数字内容捆绑销售的决定并非研究本身的一部分，而是它的结果。若非注意到数字版定价对纸质版读者的影响，《纽约时报》必定经历另一番结局。

对不同消费者收取不同价格的经典策略，经济学家称之为“价格歧视”。这个名词毫不优雅，但它抓住了一个简单观点：利用不同定价的方式区分消费者的做法是值得的。

《纽约时报》面临着任何价格歧视方案都面临的核心问题：若以某些顾客为目标群体制定适合他们的价格，则有可能吸引来一些原本愿意付更多价钱的顾客。若忽略顾客群体之间的这些“联系”，定价策略就会分崩离析。

纸质版和数字版捆绑定价最终成为《纽约时报》的解决方案。其他公司也有自己的对策。航空公司给周六过夜旅客提供更便宜的票价，实际上是将价格与旅客的时间成本联系在了一起。零售商提供优惠券：如果每个人都使用优惠券，便与直接促销没什么两样了，但总有人嫌麻烦懒得弄，所以优惠券永远奏效。

第一资本成立于1994年，由前顾问理查德·费班克（Richard Fairbank）和奈吉尔·莫里斯（Nigel Morris）创办，是过去20年来最成功的信用卡公司之一。它的整个策略建立在价格歧视的基础上，并首先运用于著名的“余额转结”产品。信用卡发卡机构面临的难题是它们不想把卡发给每个人。对于风险特征不同的客户，借款年利率（APR）也不应相同。但在1994年，几乎所有信用卡公司的APR都是19.8%。于是，费班克和莫里斯开始向某些客户提供APR折扣。那些总是按时付清账单的人（“交易用户”）不关心APR有多高，但那些潜在的“违约者”也不会怎么在意，因为利率的调整不会对他们不还款的决定产生实质性的影响。结果，抓住这次折扣机会的人正是第一资本想要的客户：风险低但对价格敏感的客户，被称为“循环用户”。这个让客户根据自身风险状况自我选择购买某一产品的创造性方法收效卓著。“余额转结”推出的前5年里，第一资本一直是美国增长最快、利润最高的金融服务公司之一，它能取得这样的成就，正是得益于这个近乎完美地管理了定价溢出，并将客户群区分开来的简单产品。

成功的价格歧视策略不仅要针对目标客户确定合适的价格，还必须确保非目标群体占不到价格的便宜。认识到客户间的这些联系，你便能大大增加盈利的概率。

联系2：付费订阅者与“翻墙”方法

回到《纽约时报》付费墙的漏洞，现在，我们可以看到全部原因之所在。原则上，任何读者都能通过Facebook或谷歌来搜索和访问《纽约时报》的文章，也能通过删除cookies、替换URL、用不同设备阅读文章或安装专门的书签来绕过付费墙。但这样做成本很高——这个成本不是在金钱方面，而是在情绪方面，因为钻空子很容易让人焦躁不安。你得来来回回地丢下台式电脑、拿起平板电脑，或搜索各种教人删除cookies的指南。一旦弄明白怎么做，可能只需要再痛苦个几分钟就能翻过付费墙，但这几分钟的烦躁也足以打消许多人“翻墙”的念头。再考虑到人们的公平感和道德感——正如尼森霍尔茨所说，“人们不应当对许许多多人渴望出钱资助《纽约时报》的事实视若无睹”——那么看到很多读者就算有法子免费阅读也还是选择每周花7美元订阅，也就不会再感到奇怪了。

漏洞不是《纽约时报》管理层无能或愚蠢的反映，而是个成功的价格歧视策略。尼森霍尔茨简单说道：“这全都整合到付费墙的设计中了。”沃伦详细阐述道：

我们想对愿意付费的用户收费，同时对那些不愿付费的用户保持开放。我们希望保持开放的原因有两个：首先，如果停止开放，我们就会损失这部分人群创造的广告收入；其次，访客兴许哪天就变成订阅者了。所以我们尽全力打造了“访客订阅者广告系列”，让用户知道每个月有许多文章可免费访问。

大卫·珀皮奇（David Perpich）时任《纽约时报》网站付费产品的执行董事，他补充道：

有的“翻墙”方法（如通过Facebook或谷歌）完全是有意为之，而有的（如URL字符串或JavaScript插件）则不是。但不管是哪种方法，我们都一清二楚。我们只是决定不修复那些漏洞，因为它们不值得我们费功夫修复。人们忘记的是，我们是把付费墙附加在广告业务上推出的，所以我们真正想表达的是，“不要做有损于广告业务的事”。此外（也许在回顾时理解这一点会容易得多），那些会花时间

“翻墙”的人一开始就不太可能订阅。因此，订阅费多少变成了一种省去“翻墙”麻烦的便利费。

《纽约时报》团队明白用户可能会“翻墙”，但他们坚信，“翻墙”在很多读者眼中是个费很大功夫才能搞定的麻烦事。

付费墙上线时推出了一系列促销、限时折扣和试销优惠，所以实际成效过了几个月才慢慢显现。数字付费产品副总裁保罗·斯穆尔（Paul Smurl）描述了领导团队在付费墙临近推出时的三个担忧：“人们会愿意为数字内容付费吗，我们能转化多少纯数字订阅者？广告收入、页面浏览量、独立访客量和到达率，将受到何种影响？人们会因为比较了两种订阅方案的价值而退掉纸质版换成数字版吗？”

当成效看得见的时候，它已经相当惊人了。沃伦回忆道：“我们从第一天起就被付费墙的成功惊到了。”付费数字订阅者在两年内从0增长到67.6万人——这个数字相对3000万在线读者基数来说虽不算大，但足以带来大量新的收益：仅2013年，来自付费数字订阅者的收益就高达8100万美元。纸质业务几乎没有受到任何侵蚀：发行收入在连续下跌几年后开始保持稳定，而后在2013年实现了1.7%的实际增长。广告收入也持续表现良好，这恰恰在很大程度上归功于付费墙的漏洞和访客订阅者广告系列。

当然，付费墙的短期成功并不能保证未来的可持续性，但《纽约时报》“商业计划的第三年目标在第一年就已经实现了”。斯穆尔概括地描述了《纽约时报》内洋溢的情绪：“没错，有些事情进展得是不太顺利。但总体上，我们在很多方面都幸运得时不时掐自己一把，以证明这一切都是真的。”

联系3：为什么说《纽约时报》与软件产品相仿？

至少现在，付费墙的成功仍提出了一个核心问题：与仅仅早推出几年的TimesSelect相比，究竟是什么导致了付费墙大相径庭的定价模式和结果？2008年TimesSelect项目终止后，一些观察者对付费墙的前景不抱任何希望。然而，TimesSelect以每个月约2.5美元的价格吸引了大约25万名订阅者；新的付费墙收费是前者的两倍多，吸引来的订阅者人数却是前者的近3倍之多！

为了理解两次尝试之间的差异，我们不妨回到捆绑的概念——不过这次换一个角度。我们不把《纽约时报》看成单一的报纸，而把它视为不同内容类型的捆绑套餐：世界新闻、政治、意见、体育、都市、文化、艺术、旅游。TimesSelect模式提出的问题是：应当把什么类型的内容放在付费墙后面？答案取决于你认为大多数读者愿意为什么样的内容付费。但假设存在不同类型的读者：意见狂人和体育迷。前者贪婪地渴望读到戴维·布鲁克斯（David Brooks）、莫琳·多德（Maureen Dowd）和克鲁格曼（Paul Krugman）的作品，而后者则密切关注阿拉顿（Araton）、罗登（Rhoden）、维克赛（Vecsey）以及地方球队的报道。另外，还有世界新闻迷、文化先锋、社会观察者和美食家。每个群体侧重的内容五花八门，侧重的方式也不尽相同。在这种情况下，该怎么办呢？

以下是从软件领域借用来的一个看似简单的类比。假设有两类待售产品——电子表格包和文字处理包。并且，假设它们在使用上互不相关：用户不能在两者之间进行剪切和粘贴，两类产品不打包在一起，均需要单独安装。

现在再进一步做三处简化：第一，假设有两类用户：分析师和记者；第二，假设每类用户的数量相等——确切地说，每类都只有一个用户；第三，假设制造产品的成本为零。

最后也是最重要的是两类用户的偏好：分析师愿意花10美元买电子表格包，但只愿花2美元买文字处理包（分析师经常制作模型，但不写作）。记者的偏好则恰好相反：愿意花10美元买文字处理包，但只愿花2美元买电子表格包（记者经常写作，但基本用不到数学）。下表收集了有关付费意愿的信息：

表2　付费意愿：一个简单例子

	电子表格包	文字处理包
分析师	10美元	2美元
记者	2美元	10美元

这将我们引向了一个关键问题：如果由你来销售这两款产品，你会如何定价？

首先，思考一下“假想定价”：公司可以对每种产品向每个顾客单独收费（这一理想状态被称为“完全价格歧视”）。于是，公司给电子表格包制定不同的价格，针对分析师要价10美元（或9.99美元，以确保售出），针对记者要价2美元，并对文字处理包收取相反的价钱。那么，总收入是多少呢？24美元。

当然，完全价格歧视不仅难以实现，而且是非法的。通常的做法是，公司给每种产品设定价格，然后让顾客自行选择。在这种情况下，每种软件产品的最优售价是10美元。现在，公司出售2件而非4件产品，收益为20美元。无法实施完全的价格歧视意味着某些买卖做不成了，但这也好过为确保两个顾客都购买这两种产品而降低价格。妥协的核心在于，顾客对产品有不同的偏好。

但你能做得更好吗？捆绑策略在这儿可以帮上忙。如果给两种产品分别定价，你就白白放弃了大把银子；但如果捆绑起来定价，定成12美元，则两个顾客都会“上钩”——记住，这个金额是他们愿意为两件产品花费的总价钱。这个方案最棒的部分就在于，你分文未出就让收益增加到了24美元。捆绑能让你设计出奇妙的定价方案，就仿佛置身于魔法世界一般。

通过捆绑两种产品并对每个顾客收取相同的价格，你能使收入增加25%——即使这两种产品在使用上互不相关，即使捆绑价格只是单价总和的六折（这也是微软后来居上赢得办公软件大战的原因所在）！

忘掉哈利·波特吧——这才是魔法。

捆绑背后的魔力来自一个简单的认识：如果从对单个产品之偏好的角度观察顾客，会发现他们迥然不同，因而难以对每个顾客收取他们愿意付的总价钱；但如果从对捆绑产品之偏好的角度观察顾客，就会发现他们非常相似，因而能够对两个顾客群体收取他们愿意支付的最大金额。

1976年，经济学家威廉·亚当斯（William Adams）和珍妮特·耶伦（Janet Yellen，联邦储备系统现主席）写了一篇清晰简明的论文，题目有些深奥，叫《商品捆绑与垄断的负担》。在这篇论文中，两位经济学家首度阐述了上述逻辑。他们的核心见解是，捆绑的实际价值不是来自相似产品的组合，而是来自偏好不同的顾客的组合。

捆绑实质上是一种在顾客之间实施价格歧视的方式。正确的捆绑方式未必了解每个顾客的情况，但必须了解顾客的偏好如何趋同或相异，了解各种偏好之间的联系。

让我们回到《纽约时报》的例子，去看看不同类型的读者。以下是一个可能出现的简单场景，在这个场景中，读者的偏好各不相同：

表3 不同读者的付费意愿

	意见	体育	文化	都市	美食
意见狂人	10美元	2美元	2美元	2美元	2美元
体育迷	2美元	10美元	2美元	2美元	2美元
文化先锋	2美元	2美元	10美元	2美元	2美元
社区观察者	2美元	2美元	2美元	10美元	2美元
美食家	2美元	2美元	2美元	2美元	10美元

每类顾客都愿意为他们偏好的内容类型花很多钱（10美元），但对别的内容只愿意花很少钱（2美元）。

现在，假设你是《纽约时报》的主管，那么问题来了：你不知道每类读者具体包括哪些人。挑战由此产生：到底该把什么内容放在付费墙后面呢?

这就是《纽约时报》先后两个付费墙的架构模式的根本区别：TimesSelect反映了《纽约时报》的信心，他们自认为了解什么样的内容吸引读者；而新的付费墙则承认，他们对此一无所知。2006年的TimesSelect首先提出的问题是："我们提供的内容有哪些是人无我有的？"2011年的付费墙则含蓄地承认，不同读者对这个问题的回答也许各不相同。所以，把数字内容捆绑起来定一个套餐价格，让顾客选择阅读的内容，或许更好。

若采取第一种模式，你不仅可能把一些不该隔离的内容隔离起来，还会把付费用户群限制在某一类读者的狭小范围内；而若采取第二种模式，你不必了解每个顾客的类型，却能吸引每类顾客为内容付费。

2006年，TimesSelect的管理者掉进了“内容陷阱”的一类版本——认为决定价格的是内容，而非读者对内容的偏好。后来的付费墙管理者则充分利用了顾客偏好之间的联系。理解这些联系，不仅为定价提供了宝贵信息，更开拓了崭新而巨大的商机。

联系4：周日纸质版与全数字权限——“价格套利”背后的原理

企业以较低的增量价格（甚至是零）向纸质版读者提供数字版本的原因可以用捆绑理论解释，可《纽约时报》周日产品的定价又当作何解释呢？它相当于付钱给读者购买数字内容和周日纸质版。这太匪夷所思了！

事实上，周日定价策略是成功的。它同样是基于联系，只不过是基于读者和广告主这两个迥然不同的顾客群体之间的联系。

吸引来的读者越多，获得的广告收入就越多；吸引来的读者越少，广告收入就越少。一份报纸的周日版是最厚的，也是对广告主最具吸引力的，50%的周广告收入都由它产生。因此，尽管卖出每一份报纸都有利可图，但对《纽约时报》而言，周日的发行量尤为关键。

也正因如此，保持周日纸质版的读者数量变得至关重要，所以《纽约时报》愿意付给读者1美元来吸引他们阅读。结果是，在接下来的两年，周日版的读者数量大致平稳，周日的广告收入出现增长——两个指标前一年的下降势头都被这一决定成功遏制了。

在谈到“定价套利”背后的逻辑时，《纽约时报》的几位主管既兴奋又谦卑。斯穆尔说，周日发行量“确实帮上了忙，但我们对周日定价的考虑并不像看上去的那么高明”。珀皮奇只说：“这个策略虽然效果奇佳，但其实是无心插柳柳成荫。”

管理联系的一次练习

总而言之，《纽约时报》的付费墙策略与补贴或保护纸质版几乎没什么关系。它的目的不是让数字版变得廉价，也不是加快数字转型。相反，整个付费墙策略始于一个简简单单的问题："对数字内容收费是可行的吗？"然后延伸到认识和管理顾客之间可能因定价决策而产生的联系。

对于如何成功管理偏好不同的顾客、认识不同决策之间的联系，《纽约时报》付费墙的设计和理念提供了一个鲜活的研究案例。纸质版订阅者和数字版发烧友之间存在联系，有订阅意愿的读者和无订阅意愿的读者之间存在联系，意见狂人和文化先锋之间存在联系，读者和广告主之间也存在联系。这些联系都与网络效应无关，但它们同样是影响用户行为、形塑付费墙设计和阐明付费墙成功的重要因素。也许最重要的是，正因为认识到了这些联系，《纽约时报》才抛弃了给内容定价的做法（2006年掉进的陷阱），转向了给联系定价的策略。

管理两类顾客群体的联系已足够费力，在形形色色的人群之间准确地找出联系更是难于上青天。说到底，《纽约时报》付费墙的成功，一部分是极其刻意地细致研究的结果，而另一部分纯属走运——斯穆尔等人说"承认这一点很痛苦"。

电视：连接流媒体的管道

很少有娱乐行当像消费类视频市场那样经历过如此巨大的数字替代品爆炸。今天，每分钟有300个小时的视频上传到YouTube，全球每天有超过10亿观众观看40亿段视频。像网飞这样的新贵企业、亚马逊和苹果这样的互联网巨头、葫芦网这样的合资企业以及Facebook、推特和Instagram，都是数百家流视频内容提供商中的一员，越来越多的人相信这一类内容将成为传统电视的可行替代品。

这对付费电视行业，主要对几乎每次都是争论焦点的有线电视运营商来说，意味着什么？有三个迫在眉睫的问题，每个问题都不容乐观。

首先，有线电视公司应如何应对可替代“75美元套餐”之类捆绑销售的各种“点单”方案？按理说，你应该只为真正想要的东西付费，但对有线电视运营商来说，这意味着宝贵的收入遭到侵蚀。

不采取任何应对措施，他们就会面临第二个问题：越来越多的人成为“掐线族”，即消费者完全取消有线电视订阅，转而在电脑或移动设备上观看流媒体视频。这对于有线电视运营商甚至比“点单”模式还要糟糕，因为每有一人“掐线”，他们就损失75美元，而不只是单独付费的观众未选择的那些频道带来的收入。

第三个也是最根本的问题是，面对流媒体首先应做些什么。血战到底还是全情拥抱？有出路吗？很多人对此都不乐观。《纽约时报》清醒地总结道：“看来有线电视正处于转型的早期阶段。10多年前，电话业务开始转型，美国人逐渐放弃固定电话，将手机作为主要的通信设备。这种变化需要时间来积蓄能量，一旦爆发便势不可当。”

“‘点单’模式和‘掐线’现象注定将毁灭电视业务”“流视频是一股不可忽

视的力量”……人们经常得出的这些结论给电视业敲响了警钟，其中不论哪个观点都与内容的力量有关：谁拥有内容，如何以更低的价格获得更多或足够多的内容。然而，实际情况却与它们迥然不同。要了解这一点，你必须认识那些起作用的用户联系，以及它们在各种情况下对这些争论的影响。

为什么“点单”计价模式没有消灭掉捆绑套餐？

在美国，几乎所有有线电视节目都来自为数不多的几家运营商。五大运营商——康卡斯特、时代华纳、Charter、考克斯和Cablevision，总共覆盖了全美大约77%的收视家庭。其中每家公司都有可能与卫星或电信公司竞争，但它们却不会相互竞争，这是因为，由于运营有线电视需要巨大的基础设施投资，联邦通信委员会数十年前就颁布规定，授予这几家公司“地方垄断权”。每家公司都提供“一口价”的捆绑套餐：要么每个月花75美元左右购买大约150个频道，要么什么也没有。

由于数字技术使电缆管道能够输送更多的频道，因此业内人士认为观众从中获益颇丰：现在，一个基础的捆绑套餐包含100多个频道，是20年前的许多倍。消费者群体则表示这完全是胡扯：观众常看的频道只有15个左右，却必须交150个频道的费用。而随着有线电视价格在过去10多年间猛增97%，150个频道一点也不便宜。

斯坦福大学的阿里·尤鲁克格鲁（Ali Yurukoglu）是个研究媒体产业结构的学者。在最近的一次谈话中，他提出了一个过去10年间几乎被每一位媒体观察者、投资者和企业家问过的问题：

> 数字技术改变了音乐，改变了新闻，改变了书籍，改变了广播，改变了视频租赁。很多人问：那么有线电视呢？为什么它的形式还是跟1997年一模一样？别的地方都在解除捆绑，朝“点单”和个性化定制的方向转变，怎么电视就不是这么回事呢？

最近发生的一些事可能会让你觉得有线电视的捆绑销售终于开始分崩离析。

2015年1月，Dish电视网宣布推出流媒体服务Sling TV，提供包括ESPN在内的几个主流频道。而此前几个月，也就是2014年10月6日，哥伦比亚广播公司（CBS）宣布推出自己的流媒体服务，观众无须订阅即可收看节目。在此前一天，家庭影院（HBO）也发布了类似公告。“不到一天时间，”《大西洋》杂志说，“最负盛名的电视网和收看人数最多的电视网都把赌注押在了互联网电视的未来上。就这样，过去24个小时内解除的捆绑套餐比前24个月还要多。”

不过，事情的发展速度也没有那么快。大多数行业观察者都不敢断定有线电视的捆绑销售是否一定会消失，就连《大西洋》杂志也不确定这一点。还是在刚刚提到的那篇文章里，作者承认：“有线电视不会被HBO和CBS的‘点单’模式毁掉。”《时代》杂志虽给一篇文章起了“有线电视终于开始解绑”这样耸人听闻的标题，最后也不过温柔地承认“捆绑销售没有任何前途”。

回到尤鲁克格鲁的问题：为何有线电视捆绑销售看上去始终坚不可摧？你可能认为，这是因为有线电视运营商太过强大，或者是它们是靠对体育赛事直播的垄断才得以维系，抑或是观众懒得转变。

但这些都不是真正的原因。

为说明原因，让我们回到支持“点单”模式的基本论点：“不要强迫我为我不想要的东西付费。如果由我自己来决定收看哪些频道，我花的钱会少得多。”

按照逻辑，如果你只选择30个频道，你就只需要支付当前费用的一小部分。对普通人而言，这是个很有说服力的论据，但它是错的。

为说明原因，我们重新以有线电视为背景来看看早期捆绑销售的例子。假设有两个频道——ESPN和美食频道，以及两组偏好不同的观众。

表4　体育迷和美食家的对比

	ESPN的价值	美食频道的价值	捆绑后的价值
体育迷	10美元	2美元	12美元
美食家	2美元	10美元	12美元

在对《纽约时报》的分析中，我们首先考察了“点单”计价（指对每篇文章单独收费），然后探究了（付费墙的）捆绑定价。现在，让我们把顺序颠倒过来：先研究捆绑定价（现状），再来考察单独计价机制。

如果观众除捆绑套餐外别无选择，那么价格定成多少合适呢？答案是12美元，因为这个价格刚好够每个观众购买两个频道，而不是一个频道也没有。然后，两个频道各取走6美元，因为它们的观众数各占总数的50%。

如果以“点单”模式售卖频道，会发生什么呢？在这种情况下，每个观众都只买自己最爱看的频道。从表面上来看，他们花更少的钱就能得到实际想要的东西，似乎更划算。只可惜，频道的单价不会定成捆绑时的“平均价格”——6美元，而是会涨到10美元。与捆绑套餐相比，你虽只得到一半的频道，但付出的成本却只少了15%左右！

这个简单的例子表明，认为“点单”模式更有利的论据具有逻辑缺陷。你可能觉得，如果观众享有只购买真正想要的频道的灵活性，这对他们更划算，因为他们花的钱会成比例地减少。但这个逻辑忽略了关键的一点：由于在“点单”模式下ESPN和美食频道只会吸引来那些最忠实的观众，因此，它们绝不会保持原价不变。而就算涨价，它们也不必担心粉丝流失，这对观众反而不利。

以下观点听上去有违常理：捆绑销售不仅增加有线电视运营商的收入，而且对观众也有好处。原因是，通过给联系定价，捆绑销售可以“平息”针对偏好不同的观众群的价格，因此，它能以较低的增量成本提供更多的收看内容。这个好处，我们之前已在软件定价和《纽约时报》的例子里见过。换句话说，如果频道单独售卖，它们的定价就会高得多，因为那样的话，你的定价就只针对最忠实的观众，而不必考虑那些看不看两可的人。

人们常常听到从补贴角度描述捆绑定价的逻辑：通过强迫我们购买不想要的频道、不允许我们只购买真正想要的频道，一些频道有效地补贴了另外一些频道。但这个逻辑隐含了这样一个前提，即消费者永远不会购买他们不那么看重的频道，无论价格有多低。然而，如上例所示，以2美元的价格涨幅向消费者售卖他们不那么看重的频道，他们是会买的。

这个例子还证明了很重要的一点：对于哪个频道是“补贴方”、哪个频道是

“被补贴方”，不同的观众看法不同。有的人认为ESPN补贴美食频道，有的人则意见相反。捆绑策略奏效的原因正在于此。

从消费者个体的角度来看“套餐”与“单点”之争，很容易就能理解消费者为何偏爱前者。明白了用户偏好是如何相关联的，也就是说，找出了用户偏好之间的联系，就会得出截然不同的结论。

上文的例子是理想化的：只有两类观众、两个频道。让我们来看看，如果把更多类型的观众加进来，会发生什么情况：

表5 体育迷、美食家、电视迷和网上冲浪者

	ESPN的价值	美食频道的价值	捆绑后的价值
体育迷	10美元	2美元	12美元
美食家	2美元	10美元	12美元
电视迷	8美元	8美元	16美元
网上冲浪者	4美元	4美元	8美元

现在，某一类观众的偏好不再只是另一类观众的“对立面”。但尽管观众偏好之间的关系更复杂了，结果却没有任何改变。如果你卖的是捆绑套餐，你会吸引来更多观众（除网上冲浪者外，其他人都会花12美元购买套餐）。但如果你采取“点单”模式，那么为了最大限度地提高总收入，每个频道都会把价格定为8美元——这样一来，你不仅会失去观众，还会抬高每个频道的价格。

播放数据在哪里？

至少，理论上是这样的。而在现实中，观众的偏好要复杂得多。这并不是说“点单”价格一定高于捆绑价格——例如，当捆绑价格只反映有线电视供应商在定价问题上绝不妥协的态度或消费者惰于转换的惯性，而不反映价格歧视时，就不会发生这种情况。

那么，如果有线电视必须采取“点单”模式，会发生什么情况呢？这个问题很

难回答：要预测“点单”模式对价格的影响，就必须知道在这种模式下观众对每个频道的偏好。问题就出在这里。由于观众从来都无法“单点”频道，这方面的数据也就无从获得。因此，预测“点单”模式的结果即便不是不可能，看起来也是困难重重。

数据的缺乏险些使讨论陷入停滞，没人能想出克服这一实证困难的方法。随后在2009年，两个经济学研究生——尤鲁克格鲁（当时在纽约大学）和德米特里·贝扎洛夫（Dmitri Byzalov，当时在哈佛大学）——各自得出了一些了不起的结论。尽管频道是按套餐售卖的，但收视决定却是按频道记录的（尼尔森公司收集的我们看什么、何时看、看多久的数据）。有了这些信息，你就能了解每个观众对每个频道的偏好，实际上是找到每个频道的“需求曲线”。然后，你就能弄清楚“点单”模式下频道的定价方式。

这种方法很聪明，它可以从捆绑价格反向推导频道偏好，转而预测“点单”计价的情况。

纽约大学和哈佛大学的研究人员得到了大抵相同的结论。例如，尤鲁克格鲁与格雷戈瑞·克劳福德（Gregory Crawford，当时在华威大学）合作发现，如果频道采取“点单”模式，且定价与捆绑时对应的价格一样高（对“点单”模式的“朴素”分析），这对消费者是有利的。但如果频道像现实中那样修改“点单”价格，结果就会迥然不同。“有线电视运营商的节目制作成本（将）增加103%，”他们写道，“价格也（将）随之上涨。”这个捆绑的世界对消费者并没有什么好处可言。

把广告收入和上游频道高低不同的谈判地位考虑进去，也基本上没有改变结果。

尤鲁克格鲁将这个逻辑总结如下：

一个频道通常有核心的小的观众群，他们经常看这个频道，也愿意为它花很多钱。此外，还有很大一部分人偶尔调到这个频道，但他们不怎么愿意花钱。当出售捆绑套餐时，由于要把套餐卖给很多观众，因此你会把价格定得很低；而当单独售卖时，由于只卖给忠实观众，因此你会忍不住定一个高价。这样，你便从为了吸引所有人而定低价变成了只针对“尾巴”那一部分定高价。

并不是人人都受损失。那些只看几个频道、其他频道从来不看的观众，确实能从“点单”模式中受益。但正如尤鲁克格鲁所说：“你看的频道越多，就越不划算。”对观众整体而言，“点单”模式灵活度更大的优势完全被高昂的价格抵消了。

几年之后，有线电视捆绑套餐很可能变成过去时，宽带视频服务的爆炸式增长可能让好莱坞和有线电视供应商的捆绑模式难以维系。这点并不惊人，令人惊讶的是将有太多观众发现，“点单”模式实际上不如他们期望的那般划算。

所以，要小心你想要的东西。谨慎的理由不是我们喜欢什么内容，而是我们需要给联系定正确的价格。

“内容陷阱”与“哑管”悖论

如果说“点单”模式会让内容提供商和有线电视公司的利润逐渐减少，那么“掐线”现象则似乎注定要彻底摧毁它们的业务。没有任何现象像“掐线”那样受到业界如此多的关注。

有线电视行业曾经历近30年的连续增长，但这一增长趋势于世纪之交戛然而止。对“掐线”的担忧情绪正出现于那一时期——先是DirecTV和Dish电视网等国家卫星运营商推出可以替代有线电视的服务，后来又出现了流媒体视频。从表面上看，“掐线”现象对有线电视运营商带来了毁灭性的经济影响。一笔基础的有线电视订阅的每个用户平均收益（ARPU）是75美元，另外还有50美元的宽带互联网接入费。15年前，消费者必须购买这两项服务。电视用来收看节目、新闻和体育赛事，而宽带则用来联系别人和提高网上传送文件的速度。但随着宽带娱乐服务的爆炸式增长以及人们在电脑上所花时间的急剧增加，掐断电视线、节省60%的有线电视费的诱惑也迅速蔓延。

难怪有线电视运营商称“掐线”现象为“行业遭遇过的最大噩梦”。一份商业刊物如此描述未来趋势：有线电视收视率不断降低，有线电视订阅费不断上涨，广告收入主要来源从电视转移到数字媒体。它轻描淡写地总结道：“这一切将使有线电视供应商蒙受打击。”

这个分析是错的。

克雷格·墨菲特（Craig Moffett）观察有线电视行业已有20余年。他最初并没有打算做这件事。在读本科期间，墨菲特在布朗大学主修绘画，不久后成为一名艺术品经销商。商学院改变了他的事业轨迹——他先去了波士顿咨询集团，后又回到艺术界（他于1999年创办了苏富比的电商公司）和绘画领域。2001年，为利用电信领域的咨询专长，墨菲特跳槽到华尔街的桑福德伯恩斯坦公司做分析师。自那以后，他一直做分析师。比起含糊的预测，墨菲特始终更信赖确凿的经济学分析，这为他赢得了尊重：在过去的11年间，墨菲特有长达9年时间（巨大的时间跨度）都是华尔街首屈一指的有线电视分析师。

2006年，墨菲特以第一作者的身份撰写报告，彻底推翻了对“掐线”现象的分析。这份题为“哑管悖论”的报告首先阐述了传统观点。“互联网视频即将大获全胜。视频领域不再有有线电视运营商的一席之地。用户通过网络获取内容，使用自己的媒体中心PC，只为自己想要的东西买单。有线电视运营商提供的只是一个连接而已……他们不过是个哑巴管道。”他写道。对许多投资者而言，“这是最糟糕的情形”。

接下来，他话锋一转，开始反驳这些传统观点，用一系列图表、数据和设想的情形（包括在难以理解的经济学术语中）来解释为什么“哑管”也许并没有那么糟糕。

墨菲特疯了吗？有线电视运营商怎么可能在损失60%收入的同时还有利可图呢？

除了报告的技术方面，墨菲特的论点出奇地简单。它基于三个假设。第一，尽管在只有宽带视频的情况下有线电视的收入会下降，但有线电视的成本也会降低——付费电视收入里用于购买内容的部分金额庞大且比例在不断增加（占三分之一），但几乎没有任何宽带收入用于这方面（有线电视公司只收取接入费，用户可以随心所欲地串流收看视频）。第二，宽带的资本支出远低于付费电视：宽带没有机顶盒、基于电视网的工程和前端服务器（接收、处理和分发电视信号的设施）。因此，资本能更高效地投入应用。第三，宽带价格有进一步提升的空间，因为在国内的大部分地区，有线电视运营商仍是高速宽带的唯一提供商。【无线和数字用户线路（DSL）提供商只在全国不到30%的地区有竞争力。】而且，价格可以根据需求来制定：如果对带宽使用量大的用户收取更高的价钱，那么收益将进一步增加。

这三点——获取内容的成本低，资本支出少，价格有上涨空间和实施价格歧视的可能性，使墨菲特得出了一个“明显违反直觉、赤裸裸地违背共识”的结论。他写道，“哑管”的经营情况“实际上要好于今天的有线电视行业”。

墨菲特的假设没有一个有争议。他的数学运算简单明了。他的论文的所有内容几乎都得到了业内人士和观察者的广泛认同。但在当时，他的结论是独树一帜的。他回忆道：

回想起来，我的分析也许本不该引起人们的惊讶。我认为它听上去如此违反共识的原因在于，人们听到“哑管”这个词时总是立即就对它形成一个概念，没有人会认真考虑它究竟指代什么。它听上去就像个坏东西，所以，你只消说一句“这玩意儿会变成哑管”，就能轻而易举地把有线电视贬低成一只垂死的媒体老恐龙。这份报告的真正贡献是说出：“你必须好好想想，‘哑管’的经营情况是否真如它的名字所暗示的那样不堪。”

10年来，我一直尝试解释，有线电视公司的本质不是媒体公司。它们卖的不是内容，它们在本质上是基础设施提供商。一旦你从这个角度去考虑，就更容易明白它们不会被网络媒体的崛起扼杀。认为有线电视终将被网媒摧毁的论调有点像是在说：“我们正从燃气汽车过渡到电动汽车，所以我们以后用不着路了。”这样的推论显然不合逻辑。

内容提供商把其业务狭窄地界定为内容生产是一回事，分发商认为其未来必须依附于内容提供则是另一回事。这是一个更极端、更隐蔽的“内容陷阱”版本。它部分来自我们使用的语言：把“哑巴”管道与“增值”服务对比一下就看得出来。之所以说墨菲特的分析给了有线电视供应商希望，是因为他说：“在某种程度上，我给了它们谈论它们当中大多数公司直觉上理解、但难以表达清楚的事情的语言。10年后，我仍时常听到人们谈论这份报告。”

到2016年，一些规模较小的有线电视公司已经主动掐断了“内容线”，从付费电视服务转向宽带业务。它们呼吸得更自在了。

电视行业的"窗户"关上了吗？

"点单"服务和"掐线"现象已足具挑战性，但它们只是一个更大威胁的征兆，这个威胁就是网飞。成为数字视频光盘（DVD）租赁界的宠儿后，网飞又在2007年瞄准了迅猛增长的流媒体视频市场。从表面上看，这是对电视业的巨大威胁，注定要像网飞击败百视达那样把电视业的在位者送上西天。你如何与一个完美定义了何为"颠覆性技术"的东西竞争？研究颠覆的专家们想必无从作答。

然而事实证明，电视业的对策不止一个、两个，而是三个。

第一是认识到网飞内容授权策略的漏洞。2013年，Starz把给网飞的内容价格提高了10倍，暴露了网飞对购买传统有线电视公司的品牌内容的依赖。

第二是价格歧视。墨菲特预测的"基于使用量的定价模式"（按宽带使用量向用户要价），不仅能从个人业务中获利，还能从流媒体提供商那里分得更大一杯羹，因为后者的业务全部依赖于宽带接入。网飞一家占用了黄金时段全部互联网带宽的大约35%，但它没有为此花过一分钱。

第三是电视业巨头策划的"阴谋"。2009年，时代华纳CEO 杰夫·比克斯（Jeff Bewkes）宣布了"电视无处不在"战略：时代华纳的有线电视用户可以在任何设备上访问电视内容，无须额外费用。这似乎是个与网飞等低价宽带视频服务对抗的明智举措：通过不额外收取视频内容费用，时代华纳希望留住付费电视用户，同时一举削弱流媒体提供商的实力。

价格歧视与电视一宽带捆绑正是后来令《纽约时报》付费墙大获成功的策略。而它们早先在这里取得了成功：2013年8月，网飞与Starz协议失败，导致其股价在9个月的时间里从300美元暴跌至58美元。这样看来，人们完全可以制定策略对付这些"颠覆者"。

然而，仅仅过了3年，情况便大大不同了。网飞打了个漂亮的翻身仗，市值从30亿美元猛增至400亿美元。基于使用量的定价模式面临越来越多的监管障碍，"电视无处不在"的计划从没真正起步过。发生了什么？制定高明的策略是一回事，全力以赴把策略漂亮地执行出来则是另一回事。

由于种种原因，有线电视公司对价格歧视的尝试一个个戛然而止。决策不当是原因之一：早先在得克萨斯州奥斯汀市，时代华纳有线推出基于使用量的定价方案后不久，就遭到这座科技重镇的博客圈的强烈抵制。意想不到的阻力是另一个原因：在奥斯汀的对抗情绪蔓延到罗切斯特、纽约后，当地政客意识到了消费者的不满，继而推出多部法案，宣布基于使用量的定价方式违宪。

还有一个更基本的原因，那就是有线电视公司往往经不起高价的诱惑，却对更为合理的差异化定价置之不理。时代华纳有线没有对低带宽用户降低价格、对高带宽用户提高价格，而是全面提高了价格，用墨菲特的话来说就是："从现在每月40美元的价格开始，在此基础上按使用量收取费用。"结果，"等待顾客的只有大棍，没有胡萝卜。基于使用量的定价模式被认为是'试图占每个人的便宜'"。

那么"电视无处不在"计划的情况又如何呢？业界的注意力早就被别的好东西吸引走了。对内容提供商来说，好东西是向网飞提供"长尾"内容（大多被束之高阁的归档节目）以赚取快钱的机会。这本身不是什么坏事。正如墨菲特观察到的，"没有人会放弃付费电视订阅，因为你向网飞授权的不过是些《瘪四与大头蛋》之类的旧剧集"。但卖完了旧内容，提供商就会把新内容拿出来卖，因为它们已经对授权收入产生了依赖，而唯有继续卖下去才能维持这部分收入。"数字版权费就像强效纯可卡因一样，让网飞从一只羊变成了一头狼。"墨菲特如是说。

数字授权的诱惑也与各家有线电视公司努力在自己的地盘上扩大规模有关。2014年，康卡斯特宣布了与时代华纳有线的巨型合并计划，拟定金额高达450亿美元。此举招致消费者和监管部门的审查，最后导致计划流产，"使行业监管加快了10年"。

价格歧视和捆绑并未失灵。它们发挥了作用，先前也是奏效的。加拿大领先的有线电视公司Rogers推出基于使用量的定价模式后，令网飞陷入被动局面，促使后者对基础设施和流媒体质量进行变革，结果反而给Rogers的增长制造了更大的麻烦。有线电视公司的定价模式在一些重要方面不同于美国电话电报公司（AT&T）和威瑞森早先在无线领域成功推出的基于使用量的定价模式。在电视业，内容公司和分发公司都是东敲一棒、西打一耙：被短期的授权收入所诱惑，最后反而做大了流媒体提供商的实力；被高价所诱惑，最后反而引发消费者的强烈抵触；被巨型合并所诱惑，最后却难逃合并流产、基于使用量的定价模式难以为继的下场。它们被树木诱惑，但忘记了整片森林。

大众联系

网络不仅可用来消费内容，还可用来创作内容。众包、用户生成内容和用户贡献网络早已变成司空见惯的名词，但它们对内容行业的未来意味着什么，却是个争议激烈的问题。很多观察者对日益涌现的来自大众的内容嗤之以鼻，而有些人则认为它们终将取代传统创作的内容。

卡尔姆·拉卡尼（Karim Lakhani）是一位研究大众的学者。他在这一领域已有10余年之久，先是在麻省理工学院（MIT），后又到了哈佛商学院。几年前，他做过一场报告，介绍一些组织如何利用所谓的“大众”智慧解决科学问题（如InnoCentive公司的“解决者社区”，其用户范围几乎覆盖全世界每个国家，到2015年，用户数高达50万）。报告结束后，一位听众邀请他向其团队进一步阐述他的研究。这个听众就是国家航空航天局（NASA）首席医疗官杰夫·戴维斯（Jeff Davis）——用拉卡尼的话说就是，“那个让宇航员在太空中活下去的家伙”。

拉卡尼去休斯敦与戴维斯的团队分享了他的研究。之后，他们商定尝试用众包方案解决NASA已努力解决了几十年的问题——执行太空任务时携带的医药箱怎样打包最好。正如拉卡尼描述的那样：

这个问题很重要，因为火箭无法将整个医院急诊室运载上去。太空医药箱受质量和体积的限制，把它送入太空每公斤成本高达1万美元左右。此外，还必须弄清楚每次任务的特征和机组人员的健康情况会导致哪些不同的结果：有人可能摔断手臂，还有人可能食物中毒。你必须针对此类意外制作一个优化的医药箱，以最大限度地减小从太空撤离的可能性。好笑的是，人们在太空中仍受《职业安全与健康法》（OSHA）的约束，它规定，如果一个劳动者生了病却没有得到治疗，就必须把他送回家。

为解决这一问题，NASA在定期为用户界面、标志设计等任务举办在线编程竞赛的Topcoder平台上举行了为期两周的比赛，奖金2.5万美元，参赛者超过400人。由于有的选手输入了多个答案，因此最终提交的总代码逾2000个。

NASA根据两个标准给提交上来的方案评分。拉卡尼解释道："任何医药箱的设计都会有发生撤离的概率因子，即根据模拟任务数据集，医药箱无法解决某一偶然事件的可能性。另外，给定任务所受的限制，计算出医药箱最优构成所耗费的时间也是重要的考量因素。"比赛结果令人大吃一惊：最佳方案胜过了NASA计算的概率因子。至于耗时，NASA团队的算法通常需要3个小时才能得出答案，而获胜方案仅需30秒。

时任国际空间站医疗硬件负责人的巴拉·雷恩（Bara Reyna）说："坦率地讲，比赛结果让我们彻底惊呆了。"这次尝试产生了持久的影响。NASA资助创建了哈佛—NASA锦标赛实验室，用以进行类似的众包尝试。与此同时，哈佛医学院的研究人员也对基于大众的尝试产生了浓厚兴趣，决定在Topcoder上进行免疫基因组学的类似尝试。他们也运用客观的评分算法，将方案完成某个基因测序任务的准确度和解决问题的耗时作为考量因素。奖金为6000美元。

这场比赛将一个具有高度特殊性的免疫基因组学问题重新表述为一般的计算科学问题。参加比赛的122人共提交了约650份答案。"其中的最佳方案比国家卫生研究院（NIH）的方案和哈佛内部开发的方案都更准确，而且快了一个数量级，"拉卡尼说，"这里面有很多方案出自没有医学研究背景的人。他们有学数学的，有学计算机科学的，还有学别的专业的。"

这些尝试不是依靠大众创作短视频或博客之类的简单内容，而是让大众去解决顶尖研究人员已研究多年甚至投入毕生精力钻研的问题。然而，大众却表现得更好。这究竟意味着什么呢?

一种观点认为，大众将取代传统的生产方式。如今，依赖大众的模式已是数字领域的常规做法：人们在推特和Facebook上发表意见，在YouTube上创建视频，在谷歌上评估内部项目，在维基解密上揭露秘密，在Kickstarter和GoFundMe上筹措资金。此外，人们还借助大众的力量搜寻有用信息，这类应用对几年前的《卫报》尤为重要，当时《卫报》的新闻编辑部依靠读者对成千上万份有关英国议员费用报销的文件进行筛查，辨认渎职行为。内容创作可以在越来越多的地方调动大众的力量，同时大众的创作质量必然会不断提升——从这个角度来看，很难不认为大众是内容创作的一种强大模式，预示着内容创作的广阔前景。

但也有一种较为悲观的看法认为，大众生成的内容虽可能是一流的，但这种情况很少。拉卡尼等人指出，大众的价值体现在发掘不同信息类型的能力，亦即“利用差异”的能力，而这种特质通常为狭隘地依赖于专家群体的传统模式所缺乏。但批评者说，大多数基于大众的网站上的内容，平均看来仍在标准之下，绝大多数从未被人读过或看过。而向大众开放后不可避免地会出现网络破坏分子和网络喷子，其又进一步破坏内容质量。《卫报》称之为“愤怒的时代”，《经济学人》则戏称之为“用户生成的不满”。

上述两种观点完全对立，但它们都是从内容质量的角度来评估大众模式的前景，而都漏掉了真正的问题。通常情况下，质量不是正确的衡量标准，联系才是。

将大众联系在一起，有不同形式的机遇和挑战。第一个挑战是创作好的内容，继而吸引人们阅读并分享——通常是基于大众的模式的首要目标。“它的目的是建立社群，在用户之间传递信息，”阿尼尔·达什（Anil Dash，互联网最富经验的博主之一，已写了17年博客）最近告诉我，“如果你认为社群是大众，你注定要失败。”

《露天看台报道》也许永远都赶不上ESPN，《赫芬顿邮报》和BuzzFeed也可能永远不及《纽约时报》出色。然而，到2011年，《露天看台报道》成为仅次于ESPN的访问量的第二大体育网站，而BuzzFeed和《赫芬顿邮报》的读者数量也超过了《纽约时报》——这些机构的成功从来都是以分享而非以内容为前提。珍妮特·巴利斯（Janet Balis）是《赫芬顿邮报》的前发行人，她向我描述了这家报纸真正的创新之处：“驱动《赫芬顿邮报》增长的主要因素，是它对Facebook、推特等社交网络和搜索所带来的流量的利用能力。过去，新闻惯于将人们带到‘事件’当中；而现在，你得把‘事件’带到人们那里。这完全改变了新闻的传播模式，宣告了门户时代的终结。过去，新闻的定位在轮毂上；但现在，人们却在轮辐上消费。”

有种时髦的观点认为，这些网站的增长原因是它们开放大众参与内容创作，欢迎所有人贡献内容，并依靠一大批博客写手的支持。但事实并非如此，分享才是秘诀所在。内容一旦被分享出去，人们贡献内容的动力就会随之增强，从而形成积极的联系或反馈环路。不然，大众很快就会消失。

“人们需要相信，他们的贡献如果不能像NASA那样发挥作用，也迟早会被发现。”阿尼尔·达什告诉我，“但众包的新闻报道往往像是给人们布置家庭作业：‘跟我们说说市议会会议上都发生了些什么。’结果是，大多数人都不想去参加那些会议——你想让他们给你做家庭作业的企图，他们分分钟就能嗅出来。”

内容易于分享，既有好处，也有代价。2013年，波士顿马拉松爆炸事件发生后，嫌疑犯是布朗大学学生的谣言如野火般蔓延开来。有害的“导火线”也能传播开来。像对付刻薄言论和破坏分子那样，我们面临的挑战不仅是建立积极联系，还要预防消极联系。

只关注用户贡献、不重视用户联系，是众包模式常犯的第一个错误。第二个错误则更为基本：认为只要向大众“开放”，就能产生内容。

维基百科也许是全世界被研究得最多的众包组织。“关于它的论文已经超过了6000篇。”由软件开发转行而来的社会科学家（现任华盛顿大学教授）的本杰明·马可·希尔（Benjamin Mako Hill）说，他个人的博士论文也位列其中。然而，在刚开始研究维基百科的成功时，马可·希尔注意到了一些有趣的事实：维基百科并非第一个依靠志愿者运营的在线协作式百科全书。实际上，在2001年维基百科推出之前已有过7次类似的尝试，但没有一次能望其项背。维基百科容纳的条目数量超过500万篇，而其他一半的项目只有不到50篇。

自12岁起，马可·希尔就开始开发开源软件。他说，当时经常面临惨淡结局的并非只有在线百科全书，“所有免费开源软件的贡献者数量的中位数是一。我们平时只谈论维基百科、Linux或Apache这样大型、成功的项目，但其中绝大多数项目从不调动任何人贡献内容”。

研究成功的开源项目是有用的，但要理解这些项目成功的真正原因，就必须同时对失败的项目加以研究。“这是常见的选择偏差问题。”马可·希尔说。这便是有关成功CEO的研究都无法提供多少参考价值的原因：观察到的特征，如成功的领导者是有感召力的，或受数据驱动的，在那些未被研究的失败的CEO身上也可能很常见。

那么，为什么相似的项目失败了，而维基百科却成功了呢？马可·希尔提供了几个解释。

第一，你必须明确地告诉大众你想要什么样的内容。人们普遍认为，维基百科的出现就是为了取代百科全书——这是错误的。维基百科的创始人比那些失败项目的创始人更希望重新打造百科全书，而且明确地传达了这一目标以及由此产生的方针：观点不偏不倚，只涵盖重要主题，禁止原创研究，所有内容都必须列明来源。其他项目则过于宽泛，因而不够明确。其中一个名为“Everything 2”的项目致力于成为“灵活的网络数据库”“发现存储和联结想法的最佳方式”。当一个贡献者问“什么是‘一切’[①]”时，它是这样回答的：“你觉得‘一切’是什么，‘一切’就是什么……它没有确定答案，也不抱任何成见，只待你的参与。”另一个项目的贡献者则对是否可以加入虚构材料有疑问，结果，这个项目的一个发起人说：“我们有成堆成堆狗屎一样的内容。”讽刺的是，狭窄的目标反而让维基百科吸引到了数量最多的贡献者。

第二，你必须让它容易操作。相比于其他项目，编辑维基百科几乎不费吹灰之力，任何人都可以做这件事。你无须登录、注册账号或学习超文本标记语言（HTML）。一位专家说，你可以“顺道过来编辑一下，然后再无关联”。而其他项目都存在一些明显“阻碍用户贡献”的方面。

当然，简化内容贡献的操作也能产生事与愿违的后果——吸引来的贡献者不理想，造成混乱、破坏行为或冲突。

这引出了第三点要求：去芜存菁的机制。因为任何人都可以贡献内容，所以维基百科需要一些方法来解决冲突、防止破坏并移除不值得发布的贡献内容。

它是个什么样的机制，取决于你想吸引哪些人以及实现什么样的目标。这是

①即项目名称中的“Everything”之意。

种极易被破坏的微妙平衡。规则过于宽松会招致破坏和冲突，过于严苛（如对账号、注册或邀请的硬性要求）又会赶跑有价值的贡献者——其他项目对这点已深有体会。

维基百科的规范是逐渐出现的，并且是为了解决由早期规范引发的具体问题而制定的。维基百科的条目不属于任何人，因此任何人都有编辑条目的权利。如果你不同意某一处编辑，你可以与编辑在线聊天解决问题。做不到这一点，用行话说叫参与了“编辑战”，就会有管理员介入（管理员的资格就是根据以往贡献授予的）。如果你反复回退冲突方编辑的内容，你会触发一个标示（称为“3RR”或回退不过三原则），不仅会引来其他编辑，还可能招致封禁。维基百科训练ClueBot等算法运用贝叶斯定理“学习”人类的编辑模式，如果你的编辑具有冒犯性（比方说，添加了像“脑残”这样的词语），就会被算法自动删除。如果一篇条目标有已验证的钩号（表示通过了彻底审查），你就无法在上面插入编辑。即使是没有这类标记，很多条目也被活跃的编辑者标记了，这样一来，如有人做出编辑，他们就会获得自动通知。

想象一家新闻机构没有等级制度，没有编辑的筛选过程，在贡献操作方面几乎没有障碍，并且每一个贡献都立即发布。按照人们的预想，这会是一个充满错误的产品，一项被破坏分子摧残得面目全非的事业，以及一个冲突此起彼伏的环境。维基百科了不起的地方，不是它的条目有时出现错误，而是这些错误的传播范围不足以影响整个事业的根基。它以某种方式实现了完美的运转。

人们很容易将维基百科视为大众的奇迹——在那里，由于某种莫名的原因，破坏分子克己慎行，良者驱逐劣者，集体利益神奇般地战胜个人利益。这只是一种民间传说。事实上，维基百科的成功得益于它逐渐形成的复杂的规范、准则和算法系统。这些规范与传统内容机构没有太大区别，但不同的是，维基百科的决策权不掌握在一小撮人手中：没有一个编辑拥有否决权，没有一个人高高在上地“坐在权力顶端”。规范的制定和监督都由集体完成。

类似的问题也存在于网上论坛，是网上论坛常常遭遇失败的原因。开放评论是件好事，但除非评论易于搜索，否则用户就会感到沮丧而一去不返。允许“不合适”的人参与进来，或不让发表不适当评论的人承担任何后果，那么整个过程就会遭到破坏。达什说："YouTube建立评论系统，就是给别人制造痛苦的，这方面它简直完美。"这是一个消极联系的问题。

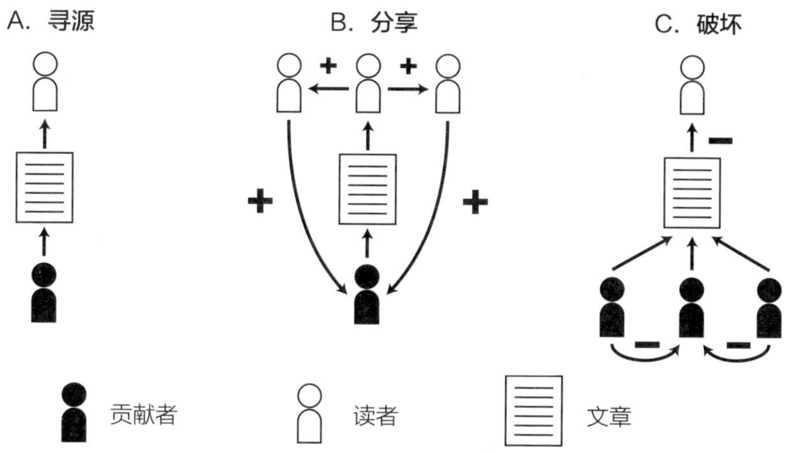

图7　大众与联系

在这个问题上，企业能做的事情很多，却不去做。几年前，达什写了一篇有关监控发帖的帖子。以下是他的一些忠告：请真人监控评论；明确社群规范；要求用户提供可追究责任的真实身份，不实行匿名制；运用技术识别和阻止不良行为；在评论审核上投入精力和金钱。这些事没有多么高深，但正如达什所言，大多数网站的做法与之截然相反——在审核方面毫无作为。其中一个原因是认为审核有悖于开放原则，但这个逻辑是有缺陷的。毕竟，就如达什所写的那样："经营游轮的企业必须买救生用具，卖酒的公司必须避免孩子接触到酒。"达什这篇帖子的要点就在它的标题里："如果你的网站上全是浑蛋，那只能怪你自己，怨不得别人。"他最近详细阐述道：

社群审核被视为一种交给初级员工——通常是那些工资微薄、默默无闻、频繁流动、毫无机构记忆的实习生，去做的低层次的工作，因而这些人遭遇失败也就不足为奇了。另一个原因是企业使用的指标。多年来，成功的唯一指标是评论数。它很容易测量，但相比活跃用户，它更看重独立用户，而这是最糟糕的建立社群的方式。想想看，如果你经营的社群中心人们去过一次就不再去，会是什么状况。如何维持评论系统运转良好的问题早就得到了解决，只不过企业不愿照着要求做罢了。

这才是关于大众的真正教训：仅仅“开放”还远远不够。“很长一段时间以来，”达什继续说，“人们对乌托邦式的赋权存在这样一种观念，即只要没有掌管者，一切都会变得美好起来。但实际上，事情会不可避免地越来越糟，直至崩溃。”

换句话说，大众需要管理。与任何一家机构内的贡献者一样，大众也需要筛选、激励和组织。最重要的是，你必须把他们联系起来。

Interpedia与维基百科差不多同一时间成立。二者都是在线项目，都是协作式平台，都依赖于志愿者，都意欲打造一部百科全书。但正如马可·希尔所言，二者存在一个重要区别：“Interpedia的设计鼓励人们合作创建百科全书，但每篇条目却又是个人编写的”，而维基百科的设计则鼓励人们互相编辑对方贡献的内容（见图8）。这个区别很小，却很重要，因为它是利用大众创作内容与认识到将大众创作的内容联系起来之必要性的区别。

Interpedia存在期间只吸引到400个贡献者，完成了不到50篇条目。

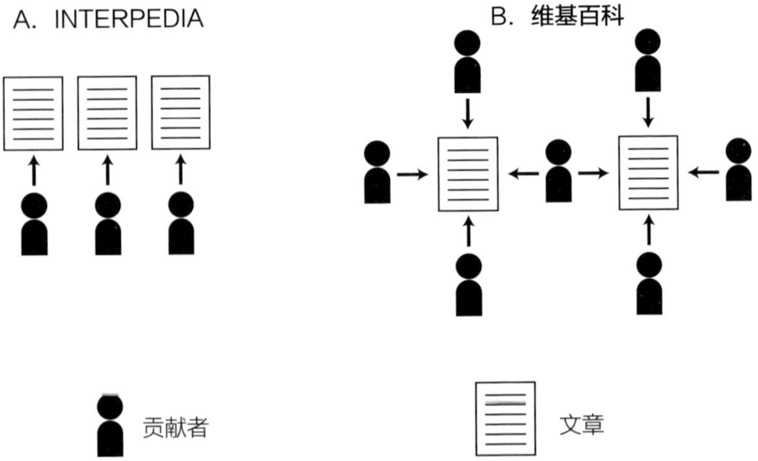

图8　Interpedia与维基百科的对比

《赫芬顿邮报》、BuzzFeed等类似网站的强大之处，在于人们可与他人分享彼此贡献的内容。维基百科的强大之处不仅在于任何人都可以贡献，更在于人们可以改进他人的贡献，同时破坏行为还得以抑制。而NASA式基于大众的尝试之所以强大，不是因为任何人都可以贡献，而是因为它们的目的在于筛选出合适的贡献。

无论哪种情况，真正的力量都不来自单纯地利用大众创作内容——这么做本身也很少成功，而来自对联系的优化。

将大众作为内容创作模式的观念不过是另一个版本的“内容陷阱”罢了：它认为，只要向大众开放，大众自会到来，稳健的内容生成模式自会产生。仅仅允许每个人参与内容创作是远远不够的，你还要确保吸引到合适的贡献者，让他们相互联系、彼此分享，建立正反馈联系而不是负反馈联系。将大众视为创作内容的新方法也许令人兴奋不已，但若不能保证满足合适的条件，你一样会重蹈覆辙。

基于成本的联系

Kindle给出版界点燃了一把大火

2007年，没有哪个事件对图书出版业的撼动能与亚马逊推出Kindle相提并论。11月19日，亚马逊CEO杰夫·贝佐斯召开Kindle发布会。他邀请了出版业的代表出席会议，世界最大的大众出版商兰登书屋（现为企鹅兰登书屋）的高级主管玛德琳·迈金托什（Madeline McIntosh）便是其中之一。她是这样描述听众反应的：

> 贝佐斯在台上从头到尾把这款新设备的功能讲了一遍。到那会儿，我们大多数人还都觉得，电子书不过如此。我们出于礼貌参加亚马逊的发布会，但并没抱很大的期待。虽说Kindle的产品功能和电子书数量很是惹眼，但它不是便宜货。它看上去是个相当专业的产品。然而，之后发生的一幕我永远忘不了——贝佐斯宣布，《纽约时报》畅销书售价仅为9.99美元。所有观众都倒抽了一口气。我们实在不知道该作何感想了。

突然间，出版商有很多要担心的事。纸质畅销书的最终消费者折扣价是15—20美元，但亚马逊放出的9.99美元炸弹比最初看起来的破坏力还要强，因为这一定价不仅适用于畅销书，还适用于一大批书籍（与苹果歌曲定价0.99美元如出一辙）。不仅如此，亚马逊还决定按纸质书价向出版商支付每本十二三美元的费用，这意味着它每卖出一本电子书就要亏一些钱。亚马逊宁愿承受短期损失也要确保获得市场成功的做法相当于提醒出版商：不要对未来有太高期望。它们相信，一旦

Kindle流行开来，亚马逊就会要求不一样的条件。

新闻来得既快又惊悚。《新闻周刊》的封面报道“重新发明书籍”称，“在一个出版业饱受挑战，与电视、吉他英雄和人们在黑莓手机上消磨的时间进行较量的转型时期”，Kindle不啻“一座里程碑”。阿歇特图书集团美国公司董事长兼CEO戴维·扬（David Young）如是描述了出版商的心情：“如果让‘一本书价值10美元’这样的观念在消费者心中生了根，那么在我看来，这个行业就完了。”Kindle出现前，出版商已经在应付利润率下降的问题了。如果图书价格下降50%，他们该如何生存呢?

与这些看法相反，事实上，如果世界上卖的全是9.99美元的电子书，出版商可能照样过得很好。原因是如果纸质书消失，大量成本也将随之消失。出版商无须付印刷费用，不用承担书没卖出去被零售商退回的成本。总之，印刷、制作和退回的成本平均每本大约3美元。此外，出版商不需要仓库来存放图书，也不需要运输图书，这样每本书又省了2美元。线上零售商产生的成本不会有实体店那么高，这样平均每本书又省了10美元成本。技术可能会产生一些新的成本，但与省下来的实体成本相比，还是小巫见大巫。把所有这些节省项加起来，你就会清楚地意识到，以每本10美元的价格卖电子书仍然可以保持出版商和零售商目前每本约1美元的利润水平。

对于电子书带给出版业的慷慨馈赠，我们唯有惊叹！迈金托什等许多出版人当时都意识到了这一点。“如果市场完全数字化，”她最近告诉我，“从经济上来看可能格外有利，因为你可以除掉很多成本。数字变革能带给我们很多利好消息。”

成本的这些经济学意义并非出版业所独有。类似的成本节省同样适用于其他类型的媒体内容。数字新闻的制作成本只占报纸制作成本的一小部分，如2012年《纽约时报》花费约6亿美元用于印刷和制作，而在全数字化的出版业里，这些成本将统统消失。数字音乐文件的制作和传输成本只占CD的制作和销售成本的一半以上，而这要再次归功于在制造、分发和零售店上节省下的大量成本。

但是，这让我们陷入了一个看起来令人困惑的境地。数字内容本该在哪些地方给传统媒体企业招来灾祸呢？又是什么原因让那么多出版商谈“数字”色变呢？答案不是他们不能或不愿想象一个全电子化的出版业，而是与几乎所有内容企业的一个共同点有关：制作和分发内容的固定成本。

为什么固定成本很重要？让我们回到之前的分析。假设世界上仍有一些书以纸质形式出售，其中一家出版商只有一部分（比方说30%）传统业务被电子产品抢去。即便纸质书的单位销量下降了30%，但纸质书的固定成本——印刷厂、仓库的成本和配送、分发成本，仍维持在很高的水平（当然，像编辑和设计这样的成本，电子书也有，但这不足以掩盖固定成本的问题）。这个纸质、电子并存的出版业面临着令人窘迫的经济难题：你仍须承担纸质业务的全部固定成本，业务量却只有过去的70%。因此，纸质业务即便只有小幅缩减，利润率也会急剧下降。

所以说，电子产品影响销售纸质书的利润率，不是因为它们抢走了纸质书的市场份额，而是因为在电子书销量不断增长的情况下，固定成本的存在使企业难以逐步缩小纸质书的基础设施规模。企鹅兰登书屋CEO马库斯·杜乐盟（Markus Dohle）将这个问题总结如下：

> 纸质书价值链的很多环节都存在固定成本，如制作部门、制作支持部门和配送中心。因此，如果印刷量下降，每本书的成本就必然上升。在这个世界，如果纸质书在电子书变得越来越重要的情况下依然构成出版业的一部分，我们就得同时维持两类书的基础设施的运转，哪怕在50年后也是如此。

人们往往把数字技术对内容企业构成的挑战归因于三个因素：传统产品遭到数字产品的蚕食，在任管理者因骄傲自满而拒绝拥抱新技术，数字化使内容的经营情况逐渐恶化。当然，对那些希望开辟数字之路的企业来说，这些因素确实起不到什么好作用，但出版商先前的经营情况凸显出一个更重要也更隐蔽的作用力——固定成本。

与很多内容企业一样，图书出版商面临的难题跟电子书价格比纸质书低50%没有多大关系，也不是数字产品赚不到钱——全电子化出版业的经营情况是强劲稳固的。真正的问题是如何让出版业从纸质书、电子书并存转型为全电子化，而且问题的全部原因在于，出版商的成本结构大多是固定的。

管理从传统到数字的转型，也就是管理者杜乐盟所说的“两类基础设施”并存的世界，似乎对在位者（指已在经营的企业）比对新进创业者（指尚未经营的企业）问题更大。这么说没错，但只是暂时正确——一旦创业公司“长大成人”，这话就不正确了。如果你从无到有开启一项新业务，就不会被传统架构所累；但如果你从现有业务拓展到新业务，就会深受传统架构所累。里德·哈斯廷斯（Reed Hastings）比谁都清楚这一点。他曾被《公司》杂志评为过去10年十大CEO之一。在网飞的经营重点还是DVD租赁的时候，他似乎在管理公司方面驾轻就熟。但自从开始同时经营DVD租赁和流视频两类业务的那天起，一个个重大难题和疑问就浮现出来了。应以怎样的速度逐步缩减核心业务？新旧业务应整合到何种紧密程度？2011年，哈斯廷斯遵照普遍做法，试图将这两类业务完全分开，随后却陷入了痛苦的挣扎。从2010年7月至2012年1月，网飞市值暴跌80%。

这便是《纽约时报》虽从付费墙获得了可观回报，却依然没有脱离困境的原因。在全电子化的出版业里，印刷、分发和仓储不复存在，每年节省的成本超过5亿美元；但在一个纸质出版物仍未消失、规模很小的“混合”出版业里，管理固定成本的问题依然存在。

固定成本与用户联系

顾名思义，固定成本不随顾客数量的变化而变化。几乎一切内容行业都存在固定成本。无论印刷50份报纸还是1000份报纸，印刷和制作的成本都是固定的；一档电视节目无论拥有10万观众还是100万观众，制作成本都是一样的。电影和杂志亦如是。

由于这个原因，固定成本把用户“联系”在了一起。在固定成本高的行业里，服务单一顾客所带来的利润与服务其他顾客所带来的利润紧密相关。这意味着，你不能孤立地去看每个得到或失去的用户，因为他们影响着所有其他用户带来的利润和损失。在固定成本高的行业里，100个顾客里只流失3个，都可能让你全部的利润灰飞烟灭。这便是想拥抱数字技术的媒体企业所面临的主要问题：既不是顾客正成群结队地逃离传统内容，也不是新的数字产品远远胜过传统内容，而往往是它们必须承担固定成本。

固定成本创造的用户联系，与我们见过的其他联系形式有所不同。固定成本产生的联系，涉及业务的成本结构，与顾客偏好、定价或行为无关。但是，管理固定成本的重要性不亚于其他方面。

在《正在消失的报纸》一书中，菲利普·迈耶（Philip Meyer）预言，最后一位读者将在2043年停止阅读纸质报纸。幸运的是，这个预测并非无懈可击。但就算报纸真的消失了，报社的价值也会在那发生之前早早地降为零。如果纸质读者的数量低于一定水平，再继续维持印刷厂、新闻编辑部和销售队伍的运转就没有任何好处了。固定成本给正在走下坡路的内容企业制造了一个临界点：哪怕只流失（很小）一部分顾客，也可能是压垮企业的最后一根稻草。

类似的效应在其他普遍存在固定成本的行业中也发挥着作用：我们立刻会想到航空公司、酒店和零售店。“9·11”事件发生后的第二年，空中交通量下降了大约6%。这个降幅足以使大多数航空公司陷入亏空。如果酒店的入住率由90%降到80%，那么这一降幅足以让它们关门大吉。零售销量只降几个百分点，很多零售商就会破产。

无论是哪种情况，固定成本都使由微小因素引发的下滑势头像野火一般蔓延开来。需要管理的地方也正在于此。

管理固定成本的一堂课

管理固定成本的问题并不新鲜。我们可以从这方面管理得当的企业中学到很多东西。让我们来看看过去50年来最成功的一家公司，它的成功得益于固定成本管理的原则。

从1978年至2015年，沃尔玛股价的累计年增长率超过21%，几乎高于任何一家公司。它的一些做法是众所周知的：首先在农村地区（而非城市）开店，将门店相对紧密地集聚在一起（比塔吉特等竞争对手要紧密得多），在20世纪90年代初进军食品杂货业，广告远少于任何一个竞争对手。

乍一看，这些决定都没什么道理可言。在农村开店意味着顾客较少；门店集聚意味着商店互相抢生意；进军食品杂货业会让利润降低——超市的竞争是出了名地残酷，利润是出了名地微薄；很少做广告也意味着顾客更少。

但如果从高固定成本的角度去看这些决定，就会呈现出一番不同的景象。

折扣零售业从根本上说，是固定成本很高的一类业务。沃尔玛约有三分之二的成本是付给供应商的货款（称为“销货成本”，英文缩写为COGS）这类可变成本。其余大多为固定成本：开店或租地的资本支出，以及仓库、卡车和IT系统的成本。传统观点认为，沃尔玛的制胜秘诀是降低COGS——尽量跟供应商压低货款。但事实并非如此。靠降低COGS获胜是很难的，它需要经历艰苦的谈判过程。沃尔玛的成功秘诀在于，它能以一种独特的方式有效地管理固定成本。

让我们再来看一下沃尔玛的选择。在农村地区开店或许会遭遇客流量少的挑战，但也正是这个原因阻止了许多竞争者进入这一市场，使沃尔玛能够将固定成本分摊给没有多少对手争夺的顾客群；门店集聚可让更多的门店分摊沃尔玛的固定仓储成本；销售牛奶等易腐食品也许获利微薄，但通过吸引顾客更频繁地光顾并顺道购买其他产品，沃尔玛能降低它的收支平衡点；很少做广告或许意味着新顾客较少，但沃尔玛承担得起不搞、不宣传促销活动的代价：减价促销往往用于清理积压商品，但沃尔玛固定成本很高的IT系统可使库存一直保持在最低水平。

沃尔玛的成功不（只）来自独特的文化、物有所值的商品或强硬的谈判代表，而在很大程度上缘于比竞争对手更高超的管理固定成本的能力。

固定成本通常与实体企业有关，但也适用于数字公司。我们以亚马逊为例。

人们很容易认为，相比实体零售商，亚马逊的优势是它的便利：足不出户即可在线下单。但这也带来一个劣势：要等待更长的时间才能拿到购买的产品。亚马逊1997年开始运营时，送货大约需要7天时间，比开车到最近的巴诺书店慢大约6天23个小时。这远远超出了大多数顾客的接受范围。

为了缩短送货时间，亚马逊开始建立配送和仓储设施。到2015年，它拥有50多个物流中心，相当于数十亿美元的资本支出。它创造了庞大的固定成本运营体系——造价昂贵，但有利于规模化。随着亚马逊的发展，它的成本优势也越发明显。到2002年，亚马逊每增长5000万美元，单位成本就下降约30美分——在微利行业里，这是一项实质性的优势。

10多年来，亚马逊管理固定成本的模式一直与沃尔玛出奇地相似。2002年，亚马逊推出了自己的门店集聚方案——亚马逊集市，邀请其他零售商付费使用它的网站和物流中心。这样做的风险是自身销售额受到影响，好处却是将固定成本分摊到了更大的产品体量上。

从2001年到2006年，亚马逊推出沃尔玛式的IT战略，增加了对IT服务器的投资，在美国各地建立了200多万台服务器。为了将庞大的固定成本分摊出去，它向任何有使用意愿的人开放了服务器和云端。到2013年，亚马逊成为云计算领域的前三名。它之所以能获得这样划时代的成就，不是因为云计算是它的核心业务，而是因为它充分利用了服务器的固定投资，给顾客提供比同类企业更快、更好的在线体验。

2007年，与沃尔玛进军食品杂货业相仿，亚马逊涉足流媒体视频内容业务。这是个极具挑战性的领域，需要花大价钱向好莱坞制片公司获得内容的再分发权。但与沃尔玛的“牛奶”极为相似的是，流视频内容的目的是吸引更多用户更频繁地购买亚马逊的设备、访问亚马逊的电子商店。在为金牌会员推出流媒体视频后，用户总消费额增加，亚马逊的固定成本得到了进一步的分摊。

沃尔玛和亚马逊的故事看似不同，但它们管理固定成本的模式却惊人地相似。将固定成本分摊到更大的产品体量、更多的产品类别或门店，然后找到新的收入来源以减小固定成本负担。对于任何一家经营高固定成本业务的公司，成功都取决于这些策略的执行。

这些原则也适用于衰退中的市场，现如今，内容行业大多在走下坡路。在这一背景下，管理固定成本不是件愉快的事。一个自然到近乎本能的反应是削减成本（往往是裁员的委婉说法），但一些媒体机构采取的策略要有趣且有效得多。

分摊固定成本：内包

自2008年电子书爆炸式增长以来，图书出版商一直在承受纸质书的固定成本负担。顾问和行业专家给出的最常见的建议是清除自有资产和固定的基础设施——通过把印刷和分发环节外包出去，使固定成本变为“可变成本”。

这是个合理的建议，但企鹅兰登书屋这家出版商却偏偏反其道而行之。它没有把固定成本变为“可变成本”，但加大了对纸质书的投资力度。为什么？“当纸质书仍占据你80%的业务时，放弃纸质书就是危险的。”杜乐盟说。迈金托什补充道：“数据清清楚楚地显示，电子书的增长率已经趋平。说实体书正在复苏是错的——实体书从未消失。纸质书依然非常强大，甚至仍占据主导地位，而电子书早期的指数式增长已不复存在。”

企鹅兰登书屋的基本观点是，在合适的时间、合适的门店提供合适的实体书本的需求不会迅速消失。通过加大对纸质书的投入，书屋更加重视培养快速补给零售商的能力。杜乐盟说：

我们比从前更重视即时响应、快速运送图书的能力。如果缺货，包括亚马逊在内的零售商都会不高兴；而如果能比别人更迅速地重印、分发、补货，就不仅仅是服务水平高了，更是让零售商赚到更多的钱——积压更少，退货率更低，图书送抵时间更快，收益自然就增加了。它为我们提供了赢得市场份额的机会，因为很少有出版商在这方面能管理得很好。

发现企业走下坡路时，管理层的通常反应是：怎样才能丢掉纸质业务？怎样才能把固定成本变为可变成本？怎样才能解决这个问题？我们的做法与之完全相反。我们把这叫作“你东我西”：所有人都往东走的时候，我们偏要向西走走看。

在几年前由上任CEO推行的策略的基础上，杜乐盟采取了更进一步的做法：

我们要做别人的外包合作伙伴——很多出版社都想把它们的固定基础设施清理掉，把分发环节外包出去。而我们要把这做成一项事业，为我们的非竞争对手提供这项服务，增加公司的营收和利润，并使库存量保持在稳定的水平上，以控制每本书的成本。

听起来是否有些熟悉？企鹅兰登书屋的“内包”做法简直是亚马逊集市和配送策略的翻版。大量投资固定成本以抢得优势，再把负担同时分摊到自己和别人的业务上。第三方出版商的收益给公司带来了数百万美元的年收入——对于一家纸质业务长期下滑的出版商而言，已经是个不赖的结果了。

寻找新收益：印度星空卫视《真理战胜一切》的求索之路

2012年，印度星空传媒推出了一档全新的电视访谈节目——《真理战胜一切》。节目选择了极具天赋的宝莱坞演员阿米尔·汗（Aamir Khan）担任主持人，但在内容上则走了另一个方向——不做俗套的娱乐，而把重点放在了残杀女婴、家庭暴力、不容异己等犀利议题上。印度此前从未播出过类似的节目。CEO乌代·香卡（Uday Shankar）告诉我，节目的定位是“不尖锐、无偏见”。“节目播出的那段时间，城市中上阶级的犬儒倾向越发严重，印度的伟大经济梦想陷入停滞，政治更是比以往任何时候都显得肮脏。印度媒体变得精于算计，浅薄无知，对严肃议题漠不关心。这个节目做了大量的调查，内容真实、权威而不轻浮。”

节目的制作过程很复杂，花了将近两年时间才正式推出。而且，由于漫长的制作时间和阿米尔高昂的酬劳，节目的成本也十分庞大。

这件事怎么做才划算呢？“因为有这样的内容，因为阿米尔，也因为我们自己，”香卡说，“我们力争最大限度地提高节目的到达率。”为实现这个目标，星空用印度方言给节目配了音并在印度的几个方言频道播放。然后，它更加大胆地在政府广播频道Doordarshan同时播放节目。香卡如是讲述了其中的逻辑：

> Doordarshan很兴奋，因为这样的内容已经很久没有播过了，我想它甚至不可以有这样的内容。与政府渠道打交道，财务问题可能会变得非常复杂。我们希望保持节目概念的简单性。所以我们告诉他们：你们一分钱也不用付给我们，我们免费提供给你们内容，但你们在节目上卖的所有广告要跟我们对半分。

多年来，有线电视和广播电视被视为竞争对手。广播电视的到达率更高：收看广播电视的家庭约占全部家庭的88%，而有线电视只占45%。现在，星空正跨越这一鸿沟，努力增加营收。“由于我们把内容放在了别的平台上，营销和品牌团队感到有些不满。”香卡说道。但努力还是得到了回报：《真理战胜一切》的观众数远远超过了星空单独播放所能达到的数量，而且还分得了Doordarshan一半的广告收入。到达率和影响力也扩散到了社交媒体：为将在电视上开启的对话延续下去而设立的网站，在12集节目播放期间创造了超过10亿的曝光量，这个数字不亚于世界上任何地方的任何一档节目。

“很明显，这是个双赢的局面。Doordarshan只付出低廉的代价就获得了高品质的招牌内容，这对他们来说是净赚。我们提高了我们的到达率，利润也得到了重要补充。”香卡说，“扩大到达范围和试播范围、共享营销收益的策略是对完全由我们承担的固定制作成本的一种处理方式。”

如果不能减少成本，那就增加收入。这个公式看似简单，却很难运用得当。

就电视业而言，星空与Doordarshan的合作方式很不寻常。一直以来，独家播放是电视业的惯常做法。事实证明，好莱坞制片公司几年前就在一种类似的模式上发现了价值。如今电影业普遍存在的“联卖”策略，兴起于20世纪90年代。随着国际上对好莱坞影片需求的增长，制片公司开始与国际分销商达成交易，分摊前期的制作和营销成本。“窗口化”策略甚至可追溯到更早时期。那时制片公司逐渐意识到，以多种格式重新发行电影——比方说先在美国上映，再到国际上映，接着发行DVD，最后在付费电视和广播电视上播放，每次发行的时间都经过精心安排，以减少与上一次发行的重叠——可在固定成本不变的情况下使收益大幅增加。

回到印度。《真理战胜一切》进一步激发了印度电视市场的商业创造力。星空随后又与Doordarshan就三档节目达成了类似协议。索尼娱乐电视和Colors卫视进一步试探边界，将黄金时段的电视剧在电视首播后的30分钟内放到YouTube上免费播放。香卡认为这只是个开始：“技术正在瓦解线性的广播电视，类似的事情只会越来越多。我们必须想出更多类似的举措来管理固定成本、提高到达率、扩大试播范围。对于人们在如何划定业务边界这个问题上的普遍看法，我们必须加以质疑。”

减少固定成本——策划新闻

提高收视率和收入是行业下滑时管理固定成本的一种方法。虽然媒体机构竭尽所能地降低固定成本，但做到这点可能比管理固定成本还要难。只要问问那些经营美国电视网的人就知道了。从高成本、有剧本的电视剧转向低成本、无剧本的真人秀，是广播网出现的一大趋势。对报纸而言，降低成本的难度更大。

与杂志不同，日报是突发新闻的发布窗口。突发新闻意味着混乱：截稿时间、最后一刻的茫然、仓促写就的报道。成本也因此增加：新闻编辑部必须在最后一分钟拥有足够多的资源，才能确保内容按时产出。经济学家把这叫作“高峰负载问题”。（高峰负载问题在其他领域也很常见，特别是电力市场，在一天或一个月的各个时间段可能会出现大量不可预测的需求变动。工厂需要足够的发电能力才能满足高峰负载需求。）问题是，一旦满足了峰值负载需求，你就制造了过剩产能，增加了非高峰期的成本。

随着电台和电视进军新闻市场，报纸就不再承担报道突发新闻的重任了，但大多数报纸的新闻制作模式仍未改变。Schibsted旗下的《瑞典日报》（SD）就在努力改变这一点。

SD是瑞典第五大综合性报纸。与现今所有报纸一样，SD面临着内容的质量和数量都未下降却必须削减规模的挑战。2011年，SD认识到它“需要换一种思考方式”，Schibsted的董事长欧勒·雅各布·桑德（Ole Jacob Sunde）最近告诉我：“他们问：‘我们什么事能做得比别人好？’答案是：我们无法告诉人们发生了什么——我们要告诉他们为什么发生。但要做到这一点，我们必须策划好正在做的事情。”

新闻通常被认为是不可预测的事件，因此，新闻策划看上去有些自相矛盾。面对争分夺秒赶稿件、24小时连轴转的工作状态，谁还有时间搞“策划”呢？对这一点的争议引出了Schibsted CEO罗尔夫-埃里克·里斯达尔所说的“第二个至关重要的意见”：“大多数时候你完全可以在前一天知道接下来可能会有什么样的新闻话题。除非是地震或恐怖袭击之类的突发事件，否则新闻其实是很好预测的。所以，与其不加干涉地对各种可能性保持开放，不如提前两三天策划好报道内容。这样一来，报纸的制作就会容易很多。”

桑德回顾了业界对这个想法的反应：“《卫报》总编辑阿兰·拉斯布里吉（Alan Rusbridger）在第一次听到这个想法时难以置信，于是让他的团队真的计算了一份常规报纸有多少篇报道与过去24小时内发生的新闻有关。他们惊讶地发现，非常非常少——多达70%的新闻都是早就知晓的。”

这便是促使SD的新闻制作模式向所谓的“策划新闻”转变的原因。策划新闻的核心是按速度将新闻工作与新闻编辑部分为两组：快组和慢组。Schibsted的斯维勒·芒克说：

慢组做的是禅宗式新闻。新闻报道提前1—3周策划，头版提前7—10天策划。快组则更为传统：快节奏，争分夺秒赶截稿时间。报纸做调查类新闻向来步调缓慢，而现在他们将这种模式推广到了日常报道当中。他们有两个组、两类编辑和两种模式。

核心之处不仅仅是减少记者人数，更是将记者的输出沿时间铺开。这不禁让人联想到沃尔玛将仓库成本分摊到集聚门店上的策略。策划新闻不仅能减少记者人数，还能提高工作效率，记者写作的数量和质量都得以提升。芒克描述了准时交稿制与策划新闻之间的巨大差距：“准时交稿制造成了更多的错误、更糟的设计、更差的灵活性、更高的成本，使编辑的把控作用形同虚设，员工熬夜办公成为家常便饭。关键是，做出来的新闻还是老一套。”与此相反，通过提前策划，“你的时间更充裕，研究工作做得更充分，能做更多调查类报道，也能得到在新闻事件突发后5分钟就截稿的情况下得不到的那些图表和丰富的多媒体材料”。

策划新闻取得了显著的成效。

以前，大约90%的报道都是截稿前一个小时所有人手忙脚乱仓促完成的。这太低效了。如今，约有50%的选题在午餐时间就已经准备就绪。记者比以前更快乐，能准时回家陪家人。报社成本也降低了50%以上。

中国式联系：腾讯

而我们一切探索的终点

将是到达我们出发的地方

并且是生平第一遭知道这地方。①

——托马斯·斯特尔那斯·艾略特，《小吉丁》

让我们回到中国的腾讯和最初的谜题：如何靠免费即时通信业务缔造一家千亿美元的企业？

腾讯可谓你可能从未听说过的最有趣的互联网公司。对于它的成功，以下提供了一种观察角度：

表6　Facebook与腾讯的简单比较

指标	Facebook	腾讯
首款产品	社交网络	即时通信
用户数量	超过10亿	超过10亿
年收益（2015年）	约180亿美元	约160亿美元
市值（2015年4月）	超过2000亿美元	超过2000亿美元
广告收入占比	超过95%	不到20%

①汤永宽译本。

如何在尽量避免广告营收的前提下建立一家像Facebook那样的高市值企业？如何在一个普遍被认为是在线领域最难啃的一块骨头的市场上说服用户为在线产品和服务买单？

这些问题的答案不是利用网络效应、理解价格歧视、管理固定成本或为用户内容建立平台，而是所有这些做法的结合。腾讯把用户联系当成整个战略的重心，它对用户联系的重视程度或许甚于任何一家公司。

即时通信大概是你所能提供的最简单的媒体产品。它的内容由用户自己提供（消息），你只需提供一个供他们交流的平台即可。一旦有了用户，启动就容易了，规模化就更易如反掌了。原因在于，IM业务具有很强的网络效应。随着用户数量的增长，平台对任何单一用户的价值都会增加，因为他们可以与更多用户进行交流。对IM平台而言，只要获胜，就一定是大获全胜。

IM的问题是，它是典型的免费产品。一旦用户习惯于免费获得某样东西，想变现就难了。

而这便是腾讯开拓新领域的突破口。它给用户提供了个人网络身份——然后再对此收费。它起步时毫不起眼。1998年，95%以上的中国家庭没有机会使用个人电脑，因而也没有自己的电子邮箱。腾讯给了他们人生中第一个网络身份——最典型的就是注册QQ（腾讯旗下平台）时获得的一串数字。

八位数的普通号码不容易记忆，因此，用户很快产生了对高辨识度号码的需求。连续的（如2345678）、相同的（所有数字都一样）或对称的（正读反读都一样，如9888889）号码连同那些具有特定含义的数字迅速流行开来。与此同时，这些号码开始在二级市场上转手，要价高昂。例如，89975（大卫·贝克汉姆的结婚日期前面加上中国人的幸运数字8）在一次拍卖中以近1000美元的价格成交，而腾讯CEO的号码88888甚至卖出了3万多美元的天价。其他号码的价值则体现在它们对用户的个人意义上，如与生日或手机号码相匹配。

随着QQ的增长，身份选项的菜单也越发丰富多彩。腾讯先是允许用户给自己的号码添加卡通人物式的图标（图标菜单有几百个选项），接着在2002年推出了简单的小人形象作为用户的虚拟替身，名为“QQ秀”，是腾讯的第二大产品（这些形象叫作“avatar”，该词源自梵语，字面意思是“神的化身”，更通俗地说就是“显灵”）。QQ秀有数百种造型可供选择。随着越来越多的用户涌入QQ，使用QQ秀的人也越来越多。

心理学家和社会学家认为身份是关系的重要锚点。身份可以是个人的（自我形象、尊重、个性），也可以是社会的（反映一个人相对于其他人的位置）。许多日常行为——在餐厅吃饭、买车、穿着打扮，既有个人成分，也有社会成分：它们让我们快乐或有助于自我形象的塑造，而且可以让别人知道我们是谁。我们的穿着（阿玛尼还是A&F）、饮食（法式大餐还是埃塞俄比亚料理）、阅读（格里森姆还是格拉德威尔）、观影（电视剧还是纪录片）、听音乐（朋克摇滚还是放克流行），都传递了我们的关系身份，这里仅举几例。

人们最初认为匿名性是互联网的一大好处。用户可以在无人知晓自己身份的情况下进行交流。人们可以发表意见、发送客户投诉或发起草根运动而不必担心遭到报复或惩罚。但随着人际沟通和社交网络的发展，一个有趣的事情发生了：关系身份在网络世界变得与在现实世界一样重要。

腾讯第一个高明之处，便在于它早早认识到了这一点。随着腾讯IM平台用户数量的增长，用户越发渴望将自己与数百万其他用户区别开来。

为了能让用户“与众不同”，腾讯发掘了更多的替代品。用户可以给自己的虚拟形象搭配各种元素，如一张更开心的脸、一款不同的发型、一顶颜色更鲜艳的帽子、一个古驰包，每个元素收不到1美元的少许费用。2003年，只有不到10%的腾讯用户购买了这些提升形象的元素，每人每年的消费额约为5美元。但由于用户基数庞大——10%的用户就高达3000多万人，创造了1.5亿美元的总收益，以及制作一个虚拟古驰包的成本与制作一个虚拟无牌包完全相同（零成本），售卖虚拟小人形象的利润是蔚为壮观的。

这是最简单且最强大的价格歧视。腾讯不需要人人都去买高级QQ秀。事实上，它不希望每个人的QQ秀都是高级的——这样的话，用户之间反而不好区分了。

1974年，未来的诺贝尔奖得主、彼时哈佛大学的年轻经济学家迈克尔·斯宾塞（Michael Spence）在其著作中论述了信号的价值与传递方式。他指出，信号的力量——无论有关身份、能力还是其他个人属性或行为，不来自信号本身，而来自其他人使用相同信号所要付出的高昂成本。因此，“聪明”的学生借大学学位传递他们的智力水平，不是因为教育必然提供特殊的知识，而是因为完成毕业所要求的课业须付出巨大的努力，成本之高足以起到区分的作用。企业借广告传递它们的高档品质，不是因为广告必然带来巨大的收益，而是因为低档企业负担不起高昂的广告费。

腾讯认识到，虚拟商品能起到强大的信号传递作用。在虚拟世界购买昂贵的古驰包与在现实生活中拥有真的古驰包具有相同的信号传递效果。这一简单的直觉使腾讯开始重新思考自身业务和利用用户联系的可能方式。如今，腾讯已远不止是一个交流平台——它本质上是在售卖身份。

到2003年，成立3年的腾讯已开始盈利，毛利率高达65%以上。2004年6月，腾讯成为中国第一家在香港证券交易所上市的互联网企业。

从网络内的联系到网络间的互联

腾讯很快拓展到了其他早有企业进入的领域。2003年，腾讯进军网络游戏市场。尽管比中国最大的两家游戏开发商盛大和Sino晚了两年，腾讯还是成功了。

腾讯能取得胜利，并不是因为它的游戏胜人一筹。与微软20年前相对苹果的优势一样，腾讯的优势来自其现有的强大网络。它利用自身的IM平台对游戏进行交叉推广——用户可直接从他们的IM屏幕启动游戏，而不是被链接到一个单独的网站运行游戏。它把各种服务有效地捆绑到了一起——玩家可在游戏中使用聊天服务，还可导入自己的QQ形象。它将IM产品所拥有的强大网络优势转移给了其他产品——只需点击一下按钮，用户就能把他们的社交图谱从QQ导入腾讯游戏，邀请朋友一起玩。

在赢者通吃的市场里很多公司苦求而不得的目标，腾讯却一一实现：它成功地在IM、游戏、微博等不同产品之间建立了联系，使每个产品都依赖于用户间的联系。它实际上是将优势从一个网络转移到了一系列相互联系的网络。

为将优势变现，腾讯再次诉诸价格歧视。它借鉴韩国游戏公司开启的潮流，免费提供游戏，但对能增强游戏体验的功能收费。

思考一下“付费跳过”功能。玩游戏让人沮丧的一点是停在初级阶段无法进阶。之所以出现这种情况，通常不是因为玩家缺乏进阶的能力，而是因为他们缺乏进阶的时间。在这一背景下，威力巨大的虚拟宝剑就成了完美的价格歧视工具。硬核玩家不需要这些东西，但业余玩家，特别是那些抽不出更多时间，但花得起钱的人，却会迫不及待地抓住这样的机会。

这有点像迪士尼乐园的快速通行证，而且只会比它更好。1999年推出的新版快速通行证允许游客绕过长长的队列，直接进入迪士尼的热门景点。好处是可以节省大量时间，但问题是，在当时，任何人都可以免费获得快速通行证（尽管数量有限），而使用快速通行证绕过队列的游客不过是增加了别人的等待时间。相比之下，虚拟宝剑不是免费的，也不会对其他参与者造成高昂的外部成本。

10多年前，本·克莱克（Ben Colayco）成立了游戏公司Level Up，这家公司位于菲律宾，业务扩展到印度和巴西后，其49%的少数股权被腾讯收购。克莱克向我描述了游戏内虚拟商品的发展历程：

虚拟商品在21世纪初还不成气候。亚洲的游戏大多是付费PC游戏，韩国游戏就属这类，中国企业仿效了这一潮流，我们也一样。每个游戏的定价大致相同，所以能否赢得较量，就看谁有最好的内容。

但随后，中国游戏开发商盛大推出了免费游戏，彻底改变了游戏规则。“这看上去太疯狂了，”克莱克回忆道，“大家都说盛大疯了。除此之外，它还是一家上市公司，需要现金流。然而，6个月内，整个行业也跟着这么做起来了。”

免费游戏对每个人都是好事。用户想玩多久就玩多久，还不用付费。那些想给游戏体验增加点花样的人可以花钱购买。克莱克回忆起公司开发新“产品”的过程：

我们设置了一些怪物强大到打不死的情节，然后开始卖幸运药水。我们设计了抽奖模式：花1美元可得10瓶药水——你有机会买一件能增强战斗力的物品。我们出售的物品能增加自我表现、增强用户体验和参与度或提升玩家认可度——它可以是一件漂亮的虚拟衬衫，也可以是一把威力巨大的宝剑。在一次拍卖会上，我们以3万美元的价格卖掉了一把虚拟宝剑。

在用户看来，这就是花钱买你想要的东西。这个玩家可能玩1个小时花20美元，那个玩家可能玩8个小时也分文未出。我们正努力把价格与付费意愿匹配起来。

与其他游戏开发商一样，腾讯也提供了所有这些优点，甚至更多。21世纪初，它又走了高明的一步棋——开发自己的虚拟货币。用户可使用Q币（一种只能购买腾讯平台上商品的货币）购买腾讯各个产品的附加功能（委婉地叫作“增值服务”）。“汇率”名义上设定为1∶1，即1元人民币（约合15美分）购买1Q币。用户也可通过延长游戏时间或提高游戏成绩来赚取Q币。腾讯再一次诉诸价格歧视的手段，允许用户拿时间换金钱。

Q币的一个奇怪特征是它的不可兑换性：一旦买入，就不能再兑换成人民币。为什么会有这个奇怪的特征呢？回想一下，联系的力量不仅仅来自联系的建立，更来源于联系的占有。一旦建起某个网络，你就必须确保你是唯一的受益者。不可兑换性能确保用户留在腾讯的产品体系当中。

为了简单地阐述这个想法，我们来看看好莱坞。《小屁孩日记》的主角是个叫格雷的小屁孩，包括他哥哥罗德里克在内的其他人都不太喜欢他。他的母亲有个看似绝妙的想法：

妈妈：你们两个人的事已经非常失控了。你现在可能还没意识到这点，但有个弟弟是你生命中最重要的关系之一……所以你们要相互了解，多待在一起。所以，我想出了一个奖励你们相处的新计划。我把它叫作“妈妈币”。

罗德里克的反应很自然：你打算用假钱对付我们吗？

妈妈：你每跟格雷待一个小时不打架，比方说，你给格雷上一堂打鼓课，你们两人就各赚一个“妈妈币”，然后你能用它换1美元真钱。我先给你们每人5个“妈妈币”。如果你这会儿是个聪明的孩子，你就该想办法多攒些“妈妈币”。

罗德里克：我现在能换成真钱吗？

妈妈：罗德里克，如果你存起来——

罗德里克：我只想知道能不能。

妈妈：能，不过——

罗德里克：那我现在就要换钱。

妈妈别无选择，只得遵守规则。她把罗德里克的5个“妈妈币”兑了现。此时，罗德里克找到了一座金矿。

创造不可兑换的货币，无论是虚拟货币还是“妈妈币”，可能是个好主意。但如果允许用户拿它兑换真实货币，那么用户拿钱做什么、何时做就都不是你能掌控的了。

拉斯维加斯最大的赌场哈拉斯赌场也有过跟罗德里克的母亲类似的经历。哈拉斯首次推出的“当天现金返还”计划，每天结束时将顾客当天投注的一小部分返还给顾客，以期激励顾客回访。然而，这一计划却招致适得其反的结果。赌场常客欢迎现金返还，但他们再次光顾哈拉斯并不比去其他赌场更频繁。于是哈拉斯转而推出忠诚度计划，只奖励回访客——相当于不可兑换的代金券。该计划取得了巨大的成功。

虚拟货币的起源可追溯至更早也更传统的一个游戏平台——查克芝士。它的创始人诺兰·布什内尔（Nolan Bushnell）是电子游戏界的老手，电子娱乐业的先驱雅达利就是他创办的。查克芝士是一家经营儿童游戏厅的公司。布什内尔发现，把孩子吸引进门是很容易的，但让他们再次光顾却很难——直到他想出了代币的主意，情况就不一样了。代币是玩家玩游戏必须购买的伪币，不可退还。用户可凭借出色的游戏表现赢得门票，门票不能兑换成现金，但可以换取塑胶环这样的小玩意儿。结果，在游玩结束时，孩子大多发现自己带回了一大堆什么都兑换不了的代币或门票，于是不得不再次光顾。查克芝士的营业额因此大幅增长。

查克芝士代币预示了网络虚拟货币和它吸引顾客再次光顾的强大威力。

凭借虚拟货币，腾讯找出了一种不仅能让用户付费，还能把他们留在平台上的方法。但对用户而言，虚拟货币有一个缺点：有时你会积攒起一些你并不需要的“假钱”。这使虚拟货币出现了一些意外的发展动态。到21世纪头10年末期，腾讯的平台在中国的流行程度之高，甚至导致了二级市场的出现，用户可以在这些市场用未使用的Q币兑换现实中的产品，如服装、理发和化妆品，实际上创造了一个平行经济。一些企业家甚至建起了虚拟的“血汗工厂”，雇年轻人玩游戏、赚Q币，再把Q币卖给别人，美其名曰“打金”。由于注意到Q币的价值大幅逼近人民币，中国央行很快介入，限制用虚拟货币交换实体商品。这类交易威胁到了国家的货币供应。

从2003年到2013年，腾讯推出了一系列令人眼花缭乱的产品。一个是2005年推出的QQ空间，它是一个为用户提供更多自我表现和娱乐机会的社交网络和门户：用户不仅可以发博客（这点类似Facebook等平台）和现实生活中的图片，而且可以建造配有个性化家具和装饰品的虚拟家园，还能用流媒体收听音乐（这比Facebook整合Spotify早了5年）。在这里，腾讯的成功秘诀仍然是，这些功能可以极其容易地连接到腾讯的其他产品——IM可以在QQ空间内打开，互为好友的用户可以听对方播放列表上的音乐，用户的QQ形象会在好友的页面上自动更新。照例，某些基本功能是免费的，但附加功能，从个性化家具、装饰品到背景音乐，则需要购买。短短几年内，QQ空间的活跃用户就超过了1.5亿人。

腾讯以类似的方式推出了更多产品，包括IM群组（用于多人聊天）、聊天机器人（在用户找不到人聊天的时候派上用场）、语音QQ（将用户QQ号与手机连接起来）、雅虎式的门户网站和推特式的微博。每个产品都推出得很晚，都比早期的领先者落后了2—5年。但每一次，腾讯都充分利用了自身优势——对现有用户群进行交叉推广，导入现有网络，与现有产品捆绑，用虚拟货币变现。几年来，它稳居市场份额的领先地位。

2005年推出的简单小游戏QQ宠物也是个极具启发性的例子。用户可以领养包括狗、猫、企鹅在内的虚拟宠物，并和它们玩耍。虚拟宠物与现实世界的宠物有很多共同点：它们都需要食物、饮料和关爱（游戏中的衡量标准是陪伴时间和一起做的活动）。QQ宠物的发展势头非常迅猛。与往常一样，它的诀窍是不断吸引宠物主人回到游戏中来。在这一点上，它的做法十分高明。未得到照顾的宠物会显得闷闷不乐或病恹恹的，而买虚拟药品可以彻底改变这样的状态。更重要的是，用户可以认识其他宠物主人，与他们分享信息或连接起来给宠物安排一起玩耍的日子。宠物排名和“宠物爱情指数”同样引发了大量讨论。

游戏创造了惊人的收入。要获得宠物食品、带宠物度假或装饰宠物的房间，宠物主人必须用Q币购买。用户可以用信用卡、通过零售店或凭手机账户花一元人民币购买一个Q币，还可以通过游戏活跃度和技巧赚取Q币。两年内，腾讯的游戏总收入突破了4000万美元。而且，游戏收益是高度可预测和可控的：如果在季度末低于目标，游戏经理只需增加生病宠物的数量就好了。

到2013年，腾讯90%以上的收益来自对用户的直接收费，只有10%来自广告——这与Facebook形成了鲜明对比，后者几乎完全是反过来的。这一差别对经营有着现实的影响。Facebook拼命寻找富有创意的广告形式，但很多情况下是对用户的骚扰，而腾讯则几乎不存在这种冲突。依赖广告主的公司始终要想办法减少或管理用户与广告主之间不可避免的消极联系，而腾讯的商业模式却能使其专注于对积极联系的利用。

由于国内互联网市场相对封闭，因此腾讯、阿里巴巴、百度这三大中国互联网公司的成功很容易被忽视。诚然，三家公司都从市场的封闭中获得了好处，但这无法解释它们的成功。毕竟，国内的数百家互联网公司多年来一直想方设法推翻它们的领导地位。腾讯的成功也不能归因于时髦的产品、具有中国特色的规范标准和虚拟货币的独有特点。这一狭隘视角忽略了那些实际发挥作用的范围更广的商业原则，包括网络、捆绑、平台和价格歧视。这些观念适用于所有领域，本章的很多其他故事也印证了这一点。

微信：新的前沿阵地

到2011年，作为中国领先的互联网公司，腾讯市值突破1000亿美元大关，成为全球第三大互联网公司（仅次于谷歌和亚马逊）。然而，尽管成就斐然，它仍存在一些问题。即使是在中国用户向手机大举迁移的浪潮中，腾讯也未转型成为以移动为中心的企业。它虽在印度等中国以外的地区拓展过业务，但收效甚微。此外，由于阿里巴巴主导了国内电商市场，腾讯进军电商的步伐仍然不够坚实。

经过长达10年的扩张，腾讯的战略核心依然是用户互联与信息沟通。它接下来的动作再次充分利用了这一点，并有望一举解决那些棘手问题。2011年3月，腾讯推出新产品——微信（英文名由WeiXin改为WeChat），使腾讯迈向了新的高度。

微信的创始人张小龙毕业于久负盛名的华中科技大学，拥有电信硕士学位。张小龙不是个典型的腾讯员工：他住在广州，远离公司总部所在地深圳和北京，远离腾讯的核心地带。即使在他开发的首款产品Foxmail被腾讯收购之后，他也不愿意离开广州。QQ邮箱的出现比对手晚了整整5年，却后来者居上，超越了中国所有的邮箱类产品。腾讯主要的技术工程师之一Dylan Zhang简明扼要地概括了QQ邮箱成功的原因："它速度更快、更可靠，用户友好性也做得很好。"当然，能利用腾讯自身的网络优势，也令QQ邮箱如虎添翼。公司创始人马化腾从很早起就开始大力推广这款邮箱。但正如Dylan所说："它的优势不只体现在网络，其产品本身就极为出色。它必须出色，因为对大多数已经有邮箱的人来说，转换到新邮箱要付出巨大的成本。"

据Dylan透露，到2010年，张小龙有了"倦怠感"，但移动市场的一些新情况又引起了他的注意。首先是当年推出的一款名叫Kik的产品。Kik是一款免费的移动短信软件。它只需要无线网络，不需要移动通信服务，因此用户不必支付流量费用。一时间，山寨产品层出不穷。

张小龙重新走马上任。他组建了一个五六人的小团队，给马化腾发了电子邮件，并在6个星期内开发出了一款与Kik类似的产品。2011年3月，微信正式推出。"它在当时并不成功。"Dylan如是说道。微信没有什么特别之处，无法与别的免费短信软件区分开来。

但是，微信激发起了腾讯内部的热情。10多年来，移动版QQ一直由单独的团队管理。它的成功几乎完全仰赖于与本地电信运营商（中国移动等强势公司）的收益分配，运营商从QQ用户短信收费中获得的收益，腾讯分40%。而现在，免费的短消息产品威胁到了移动QQ的收益来源。这是典型的"自相蚕食"场景——只不过，它是发生在互联网公司内部，而非传统公司内部。

张小龙决意与微信继续前进。更重要的是，马化腾也决心满满。2012年12月推出的版本2是一款不同的产品。不出意料，它的核心功能还是受用户联系驱动。马化腾先是确保新产品可通过无缝登录获取QQ庞大的用户群。你可以接入现有的通讯录，可以免费给别人留语音消息，还可以建立群聊。

Dylan描述了他眼中微信成功的真正原因及其对腾讯的意义：

它是移动先行的，这与腾讯之前的做法都不一样。在设计特征上，它与基于PC的产品有着微妙而重要的差别。在PC上，你可能在线，也可能离线；但在手机上，我们得假定你总是在线。所以张小龙做了一个能更快打开微信的设计：每次打开都不必登录，也无须输入密码。在移动设备上，没有人愿意等10秒钟，于是我们把所有东西都缓存下来，以确保没有延迟。另外，群聊也容易多了：在移动QQ，你得先建好群才能聊天，但在微信，你可以一边聊天，一边建群、添加或删除成员，而且任何人都能向群组添加新成员，等等。微信有基于位置的服务——你能找到“附近的人”。还有“摇一摇”功能——当你摇动手机时，它会告诉你附近还有谁在摇手机。这是个很可爱的功能，虽然使用率没那么高，却带来了巨大的口碑。

部门之间的紧张关系发展成了全面的仇恨。“他们恨透了微信，恨之入骨。”但现在已没有什么能阻挡它了。2013年3月推出的版本3引入了更多功能。按照张小龙的说法：“朋友圈功能只手撼动了微博（腾讯旗下类似推特的产品）的根基：它允许你上传照片，评论好友的照片——唯一区别在于，你的评论是私人的，只有你的直接好友能看到。这是它与微博和Facebook的最大区别。用户会有一种掌控感。”

微信不断有新功能添加进来：首先是新闻服务，然后是二维码——用户通过微信的“扫一扫”扫描条形码，然后在腾讯的电商平台上点击一下，即可购买产品（有人将此形容为阿里巴巴面临的首个真正威胁）。到2013年，微信用户数超过3亿。同年12月，它进军国际市场，不到一年时间就赢得了近1亿国外用户。

张小龙为人低调，很少公开露面。但在2012年，他罕见地做了演讲，阐述了微信的本质和开发这款基于联系的产品所遵循的原则。值得注意的是，微信的若干功能以三类用户需求为中心：“来自对他人的好奇的需求”“来自自身反馈和朋友反馈的需求”，以及“来自从和他人的互动中找到的让自己感到舒适的存在感的需求”。

TechCrunch 2012年的一篇文章将微信形容为集WhatsApp、Skype、iMessage、Instagram和谷歌圈子之大成的产品。这一描述也许过于溢美，但它指出了腾讯战略的一种有趣的演变。腾讯过往的成功来源于将某一个产品（IM）的网络优势充分运用于包括游戏、新闻服务、社交网络和微博在内的一系列产品的能力，而微信不过是公司多管齐下成功发挥用户联系作用的最新例子而已。而现在，微信将所有这些产品整合在了一起，变成了一个产品。

随着腾讯的发展，它的变现模式也在进化。移动QQ的收益分享取代了QQ秀，虚拟商品、社交游戏和微信又取代了移动QQ的收益分享。把用户联系作为根基的公司很少；坚持认识、创造用户联系并反复将其变现，同时基础产品始终保持免费的公司，更是少之又少。

对在网络化市场中赢得胜利的公司而言，或许最大的挑战是如何再次获得胜利。正如财捷公司的斯考特·库克所言："尽管我们经常称赞那些成功互联网公司的创新能力，但拥有持续创新能力的公司其实寥寥无几。"企业在创新过后，往往会以三种方式转移重点：执着于在新的市场制造具有网络效应的"下一件大事"；将重点从用户体验转移到广告收入，以期将最初的成功变现；淡化对用户行为的深刻理解，而当初使企业获得成功的其实正是这种理解。在这些方面，腾讯是一个异类。当它完成创新时，它极其巧妙地将现有用户联系的优势运用到了新的产品领域；当它赚得收益时，它让用户心甘情愿地为联系的价值买单，而非依赖广告作为新的收入来源；而且，它一次又一次地完善了对联系心理学的理解。腾讯的故事是管理联系之艺术的典范，我们可从中获得很多启发。

创造联系

产品质量、超精准定位、用户个性化和定制是如今获得数字成功的诀窍，但它们可能正是大批企业难以推动数字变革、误判业务面临的威胁、错失良机的原因所在。

这些诀窍往往使企业孤立地理解一个个顾客，不把顾客作为一个组合进行管理，从而错失由此产生的联系。它们让我们以为，内容质量是成功的关键——而实际上，联系才是关键；它们让我们以为，传统的轴辐式营销仍是制胜法宝——而实际上，网络才是法宝；它们让我们以为，传统媒体正受到更优质、更多样的数字内容的威胁，后者正吸引大批读者离开前者——而实际上，固定成本才是真正的罪魁祸首。无论哪种情形，这些诀窍都让我们掉进了“内容陷阱”。

用户联系具有不同的形式：网络效应（如PC之争或新闻分类广告）、偏好联系（如纸质/数字的阅读偏好或宽带/有线的收视偏好）或固定成本（如大多数内容企业）。若能看到这些联系并充分发挥其作用，你就为巨大的成功创造了条件——微软、亿贝、优步、爱彼迎、Schibsted和腾讯已经做到了这点。值得注意的是，这些企业几乎都是在没有内容或产品的情况下就创造了数十亿美元的价值，它们不过是利用了联系的力量。如果忽视了这些联系，你就会付出代价——苹果就曾有20年时间看不到联系的作用，许多内容企业在应对数字威胁时也未能发现联系的价值。

联系解释了为什么《纽约时报》付费墙早期以失败告终，却在2011年大获成功；它解释了为什么有线电视捆绑套餐是一种难以消失的自然力量，为什么它不仅对运营商有好处，而且能让观众受益；它阐明了为什么数字化不是图书出版商和有线电视运营商的真正威胁；它还指明了为什么像腾讯这样的新兴企业能在短短10年内成长为全球最具价值的公司之一。

然而，对用户联系的管理并不是一件自然发生的事情，原因有二：其一，组织的重心往往是产品，而非用户。人们曾以为，报纸的价值在于新闻，有线电视运营商的价值在于渠道，PC制造商的价值在于设备的易用性。但实际上，它们真正的价值来自分类广告、管道和互操作性。其二，人们倾向于将用户个体而非用户间的联系作为分析单位。比起第一个陷阱，这个陷阱要更为隐蔽，因为它往往出现在那些自称或渴望以用户为中心的组织之中。

如果你只着眼于与单个顾客的关系或只关心为每个顾客生产什么内容，你就将错失在一个相互联系的世界中获得成功的秘诀。

成功不仅源于内容的创造，更源于联系的创造。

Chapter

02

演唱会——产品联系

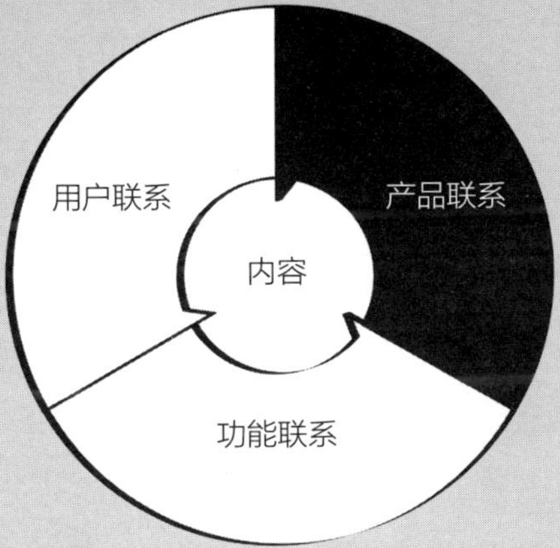

杰里·马圭尔①

时值2000年年初，泰格·伍兹（Tiger Woods）刚刚签了体育史上最大的一笔代言合约，马上将迎来长达50多年的锦标赛连胜纪录。迈克尔·乔丹（Michael Jordan）宣布退役，结束他在NBA辉煌的职业生涯，以一支球队共有人的身份重回篮球运动。韦恩·格雷茨基（Wayne Gretzky）入选曲棍球名人堂，他的球衣号码史无前例地从曲棍球联盟退役，是唯一一位获得这一殊荣的球员。

在这个标志性时刻接连诞生的背景下，《体育画报》发布了“最强体育人物”的年度排名，马克·麦科马克（Mark McCormack）名列前茅。

他是谁?

对麦科马克其人，体育营销领域外的人几乎一无所知。但在体育营销领域内，他却是个神坛上的人物。40年前，这个行业几乎就是由他一手打造出来的。

作为威廉与玛丽学院的本科生，麦科马克曾是一名小有名气的业余高尔夫球手。但发生在他身上的最好的事情，或许就是认识到自己永远比不过职业选手。像往常一样，他在坦率地审视自我后做出了决定：“我毫无胜算。我挥杆不好，算不上好球手。”维克森林大学的阿诺德·帕尔默（Arnold Palmer）是麦科马克的大学同伴兼朋友。即使在开始了自己的法律事业后，麦科马克仍会密切关注帕尔默的职业发展。他意识到，像帕尔默这样极具个人魅力的优秀运动员，不仅有潜力在球场外赚钱（因为他们的代言能提升公司形象），而且有可能将这项运动提高到一个

①杰里·马圭尔（Jerry Maguire），美国浪漫喜剧电影《甜心先生》的男主角，是一位运动明星经纪人。

新的水平。这个简单的观察塑造了麦科马克随后的职业生涯，并给体育营销领域带来了革命性变化。

1960年，麦科马克创立了国际管理集团（IMG），帕尔默是他签下的第一名运动员。“我只能（向帕尔默）做出两个保证，”他回忆道，“第一，如果有不懂的地方，我会告诉他；第二，碰到不懂的地方，我会找懂的人。”在IMG的帮助下，帕尔默的代言收入在接下来的两年里从5.9万美元涨至50万美元。这些代言不仅价值丰厚，而且颇具创意。例如，亨氏每年付给帕尔默500美元外加他消耗的全部番茄酱。帕尔默的成功很快给麦科马克带来了两位新客户：杰克·尼克劳斯（Jack Nicklaus）和格雷·普雷尔（Gary Player）。“很久以后我才意识到，”麦科马克说，“我实际上是对质量做出了承诺。”在接下来的10年中，帕尔默、尼克劳斯和普雷尔三人统治了高尔夫球坛。

麦科马克早期取得了空前的成功，而这些成就也给他打了一针清醒剂。他边思考边说：“巡回比赛的选手有250名，我们三人参赛、三人获胜。这就像是中了头彩……最初的成功实在太现象级了，这让我们难以安之若素，庆幸自己的聪明才智，然后等待好运再次降临……我们绝不可无所事事地坐等下一个‘三巨头’的出现。”

球星管理是个靠天吃饭的高风险行当。一家大型经纪公司可能从数百名年轻球员的幼年起就开始投资打理与他们的关系，最后能有一个成为球星就非常幸运了。而一旦有了盛名，球星就找不到什么理由跟最初的经纪人继续合作。其他经纪人会像狼群一样猛然出现，竭力引诱他们离开。金钱的诱惑难以抵挡；而忠诚，则成了“过时的玩意儿”。

球星客户的流失会使经纪公司付出多大的成本？首先，经纪人损失了从奖金和代言等未来收益里收取的佣金。其次，公司的名声遭到打击，继而对吸引新人造成不良影响。此外，还有为发掘和宣传球星投入的时间、金钱等沉没成本——往往长达10年的投资顷刻间化为乌有。

好像这一切还不够似的，还有一个现实是，大多数经纪合约甚至连投资成本都赚不回来：一个有天赋的12岁球员变成一个球星的概率就跟中彩票差不多大。因此，球星带来的收入不仅有助于经纪公司补偿与球星长期合作期间投入的直接成本，还可补偿在所有没成为球星的人身上投入的成本。

这就是从事球星管理事务的人总说“损失一个球星，你会心烦意乱；损失三个球星，你就有大麻烦了”的原因。

在某些方面，明星经纪行业比其他媒体行业都要脆弱。不同于音乐行业或出版业，经纪公司没有知识产权。如果运动员一走了之，公司便没有任何资产可供变现。建大机构也未必就好，因为个体经纪人完全可以靠某个极具价值的合约独立经营。你总该记得杰里·马圭尔吧？

在如此惨淡的行业背景下，IMG奇迹般地经受住了重重考验。从麦科马克的早期成功开始，IMG发展起了稳定的高尔夫球手客户群，成为高尔夫球界最大的球星经纪公司。接着，它又扩展至网球界，在1968年签下了澳大利亚球星罗德·拉沃尔（Rod Laver）和玛格丽特·考特（Margaret Court）。一年后，它又进军赛车界，签约杰基·斯图沃特（Jackie Stewart）。在接下来的几十年里，它不仅将经纪业务扩展至田径、棒球和橄榄球界，而且开始涉足非体育领域，如时装模特、文学作家和古典音乐家。引人注目的是，每次进入全新的明星领域，它都能迅速跻身于行业顶端。

IMG的故事让人印象深刻，同时也令人费解。一个像IMG这样的组织究竟是如何在如此长的时间里经受住所在行业脆弱的经济情况的？

IMG的故事不仅仅关乎卓越的人际交往能力（尽管麦科马克这方面的直觉是出了名的厉害），也不仅仅关乎艰难的谈判或企业创新。这些因素都能为成功创造条件，但它们难以将成功维系下去。是的，要想理解IMG的成功，秘诀是一条简单的商业准则——管理产品之间的联系。该准则不仅与IMG有关，而且与如今为数众多的行业相关。此外，这条准则还与我们今天在商业社会里遇到的“解除捆绑”“产品焦点”和“核心竞争力”等诸多常见原则格格不入。

理解产品间的联系，要求一个人对媒体公司的成功要素有不同的想法。而一旦理解了产品间的联系，就能明白新兴电视网如何克服既有的产品联系，就能解释过去10年间苹果何以能起死回生、转败为胜，就能弄懂好莱坞与硅谷之间令人不安的“战争”究竟为何。一旦理解了产品间的联系，就能揭示新闻媒体力图整合纸质业务和数字业务的尝试往往不了了之的根源所在，就能了解媒体公司执迷于点击量的实际原因，就能洞察企业在扩张至看似无关的业务领域后往往取得惊人成就的原因所在。

我们先来看看在所有媒体行业里面临最严峻挑战的音乐行业的情况。

音乐行业何去何从？

如今，数字技术对唱片业的毁灭性打击已尽人皆知。互联网似乎能让任何个人成为线上的内容分发者。文件共享技术始于1999年的对等文件共享软件纳普斯特，努特拉、电驴和自由网紧随其后。在纳普斯特推出后的几个月内，音乐文件在线共享进入全盛时期。全球用户在2002年一个星期内发布的文件数量足有10亿之多。

起初，CD销量的下滑速度很慢，在20世纪90年代后期，平均每年下降3%—5%。但到了2001年，唱片业销量一泻千里：CD销量下降5%，其后几年每年跌幅高达两位数。唱片公司的利润暴跌，包括淘儿唱片（Tower Records）、HMV和维珍大卖场在内的主要零售商相继关店或破产。

行业观察者预测，这些变化的冲击将扩散开来，给音乐创作本身带来灭顶之灾。音乐制作人和艺人的收入将因之缩减，反过来又会降低人们制作音乐内容的积极性，使其无论在数量上还是质量上都受到影响。10多年后，诸如“音乐行业已死”“谁杀死了音乐行业？”这样的头条已变得屡见不鲜。

确切地说，这些只是我们从观察者口中听来的。事实证明，虽然上述描述的某些基本事实完全正确，但那些可怕的预测大多是错的。

诚然，CD销量下降了80%以上，唱片公司的利润往往跌幅剧烈，但一些奇怪的情况也开始在音乐行业的其他领域发生。与CD需求下滑相反，现场演唱会票价和演唱会收入出现增长（见图9）。从1981年到1996年，票价的涨幅只能勉强跟上通货膨胀的步伐。但在20世纪90年代末文件共享领域爆炸式增长之际，演唱会价格却也急剧上涨。1996年至2012年，演唱会价格的增长速度是通货膨胀率的3

倍。一个主流艺人一场演出的平均票价在1981年只有13美元，而在2014年则高达71美元。

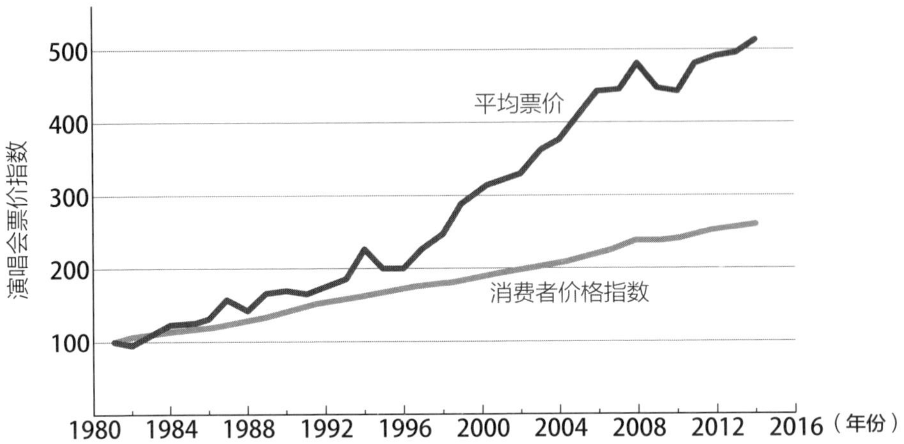

图9　1980年至2014年演唱会票价增长趋势（1981年指数=100）。此图为克鲁格2012年的更新版本。1980年至2003年的数据来自克鲁格，2003年至2014年的数据来自《潮流星报》（*Pollstar*）

至于盗版使CD销量大幅减少的事实，出人意料的是，许多艺人并不怎么在乎。尼尔·杨（Neil Young）说："它对我没什么影响，因为我把互联网当成新型广播。"另一些人也持相同看法，认为非法音乐下载甚至可以说是件好事，"因为它其实就是人们的音乐交易"。电台司令乐队的埃德·奥布赖恩（Ed O'Brien）甚至对盗版正在扼杀音乐行业这个前提都表示怀疑，他坦承道："实际上，我不认为盗版有这样的影响。"嘎嘎小姐（Lady Gaga）曾声称自己并不讨厌那些免费下载她音乐的人。夏奇拉（Shakira）则公开表达了对非法文件共享的支持："在某种程度上，它是音乐的民主化。音乐是一种馈赠。没错，音乐就应当是一种馈赠。"

说到这里，我们似乎很容易从这些声明中得出"艺人们一直认为音乐应当免费获得"的结论。但是，经济因素也发挥了作用。一张售价15美元的CD，艺人拿到手的只有1美元左右，剩下的全被唱片公司赚走；但一场票价100美元的演唱会，艺人能从中赚取50美元或更多。对大多数艺人来说，70%以上的收入来自演唱会，只有10%来自CD（其余20%主要来自出版）。这一切的结果是，文件共享和盗版兴起的10多年后，顶尖艺人一年能赚1亿多美元，每场演唱会能赚100多万美元。

换句话说，艺人表面上不关心CD销量下滑的真正原因在于他们从未在CD上赚过大钱。而让他们赚大钱的东西——现场巡演——如今开始蓬勃发展。

大卫·鲍威效应

要了解近10年来音乐行业的重塑过程，以及在盗版和文件共享爆炸式增长的情况下艺人收入（特别是顶级艺人的收入）反而比过去更高的原因，首先要了解是什么导致了演唱会价格的上涨。

说起阿兰·克鲁格（Alan Krueger），他绝不是你心目中会研究此类问题的人。克鲁格是普林斯顿大学的劳动经济学家，是该领域最受尊敬的一位经济学家，也是总统经济顾问委员会前主席。10年前，他将焦点转向了音乐行业。他的兴趣部分源自学术，如他所言："冲击美国经济的诸多力量都可在音乐行业的背景下得以理解。"而另一部分兴趣则纯粹是为了好玩。

此前，克鲁格曾用20多万场演唱会的数据，记录了始于20世纪90年代中期的演唱会价格的飙升趋势。而现在，他要去寻找票价飙升的原因。

据克鲁格说，一个流行的解释是，自1996年以来，演唱会行业被少数几家承办商垄断。那一年，《电信法》放宽了对电台所有权的限制，引发了清晰频道通信公司对电台（在此过程中它收购了将近1200家电台）和演唱会承办商的收购狂潮。但这一解释未能说服克鲁格。在他看来，"垄断"论的一大问题是清晰频道在全国范围的垄断并未赋予其在城市或州级别（与演唱会定价直接相关的地域单位）的定价权。演唱会的承办始终高度集中于城市。

克鲁格决定进一步研究下去。他考察了1994年至2001年某些地区演唱会承办商的集中程度和这些地区演唱会价格的涨幅，发现二者"基本没有相关性"。他又试图寻找清晰频道在各城市占的电台份额和演唱会承办份额之间的关系，但也没有发现相关性。他注意到，加拿大和欧洲的演唱会价格也上涨了，但两地并没有像美国那样解除对电台的管制。克鲁格由此得出结论："演唱会行业已从多家区域性垄断企业发展为一家国家级大型企业，但城市内部的竞争可能加剧。”

经济学家是个极其执着的群体，克鲁格也不例外。他又研究了其他原因，其中大多数也被他一一否定。也许价格上涨的只是演唱会场地内最贵的那部分座位？非也。高价门票的确上涨了，但场地内的最低票价也上涨了。涨价不局限于少数几支乐队（尽管顶级乐队的收益高得离谱），也无法反映娱乐业价格的总体趋势：电影、体育赛事和戏剧的价格都上涨了，但涨幅只有演唱会价格的一半左右。

此外，演唱会价格的上涨不代表成本增加；正相反，一些重要的成本——如视听设备成本——甚至出现了下降趋势。演唱会承办商亦不会为了压榨票务代理商而故意把价格抬高（如果真是这样，提高门票定价势必牺牲二级市场的利益）。最后，明星资质的提升也无法解释演唱会价格的上涨，这点已得到克鲁格的证明。他用《滚石杂志》出版的《摇滚乐百科全书》中各艺人的条目长度（毫米数）作为衡量“资质”这一难以表述的概念的指标，发现超级巨星1996年后的收益没有发生任何变化，之前和之后的价码反而始终都比这一时期更高。

所以，经过漫长而艰苦的分析，克鲁格得出了以下结论：大卫·鲍威（David Bowie）是对的。

鲍威曾在2002年表示，CD销量的下滑和文件共享的崛起意味着“音乐将变得像流水或电流一样”。作为一个艺人，鲍威建议道：“你得做好经常开巡演的准备，因为这真的是仅剩的唯一一件独特的事情了。”鲍威的预言如今得到了证实。

互补品的逆转

要理解CD和演唱会的关系，首先要回到商业战略的一大核心思想——互补品。这个简单的概念早在很久以前就被创造出来了，最近又由经济学家亚当·布兰登勃格（Adam Brandenburger）和拜瑞·内勒巴夫（Barry Nalebuff）普及开来。它是这么说的：如果一个用户同时消费两种产品所获得的价值大于其单独消费每种产品所获得的价值的总和，那么这两种产品就是互补品。

换句话说，把两个互补品一同卖出去，消费者给每样产品付的钱要比单独出售时更多。

拿热狗和番茄酱为例。这两样产品单独看来都没有让人格外享受，但若把它们一起买回来，你肯定会爽翻天。

思考互补品的一种方式是一种产品的价值取决于另一种产品的可得量，就像热狗和番茄酱的例子那样。但是，互补关系也可从价格效应的角度阐述：具体来说，当一种产品的互补品价格下降时，这种产品的需求便上升。

这些对音乐行业有什么意义呢？首先，请注意CD和演唱会是互补品，其中一个越是便宜（因此消费得越多），另一个的需求就越大。多年来，演唱会就发挥着推动CD销量的廉价互补品的作用。但随着唱片价格的下跌，就有更多的粉丝买得起唱片——继而被吸引成为现场演唱会的观众。

在互联网崛起之前，演唱会实际上是CD销售的“广告”。文件共享爆炸式增长后，这一关系发生了本质上的逆转：免费唱片变成了现场演唱会的广告，因而成为后者的理想互补品。

演唱会承办商对这种逆转直言不讳。世界顶级现场音乐演出承办商安舒茨娱乐集团（AEG Live）的一位高级副总裁曾这样说道：“尽管唱片业遭到盗版重创，但互联网上到处能听到许多乐队的作品，Myspace和YouTube等发布音乐的网站都在播放着他们的音乐。说实话，我们是受益者。”

你做的究竟是什么业务？

唱片并非只有演唱会这一个互补品，它还有很多别的互补品。要想了解唱片都有哪些互补品，就得回过头来再问一遍有关互补品的基本问题。当音乐价格下降时，哪些与音乐相关的产品、服务或附属品可能从降价中受益？事实证明，音乐互补品数量繁多、类型多样。首先是CD刻录机、空白CD和CD播放器，MP3播放器在随后几年又成为主要互补品；然后是宽带接入：随着文件共享需求的增加（唱片公司内容销量随之下滑），高速互联网的需求也出现增长（与此同时，互联网服务提供商和有线电视运营商的收入也大幅增加）。

如果你问任何一位音乐行业的主管这个行业面临哪些挑战，你多半会听到“年轻人现在已经不愿意为产品买单了”这样的回答。人们常常做此感慨，把“消费者不愿付费”当成众多数字企业经营状况每况愈下的原因。然而，这种想法是错的。

作为唱片公司的主管，如果你用CD销售定义你的业务，那么指责年轻人便顺理成章。但假若把你的业务定义为音乐及其所有互补品，如MP3播放器、演唱会、周边产品、宽带等，你就会意识到，年轻人比以往任何时候都更舍得花钱。

图10记录了过去20年间演唱会和iPod这两类与音乐相关的互补品的销售增长。引人注目的是，随着CD销量的下降，互补产品销量的增幅超过了唱片销量的降幅。

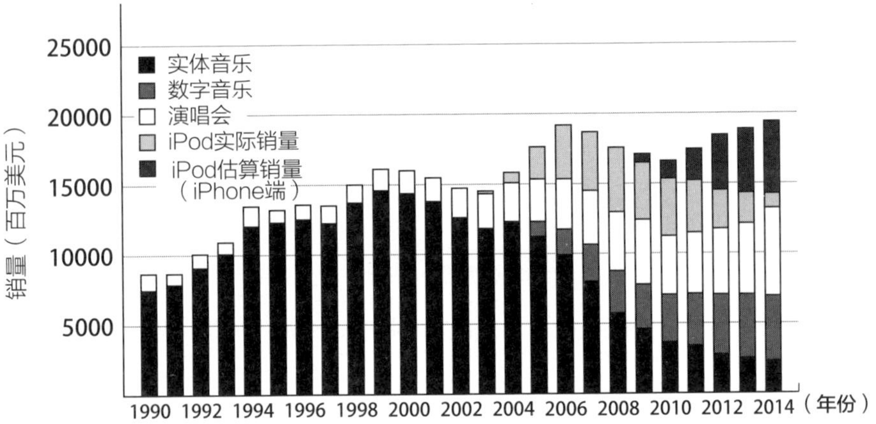

图10　音乐行业：唱片、演唱会、数字音乐和iPod销量，1990—2014年（改编自Oberholzer-Gee和Strumpf，2010年）

音乐行业非但离死亡尚远，反而在近10年来创造了数十亿美元的价值。只不过，这些价值被重新分配，从唱片公司转移到了艺人，从音乐零售商转移到了技术制造商，从CD转移到了现场演唱会。过去创造价值的是唱片，而如今创造价值的则是唱片的互补品。

苹果公司与互补品

难以忽视的真相

过去10年间，苹果完成了商业史上最伟大的一场逆转。2002年，苹果还面临着股价只有1美元、利润微薄、PC市场份额仅占3%的重重困境，却在2011年一跃成为全球市值最高的公司。在这场惊天大逆转中，苹果近乎恐怖地持续生产高品质产品——史蒂夫·乔布斯称其为“伟大得令人疯狂”的产品——的本领得到了诸多资料的佐证，但互补品对苹果扭败为胜所发挥的作用还不为人所熟知。

随便问一个人苹果成功的原因，你多半会听到“创新”“品质”“易用”“设计”等答案。这些解释很具吸引力——看上去显而易见。但由于一个难以忽视的真相，这些原因还不足以解释苹果的成功。表7记录了苹果三代产品取得的市场成就，我们可从中对这一真相窥得一二。

表7　苹果：产品组合与市场份额

产品	品质	显著特征	产品推出5年后的市场份额
Mac (1984)	伟大得令人疯狂	设计、酷、品牌、即插即用、富于创新精神、易用	<10%
iPod(2001)	伟大得令人疯狂	设计、酷、品牌、即插即用、富于创新精神、易用	>70%
iPhone(2007)	伟大得令人疯狂	设计、酷、品牌、即插即用、富于创新精神、易用	约30%
iPad(2010)	伟大得令人疯狂	设计、酷、品牌、即插即用、富于创新精神、易用	约30%

表7说明了一个简单的道理：自1976年创立以来，“伟大得令人疯狂”的产品就一直或多或少是苹果公司的一个特色，但它前25年的表现远不及最近那样令人印象深刻。

“伟大得令人疯狂”的产品不能保证公司的成功。苹果在其早期历史上曾错把它当作成功的保证，以牺牲其他一切为代价专注于产品之上。许多媒体公司也犯过这个错误，以为只要生产出优质内容，其他一切自然会运行良好。这个错误，就是“内容陷阱”。

为了更好地理解苹果各代产品的市场表现为何有如此大的差异，我们需要更仔细地观察历史。苹果的历史带给我们的真正教训是，虽然产品质量可直接归结于设计、组织构成、眼界等因素，但公司财富在很大程度上却取决于公司对产品互补品之管理的优劣。为了理解这一教训，让我们回到1984年。

不是因为伟大的产品，而是因为伟大的互补品

人们普遍认为，苹果的Mac电脑优于PC市场上的任何产品。它拥有极其简单的图形用户界面，这比第一个PC图形用户界面的诞生整整早了7年。它“即插即用”的特性，使那些最不懂技术的用户也能舒适使用。它的设计是原创的，连那些最不熟练的用户也能轻松上手。但奇怪的是，这款电脑的市场份额从未超过15%。为什么呢?

正如我们看到的那样，原因之一在于苹果早期的市场份额很低，这使它不得不错误地与PC进行网络效应上的较量。但导致它失败的另一个同样重要的原因，是它围绕互补品所采取的“封闭式”战略。没有软件，硬件便毫无价值。若把两者视为互不相关的利润中心，那么两者就都缺乏定低价以刺激互补品销售的动力。若像苹果那样禁止第三方软件开发者在产品上创建应用程序，则很难取得成功。1985年，Mac电脑的应用程序只占了PC应用程序的一小部分，这一效应随后变得越发严重。对苹果而言，“游戏”看起来已然“结束”。

2002年，苹果推出iPod，不但如我们现在所知道的那样使公司重获新生，而且拉开了苹果惊天大逆转的帷幕。iPod迅速增长，斩获了MP3播放器85%以上的

市场份额。对于iPod的成功，人们经常听到的一种通行解释（又一次）是，它得益于苹果的创新以及利用人们日益增长的对数字播放的兴趣而向市场推出MP3播放器的远见卓识。只可惜，iPod并非市场上第一款MP3播放器：美国无线电公司（RCA）的Lyra、创新科技的Nomad、帝盟多媒体的Rio X等播放器，推出时间均早于iPod，在某些方面也比iPod更具技术含量。

在一个领先对手6个月即可锁定胜局的领域里，一款后进入市场的产品是如何击败对手的？iPod的早期成功，很大程度上缘于它的软件互补品iTunes的易用性。如果买别的MP3播放器，想下载音乐就单独上一个不相关的（通常还是不知名的）网站。但若是买iPod，过程就简单多了：登录iTunes商店，浏览20多万首歌曲，点击一下，一首歌就传到设备里了。

史蒂夫·乔布斯显然从早期Mac电脑的惨痛经验里学到了为硬件配备软件的重要性：他花了几个月的时间与各大唱片公司谈判，确保iPod在发布当天有歌曲库，以保证产品价值。定价也很合理：一次合法下载99美分。此外，系统还是开放的：iTunes软件可以安装在PC上，使iPod与最大的计算机平台兼容。

过去10年间，苹果的制胜法则并非生产优质产品的能力，而是管理互补品的能力。

给互补品定合理的价格

当然，iTunes本身就已证明是一款极其成功的产品。从2002年至2013年，通过iTunes下载的歌曲超百亿首，相应带来了100多亿美元的收入。

但是，还有一个挥之不去的问题：苹果几乎没有从iTunes赚到一分钱。是的，100亿美元的收入里利润大概为零。究竟是什么原因造成了这样奇怪的经营状况？每首歌收取的99美分中大概70美分被唱片公司拿走，20美分用来交信用卡手续费，剩下的不到0.1美元仅够苹果应付日常运营开销。

随便问一个商人能从100亿美元的收入中赚取多少利润，哪怕是初涉商界的新手也会告诉你，他们能比乔布斯做得更好。但以这种方式去看iTunes对苹果的实际价值就错了。iTunes业务不赚钱，是苹果刻意为之的选择。

如果把iTunes上的歌曲看成独立产品，你就会尽可能地多收费；但如果把它们看成互补品，你就会尽可能地少收费。这是因为，iPod才是苹果用来赚钱的工具。一个价格为250美元的iPod，其“物料清单”（生产产品所需的全部物料）的价值只有大约130美元，利润高得惊人。换言之，低价策略不是把利润拱手让给消费者，而是从其他地方赚取更多利润。

乔布斯采取了一种完美的给互补品定价的做法：让iTunes成为易用、普及、廉价的产品，从而为它的互补品iPod创造巨大需求。在MP3制造行业，苹果的竞争对手没有输在硬件创新上，而是错失了软件这个良机。

廉价互补品虽好，但免费互补品更佳

iPod的故事还有另一个转折。2007年，乔布斯要求几大唱片公司取消数字版权管理（DRM），允许用户与任何人分享下载文件。多年来，凭借对合法数字销售的保护措施，苹果一直被视为音乐行业的救世主。但现在，乔布斯却在网上发布了一篇题为“对音乐的几点想法”的备忘录，表示让“DRM免费”能让消费者受益，能促进竞争，还能“打造出真正具有可互操作性的音乐市场”。

这篇备忘录引来人们的极大关注，许多行业观察者大呼不解。为什么苹果先前大刀阔斧地与唱片公司达成付费条款，努力向消费者提供合法的下载服务，现在又要打退堂鼓？为什么它要在可能损害iTunes歌曲销量的情况下放开限制，让用户可以从任意网站下载音乐？

一种观点认为，由于某种莫名的原因，乔布斯像早期那些捍卫“自由”的音乐人一样，一夜之间摇身变成了一个斗志昂扬的消费者权益代言人。但是，让我们再来看看这些数字——乔布斯曾在他的备忘录中清清楚楚地写道：“从2002年到2006年，用户总共从iTunes商店购买了9000万部iPod和20亿首歌曲。这相当于，平均每卖出一部iPod就有22首歌曲从iTunes商店售出。”

一部iPod能带来22首歌曲的销量？这个数字实在惊人。到2010年，这些数字没有增加多少：iTunes的歌曲销量约100亿首，iPod销量约3亿部，平均每卖出一部iPod就有33首歌曲售出。而在这期间，iPod的存储容量逐年剧增，从乔布斯发表备忘录时的约1000首歌曲增长至5年后的1万多首歌曲。

尽管乔布斯已将这些数字公之于众，许多观察者还是漏掉了一点：iPod的宗旨从来都不是让人们可以从iTunes轻松获取歌曲，而是让人们可以从任何地方轻松获取歌曲。对硬件而言，iTunes是一款很好的互补品，但也仅此而已。还有比廉价的互补品（售价99美分的歌曲）更好的东西，那就是免费的音乐。

一位行业观察者曾表示：“如果一切都可在所有设备上播放，这绝对是消费类电子设备领域的一大胜利，但对内容公司而言却不啻一场潜在的灾难。”另外一位观察者则指出：“在许多方面，苹果iTunes的商业模式和它拼命想消灭的那些网上盗版者的模式，并无二致。”

从只知流水线式地炮制优质硬件，到在生产硬件的同时力求激发（音乐）内容和软件市场的活力；从给所有产品定高价，到敢于给互补品定低价；从到处设置所有权壁垒，到懂得适时移除障碍——这，就是苹果的蜕变。

关于互补品的四条训诫

要开拓视野，不要鼠目寸光

演唱会和iPod的故事证明了互补品在音乐行业中发挥的巨大作用，还证明了忽视互补品的危险。但究竟是什么使管理者对互补品视而不见？他们为什么会看不到与自己核心产品密切相关的领域（如演唱会之于CD、音乐之于MP3播放器）里存在的机遇呢？唱片公司何以错失从蓬勃发展的演唱会业务中分一杯羹的良机？早期的MP3制造商又缘何未能成功地将先发优势转化为胜局？

原因很大程度上在于，我们多年来一直在教他们忽视这些机会。

过去几十年来，流行的管理准则鼓吹“焦点”和“核心竞争力”，谆谆教导管理者“只做最拿手的事”“抵住开辟全新领域的念头”“不断提升核心产品的品质，同时不断提高它们的定价”。但有了互补品的概念，这些所谓的诀窍立刻变得一文不值。

这些诀窍若只用来提高行业中的市场份额，那是很好的。但当行业整体受到威胁时，这些诀窍只会让你目光短浅地把自己限制在条条框框中。

有些商品很明显是互补品，如热狗和番茄酱、打印机和墨盒、剃须刀和刀片、左鞋和右鞋，但也有很多互补品不那么容易看出来。

轮胎制造商提供餐厅指南，最终在全球范围内成功建立了美食品质的评鉴标准。轮胎制造并不能转化为识别美食的技能，但勾起顾客对远方美食的渴望能刺激驾车旅行的增长。

在美国和欧洲，一些电影院票价上涨，观影人数却不降反升。这些电影院并没有提供更好的电影、更舒适的座位或更便宜的爆米花。那究竟为什么呢？那是因为，它们在隔壁向观众提供托儿服务。

一些欧洲的电子零售商销售额不断上涨，但它们并未提供更具吸引力的优惠、价格促销或新产品。那究竟为什么呢？部分是因为这些电商建立了提货中心，消费者可以在下班回家时顺路取货，从而消除了产品送到家门口后不翼而飞的风险。

互补品往往也能解释创新型产品的成败。凭借出众的产品特性，亚马逊的Kindle被广泛认为是电子书市场的一场革命：它便携、优雅、轻盈、电池寿命长、电子书资源丰富、存储容量大、阅读体验愉悦，集如此多优点于一身，却仅售399美元。索尼的Librie阅读器比Kindle早一年推出，Kindle有的优点它也一个不落，价格比Kindle还要低——却已在市场上销声匿迹。

Kindle成功的一大原因，不是它的性能改善了电子阅读体验，而是它的一个关键互补品——无线连接——让电子购物变得方便多了。过去在设备上下载电子书，得先用数据线把电子阅读器连接到计算机，在计算机上购买电子书，然后传输文件。有了亚马逊的无线设备和无线网络“Whispernet”的免费连接，只需单击一下，读者便可随时随地将电子书直接下载到Kindle上。正因如此，亚马逊CEO杰夫·贝佐斯在Kindle发布会上激动地说：“这不是一个设备，而是一种服务。”

2009年，印度最大商号旗下的汽车公司塔塔汽车推出了纳努轿车，售价约2500美元，是世界上第二便宜的汽车价格的一半。纳努获得了众多最负盛名的汽车行业杂志的热烈评论，这不仅因为它低廉的价格，还因为它的设计、质量和坚固性。然而在推出后的一年里，纳努的月销量只有区区500台，远未达到100倍于此的预计销量，彻底砸了锅。安全隐患、无趣的品牌形象、生产问题都导致了纳努的惨败，但更大的问题在于互补品的缺乏：经销商网络稀疏，保修期和贷款力度有限，试驾不便，潜在购买者通常拥有的折价换购两轮车和三轮车的选项寥寥无几。塔塔把全部精力放在了如何制造出令人印象深刻的产品上，却忘了给自己的产品制造互补品。

不把产品或业务范围划定得太窄是很好的做法。要做到这一点，不要只问顾客对购买的这件产品本身的哪些特性比较关心，更应问他们购买你的产品时觉得哪些互补品有用（见图11）。增长和创新往往并不是来自更好的内容，而是来自更好、更便宜的互补品，来自产品间的联系。

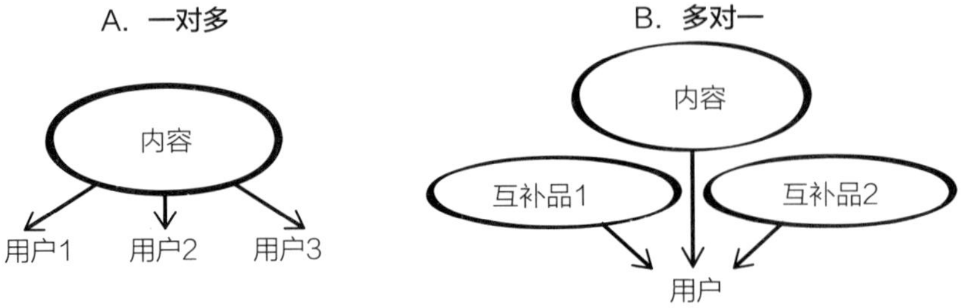

图11　内容与互补品的对比

苹果公司在2007年推出了第一款智能手机。与它的所有产品一样，新手机因出色的设计、创新性、易用性和品质大受欢迎。基本款售价499美元，是各大手机价格的近5倍，约是动态研究公司出品的领先品牌黑莓手机价格的两倍。它的销量十分可观，发布后的前两个季度里，收益超过了1.15亿美元。

但就在看似破解了手机品质密码的时候，苹果来了个战略上的大转弯。2008年7月，苹果将产品价格降了一半以上，原因不是它发现自家手机并没有比市场上的其他手机好太多，而是它已经懂得了苹果手机胜过对手的地方。

在推出之时，iPhone基本上就是一款新添加了若干功能的手机。它集9个应用程序（地图、股票、天气、iPod计算器、邮件、相机等）于一身。乍看起来，这些应用并非iPhone的独特之处，黑莓和诺基亚手机也有一些类似应用。但苹果的应用只需触一下屏幕即可进入，产品也非常好用。苹果的硬件创新似乎再一次成为销量和成功的推动器。

然而，不到一年，消费者研究显示出了一些饶有趣味、非同寻常的现象。其他智能手机用户把70%左右的时间花在打电话这项基本的手机服务上，iPhone的情况则恰恰相反。单是那9个应用程序——它们是硬件和语音服务的互补品——就占了苹果iPhone用户55%以上的时间。

换句话说，让人们对iPhone产生兴趣的，既非手机服务，亦非产品设计，而是应用程序。由于高达500美元的硬件价格和封闭平台式的应用程序开发模式，iPhone原本极有可能重蹈20年前Mac电脑的覆辙，令乔布斯再次一蹶不振。

正因如此，苹果公司在2008年7月同步创建了“应用商店”，并降低了手机价格。它向所有人开放了iPhone主要互补品的生产[①]，每通过应用程序收入1美元，开发者即分得70美分。这些举动不仅迥异于苹果早期的智能手机战略，而且是它早期在Mac时代始终不敢采取的举动。在"应用商店"推出的头3天，应用程序的下载量就超过了1000万次。不到两年，参与创建iPhone应用程序的独立开发者就超过了5万人，总共创建了约10万个应用程序。

互补品的作用，或者说忽视互补品的危险，在黑莓和安卓手机近年截然不同的命运里得到了淋漓尽致的体现。苹果刚进入手机市场时，黑莓的市场份额接近50%。iPhone推出近两年、黑莓推出10年后的2009年，谷歌首款安卓手机问世。它的策略是通过增加硬件制造商的竞争（以降低手机价格），以及开放一切开发者为平台创建应用程序而不施以任何限制或监督，在苹果的游戏里打败苹果。黑莓则继续坚持封闭策略。到2013年6月，黑莓在智能手机市场的份额不足1%，而安卓的市场份额则超过了75%。

敢于定低价——但先要知道给什么定低价

管理互补品，不仅需要找出哪些是互补品，然后增加它们的供应，还需要给互补品制定合理的价格。但什么是"合理"的呢？苹果对iPod和iTunes的定价也许就违反了本书著名的互补品定价规则——广为人知的"剃须刀—剃须刀片"模式。"给耐用品定低价，靠消耗品赚利润"曾是互补品定价的传统思维。几十年来，这一规则一直为吉列等制造商成功运用。在打印机和墨盒、游戏机和电子游戏等其他产品领域，它也同样收效卓著。

为什么苹果要推翻这种行之有效的做法呢？这与分配利润时谈判桌的另一边坐的是谁有关系。对于下载的每一首歌曲，只有一家唱片公司拥有该艺人所有的权利，所以苹果的处境有点像是跟一个垄断者谈判。但就苹果从iPod获得的100美元利润而言，苹果相当于是跟数十家半成品组件装配商谈判。权力又落在了苹果手中。

---

①指应用程序的开发。

“给硬件定低价，给服务定高价”这个规则适用于剃须刀或打印机，因为在这些产品领域，一家公司同时制造两种互补品。但它不适用于苹果，因为它不像那些公司一样双管齐下。事实证明，以下才是互补品定价的真正教训：不要只根据对别人行得通的规则来定价，而要按照你自己的竞争优势来定价。

排他性联系：从行业互补品到产品互补品

iPod的真正互补品究竟是99美分的iTunes歌曲还是免费的盗版音乐，这个问题重要吗？归根结底，两者都带来了品质相似的音乐，都是用户想播放多久就能播放多久，都对iPod的盈利贡献良多。但两者有个重要区别：iTunes只能让iPod的用户受益——由于名为FairPlay的DRM技术，其他MP3播放器都不能访问iTunes；而盗版音乐则可以帮上每一家MP3制造商的忙。

换句话说，iTunes是排他性的互补品，而非法文件共享是行业范围的互补品。

互补品是好的，排他性互补品则好上加好。正因如此，公司通常会生产为其所独享的互补品。这在产品生命周期的早期尤为如此，因为此时需求和竞争的轨迹还不明朗。

这并不是说非排他性的互补品会损害你的企业，而只是说，它们能让所有人受益。米其林星级餐厅指南可增加米其林轮胎的销量，但也会促进普利司通、固特异和倍耐力轮胎的销售。而电影院提供的托儿服务和为电商产品专设的取货中心，则专为影院所独享。

那么苹果为什么不去开发排他性互补品呢？不是因为乔布斯更喜欢“开放的生态系统”，而是因为他认识到，iTunes还没有强大到“锁定”用户的程度。

这并不是说苹果产品突然间进入了一个公平竞争的环境。到乔布斯转而拥抱无DRM保护的音乐时，一大批苹果专属的互补品就已经出现了——耐克运动臂带、与iPod兼容的扬声器和一系列层出不穷、范围广泛甚至稀奇古怪的iPod专属配件，如钱夹、拳击腰带和短裤、床、厕纸架等。

出于类似的逻辑，亚马逊在推出Kindle后迅速改变了它的产品策略。最初，

Kindle只能“阅读”亚马逊专有格式的图书，而且这种格式的电子书只能在Kindle上阅读。亚马逊试图将电子书和硬件都纳为其专营业务，如果成功，就能在这两方面都赢得胜利。然而，不到一年，它就彻底改变了路线，并将硬件开放给其他电子书格式。这表明它意识到，早期的策略无法持续。

排他性互补品的概念也应用在了旷日持久的智能手机大战，能让人们更好地思考多个智能手机平台能否共存这个问题。我们来看一下iOS和安卓这两大相互竞争的平台每月发布的信息，如表8所示：

表8 2011—2015年iOS和安卓平台的应用程序数量

日期	iOS平台的应用程序数量	安卓平台的应用程序数量
2011年1月	35万	18万
2012年2月	50万	40万
2013年1月	77.5万	80万
2014年6月	120万	130万
2015年7月	150万	160万

数字很可观，不过也有点滑稽。一个普通的智能手机用户大约只会用到30个应用程序，第100万个应用程序就实在是无关紧要了。

对应用程序的“小题大做”，并非因为应用程序的总数对普通用户或忠实用户很重要。应用程序是否为平台所独有，才是要紧的事。你开发出100万个应用程序，看起来好像给手机营造了强大的生态系统，但如果这些应用程序在竞争对手的平台上也能使用，它们的竞争优势就会被立刻抵消。创建出专属于你的平台的“杀手级应用”，才是竞争对手的噩梦。

想一下谷歌地图应用。2012年，苹果将谷歌这款备受赞誉的应用程序移除出iPhone，替换上了自家的应用程序。苹果这么做，不是因为谷歌的产品不好或不受欢迎；恰恰相反，约25%的智能手机用户都是这款应用的积极用户。对产品开发商（本例中为苹果）而言，最可怕的情形莫过于与杀手级互补品的提供商（本例中为谷歌）谈判。

从软件质量的角度来看，苹果移除谷歌地图应用的决定似乎愚不可及；但从互补品管理的角度来看，这个决定一下子变得高明至极。

不要问自己的核心业务是什么，但要知道自己是谁的互补品

在为用户创造价值方面，互补品是了不起的；但在获取价值方面，互补品则无一例外地以损害你的利益为代价让别人得利。想想剃须刀和剃须刀片、打印机和墨盒、CD和演唱会：在这些例子里，一种产品总是从另一种产品价格的降低中获益。因此，你不光要知道你的业务是什么（这是个越来越热门的战略性问题），还要知道你是不是别人的互补品。

耶鲁大学经济学家拜瑞·内勒巴夫最近告诉我：“公司总是对自身战略给予充分的重视，却对互补品的战略关注不足，但游戏往往就是这么玩的。”“你可以拥有世界上最好的气泵，但假如你不开便利店，你便输给了那些开便利店的人。通用汽车公司（GM）从它的汽车融资机构GMAC赚的钱比卖汽车更多；铁路公司10年前就认识到，轨道沿线的光纤要比铁路本身更值钱。”

很多公司经常犯以下两个错误：认敌为友，认友为敌。

认敌为友

2003年，就在文件共享呈爆炸式增长之时，华纳音乐想出了一个应对策略：找出非法下载者的名字和网际协议（IP）地址，然后起诉他们。很明显，这种方法的高明之处在于，公司无须费很大力气就能获得这些信息，因为其姊妹公司——领先的互联网接入提供商时代华纳有线（TWC）——掌握全部这些信息。

确切地说，这只是华纳音乐主管的一厢情愿。令他们尴尬的是，TWC拒绝合作。更糟糕的是，它甚至提交了支持竞争对手威瑞森的简报，后者曾拒绝向唱片公司提供未经授权下载音乐文件的用户姓名。这真像是与敌共眠。

在华纳音乐打击盗版或它与TWC姊妹公司关系的背景下看这些摩擦，你会得出“个人恩怨或权术在发挥作用”之类的结论。但如果把这些摩擦看成互补品之间

的关系，你就会意识到，真正起作用的不过是简单的经济学。TWC的主管之所以拒绝提供用户信息，不是因为他们不喜欢华纳音乐的同事，也并非因为（如他们多年后在一起电影制作人状告文件共享服务商比特流的诉讼中坚称的那样）检索信息的成本高得离谱，而是因为这样做能让他们获益良多。文件共享是宽带服务需求激增的部分原因：据估计，约有30%的宽带流量来自音乐和电影文件的共享。TWC没必要跟自己的衣食父母过不去。

类似的紧张气氛也开始在别的地方显露出来。2002年，时任迪士尼CEO的迈克尔·艾斯纳（Michael Eisner）和史蒂夫·乔布斯之间掀起了一场引发高度关注的口水战，最终，艾斯纳在国会做证时，挑出苹果“扒歌、混制、烧盘”的口号，抨击“盗版才是硅谷最大的‘杀手’应用”。2003年，就在贝塔斯曼音乐集团（BMG）的主管准备彻底击垮纳普斯特时，他们惊愕地得知，纳普斯特获得了母公司贝塔斯曼的投资。人们很容易把这样的冲突归因于权争和私怨，但实际上，这些分歧很大一部分缘于深层的互补品经济学：一方得益，必以另一方损失为代价。

认友为敌

类似谷歌这样的新闻聚合器常被视为报纸的灾难：它们寻找内容源，一分钱不花地获得内容，然后免费将其重新分发出去。这样一来，读者慢慢就习惯于打开聚合器而不是上新闻网站浏览内容。这是传统思维，是零和博弈式的空谈：双方都认为对方的得益以己方损失为代价。然而再仔细研究一下，你便会发现互补关系在这当中发挥着作用。说到底，假如新闻源消失，聚合器对读者来说也就毫无价值了。

人们的一个担心是，尽管新闻源和聚合器通常是互补品，但任何一个新闻源都没有差别，因而都是无足轻重的，而随着纯线上的新闻媒体、博客和推文成为可行的新闻来源，发生这种情形的可能性就更大了。但令人惊讶的是，数据显示的情况却恰恰相反：在聚合器上，顶级新闻源始终拥有多得离谱的读者和链接。

2014年年初，我们分析了谷歌新闻上新闻源的排名，用一个月的时间考察了超过2万篇随机选择的报道。乍看之下，商品化威胁似乎真实存在：超过2000个新闻源曾是某个新闻报道排名第一的来源。如果新闻没有差别，每个新闻源排在首位的可能性一样大，那么任何一个新闻源在“排名首位”这个市场里占的份额都会非常小：1/2000，或准确地说，0.05%。把排名前30的媒体的市场份额加起来，也只得到可怜的1.5%的预期份额。这是令人警醒的。

然而更仔细地做一番审视，我们又会看到一番迥然不同的景象。总体上看，《纽约时报》是排名首位频率最高的新闻源，2万篇报道中有642篇位居榜首，独自占了“排名首位”市场3%的份额。排名前30的媒体总共占35%的份额，在某些特定的新闻类别里占的份额更高，如《纽约时报》是将近15%的政治报道的首要来源。把紧随其后的4个排名最高的政治新闻源加起来，且合理地假设读者可能点击进入这五大新闻源中的任意一个，但很少进一步浏览网站的其他页面，那么你会看到，在40%的时间里，排名前十的媒体至少有一个在这一组里。值得注意的是，谷歌的十大新闻源都是“传统”媒体，没有一个是数字新媒体或博主。

很明显，谷歌新闻离不开传统媒体。正因如此，报纸的未来不仅与报纸老板利益攸关，而且对谷歌（最近还有Facebook）也关系重大。这一理解有助于阐释全球不同市场中各方的行为。在一些市场，由于重视集体力量，各大发布机构在同一个总称下，将新闻内容聚合在线上并对内容收费。而在另一些市场，聚合器的触角正延伸开来。中国首屈一指的在线新闻门户——腾讯，每月读者超过10亿人。它寻找新闻媒体，付费购买独家内容，在内部会议上展示这些媒体，有时还给它们提供各种教育课程，教它们如何应对自身的数字转型。

我们来看看图书出版业的发展情况。99美分歌曲的Kindle版本是9.99美元的图书，这个价格是精装零售价的6折。看上去，出版商们注定走唱片公司走过的老路，因为亚马逊似乎下定决心实现图书市场的商品化来支持Kindle销售。为对抗这一趋势，五大出版商与苹果达成了协议，规定出版商（而非电子零售商）自行决定零售价格并拿走其中的70%（随后对协议定价展开的反垄断调查让这些协议变成了一纸空文）。世界最大的大众出版商——兰登书屋——拒绝加入。

五大出版商这么做的理由实质上就是：“敌人的敌人是朋友。”对管理互补品而言，这种逻辑无可挑剔——10年前，布兰登勃格和内勒巴夫就发出这样的忠告：“让你的互补品相互竞争。”可是，该跟哪个竞争对手结盟呢？这便是兰登书屋与五大出版商的分歧所在。“亚马逊一直是我们数字零售领域最好的客户，”兰登书屋的一位主管告诉我，“至于苹果，嗯，音乐行业过去发生了什么，我们都是看得到的。”

就像这些故事所证明的那样，企业应多花些功夫好好甄别谁是朋友、谁是敌人。内容企业仍要吃过一番苦头才能懂得互补品经济学。图12是一张显示不同市场参与者壁垒分明现状的餐巾状图。2014年，微软仍从软件业务（操作系统和应用程序）获得90%以上的利润，苹果从手机业务获得90%左右的利润，而谷歌和Facebook、亚马逊、亿贝以及有线电视供应商则分别从广告、电子商务和基础设施接入获得绝大部分收益。

这些案例引人注目的地方，不仅是这些数字巨头的核心业务各不相同，还在于每一家公司都积极主动地争取其他公司的帮助来提高自身价值，继而将此价值牢牢抓住——并且往往由这些公司买单。售价99美分、无DRM保护的音乐是苹果的主动选择，通过谷歌文档提供免费的办公应用程序是谷歌的主动选择，售价9.99美元的电子书、自出版和低成本硬件则是亚马逊的主动选择。在这些案例中，选择不仅关乎核心业务价值的维护，还关乎互补品价格的下降甚至互补品的商品化。

图12　内容与互补品的对比：数字巨头之间的较量

内容生产者面临的最大挑战或许正在于此：他们的未来不仅取决于创作的内容，还取决于能否有效把握邻近领域内创造价值的机遇。否则，价值仍会被互补品拿走，而且常常还由他们自己买单。

识别产品联系的挑战

是的，在有能力抓住机遇时，企业往往需要很长时间才能认识到互补品和产品联系的力量。不过，企业常犯的错误可不止这一种。有时，它们还会犯截然相反的错误——本应先好好分析问题，却急于行动。

音乐行业就是个很好的例子。

它犯的第一个错误是目光短浅，即相信音乐的未来在于对CD的保护。它犯的第二个错误是混淆因果，即把CD销量下降归咎于盗版问题。

盗版是显而易见的罪魁祸首，它的兴起与文件共享的兴起几乎同时发生（图13显示了CD销量的下滑）。美国唱片业协会（RIAA）对这一因果关系深信不疑，将盗版的影响量化为“每年125亿美元的经济损失，71060个工作岗位的损失，（以

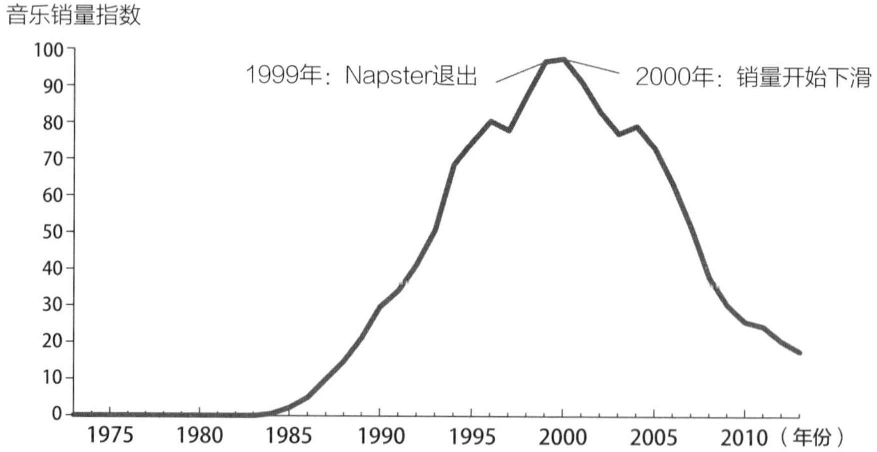

图13　CD单位销量的变化，1973—2013年（RIAA绘制）

及）27亿美元的劳动者收入的损失”。国会亦持同样看法，启动了受到两党支持的反盗版立法。（2011年提出但从未通过的《阻止网络盗版法案》，禁止广告网络、付款服务、搜索引擎和互联网服务提供商受雇于任何牵涉数字版权侵权的网站。）

然而，起作用的还有一些与盗版毫无关系，却似乎可以部分解释CD销量下滑的因素：CD价格随时间的推移越来越高，2000年正值经济衰退，数字格式是CD的天然替代品，等等。

除此之外，还有一个计算行业“收入损失”的难题。如果版权保护更有力一些，那么一个非法下载了3000首歌曲的青少年会为这些歌曲付费吗？肯定不会。问题在于，不是每笔盗版交易都会对行业造成损失。

那么导致CD销量下降的其他因素有多重要呢？图14是图13的变体，只考虑音乐格式更替的因素。它将CD销量的下降速度与更早的黑胶唱片和磁带销量的下降做比较，这三种音乐格式都在产品更替的自然周期中被更新的格式取代（为了更直接地比较不同时期的情况，我们把每种格式的高峰销量标准化为100）。

如果只看图13，作为唱片公司主管，你的应对措施非常明确：尽可能多地雇用律师打击盗版——主管们的确也是这么做的。作为决策者，你的回应也是明确的：大力推进立法制止侵权行为——国会的确也是这么做的。

现在看看图14，评估一下你的判断。

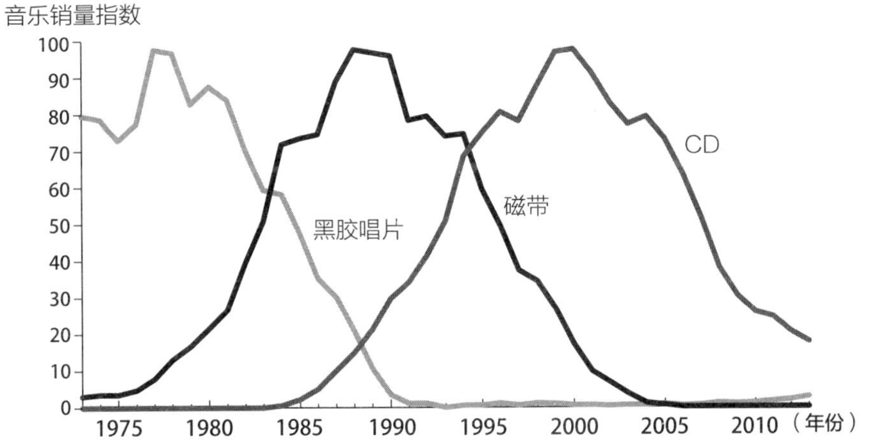

图14 音乐格式更替对音乐销量的影响，1973—2013年（所有格式的高峰单位销量均已标准化为100）

判断音乐行业的问题，不光要看到CD销量下降与文件共享趋势的同步性，还要将因与果分离开来。这个判断的问题源于统计推断里一个由来已久的问题：如何区分相关性和因果关系。这个问题随处可见：是看电视使肥胖的人数增加，还是肥胖的人更愿意看电视？是亚洲人先天擅长数学，还是他们在数学上付出了更多的努力？简单的相关性会让你以为“两个变量之间有因果关系”，但实际上可能根本不存在。

揭示两个变量因果关系的最常见方法，是找出一个只与其中一个变量相关联的第三变量——用经济统计学家的话来说，就是“工具”变量。那么对音乐而言，存不存在一个工具变量（独立因素）能增加文件共享量，与CD销量没有直接关系？如果存在，那么考察这个工具变量的变化对CD销量有无后续影响，就能确定盗版对CD销量有无“因果”效应。

讨论盗版与CD销量因果关系几乎变成过去10年间学界的一项对抗性活动。原因在于，找到这样一个工具变量并不容易，因为促发盗版行为的大多数合理因素也会直接影响CD销量。宽带连接倒可能是个备选项，因为它减少了非法下载歌曲的时间，从而加快了文件共享。但它也增加了在线娱乐的选择，从而减少了CD销量。上大学也可能是个候选变量，因为它能让学生接触到电脑设施，从而有更多下载的机会。但首先，大学生是最不爱买CD的消费群体，所以大学地区的CD销量可能是学生偏好的结果，而非盗版所致。

在2005年的一项研究中，菲力克斯·奥伯霍尔泽-吉（我在哈佛大学时的一位同事）和科勒曼·施特伦普夫（Koleman Strumpf，我在北卡罗来纳大学时的一位同事）研究了德国学校假期对美国文件共享和CD销量的影响。乍一看，这是个令人费解的变量，但实际上，它极其合乎逻辑。研究人员推断，德国学童之所以在假期期间上传了更多文件，只是因为他们有空闲时间。而且，由于德国是美国市场重要的文件下载源（占美国下载文件总量的16.5%），研究人员可因此追踪这“供应震荡”对美国CD销量的影响。

在对数据进行检查时，研究人员发现，德国的文件共享量在学校放假期间的确增加了。不仅如此，增加的势头恰好出现在各地区假期开始的时候（在德国，学校假期的时间因地而异）。这转而又引发了美国文件共享量的增加。

至于这个结果链条的最后一环，研究人员发现，德国一连串事件引发的美国文件共享量的增加，对美国CD销量的变化没有实质影响——也就是说，没有因果效应。他们不是不能在文件共享和CD销量之间找到具有统计显著性的关系，他们找到了——恰好是零。

这一研究结果立刻遭到了业内人士的反对，同时受到了文件共享者的热烈欢迎。奥伯霍尔泽-吉告诉我："这是个你瞬间拥有100万个朋友和100万个敌人的时刻。没人在乎你实际做了什么，人们只看结果。赞同的人认为你为人类做出了贡献，反对的人则声称这是他们见过的最糟糕的研究，你根本不懂这个行业。我从来没有经历过如此势不两立、针锋相对的情形。"

当然，这件事的重点，不是论文找到了盗版和CD销量的因果关系，而是证明了做到这一点是多么困难。而且，与随后出现的各个研究一样，它逼迫人们努力理解数据，从而使很大程度上由先见主导的讨论变得客观起来。

产品需求的下降无法告诉你该如何应对。你首先要知道需求为什么下降。CD销量下滑本身并不足以证明盗版是引发这一后果的导火索，就像仅凭报纸读者数量下降这一事实也不足以得出互联网是罪魁祸首的结论一样。

当下围绕付费电视的讨论也面临类似的挑战。行业观察者对用户数在将近30年的增长后出现下降趋势备感困惑。罪魁祸首似乎很明显：诸如网飞之类的基于互联网（OTT）的视频套餐以越来越低廉的价钱提供越来越多样的节目选择。作为有线电视运营商，你如果相信这个解释，就会集中全力打垮网飞。但是，这些力气或许用错了地方。

与音乐和报纸一样，付费电视订阅量的下降也有诸多说得过去的原因。

它可能来自"Facebook效应"：从互联网、移动浏览到电子游戏、社交网络，新的娱乐形式挤占了越来越多的电视观看时间；它可能是"同辈效应"：玩电子产品、看视频长大的年轻观众（"无线族"）从来没有看电视的习惯，也永远不会有；它可能是"年龄效应"：年轻人付不起每个月100美元的订阅费，但年纪再大一些，这一情况立刻就会改变；它可能是"贫穷效应"：2008—2009年经济衰退后，付费电视价格上涨，与此同时，民众特别是低收入家庭的购买力却呈下降态势；它可能是"互补品效应"：OTT的相对吸引力不仅和与众不同的内容有关，还与易于安装和维修、搜索界面友好以及提供内容推荐等服务特色有关（2014年，网飞的净推荐值[1]为54，而各大有线电视运营商的平均NPS则是负数）。

这些原因都貌似合理地解释了付费电视订阅量的下降，但针对其中每个原因的应对策略却截然不同。看到下降趋势却看不到根本原因，你很容易就会在错误的地方枉费精力。

所以，让我们再回到音乐上来——真实情况正如我们现在所知道的那样：盗版的确对价格施加了压力，致使价值转移到了演唱会等互补品上；音乐格式的更迭也确实导致需求从CD转移到了数字格式上。其他都纯属谬论。

业界几乎把全部精力都放在了反盗版上，希望能借此遏制CD销量的下滑趋势，此乃错误之一。过于强调对CD的保护，此乃错误之二。

这个发人深省的对抗数字野火的故事，令人不禁想起黄石大火。只是这一回，人们不仅误测了损害情况，甚至连“导火线”都搞错了。

《土拨鼠之日》[2]：媒体史的一大教训

唱片公司对文件共享技术的反应，并不是我们第一次看到这样的反应。媒体行业的历史充满了类似的错把某因素当威胁，最后却发现事实根本不是这么一回事的故事。但无论什么情况，认为内容受到围困都是错误的。事实上，内容几乎从来都没有遇到过这种困境。

20世纪初，广播电台首先开始播放商业音乐。唱片公司的反应很简单：跟它死磕。免费广播无疑对付费音乐构成了威胁。部分得益于最高法院的一项裁决，商业广播最终得以幸存下来。但在接下来的几十年里，唱片公司发现唱片销量不降反升。为什么？原因就在于，广播电台免费播放音乐，实际上相当于给专辑打了绝佳的广告。

---

①NPS，衡量客户满意度的重要指标。

②1993年上映的一部美国电影，讲述一名气象播报员在完成对土拨鼠日的例行报道后遭遇暴风雪，意外地发现自己停留在前一天的土拨鼠日，一切又重新上演，人生陷入重复循环。

1984年，音乐电视（MTV）问世。唱片公司的反应还是很简单的：跟它死磕。免费播放再配以时髦视频，无疑对付费音乐构成了威胁。但在接下来的几年里，唱片公司发现，唱片和磁带销量并未下降，反而有所增加。为什么？原因就在于，音乐视频实际上是CD的绝佳营销工具。

1985年，盒式磁带录像机（VCR）问世。影视制作公司的反应还是很简单：跟它死磕。免费的视频录制和电影分享，再加上可跳过广告的快进功能，无疑对广播电视和家庭自制电影构成了威胁。在一直打到最高法院的环球影业诉索尼一案中，原告力图以侵犯版权为由阻止VCR销售。最终，环球影业输掉了官司，但它在随后几年里却发现自己的收入显著提高。为什么？原因就在于，对电视节目和电影而言，VCR是个强大的广告工具，能把那些无法在播出时间观看节目的观众吸引过来，为电影制作公司创造新的收入来源。

这些例子不只具有历史意义。时至今日，类似的故事还在上演。

2002年，数字视频录像机（DVR）TiVo首次出现在人们家中，用户可自行安排看电视的时间，还可快进跳过广告。电视网的反应很简单：跟它死磕。快进跳过广告无疑对电视的广告业务构成了威胁。但令人惊讶的是，在接下来的10年里，各大电视网的广告收入几乎没有变化。为什么？原因就在于，DVR虽能让用户跳过广告，但对观众而言，广告回避可算不上什么新鲜事：他们去洗手间或厨房休息都是在回避广告。研究者通过对DVR对产品销量影响的最细致的一项研究发现："没有任何统计学证据表明，TiVo在发行后的一年内对购买行为有影响。"

2012年，一家广播电视网（NBC）首次尝试对奥运会这一重大体育赛事进行现场直播。在此之前，电视网对流视频的反应很简单：跟它死磕。现场直播会吸走黄金时段收看电视的观众，削减电视网赖以生存的广告收入。然而，在伦敦奥运会期间，NBC体育的主管发现，黄金时段的收视率实际上提高了。为什么？原因就在于，现场直播反而激起了观众在比赛后听运动员讲话的兴趣。奥运会结束后，NBC宣布此次直播创造了他们有史以来最高的奥运黄金时段收视率。

从破坏到互补品

这些案例值得注意的地方，不是管理者夸大新技术的威胁，而是他们频繁地夸大新技术的威胁。事实证明，在上述每一个案例中，新技术、新设备或新产品要么对现有收入毫无影响，要么反而使收入增加。在这些案例中，人们眼中的威胁最终都证明比起初想象的危害要小得多，甚至常常是有益的互补品。

我们不善于识别联系，往往误把积极联系当成消极联系，或在任何联系都不存在时看到消极联系。造成这一困境的原因至少有三个：

1）思维模式难题

只要像大多数内容企业那样经历过价格压力，就会本能地提高价格以保持核心产品的价值。这种保值的本能乃天性使然，却往往徒劳无功。它恰是“内容陷阱”的一个例证，因为“内容陷阱”正是以产品或内容为导向的思维模式的结果。

但如果你转而采取以互补品为核心的思维模式——价值去哪里你就去哪里，你就会发现新的机遇。

互补品出乎意料的地方在于，它们一直在内容行业发挥着重要作用。电影院既靠电影票赚钱，也靠爆米花赚钱；电视网和报社既靠广告赚钱，也靠内容收费；艺人既靠演唱会赚钱，也靠CD赚钱。多年来，这些互补性收入来源并未发生多少变化。如今有所不同的是，数字技术正迫使人们重新思考未来互补品的可能性，以及积极主动地管理这些互补品的方式。

互补品的概念还凸显了法律与经济学的另一个理念差异。要理解这一点，让我们回过头来看看盗版问题和应对盗版的传统做法。当媒体主管亲眼看到音乐下载的盛行，他们会本能地倾尽全力打击这种行为，而非寻找其中是否存在别的机遇。把法律策略作为解决方案的一部分是理所当然的，但把它视为唯一的解决方法，就有问题了。

10年前，法律手段在打击非法下载方面的孱弱变得越发明显。大约在同一时间，一批通过“基于市场的策略”解决此类问题的学术文献迅速涌现出来。这批文献最早始于1983年，耶鲁大学研究人员对30个行业的600多名管理者进行的一项著名调查。调查显示，几乎对每个行业（制药业除外）而言，正式的知识产权保护在很大程度上都是无关紧要的。调查还记录了企业为保护创新而采取的一系列策略。10多年后，正当数字技术和互联网发展得如火如荼时，卡内基·梅隆大学的研究人员重复了这项研究，并得出了相似的结果。经济学家米歇尔·博俊（Michele Boldrin）和大卫·莱文（David Levine）2004年出版的一本书更具挑衅意味，声称专利保护的观念不适合动态、高效的市场经济。其他学者提醒人们注意法律上与现实中的产权的差别，指出法定权利并不必然意味着有保障的权利。这场辩论的风向正发生变化。许多这一领域的著述者确信，内容企业很快会把目光投向法律工具以外，用更具创意的方式解决盗版问题。不过，转变思维模式是件难事，要耗费大量时间才能完成。

2）语言难题

一部分难题与管理者的理解能力不足无关，而与我们使用的语言有关。

近年来，诸如行业融合、超竞争、破坏之类的概念十分流行。它们的含义不外乎：你的行业正受到新技术的威胁，你最好想办法应对这个问题。

对面临这一境况的管理者而言，行业破坏是真实且令人不安的。对受到互联网新技术影响的行业，它带来的冲击尤为严重，因此很容易会得出“行业破坏乃当今时代特有现象”的结论。然而，近年来的许多观念，如行业边界模糊化、产品融合、破坏，早在一个多世纪前就被经济学家构建的一个概念简明地表述出来了，这个概念就是替代品。

替代品与互补品恰好相反。它是指这样一种产品或服务：当它变得更便宜或更普及时，会使你的核心产品的需求下降。乍一看，这是给竞争下了个貌似有益的定义。但实际上，这个定义具有潜在的危害，因为对于何为替代产品，它什么也没说。

想一想少年棒球联盟。过去绝大多数时间里，它的“竞争对手”来自传统竞技领域——足球和篮球等运动。如今随着电子游戏的到来，高分辨率图形和三维功能可在30分钟内让孩子像出去打了两个小时棒球（把鞋弄得脏兮兮、泥乎乎）一样精力十足。换句话说，电子游戏是少年棒球联盟的替代品。

或者再想想电动工具品牌百得。它的直接竞争对手包括博世、工匠和牧田。但这样一来，竞争视野就限定在制造同类产品的公司，而实际上，电动工具还有其他重要的替代品，如杂务工（可以修理东西）、宜家（自行组装式家具不需要电动工具）、廉租家具（与其修不如丢），甚至胶水。你可以把这个清单进一步扩充下去，连领带都可囊括在内。

领带？它跟电动工具有什么关系？想想这样一个事实：电动工具的销量总是在一年固定的几个日子（父亲节、圣诞节、情人节）飙升。这是因为，电动工具可当作礼物送给父亲、配偶、亲人或朋友。那么什么东西能很好地代替电动工具作为礼物的价值呢？这下你明白了吧。

若仅从你所提供的产品或内容的角度定义竞争，你只会盯着同一类竞争对手看。但若从顾客的角度定义竞争——在电动工具的例子里，顾客即实际购买它当作礼物的人，你便会发现全新的竞争对手。替代品迫使你从顾客的角度，而非你所提供的内容的角度去定义竞争。这就是替代品之所以恐怖的原因。

数字技术的崛起重新燃起了人们对替代品的兴趣。围绕这一概念，人们创造出了形形色色的语言：融合、超竞争、破坏，但它们的根本思想是一样的——要当心替代品。

被新技术吓住是非常自然的事情。竞争无处不在，破坏即将到来。你的行业从未面临如此巨大的威胁。在被问及对所经营业务的廉价或免费的替代品的看法时，大多数企业家都会认为那是摧毁行业的威胁，而非机遇。管理者被训练得只考虑消极联系，而不考虑积极联系。

3）数据难题

对于任何公司变革举措，首要任务都是正确地判断难题——战略学者扬·里夫金（Jan Rivkin）称之为“理解”的难题。区分互补品与替代品的风险尤为高昂，因为它们的战略意义是如此不同。碰到互补品时，你应该让它尽可能地便宜、普及；若碰到替代品，你则应尽量抬高它的价格、限制它的可用范围。把两者搞混，你的努力就会产生适得其反的效果。

区分互补品与替代品的方式可以很直截了当——例如，硬件和软件很明显是互补品，因为没有一方，另一方就毫无用途。但很多时候，两者的差别一点也不明显。

思考一下纸质新闻和数字新闻。一个貌似合理的看法认为：两者是替代品，因为它们会相互减损对方的价值；另一个同样可信的观点认为：两者是互补品，因为阅读纸质报道会促使人们在网上查找更多有关这些报道的信息，反之亦然。

理顺这些相互矛盾的解释的难点在于我们通常依赖的数据。看看下面这个例子。这是报社主管通常会看的资料。【其中的数字虽是假的，但结论取自斯坦福大学经济学家马修·根茨科（Matthew Gentzkow）对《华盛顿邮报》纸质版和数字版的互补性的真实分析。】

表9　一份假想的报纸纸质版与数字版读者数据对比

30天期间	读过ABC.com的新闻	未读过ABC.com的新闻
读过ABC报	900人	3000人
未读过ABC报	300人	3300人

（改编自根茨科的数据分析，2007年）

左下框显示有300人读过网站的新闻，但没读过纸质版的新闻。单独来看，这个数字似乎表明纸质新闻和数字新闻是替代品。但假如这些人全是新读者，无论如何都不会看纸质版，那么这种解释就是错的。

同样地，左上框显示有900个读者既读过纸质版，也读过数字版。单独来看，这个数字似乎表明两类新闻是互补品。而这种解释也可能是错的：或许它只能说明一部分人——"新闻迷"，随时阅读新闻，新闻在哪里发布对他们来说无关紧要。

要想知道纸质版和数字版是互补品还是替代品，我们必须知道某类新闻的读者在没有该类新闻的情况下读什么。如果数字版不可得，那么左下框的数字版读者是阅读纸质版，还是什么也不读？如果不知道这些问题的答案，就有可能得出错误的推论。更糟糕的是，表中的数据不能为回答这些问题提供任何线索——我们永远无法知道在与事实相反的条件下会发生什么情况。但是，如果你长期跟踪同一个读者的行为，你就能了解这个读者的阅读模式在新版本推出后发生了哪些变化，从而解决问题。

这个简单的例子向我们发出了一个警告：数据多未必有用，数据正确才有用；错误数据可能比没有数据更糟糕。

这便是我们从唱片业得到的真正教训——什么事不该做。认为盗版导致CD销量下降的错误观念，让唱片业的大多数高管只盯着“死磕”这一种解决方式。多年后，一些唱片公司主管承认，唱片业在打击盗版上浪费了太多时间，却没有花时间创造新的商业模式。对消极联系的执迷不悟葬送了充分利用积极联系的机会。

互补品与替代品的对比，以及管理选择的作用

教科书对互补品的描述会让你以为它要么存在于你的行业，要么不存在。硬件和软件、打印机和墨盒、游戏机和游戏、汽油和汽车、剃须刀和刀片、灯具和灯泡——没有一方，另一方便毫无用途。经营其中一种产品，你必须拥有另一种产品才能提供价值。无论什么情况，互补品的作用都来自你产品的性质，而非你所做的选择。

可是，用户买轮胎并不需要餐厅指南；戏院不提供托儿服务也照样可以卖票；不上音乐课根本不妨碍人买乐器；没有自行车专用道，照样可以骑自行车；不交抵押贷款，一样可以买房；没有地毯清洁剂，一样可以说服别人养狗；没有果酱，花生酱三明治照样能获得用户的喜欢（好吧，可能不那么受欢迎）。

这些互补品并非必需，但有它们的话，顾客能从你的产品中获得更多的价值。因此，企业应当认真地、创造性地思考如何提供互补品。

如果一份报纸的纸质版和数字版提供的内容完全相同，这实际上就是让读者把它们当成替代品；但如果两个版本的内容互不相同——每个版本都有一些独家内容，或针对某一版本量身定制内容——那么它们可能就变成一对互补品了。如果对纸质书和电子书单独定价，你其实就是叫顾客区别对待它们；但如果将它们折价捆绑出售，那么顾客就可能把两个一并买走了。

这样的想法并不需要天才般的创造力。看看下面的例子（见图15）。

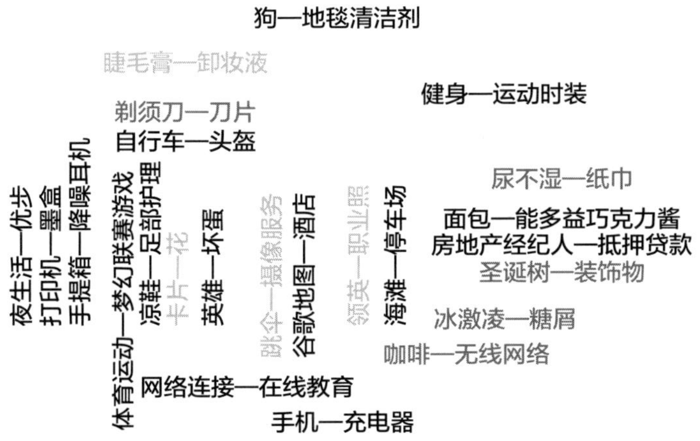

图15　互补品

下面是一个单纯关于T恤的例子。如果出售的两款T恤很相似（如下图的两款），则它们互为替代品：

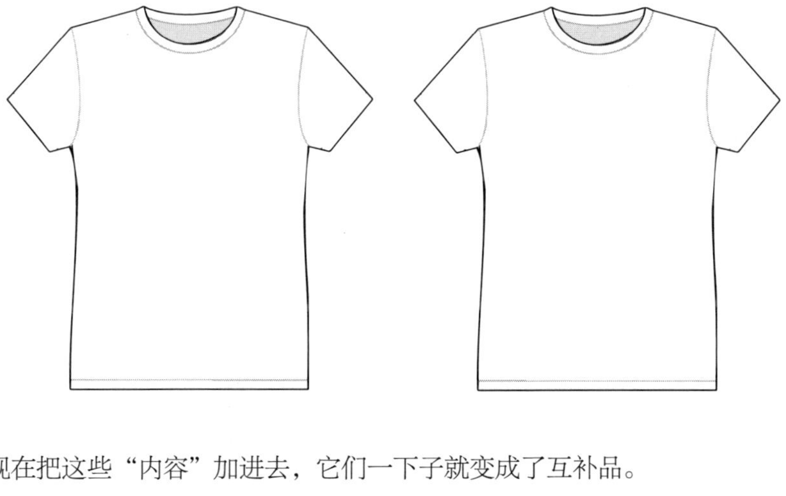

现在把这些“内容”加进去，它们一下子就变成了互补品。

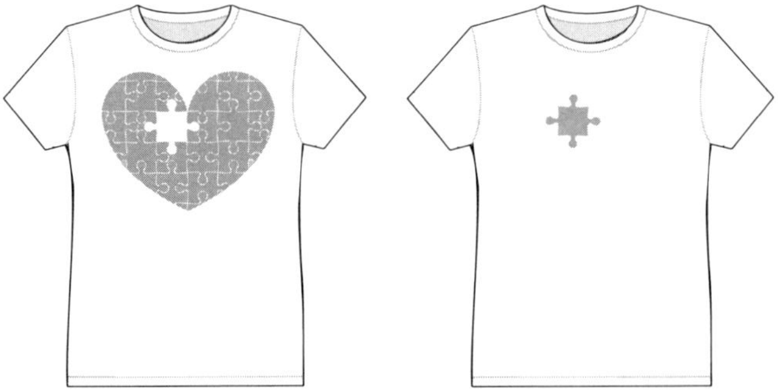

当数字产品有利于传统产品：对橄榄球运动的畅想

随便和一位媒体主管谈论数字产品，你都会从对方身上感受到紧张情绪：数字产品会抢走传统产品的份额吗？这是一种以替代和破坏为导向的思维模式，也就是以消极联系为核心的思维模式。但若把新的产品形式视为开拓新版本或全新产品的机会，你便可能创造出积极联系。

不妨向全国橄榄球联盟（NFL）取取经。它不费吹灰之力，就轻松洞悉了积极联系的秘密。

梦幻体育游戏算不上什么新鲜事。第一批有记录的联赛可追溯到至少60年前，当时只是一大帮朋友聚在一起发布最受他们欢迎的球员名单并跟踪这些球员的表现。高尔夫球很适合作为梦幻体育项目，因为衡量球员成绩的指标相对直观。棒球很快也加入进来，指标也变得更多了。到20世纪80年代初，出版商出版了各种提供相关统计数据的指南手册。也正是在那一时期，梦幻橄榄球加入战局。

梦幻体育游戏真正满足了球迷“幻想”的需求。在NFL梦幻联赛里，任何人都能选择联盟的真实球员，组建属于自己的独一无二的明星球队，亦即“梦幻战队”。球队的表现取决于每个球员每周在真实联赛中取得的战绩。球迷在标准化的计分机制下进行比拼。

梦幻体育游戏就这样开始了。它是个简单的社交游戏，再加上互联网的力量，最终产生了惊人的效果。它能实时进行分析，即时分享结果，每个人都能参与到同一个平台上来。雅虎是第一个专门为梦幻联赛搭建互联网平台的公司，ESPN紧随其后。它们用算法完成计算结果的工作。甚至有一段时间，很多联赛是免费的。

玩家人数急剧增长：到2015年，梦幻联赛的玩家超过3300万人，他们通常与朋友结伴玩，但有时也和陌生人一起玩。有的联赛继续免费，而有的则要付50美元或更多才能参加。到2015年，大约90%的玩家活动集中在NFL。乍看起来，梦幻体育游戏是一项与朋友一同参与的低投入的娱乐活动。但是，它对NFL总体收入的影响却远不止于此。

这是因为，梦幻体育的玩家不只是对本土球队感兴趣，而是几乎每支球队都关注，因为玩家要从整个联盟中选出自己的梦幻球员。他们不仅关注比分接近的比赛，也关注大比分轻松取胜的比赛；他们不仅关注最好的球队，也关注最差的球队——对他们而言，重要的是梦幻战队里每个球员的个人表现如何，球队的战绩并不重要；他们在社交媒体上跟踪球员的健康和伤病情况；他们和朋友聊即将开战的比赛；他们买专门的杂志指导自己选拔队员，从网站和电视节目上获得有关下一轮球员排名的应时建议；他们看关键动作的回放；他们比非梦幻橄榄球迷收看广播网的频率更高、时间更长——他们平均每周花8个小时看比赛，非梦幻橄榄球迷则只花6个小时看比赛。

随着梦幻热的爆发，附属品和互补品也出现爆炸式增长。首先是NFL创建的主要用以满足梦幻市场需求的电视频道——红区。它提供无广告的精彩片段集锦，在周日下午不间断播出，并回放当天每场比赛的得分瞬间，每个月需交约5美元的订阅费。到2015年，这个节目套餐的播放渠道涵盖了所有主要的有线电视和卫星提供商。

除此之外，还有其他一些互补品。选拔工具箱帮助球队组织球员选拔，“备忘单”汇总球员的统计数据。移动应用程序需额外付费。梦幻杂志随处可见，你甚至能给你的梦幻球员买保险。

梦幻体育游戏对NFL本身产生了惊人的影响（甚至引发了些许争议）。据观察者估算，到2015年，全美梦幻橄榄球联赛的年消费额达110亿美元。仅NFL一家平台，就吸引了大约300万球迷，占梦幻体育游戏市场的六分之一。除红区频道用户外，梦幻游戏给NFL收视率带来的反哺效应也不容小觑：研究表明，加入梦幻联盟可使一个人成为NFL比赛观众的可能性增加30%左右。

在思考数字产品对传统产品的影响时，我们首先担心的是产品的替代或冲突会严重到何种地步。这种担心基于这样一个假设，即以数字形式和传统形式提供的产品必定是一模一样的。但是，如果你创造性地思考如何将数字产品与传统产品区别开来——就像NFL和NFL梦幻比赛所做的那样——你不仅能创造出好的互补品，而且很有可能创造出一座真正的金矿。这可不是梦幻。

溢出效应

谁想成为印度的百万富翁

互补品是积极产品联系的一个例证。不过，产品联系还可能有其他的呈现方式。印度领先的本土电视网Zee TV经历了一番艰难困苦才认识到了这一点。

2000年年初，距印度电视市场开放竞争已有近10年的时间。在排名前20的黄金时段电视节目中，Zee拥有惊人的15档，占据了黄金时段70%的市场份额——这些数字在全球绝大多数市场闻所未闻。然而，Zee的优势只用了一年工夫就消失殆尽。这是为什么呢?

Zee由一位经验丰富的印度企业家创立并资助，即使是在与全球跨国企业资助并拥有的星空和索尼电视这两大竞争对手大战期间，也取得了前所未有的成功。我曾于1999年10月访问Zee，去了解它成功的原因。Zee的高管对这个问题有着明确的答案：起步早，成长迅速；行动敏捷；有独一无二的内容策略——从创立之初就播放印地语节目，而星空和索尼则是把印地语节目和用印地语配音的英语节目混起来同时播放，如《海滩救护队》。

到1999年，Zee的策略大获成功。它是无可争议的市场领导者。它始终保持着快速前进的步伐，不断从观众的反馈中学习：它每周都会收到多得难以置信的3万封观众来信。它能聘请到最好的本地人才。人们显然都感受得到Zee爆棚的信心。

这三家电视网的策略不仅各不相同，而且是刻意为之。Zee希望借预算较低的肥皂剧保持其领先地位和利润率，而星空和索尼则采取全垒打的模式：它们的高层团队主张搜寻热门节目——不论是宝莱坞、高价电视剧，还是板球比赛。Zee的主管认为这种做法是走投无路的表现。一名主管说："竞争日益激烈，但我们整体的节目实力依然毋庸置疑。即使对手争取到了两三个顶级节目，也改变不了什么。"这是一番合情合理、不偏不倚的回应，换作其他企业，大抵也会如此。

而后在2000年7月，一起意外事件发生。星空推出了一档游戏节目《谁会成为百万富翁》，是美国广播公司（ABC）热门节目《谁想成为百万富翁》的本土印地语版。《谁会成为百万富翁》每周在旗舰频道星空Plus上播放4次。主持这档节目的是阿米特巴·巴强（Amitabh Bachchan），他曾是宝莱坞最著名的影星，在大银幕人气逐年下滑后转战电视，首次以常驻身份出现在电视荧屏上。对一个新兴市场而言，高达1000万卢比（当时约合23万美元）的游戏奖金可谓大胆之举。该节目迅速跃居黄金时段收视率榜首。

在星空主管的预期中，《谁会成为百万富翁》会是个成功的节目，但没想到这么成功。对Zee而言，把收视率榜首位置拱手让给对手办的节目或许是件迟早要发生的事。但接下来发生的事情让所有人都目瞪口呆。

得益于定期播放和高收视率，《谁会成为百万富翁》很快就在每个月排名前百的黄金时段中占据了16档。但是，星空的成功不止于此。一个月后，在除《谁会成为百万富翁》外的节目几乎没有变动的情况下，星空在排名前百的黄金时段中夺取了近50档。6个月后，星空占据的黄金时段增至80档。《谁会成为百万富翁》的成功对星空的其他节目也产生了积极影响。

图16描绘了星空卫视令人瞩目的崛起和时运的逆转。

人们可以理解，一家电视网靠一档节目获得丰厚的利润——毕竟，赚钱本就是热门节目的分内之事。但是，一档节目怎样改变电视网其他节目的命运呢？换句话说，一种产品如何创造出如此神奇的组合优势呢？为理解这一效应，我们先看看电视收看行为的一些基本事实。

随便问一名电视主管、媒体学者或行业顾问，收看电视都有哪些稳定的行为模式，他们最常提到的是，观众一旦开始收看某个节目，就很少再换频道看其他节目。更准确地说，观众在看完某节目后继续收看同频道下一档节目的平均概率约为65%。这种"只进不出"的模式由来已久。20世纪80年代，这一模式首次得到系统化的测量，但在当时，它算不上让人大吃一惊的事：那个年代，切换节目是件麻烦

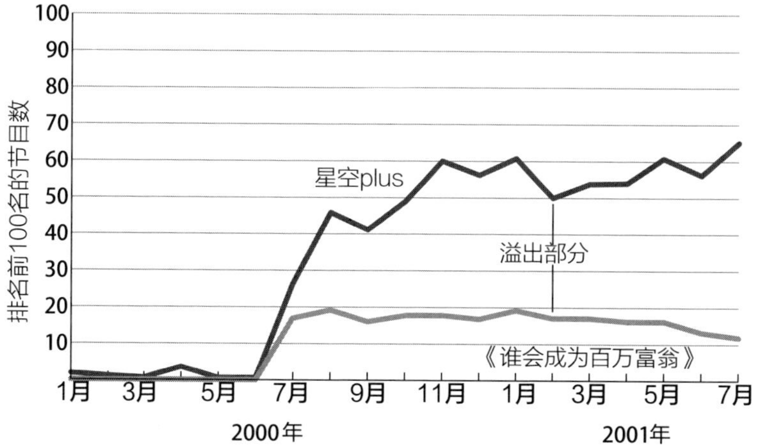

图16　星空Plus频道2000—2001年的市场份额

事，因为观众得从沙发上站起来去换频道，还得查指南才能知道换哪个频道。令人惊讶的是，30年后，在人们可以用新技术（电子节目指南和遥控器）轻松换频道的今天，相当高比例的人仍然“只进不出”。当然，男性和女性观众存在差异（男性更常换频道），一天不同时间段存在差异，不同节目题材也存在差异（电视剧的换台率低于情景喜剧），等等。但基本事实仍是，观众“只进不出”。

如何解释这个有些古怪的事实？究竟是什么把一家电视网的不同节目“联系”起来，以至于观众一旦开始收看某个节目，就会继续收看同频道接下来播出的其他节目？这里至少有四类联系在起作用。一是观众惯性：行业内的正式说法叫“导入效应”：当你收看一个节目，你十有八九会在随后的时段里驻留在这个频道，因为你要么对节目很满意，要么懒得换频道，要么找不到遥控器。二是交叉推广：电视网经常以牺牲部分宝贵的黄金时段的商业广告收入为代价，用一档节目的广告位推广随后播出的节目，使一些观众在看完该节目后继续收看同频道随后播出的节目。三是“节目同质化”：电视网经常一个接一个地播放相似的节目，家庭情景喜剧播完又是家庭情景喜剧，依此类推。四是品牌熟悉度：喜欢某一电视网常规节目的观众，更有可能持续收看。

存在这样的产品联系没什么好惊讶的，让人惊讶的是这样的产品联系大量存在。1998年，我和罗恩·沙哈尔（Ron Shachar，我在耶鲁大学的前同事）设法了解其中的一类联系——交叉推广——究竟有多大的重要性。那时，电视网平均每6分钟的广告时间里就有大约1分钟花在了自我推广上。在电视业，放弃商业广告收入的机会成本巨大，比大多数行业都要大。因此，我们决定对这类自我推广的有效性一探究竟。

这个问题看似简单，回答起来却并不容易。它需要每个观众收视选择的精确数据，还需要他们接触电视节目预告片的次数的数据（我们从尼尔森那里获得了前一组数据。为建立后一组数据，我们聘请了一批研究员，把一段时间内播出的每个节目都录下来，仔细观摩并一一编码，然后将产生的数据与观众收视选择进行匹配，从而得出预告片的接触次数）。此外，我们还要考虑其他因素。一是观众口味——人们看《宋飞正传》，是因为看过《欢乐一家亲》剧间播放的《宋飞正传》预告片，还是单纯因为这两个节目都爱看？此外还有导入效应、观众偏好差异、节目属性差异等。

我们在模型中放入了150多个这样的因素。我们以为这样估算出的结果会证明，电视网给自家节目播放如此多的预告片导致大量收入白白溜掉。事实证明，我们错了。

只看过一次预告片，就能使观众观看该节目的可能性提高40%以上。增加观看预告片的次数，可进一步提高观众观看节目的可能性，但预告片观看超过4次以后，观众观看节目的可能性反而降低。即使考虑到损失黄金时段收入的巨大机会成本，播放自家节目的预告片（由于能提高被推广节目的收视率以及该节目的广告收入）也是非常赚钱的。我们掌握的这种观众层面的数据，电视网根本无处获得，但它们清楚地知道自己在做什么。

节目联系的重要价值在这个例子中得到了充分体现，而其他类型的联系同样也发挥着巨大作用。例如，收视行为里的导入效应就有显著影响，正是由于这一效应，《联合广场》和《薇洛尼卡的衣橱》（还有人记得它们吗？）这两档没什么名气的节目长期位居每周黄金时段电视节目前十名。而且，这个效应几乎与节目内容毫无关系：这两档节目之所以成功，仅仅是因为它们是在NBC每周四晚上《老友记》《宋飞正传》或《急诊室的故事》等热门节目之前或之后播出的（见表10）。

表10　1998年1月5—11日一周黄金时段排名最高的节目

黄金时段排名	节目名	时间档	电视网	收视点
1	急诊室的故事	1月8日周四10：00 pm	NBC	21.5/34
2	宋飞正传	1月8日周四9：00 pm	NBC	20.8/31
3	薇洛尼卡的衣橱	1月8日周四9：30 pm	NBC	16.8/25
4	天使在人间(R级)	1月11日周日8：00 pm	CBS	15.8/24
5	老友记	1月8日周四8：00 pm	NBC	15.7/24
6	NBC日界线——周一	1月5日周一10：00 pm	NBC	15.0/25
7	60分钟	1月11日周日7：00 pm	CBS	13.8/22
8	联合广场(R级)	1月8日周四8：30 pm	NBC	12.9/19
9	X档案	1月11日周日9：00 pm	福克斯	12.9/19
10	欢乐一家亲	1月6日周二9：00 pm	NBC	12.7/19
11	20/20	1月9日周五10：00 pm	ABC	12.3/21
12	宝贝一族	1月7日周三9：00 pm	ABC	12.1/19
13	乡巴佬希尔一家的幸福生活	1月11日周日8：30 pm	福克斯	11.9/18
14	周日电影之夜——亡命天涯	1月11日周日8：30 pm	NBC	11.9/18
15	人民选择奖颁奖典礼	1月11日周日9：00 pm	CBS	11.9/18
16	辛普森一家	1月11日周日8：00 pm	福克斯	11.9/18
17	20/20——周一	1月5日周一9：00 pm	ABC	11.7/17
18	福克斯国家橄榄球联合会（NFC）冠军赛——旧金山绿湾	1月11日周日7：10 pm	福克斯	11.7/20
19	家居装饰	1月6日周二9：00 pm	ABC	11.5/17
20	法律与秩序	1月7日周三10：00 pm	NBC	11.5/20

据估计，美国有9800万户收视家庭。一个收视点代表1%，即98万户家庭。份额是指收看某个节目的使用中的电视机所占的比例。来源：1998年尼尔森媒体研究，有所修改。

把联系结合起来，能产生深远的影响：通过多米诺效应，单个节目能对电视网的成功施加非同寻常的巨大作用。

几年后，星空的后任CEO乌代·香卡向我描述了《谁会成为百万富翁》的影响：“《谁会成为百万富翁》这档节目之所以成功，是因为它独树一帜地兼具了诱惑与贪婪。但我们在幕后做的事情，才是创造奇迹的真正原因。”

早先，星空对其余节目几乎不做任何变动，但这些节目的收视率却大幅上涨。之后，星空推出了两部制作精良的电视剧，也是一周播出四天，而后又接连推出一系列节目。“它创造了一条专门生产让人一看就上瘾的故事的庞大流水线。”香卡说。传统上，宝莱坞以悲剧见长。但新式肥皂剧化悲为喜，让家庭故事变得迷人异常：“倒霉的黄脸婆让位于果敢自信的主妇，与家庭中浮现出来的各种渴望真正联系了起来。”香卡总结道：

> 《谁会成为百万富翁》本身并未改变星空的命运。在这一切背后，星空积累起越来越多的优质内容，创造出赢者通吃的效应。从本质上来看，《谁会成为百万富翁》只是个巨大的工具，我们用它来推销内容计划的其他部分。正是这一点彻底改变了竞争的动态。

星空从先前无足轻重的小角色，一跃成为几乎一统电视界的领导者。Zee的衰败同样充满了戏剧性。但是，只靠一档节目的力量，不足以让星空转败为胜、令Zee一落千丈。好的内容只是“导火线”，而联系才是使成功传播开来的要诀。

溢出效应

溢出效应是另一类产品联系。但与软件、硬件这样离开另一方就用途全无的互补品不同的是，溢出效应来自顾客行为，而非产品功能。

电视溢出的成因多种多样：观众习惯；电视网的形象符合观众口味；观众面对太多选择，不知所措。无论什么原因，结果都是一样的：一旦找到喜欢的节目，观众就会一直看下去。

此外，行为溢出和信息溢出也同样无所不在，影响远远超出了电视领域。它们对当前的许多现象都具有巨大意义，能使许多难题变得清晰。

内容价格

提高内容价格对电视的未来至关重要。随便问一名电视网主管或付费电视运营商面临哪些挑战，他们首先会告诉你：体育内容已贵到了骇人听闻的地步。它增加了节目整体制作成本，进而抬高订阅价格，使付费电视变成日益昂贵的产品和越发难以为继的业务。

图17显示了30年来全国橄榄球联盟转播费近乎连续的上涨趋势，到2015年猛增至一年60亿美元。为何“热门”节目如此昂贵却仍受企业青睐？一些原因显而易见：热门节目能吸引大批观众，提供一流品质的内容（也许有人会不同意这种看法），创造巨额收入，盈利能力远高于其他产品。

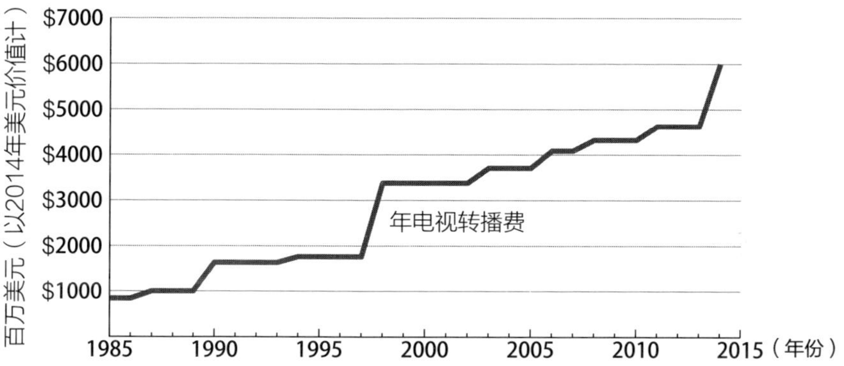

图17　NFL年电视转播费，1985—2015年

这些解释表达的是同一个意思：热门节目必然比其他节目更受欢迎、收益更大。但除此之外，这些原因无法解释NFL转播权的一个最令人费解的问题：尽管价格在近30年的时间里持续上涨，但2014年NFL常规赛的观众人数却与1988年大致持平（见图18）。

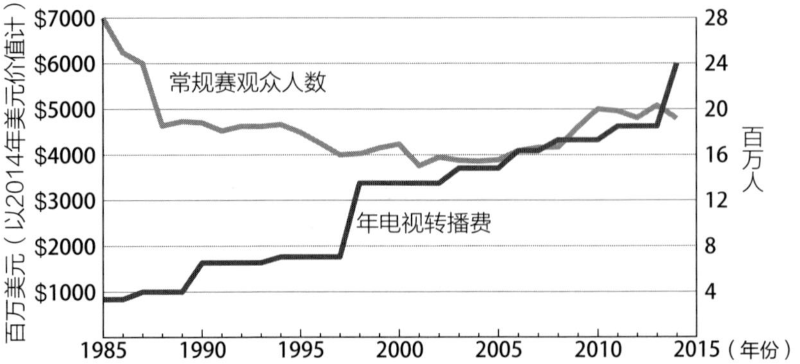

图18　NFL电视转播费和观众人数，1985—2015年

这一情况并非NFL独有。据了解，NBC在1997年为获得《急诊室的故事》新一季的播放权豪掷全年利润。ESPN虽收视率与排名第二的频道相差无几，却向有线电视运营商收取每位用户6美元的费用，比其他任何频道的3倍还高（而在2014年，ESPN甚至不是收视人数最多的有线电视网，仅排名第三，位列USA电视网和迪士尼频道之后）。泰格·伍兹一人的出场费就占他近年参加的所有锦标赛的总出场费的50%，甚至在排名大幅下跌之后依然如此。广播电台和平台常常几乎把全部利润花在聘请当红主持人上。其他职业体育联赛收视率低而转播费高的情况甚至还要明显。

对“超级明星经济学”最令人信服的解释由经济学家舍温·罗森（Sherwin Rosen）于1981年提出。罗森试图合理解释为什么明星，特别是娱乐明星，常能获得高得离谱的巨额报酬。他把该现象归因于这些市场具有的两种特性：产品间的“不完全替代性”（我们宁愿要一张最喜欢的歌手的专辑，也不愿要三张别的艺人的专辑）和产品的“联合消费性”（不同于汽车等产品，一个艺人的作品可被数千甚至数百万听众同时听到）。两种特性中的任意一种都足以造成热门节目与其他产品间的收入差异；而若同时发挥作用，就会产生超级明星效应。

罗森的理论指出了产生赢者通吃式巨额报酬的因素，还解释了为什么超级明星的收入随时间上涨——有了新技术，艺人可以更容易地把作品同时传递给不断增多的受众。但是，这一理论并不能解释像NFL、《急诊室的故事》或ESPN这样的热门，这些节目的费解之处不是它们开高价，而是开的高价远远超出了符合其受欢迎程度或直接盈利性的合理水平，也就是为什么报酬远远高于需求水平。在罗森建构的模型里，价格匹配需求，超级明星的报酬最终还是反映了市场对他们的巨大需求。

那么，为什么在体育比赛收视率持平甚至下降的情况下，转播费仍一路走高呢？要理解这一效应，我们有必要看看它是如何开始的。

1993年，广播电视业展开了一场伟大的谈判，这场谈判永久改变了竞争格局。NFL比赛转播权重新摆到了谈判桌上谈判，对NFL来说，这回的合约条件不如先前有利。就在4年前，三大电视网（ABC、CBS和NBC）每年付给NFL大约2.2亿美元，购买美国橄榄球联合会（AFC）比赛、国家橄榄球联合会（NFC）比赛和《周一橄榄球之夜》的转播权。现在，各家电视网都表示自己在之前的合约中遭受了损失。在NFL的老板们看来，如果能拿到之前的合同金额，就已是万幸了。

然而，市场早已发生了重大变化：7年前，第四大电视网福克斯广播公司（FBC）创立，逐渐发展壮大，赢得人们的关注。1993年12月7日，自由不羁、有着钢铁般意志的福克斯体育负责人大卫·希尔（David Hill）在母公司新闻集团董事长兼CEO鲁伯特·默多克（Rupert Murdoch）的陪同下为NFL做了一场报告，阐述NFL为何应选择福克斯作为其比赛播放平台。在报告中，他们开出了每年支付3亿美元购买NFL比赛转播权的条件——比即将到期的协议金额高出40%。

在随后的紧张谈判中，NBC将AFC比赛转播费锁定在每年2.3亿美元。福克斯的主管迅速反应，把出价提高到3.95亿美元。这大大超出了CBS的承受范围，于是后者退出竞争。福克斯开始组建体育部门，最终成为美国第四大广播网，是50多年来比肩三大电视网的第一家。

优质内容价格高昂，本身不足为奇。令人惊奇的是，在广播电视行业越发脆弱的形势下，转播费竟仍在急剧上涨。通过估算NFL比赛的广告收入，分析师估计，福克斯将在这笔为期4年的交易中亏损约6亿美元。为什么像福克斯这样依靠低成本模式苦心经营的电视网会迅速将这一模式弃之不用？为什么它一向反对铺张浪费、以精益成本管理著称的母公司会支持这一举动？原因不是福克斯采取的体育内容策略独树一帜——不管是被福克斯买下还是被CBS买下，NFL比赛都是一样的，而是在于福克斯所建立和利用的节目联系。

其中的一种节目联系与加盟台机制有关。尽管福克斯近期有所增长，但它之前在全美的某些市场毫无影响力。福克斯体育负责人希尔谈道，与NFL签订的协议“迫使有线电视运营商播放福克斯的内容这一规定使我们在所有市场——包括内布拉斯加州这些福克斯早先无法播放节目的地方——都站稳了脚跟。没有橄榄球，就永远不会发生这种事”。另一种节目联系与导入效应有关。表10显示了NFL对周日晚上比赛之后播放的其他福克斯节目的影响：包括《辛普森一家》和《X档案》在内的节目一跃成为黄金时段的精品节目。不仅如此，品牌影响力也得到增强：许多先前不知道福克斯的观众，如今已把它当成重要的内容来源。

此外，福克斯的推广策略也利用了节目联系：吸引数百万NFL观众，大力对其他节目进行交叉推广。在获得NFL转播权的十多年后，即使其他广播电视网的观众大量流向有线电视，福克斯的收视率也依然保持稳定。

如果像大多数分析师那样，认为NFL的价值只体现在直接广告收入上，那么你一定会觉得福克斯给钱给得太多了。但如果把这些节目联系放在一起通盘考虑，你就会清楚地发现，那样想是错的。几年后，就连那几家电视网也承认了它们的失误，CBS承认它“大大低估了NFL对《60分钟》的影响”（图19说明了这一影响）。

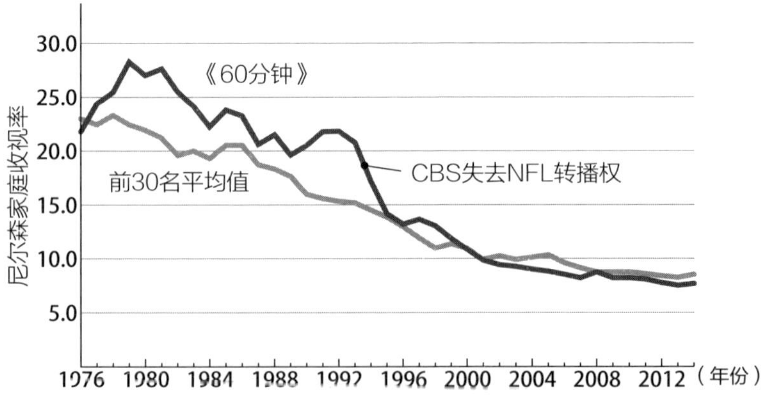

图19　《60分钟》收视率随时间变化的情况（尼尔森家庭收视率指美国全部收视家庭里收看某一节目的比例。前30名平均值指当年收视率最高的30档节目的平均尼尔森家庭收视率。）

福克斯之所以能崛起成为第四大广播网，不是因为它比别的电视网更了解体育内容，而是因为它更了解联系。

4年后，CBS回到谈判桌上，重新加入争夺NFL转播权的大战，出价5亿美元购买AFC转播权。时任CBS体育总裁的肖恩·麦克马纳斯（Sean McManus）说：“这笔交易我们不会亏钱，因为它将给公司带来推广价值和其他一切好处。”这一回，NBC变成了出局者。新签订的NFL 4年转播协议价值高达170亿美元，是体育转播史上最大的一笔金额。更难得的是，它出现于广播电视观众不断缩减、有线电视观众不断增加、娱乐方式层出不穷的年代。

溢出效应对NBC买下《急诊室的故事》的播放权也至关重要。1998年，就在失去NFL转播权的几个星期后，NBC以每集1200万美元的价格重新拿到了该剧的播放权——比之前的价格高出1200%。尽管《急诊室的故事》是收视率第一的电视节目，分析师仍预测，这笔交易将把NBC一年来赚得的全部利润一笔勾销。但对NBC而言，这个决定背后的逻辑是清晰的：如果没有这个节目和它带来的溢出效应，NBC损失的很可能是全部利润。

花大价钱投资热门节目的现象不只存在于电视业。在电台业，霍华德·斯特恩（Howard Stern）靠同样的逻辑赚得盆满钵溢。2004年，距离创立已有两年时间，天狼星电台付出了种种努力，还是没能吸引到大量听众。这家苦苦挣扎的付费电台决定孤注一掷，把筹码压在了斯特恩身上。斯特恩是当时最受欢迎的电台脱口秀名人，但即便如此，天狼星的开价也达到了史无前例的水平：5年5亿美元——确切地说，按照分析师的计算，斯特恩每分钟的报酬超过2000美元。

在接下来的3年里，斯特恩吸引来了大约330万名听众。那么天狼星从中获得了多少直接收益呢？每位用户每年支付约150美元，年收入因而猛增至4.5亿美元。溢出效应比这还要亮眼：由于斯特恩提高了天狼星的知名度，平台其他节目的观众也多了起来。2010年与XM电台合并后，天狼星用户接近2000万，收入接近30亿美元，其后连年获得数亿美元的年利润。花在斯特恩身上的钱实在物超所值。

斥巨资在热门节目、畅销书、超级明星和名人身上，有时显得荒唐可笑，但不总是如此。受大众欢迎的内容和人物，要价往往远高于其受欢迎程度，但同时也为付出高价的公司创造了巨大效益。能做到这一点，恰恰要得益于溢出效应。

让我们回到讨论的起点：20多年前，溢出效应引发体育比赛转播费的上涨，直至今天仍推动着这一上涨趋势。现如今，电视观众收看的节目和频道很分散，因而拉低了大多数黄金时段节目的收视率，并且随着技术的发展，观众可自行决定观看时间，不必受限于电视网的播出安排。但即使是在这种不利形势下，体育节目也未受到影响，原因主要是体育节目必须看现场直播。电视剧过一个小时看，你不会错过什么；但如果换成体育赛事，过一个小时你可能根本不会再去看。这一点非常重要，因为观众的多寡影响溢出效应的大小：节目吸引的观众越多，溢出效应就越大。这在很大程度上解释了为什么随着时间的推移，电视网越来越愿意花大价钱获得体育比赛的转播权。

此外，相对稀缺性也促进了价格的上涨。20年前，电视网可以在十来个观众数达千万级的节目中进行选择；而今天，只有体育节目的观众能达到这个量级。再把越来越多的下游出价者考虑进去（如ESPN和TNT等有线电视网已加入战局），价格飞涨的原因便一目了然。

联系的作用不止于此。除节目溢出效应外，再想想有哪些东西是比赛节目的互补品。高清电视是一个：声像质量越好，从观看比赛中获得的享受就越多。在线梦幻体育比赛和游戏也是互补品。

想用人气来解释体育比赛转播费、有线电视费和超级明星收入爆炸式增长的现象是很困难的。热门的重要性不仅缘于它创造的直接收入，更缘于它间接产生的大量后续收益。热门内容和人物得到的报酬看上去高得离谱，不是因为他们受大众欢迎，而是因为他们能在产品和使产品升值的互补品之间创造溢出效应。

一言以蔽之，对热门内容和人物“过度”投资的原因，不在人气，而在联系。

获得关注

今天，几乎每个行业的公司在开发新产品并试图获得市场关注时，都普遍面临挑战。新产品可以是书籍、杂志、电视节目或电影，也可以是车型、网站、理财产品或服装系列。在过去，关于如何获得关注这个问题，有一个简单的答案：砸钱。随着时间的推移，这个解决办法变得越来越不奏效——由于每个人都试图做同样的事，结果只剩下嘈杂和混乱。

比砸钱更为有效的是基于联系的模式，这类模式也变得越来越普遍。真正带来效益的做法，不是砸钱，而是与已知产品建立联系。这种“信息溢出”在一系列案例中都收效甚佳。

泰格·伍兹：一“虎”吃饱，全家不饿

很少有体育名人具有泰格·伍兹那样的吸引力。从1998年到2008年，泰格·伍兹每年参加大约17场比赛，不到美国职业高尔夫球协会（PGA）巡回赛事的一半，远低于其他顶尖球手的参赛数。有泰格·伍兹参加和没有泰格·伍兹参加的比赛，收视率的差距大到骇人听闻的地步：接近100%。

出场费是衡量明星影响力的另一个指标。2011年，泰格·伍兹的排名跌至职业生涯最低点。迪拜公开赛邀请他参加新赛季揭幕战，包括世界排名第一的卢克·唐纳德（Luke Donald）、第二的罗里·麦克罗伊（Rory McIlroy）和第三的李·维斯特伍德（Lee Westwood）在内的所有球星都受邀参赛。赛事组织方付出了高达500万美元的巨额出场费，其中估计50%都落入泰格·伍兹的囊中。

人们很容易认为泰格·伍兹出场的好处大多落在了他一人身上——非也。十多年来，高收视率让整个高尔夫运动都受益匪浅。在泰格·伍兹的职业生涯里，高收视率对电视网意味着更高的广告收入，对PGA巡回赛则意味着更大的企业赞助。这两部分收入增长又回流到赛事，提升了奖金额度，使每位顶尖高尔夫球手都从中获益：在泰格·伍兹的职业生涯中，平均奖金额增长了约400%。泰格·伍兹的对手菲尔·迈克尔森（Phil Mickelson）起起伏伏的职业生涯常常笼罩在他的阴影之中。尽管如此，他仍表示："这项运动里没有人比我从泰格·伍兹身上受益更多。他提高了奖金水平、收视率、营销预期和代言费。任何人都没有我从中获得的利益多。"

小球手也受益匪浅。尽管从未在PGA赛事中取得过胜利（这主要因为其职业生涯不幸与泰格·伍兹撞车），杰伊·威廉姆森（Jay Williamson）仍赚了550多万美元奖金。尽管在《纽约时报》的采访中批评泰格·伍兹个人生活不检点，但威廉姆森也谈到了泰格·伍兹的职业生涯带给他的溢出效应："我过得当然不像国王那么奢侈，但我供得起三个孩子念私立学校，这很可能直接拜泰格·伍兹所赐。"另一位观察者则指出："1996年，只有9名高尔夫球巡回赛选手赚了100万美元；而在2009年，赚到这一金额的球手高达91人。"

泰格·伍兹的光环还延伸到了他代言的品牌。1996年，耐克与泰格·伍兹签下了为期5年、金额高达4000万美元的代言合约，从而引发了人们对耐克是否花了冤枉钱的种种惊讶与质疑。2013年，卡内基·梅隆大学的三位研究人员进行了一项研究，结果发现，在2000年至2010年，泰格·伍兹的代言使耐克高尔夫球的销量增加了近990万个，价格上涨了约2.5%，利润增加了1.03亿美元。换句话说，在过去10年间付出的1.81亿美元的代言费中，超过一半又通过卖高尔夫球赚回来了。

泰格·伍兹的故事之所以特别，不仅因为它印证了"热门"创造的积极联系可以有多么巨大的影响力，还因为它提醒我们，溢出效应也可以是消极的，而且作用力同样巨大。在2008年到2009年，泰格·伍兹因膝盖受伤无法上场比赛，结果他通常都会参加的最后一轮比赛的收视率下降了47%。2009年，在那些泰格·伍兹没有参加的比赛期间，电视网的广告要价减少了30%。据研究人员估计，同一年晚些时候泰格·伍兹丑闻爆发后的13个交易日内，他的赞助商总共损失了超过2%的市值——确切地说，大约100亿美元。

自助：后向溢出效应

2003年6月，丹・布朗（Dan Brown）新发布的小说《达・芬奇密码》跃升至《纽约时报》畅销书排行榜榜首并数月蝉联冠军。在接下来的6年时间里，布朗没有创作新书，却仍有三本书出现在畅销榜单上。为什么会发生这种怪事？布朗此前出版的《天使与魔鬼》《骗局》《数字城堡》三部作品，起初销量平平，在《达・芬奇密码》大获成功后，由口袋书店重新发行。同《达・芬奇密码》一样，它们很快名列榜单榜首。

布朗在《达・芬奇密码》后的成功不是来自新内容，而是来自“后向溢出效应”，指当前热门内容引发的对过往内容的关注。我们在其他市场也看得到这种效应。在一项对音乐人的饶有趣味的研究中，时任得克萨斯大学奥斯汀分校的经济学家肯・亨德里克斯（Ken Hendricks）和时任斯坦福大学的经济学家阿兰・索伦森（Alan Sorensen）发现，艺人的热门专辑增加了他们之前发行的专辑（称为“目录”专辑）的销量，且增幅往往十分巨大。图20转自他们的文章，说明了两支乐队（名气较小的另类摇滚乐队血性猎犬帮和人气较高的硬摇滚乐队喷火战机）的溢出效应。两支乐队第2张和第3张专辑（均为热门专辑）的发行都增加了各自前一张专辑的销量，在某些情况下增幅非常显著。

亨德里克斯和索伦森考察了1993年至2002年300多位艺人专辑销量的溢出效应，在更大的样本中得到的结果同样令人震惊。对于那些从第2张专辑开始受欢迎的艺人，第1张专辑的周销量平均涨幅超过100%。研究人员还发现，对于人气已经很高的艺人，销量增幅往往小得多，并且在艺人的家乡地区增幅较小，表明溢出效应的作用机制是提高艺人在不了解他们的群体中的知名度，而不只是说服所有粉丝购买更多的专辑。溢出效应扮演了信息性的角色。

在随后的精彩分析中，亨德里克斯和索伦森用所得结果比较了消费者不完全了解艺人和完全了解艺人这两种情况下溢出效应的重要性。当消费者“充分了解”艺人时，热门专辑带来的溢出销量要低得多。这一发现凸显了溢出效应的作用：提高相关产品的消费者知名度。

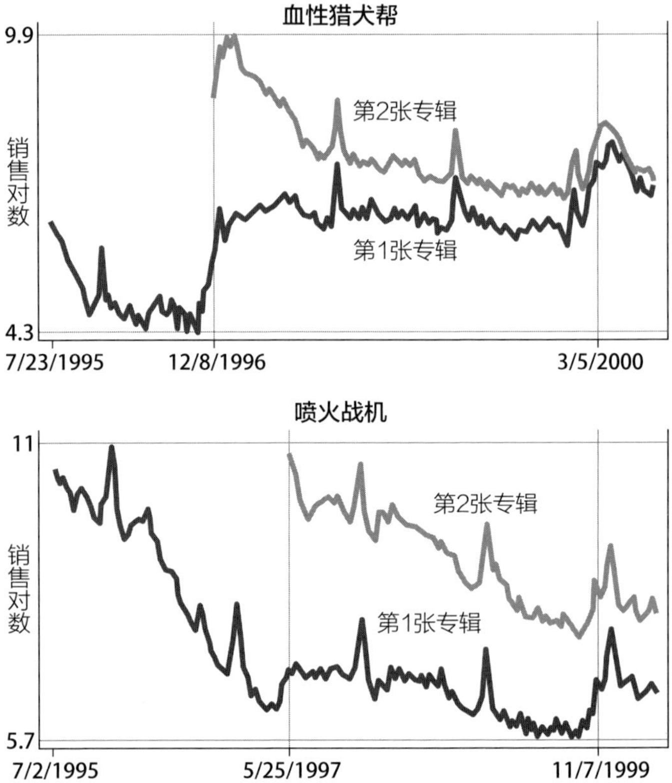

图20（转自亨德里克斯和索伦森，2009年）：两支乐队的“后向溢出”。这两幅图表显示了艺人第1张和第2张专辑销量的对数随时间（以周为单位）的变化情况。垂直线表示第2张和第3张专辑的发布日期。本图表说明了艺人新专辑的发布往往会引起其之前专辑销量的增长

没有什么比2013年夏天发生的事更能体现信息溢出的重要性了。一位署名“罗伯特·加尔布雷斯”（Robert Galbraith）的作者出版了新书《布谷鸟的呼唤》，虽然书评相当正面，但这本书头两个月的全球销量只有1500本。之后在2013年7月15日，这位化名作者的身份被公之于众：加尔布雷斯就是《哈利·波特》系列的作者J. K. 罗琳（J. K. Rowling）。仅在爆料第一天，该书销量就增长了156866%，一举跃升畅销书榜首，一个月内就卖出了110万本。

生产好的内容，你有可能获得称赞；而以熟悉的笔名再次出版这一内容，它会因联系的力量成为轰动一时的作品。

尽管罗琳式的尝试很少见，但搭熟名便车的做法却广泛存在。即使是最传统的营销耗资巨大的电影、电视领域，也在转变做法。1981年，好莱坞票房最高的十大电影，只有3部是续集或改编，而在2011年，10部影片全是续集或改编。现在，所有好莱坞大制片公司发行的电影，约有20%是成功的第一部电影的续集或前传。“投资特许经营电影”是好听的说法，“缺乏创造力”则是不那么好听的解释。事实上，联系能让新产品受益于老产品。

越来越多的电视网开始采取相似，但不那么广为人知的策略：不拍续集，而是将当红演员或知名角色聚集在新节目中。《宋飞正传》从最初的5个角色衍生出了4档节目；《干杯酒吧》的衍生剧《欢乐一家亲》是电视史上最成功的一部衍生剧。从2005年到2012年，有三分之二的电视剧要么邀请先前大热剧里的演员出镜，要么翻拍早期的作品（想想《霹雳娇娃》和《夏威夷特勤组》，这两部作品的翻拍一个大获成功，另一个一败涂地）。

信息溢出在被推向逻辑极端时，会产生一种迷人的可能性：如果把别人的名字直接放进你的内容，可以产生一种完全依赖溢出而不依赖内容的极端的搭便车形式。我和同事最近做了一个实验来考察名称的影响。我们将媒体发布机构的名称互换过来，看看会产生什么结果。

我们请700个人读一篇关于希腊金融危机及其对欧盟影响的文章，并从“编辑质量”“批判性见解”和“语言质量”等方面对文章进行评估。文章既有政治分析，又含历史讽喻，用奥吉亚斯牛圈的神话[①]阐述希腊的困境。

读者给这篇文章平均只打了5分多一点（满分10分）。有人给它打了8分或8分以上，有人只打了一两分以示不满。重要的变量是，研究人员将三个网站的任意一个随机分配给读者阅读那篇文章（见图21a、图21b和图21c）。三分之一的读者在没有标记出处的空白页上阅读，三分之一的读者在一个看上去酷似《经济学人》的网站上阅读，另外三分之一的读者在一个看上去酷似《赫芬顿邮报》（文章最初发表的地方）的网站上阅读。

---

①The Augean Stable(s)，源自古希腊神话，说的是厄利斯的国王奥吉亚斯有一个极大的牛圈，里面养了2000头牛，30年来从未清扫过，粪秽堆积如山，十分肮脏。除泛指地点外，stable还可指某些不良的制度、下流的习俗和恶劣的作风等。因此，人们又将此短语引申为非常的地方或长期形成的积弊。

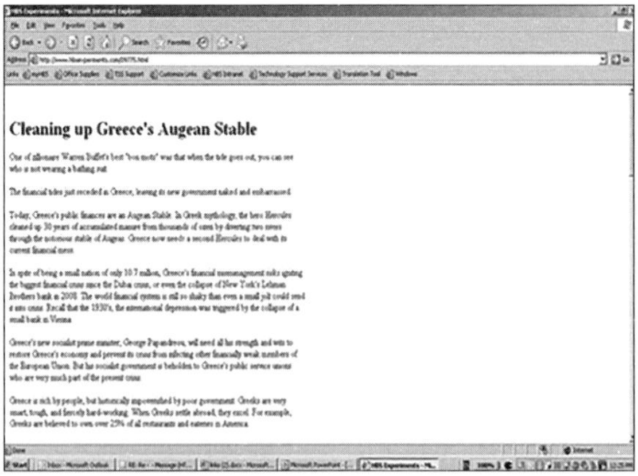

图21a　显示在无名网站上的文章

图21b　显示在酷似《经济学人》网站上的文章

图21c　显示在酷似《赫芬顿邮报》网站上的文章

在无名网站上阅读文章的人里，打4分或4分以下的比例超过三分之一。在酷似《赫芬顿邮报》的网站上阅读文章的人里，打这样低分的比例为22%；而在酷似《经济学人》的网站上阅读文章的人里，只有不到10%的人打了低分。三组读者阅读的内容完全相同。

表11　名称对读者、对编辑质量的看法的影响（随机实验）

读者对编辑质量的评分	文章显示位置		
	无名网站	酷似《经济学人》的网站	酷似《赫芬顿邮报》的网站
1—4分	34%	10%	23%
5—7分	47%	45%	45%
8—10分	19%	45%	32%
平均	5.4分	6.9分	6.1分

搭他人名称便车的做法，如今在数字领域已是司空见惯，而要想在这些领域赢得大众的关注，的确很难。搭便车策略有时被无良黑客或懒惰的“企业家”使用，如苹果“应用商店”上那些重名的应用程序（有趣的是，一个讽刺地命名为“美丽的一团糟”的应用程序在发布几个星期后就出现了7个高仿应用——它的创始人压根儿没想到这个名字会如此成功）。搭便车是个可行的策略，它能让人们注意到那些往往被人们忽视的创造性人才。对有抱负的音乐新人而言，一种完全符合版权法规定的普遍做法是在YouTube上发布翻唱，也就是对知名艺人代表作的重新演绎。几年前，一位名叫亚历克斯·固特（Alex Goot）的艺人在YouTube上传了他的首张翻唱专辑，光荣地将其命名为“这些歌要是我写的就好了”。翻唱曲目包括火车乐队的《嘿，黑人姐妹》和迈克尔·杰克逊（Michael Jackson）的《走开》。到2015年，除首张专辑外，固特在YouTube上总共上传了50多首翻唱。他的努力也终于获得了回报：他有了属于自己的YouTube频道，订阅人数超过230万，还经常入选“YouTube十大艺人”榜单。那么，这些年轻艺人靠什么变现呢？答案当然是演唱会。

跨格式的溢出效应

数字内容对纸质内容的助益

信息溢出不光与推广同一格式的内容息息相关，对推广不同格式的内容也具有重要意义。最常见的是数字内容对纸质内容的影响。长久以来，新闻机构以消极的眼光理解这一溢出效应，认为只要把内容放在网上，就会抢走纸质版的销量；只要改进数字产品，就会影响核心产品。但彼得·杜·托伊特（Pieter du Toit）认为，这种思维模式大错特错。

杜·托伊特是南非最大的一家荷兰语日报《映象报》的新闻编辑。他最近告诉我，2013年2月发生的一个事件“从根本上改变了我们整个新闻模式，改变了数字内容带给纸质内容的溢出效应。这一切都源于奥斯卡事件”。

奥斯卡·皮斯托瑞斯（Oscar Pistorius）是南非残奥径赛冠军。他11个月大的时候就双腿截肢，却开创了精彩的职业生涯，打破了残奥会的世界纪录，并最终参加了2012年的伦敦奥运会。但在2013年的情人节，《映象报》爆料称：皮斯托瑞斯射杀了他的女友——南非模特瑞瓦·斯蒂坎普（Reeva Steenkamp）。

《映象报》是那天早上第一个听到这个消息的机构。一旦确定了新闻的可靠性，它就必须决定：是先以数字方式发布，还是等到下个印刷周期再发布。从某种意义上来说，这个问题没有任何选择：显然，这个消息不会隐藏太长时间。但是，他们之前从未在网上报道过突发重大新闻。“我们的网站很大程度上是对纸质版的补充，”杜·托伊特说，“它上面全是前一天纸质版的报道。”

那天早上8点，《映象报》竟在推特上报道了这则消息。“全世界突然间汹涌袭来。这篇报道最初带给我们的曝光度一直延续至今。然而，它的影响远远超出了数字范畴。奥斯卡事件报道后的首周，纸质版销量暴涨了30%，这是前所未有的。”（见图22）原因何在？首先，报社的知名度得以提升——以数字形式曝光一则新闻，人们自然会在第二天买报纸阅读深度报道——正如杜·托伊特所说：“他们需要深刻的见解，第一手报道。”其次，报社的品牌影响力得到增强。此外，随着《映象报》成为人们提供线索和消息、揭发内情的首选新闻媒体，额外的好处也源源而来。这些都是率先以数字形式报道新闻给纸质出版物带来的积极溢出。

在这个事件以前，《映象报》总是担心“用推特发布新闻会让我们失去什么？”而不是思考这样做“能让我们获得什么？”杜·托伊特说，奥斯卡事件“改变了我们的思维模式，消除了我们的恐惧”。

积极溢出还影响了新闻编辑部的文化。《映象报》重新将自身定位成数字优先的媒体，拥有专门的网络编写团队，而不是把网站变成纸质版新闻报道的回收站。它改变了日常的工作流程。新闻编辑部开始围绕网站的流量高峰而非每日发行一次的纸质产品进行规划。它全天候更新报道，而不是一天只更新一次。

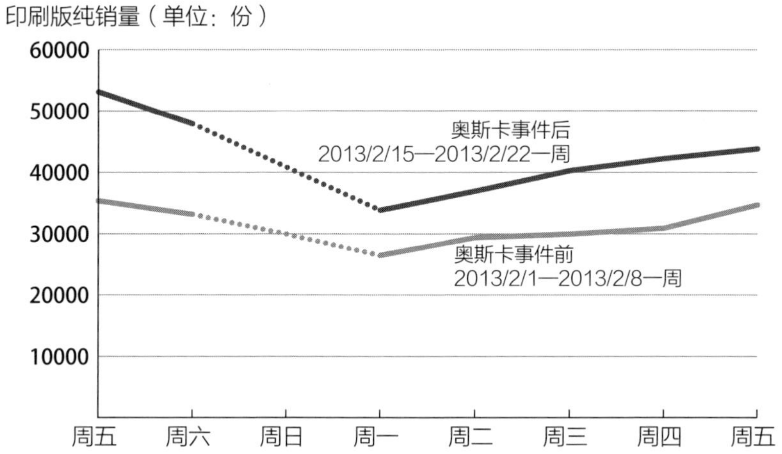

图22　《映象报》：推特式报道对报纸销量的促进作用

《映象报》的传统思维模式很常见：只看到消极溢出，却看不到积极溢出。它使大多数内容企业错失了数字格式和纸质格式之间的有利联系，纠结于寻找两全之策。然而，世界各地报纸业的思维模式都在发生缓慢而凿实的改变。

纸质内容对数字内容的助益

人们很容易认为，在提升知名度方面，数字格式的效果比纸质格式好很多倍。人们还容易认为，溢出效应只能从数字内容流向纸质内容。这两种想法都不正确。看看下面的例子。

大多数人现在都知道E. L. 詹姆斯（E.L.James）的情色小说《五十度灰》，但很少有人知道它是如何变得如此受欢迎的。这本书最初以数字版发表，但销量平平，只售出几千本。之后，任职于克诺夫出版社旗下专营平装书的古典书局的安妮·米西特（Anne Messitte）与詹姆斯签了纸质书的合约。乍看起来，这一举动实在没有什么意义。“持怀疑立场的人说，电子书已经确立了领先优势，”米西特告诉我，“纸质书根本卖不了多少，人们也不希望自己被别人看到还在读纸质书。”

但在提升知名度方面，纸质书却有一些优势。在沃尔玛或好市多等大型零售商店以及超市和机场，纸质书更易得到人们的注意。它更易与人分享，更易当作礼物馈赠他人。古典书局精心筹划了《五十度灰》的分发、推销和宣传，让詹姆斯在纸质书上市后亮相各大电视节目。那么，这个将重心转移到纸质书的尝试取得了何种成效呢？短短一年时间，书的销量就从几千册电子版暴涨至9000万册纸质版，成为有史以来最畅销的平装书，这反过来又大大提高了电子版的销量。

在这一案例中，发生改变的不是内容，而是格式；溢出效应从纸质内容流向了数字内容，而不是相反。

垂直整合的谜题

垂直整合是指内容与分销的联合。长期以来，这个概念一直是娱乐业的避雷针。最近的垂直整合热由一系列电视制作公司与广播网的纵向合并（1986年20世纪福克斯与福克斯广播公司的合并、1996年ABC与迪士尼的合并）引发，并随着此后的巨型合并（2000年AOL与时代华纳、2009年康卡斯特与NBC环球）持续进行。奇怪的是，纵向合并虽越来越受到行业参与者和银行家的青睐，但对它们的批评声却日渐增多。这是为什么呢？

想想标准情形：一家分销商或电视网收购一家制作公司。支持垂直整合的常规理由是，分销商一旦买了上游内容，就能更好地控制节目成本（如果一家有线电视运营商买下了ESPN，它就能避免在订阅费的问题上来回谈判）；它可以确保自己不打价格战就有权使用制作人的热门节目（迪士尼收购皮克斯时，无须竞价就获得了后者动画片的使用权）；它还能分担制作公司搜索热门时所承担的风险。

每次在报纸上读到纵向合并的新闻时，你都会或多或少听到以上这些论点。但是，它们没有一个是成立的。

原因就出在经济学家称之为“零和转移”的情景上。想想与获得制作公司的热门节目有关的论点。有这样一个难以摆脱的问题：限制下游价格竞争虽可能对分销商有利，却会损害制作公司的利益，使热门节目无法卖出更高的价钱；但反过来，若保证垃圾内容有足够的“货架空间”，那就轮到分销商付出代价，因为它原本能购买别的制作公司的内容赚取更多利润。

换言之，交易中一方的收益总被另一方的损失所抵消。说到底，整合不产生任何净收益。

同样的批评也适用于有关限制内容价格的论点。如果分销商在收购内容制作商后立刻面临强制性的内容价格管控，那么分销商的收益便直接以牺牲制作商的利润为代价，使后者受损。这是另一种零和转移。

垂直整合的逻辑缺陷很简单：将钱从一个口袋转移到另一个口袋并不会使钱增加。然而，这个论点却一再遭到大多数主张垂直整合的人的忽视。

零和转移的逻辑意味着垂直整合实体的内容价值不应与非整合实体的内容价值存在任何不同。不管是哪种关系结构——无论制作商和分销商合并成单一实体还是维持相互独立的合约关系——内容上的决策都应完全相同：始终应播放热门节目，剔除垃圾节目。这样一来，零和逻辑就表明，垂直整合除了能增强收购方的实力和影响力外，没有任何好处。这才是对整合持怀疑态度的原因，它解释了为什么垂直整合实际上更有可能损害股东价值，而非增加股东价值。

当然，也有例外情况。想想这种情况：内容提供商和分销商都能提供一些独一无二的条件。然后我们就会观察到所谓的“双重加价问题”：为了从分销商身上攫取价值，内容提供商给它的内容加价，而分销商在此基础上再次加价，然后把内容转卖给最终用户。这就产生了不合常理的结果：每一方都不惜损害各自直接买方的利益，标高价增加收益，却看不到给消费者的最终价格过高，导致总需求和各方利润都变少的事实。在这种情况下，整合能带来好结果。一家整合后的公司只加一次（而非两次）价，就不仅能增加需求、扩大利润，还能给消费者带来好处——这便不再是零和游戏了。最近一项关于有线电视业垂直整合的研究发现：有线电视运营商收购区域性体育电视网后，价格下降了大约18%——每个人都从中受益。

垂直整合还能在其他情景中创造价值，不过你必须更深入地了解内容质量和它的驱动因素。

内容质量是个谜一般的东西。有时你立刻就知道手上的内容是热门还是垃圾，但更多时候，内容的质量不会即刻、客观地显现出来。了解什么会成功、什么不会成功是需要时日的。观众可能在一季的时间里逐渐被吸引到某个节目中。有些剧集效果好，有些要差一些。口碑常在不可预知的时刻传播开来，知名度也随之提高。

这就是分销商可发挥重大作用的地方：它们能给内容安排更好的时段；它们能下大力气推广内容；它们可以将内容持续播放下去，而不是遇到一点点困难就放弃它——毕竟，分销商在内容上投了资，特别是考虑到长期成功和节目联卖权能带来丰厚的利润。换句话说，分销商能影响质量。这些因素不适用于热门节目和垃圾节目——分销商对待这两类节目的方式不会因节目是否归其所有而有所不同。但它们适用于所有其他内容，大约占全部内容的90%。

一项关于广播电视业垂直整合的研究恰好发现了这一点。20世纪90年代是研究这一问题的好时机：在这10年间，整合增多了，就大多数电视网而言，播出的约50%的节目都归其所有。文章作者（西北大学博士生）收集了10年间四大电视网播出的所有节目信息，包括播出时间、收视率以及——最关键的是——所有人。然后，他考察了分销商对内容成败的一个影响因素：是否续约节目新一季。

对于质量极好和极差的节目，亦即热门节目和垃圾节目，可以预见的是，无论是否归分销商所有，续约率都没有差别。而对于其他节目，归分销商所有的节目续约率更高——虽然高得不多（平均5%—10%），却有实实在在的差别。

此外，电视网还有其他发展旗下内容的方式：让它紧挨着老牌节目播放（如《薇洛尼卡的衣橱》和《老友记》），或将它推广给老牌节目的观众。

如果你把垂直整合看成分销商购买知名度高的内容或获得成熟的原版故事版权的途径——吹捧垂直整合的人常常搬出这套理由，那么你很可能会大失所望，因为你根本不清楚这些好处是否一定不能在维持相互独立的情况下获得。但是，如果你把垂直整合当作培养知名度较低的内容并增强其成功概率的手段，那么情况将大为不同。

在这种情况下，整合的好处不在于能买到优质内容，而在于能借势知名度较高的内容推广知名度较低的内容。整合能带来这样的好处，全要归功于产品联系。

搭便车的“五十度灰”

垂直整合并非电视业搭便车的唯一形式。当内容提供商向分销商提出“要买就必须全买”的交易条件时，它采取的策略就叫作频道捆绑。通过这种做法，提供商用热门频道作为议价筹码来卖出知名度较低的频道的播放权。

支持捆绑的一个原因是热门频道可以贴补其他频道。但这个逻辑很过时（而且不盈利、人气低的频道会存活很久的观点毫无说服力）。ESPN对母公司迪士尼的价值不仅仅是每个月的订阅收入，更体现在它有能力让分销商播放次级频道（如ESPN2、肥皂剧频道和家庭频道）的节目，以期能从中发现佼佼者。

围绕数字技术及其对电视市场影响的讨论中，往往充斥着“民主化”“碎片化”和“点单模式”这样的词语。随着数字技术的普及，你可能认为创立新频道将变得非常简单。但观察一下电视市场，你就会发现事实并非如此：绝大多数电视频道只隶属于6家公司旗下。这并不是因为创办有线电视网很困难，而是因为新创立的有线电视网很难引起人们的注意。这便是内容公司越来越依赖组合模式，而非针对不同产品采取不同策略的原因所在。

有时，为了让新产品得到人们的关注，甚至需要采取更为冒进的措施。1996年，新闻集团推出福克斯新闻。当时，人们认为有线电视新闻市场达到了饱和——已经有3家7天24小时不间断播出的新闻网，此外还有4家广播网。有线电视运营商根本无意考虑没有名气的新闻频道。在美国最大的媒体市场纽约市，时代华纳有线尤为强硬地拒绝播放福克斯新闻。为应对这一局面，新闻集团提出负向收取费用，也就是“付费播放”，让每个用户承担10美元的费用。他们相信，一旦频道走红，收费结构就能倒转过来。

内容捆绑就像给分销商的一记大棒，而付费播放则像一根胡萝卜。

福克斯新闻吸引观众的步伐并未止于此。它又做出了一个搭便车的举动，这次是借势重大新闻事件：福克斯的成功不仅仅是因为它的目标收视人群与其他提供商不同，更来源于它早年间对重大新闻事件的报道方式，如莫妮卡·莱温斯基（Monica Lewinsky）的丑闻、总统大选和伊拉克战争。每当发生这样的事件，福克斯总能吸引到新观众，建立起“报道独树一帜”的品牌认知，以致在事件结束后，一些观众仍愿意留下来继续收看。

这种做法不只限于业绩记录不实、营销预算很小的公司。腾讯和Schibsted这两支数字领域的劲旅在认识到全世界每天新增15万家网站、新网站很难脱颖而出的事实后，也开始在推广新网站时采取类似的搭便车策略。

当腾讯决定在中国推出在线新闻门户时，这一领域已发展了5年，腾讯的竞争对手新浪的浏览人数已达数亿。腾讯网络媒体事业群总编陈菊红阐述了腾讯做法上的不同，这种不同听起来熟悉得很："我们的重点是打赢重大事件的新闻战。"有的事件在发生前就广为人知，如北京奥运会、足球世界杯、上海世博会、每年3月的全国人民代表大会；有的事件则不是，如日本地震、甘肃校车事故。"这些时候，你可以接触到大量新用户。如果你能在事件期间吸引他们收看你的报道，很多人就不会走了——甚至在事件结束后也不会走。"这种借势"重大事件"的做法按道理是很有吸引力的，但要怎么做成呢？陈菊红的团队与运动员签合约，买断了体育赛事期间的独家采访权；充分利用大多数中国人——运动员、名流、商界人士和政治领袖——至少拥有一个腾讯旗下平台（与推特相仿的微博、颇受欢迎的即时通信软件QQ和后来的微信）账号的事实；大力开展交叉推广；在事件期间分配额外的资源；以及对于预先确定的事件，不是等到事件发生后才开始报道，而是在发生前几周就着手报道。结果，腾讯只用了很短时间就赶上并反超了新浪。

借助于旗下核心网站（现在被Schibsted称为"流量机器"）的广大日常受众的力量，Schibsted把在线新闻和分类广告领域的成功转化成了从属数字风投项目的增长。以Schibsted在瑞典最主要的分类广告网站Blocket为例。将广告空间卖给其他大型网站，传统上被认为是最容易的创造广告收入的方法。随着在线广告价格的下滑，Schibsted发现了另一种创收方式。相同的广告空间，对售卖互补产品的网站而言，价值就大多了。国际分类广告负责人斯维勒·芒克向我描述了这其中的差别："对我们旗下的新闻门户《晚报》这样的网站而言，Blocket的汽车垂直广告空间的价值约为每1000次曝光7美元。而同样的空间对担保贷款的同类网站来说，价值就要大得多：给银行提供的每一个潜在客户值六七美元。"

从表面上看，这是个很单纯的想法——给互补品做推广而已。但提升关注度不仅仅是在各网站间重新配置广告空间这么简单，它需要的是"智能集成"。

假设你在一款二手沃尔沃上点击了5次，我们由此推测你想要买这款车。我们会把广告上显示的汽车价格输入一个带有汽车图片的小计算器，并在广告中提供信息，告知你购买这款车的还款时间表和可申请贷款的地方。我们还允许用户通过拖动刻度这样简单的操作在广告中提供信息，如你希望的贷款额度。结果证明，如果把这些做好，转化率就能高出一个数量级。

智能集成不仅仅是确定合适的目标用户，也不是了解广告投放的对象。它要求针对个人需求来设计广告文案，而这不仅需要数据共享，还需要实验。

“广告主还没有意识到，建立动态合作关系而不只是简单地买横幅广告能给他们带来多大的价值，”集团战略部项目经理卡尔-尼克莱·韦斯曼（Carl-Nicolai Wessmann）告诉我，“于是我们自己做了实验。结果表明，转化率可提高3倍。买车，有贷款和保险；买电子产品，有比价网站。这促使我们重新思考自己在分类广告领域的核心作用究竟是什么，探索怎样才能创造出完全独立的以相关产品为重点的业务。”由此产生的业务叫作流量基金。基金经理实时跟踪Schibsted各个网站的点击率，努力优化它们的广告空间配置。作为回报，参与方由此获得的收益的3%归基金所有。

芒克说：“现在，把广告空间利用起来，符合旗下分类广告网站Blocket的利益，因为Blocket与其他网站整合得越好，赚的钱就越多。这种激励机制其实是让拥有广告空间的人尽最大努力增强广告的效果，而不只是尽量多地赚广告主的钱。”

为了让这个过程更加严格规范——给旗下产品做交叉推广时都会关心这个问题——Schibsted明确测量了把广告空间给内部推广的项目使用而不卖给他人的机会成本，经济学家称之为“影子价格”。Schibsted计算了每支广告每年（有时是每天）的影子价格。芒克详细解释道：“例如，1月属于广告购买的淡季，但对于减肥、信用卡之类的网站，1月又属旺季，因为那时节日的余热尚在。影子价格能让我们合理地配置各网站的广告空间，随时了解我们为得到某个价值而放弃了什么。”

借助搭便车策略，Schibsted的数字事业取得了惊人的成就。到2014年，Blocket的流量基金服务大约30个新风投项目。总收益约1.5亿美元，利润率20%—

25%。韦斯曼道出了高效益背后的简单原因："我们拥有领先的分类广告平台，现在还具备了营销上的专业知识。"

"聚焦你的专长"是当今最常见的准则之一。但最后胜出的，往往不是专注于产品本身的人，而是着眼于产品联系的人。特许经营电影与续集，翻唱与重名的应用程序，垂直整合与捆绑销售，后向溢出与流量机器——所有这些都是对如何获得关注这个问题的解答。它们大同小异，都是用出名的产品去推销不出名的产品。如果你认为单靠好内容就能达到目的，那么你一定会大失所望。除了产品，你还需要产品联系。

溢出效应与协同效应的对比

人们很容易把产品溢出等同于协同效应，但这是错误的。不利用联系是一种陷阱，试图利用不存在的联系也是一种陷阱。

看看大多数的商业协同形式，你会注意到它们具有某些模式。它们是进行中的（如两种产品由同一厂房生产或两类业务共享同一销售队伍）；它们不随市场条件的变化而发生大的起伏（生产和销售队伍的协同效应即使在需求状况改变时仍继续存在）；要想充分利用它们，就必须对组织架构进行系统性的改变。

把这些特点与我们讨论过的溢出效应和搭便车策略（如热门节目、突破之作、新晋明星、有新闻价值的事件等）对比一下。它们无一例外是事后利用联系。原因在于，"导火线"很难甚至根本不可能预测，所以热门的产生是偶然的，于是搭热门便车的机会也是偶然的。因此，联系远没有那么一目了然。

这一点似乎显而易见，然而很多内容企业为获得协同效应付出了种种努力，最终却在这个地方扑了空。产品溢出和搭便车策略依赖于事后（而非事前）对联系的利用。你先得知道下一个热门产品将出现在何方，然后才有可能借它的东风。企业遇到的困难，都可以追溯到它们对于联系的思维模式——认为联系类似于厂房或销售队伍的协同作用，却认识不到联系的"导火线"是随机的。企业为了利用协同效应建立起固定架构，但实际上它们需要的是灵活的架构。它们以为内容业务是与系统性相关的，但实际上业务间的联系时起时伏。因此，看到如此多的尝试都以失败告终，也就不足为奇了。

品牌与产品相比：应侧重哪一方？

产品联系让我们想到了一种高效的商业策略：将竞争从产品转移到产品组合。这便是广播网抗拒解绑的原因——对它们而言，让观众“收看电视网”要比让观众“收看节目”更有利。前者将竞争从单个节目转移到了电视网品牌，让事情变得更可预测、更稳定。

但是，联系制造了对营销人员和战略家而言最伤脑筋的一个问题：该推广单个产品还是整体品牌？除了若干像迪士尼这样精于建立独特品牌认同的公司，大多数企业、媒体仍难以回答这个问题。当可口可乐这样的消费品巨头收购一家新创办的有机食品公司时，它应花多大力气让消费者知道它的母公司身份？如果对主品牌的推广力度过大，你很可能失去小众产品的忠实顾客；但如果推广力度过小，你又可能错失提升品牌形象的宝贵机会。

为什么会有这么多组织执迷于“品牌忠诚度”这个概念呢？原因之一是他们想在变幻莫测的创造性业务中寻求保护。靠永远提供最好的内容来赢得客户是合乎逻辑的，但也极具挑战性：在这个游戏中反复取胜的概率就跟中彩票一样渺小。而只有培养起消费者对整体品牌而非单一内容的忠诚度，你才能改变游戏方式——不只是获得一个个单独的成功，而是持续地成功下去。

印度媒体业资深人士乌代·香卡在职业生涯中就有过多次这样的经历。在报业工作时，他发现：“报道在变，撰稿人在变，记者在变，头条在变，可很多读者仍然有自己偏爱的报纸，不会轻易改变。”跳槽到本地电视网NDTV后，他创立了自己的品牌，品牌口号是“速度至上：做抵达现场第一人”。他允许团队“即便在引语编辑不佳、存在若干跳切、视觉效果顺序有误的情况下，只要能赶在其他人之前播出”，就可以报道。“透不过气的紧张感是我们的品牌标志。”他苦笑道。现在，香卡渴望改变星空卫视的品牌认同，使其成为“与众不同的电视网”。星空播出的一档开创了探讨社会公义之先河的节目《真理战胜一切》点燃了这一目标：

我们虽有强烈的意愿，但从《真理战胜一切》借势的能力并没有从《谁会成为百万富翁》借势的能力那么强。我们已经是最成功的电视网，所以要想继续实现稳定的增长，的确有点难度。而且10年前，我们在《谁会成为百万富翁》和其后播出的特别节目之间建立了很好的内容引擎和联系。但我们现在做得不如10年前好。

香卡的愿景能否成功有待时间检验，但他下的赌注却是一清二楚的——不是关注单个节目，而是关注品牌联系。“假如能创造出一个强大的电视网品牌，我们的形势将变得非常有利，因为品牌能保护我们免受某一个节目或频道的夹击。技术正朝着‘点单’模式的方向前进，而且我们还有很多竞争对手。在这种情势下，让星空拥有突出的品牌调性就显得尤为重要，那样人们立刻就会感到安心。”

当然，香卡不是唯一一个这样想的人，几乎每个管理者都希望消费者忠于品牌。但消费者在意这件事吗？

回答这个问题并不容易。想象一下两个互相矛盾的场景，在这两个场景中，消费者都忠于品牌。在第一个场景里，消费者选择某个产品的原因是他们了解产品并且喜欢它；在第二个场景里，消费者在品牌形象的引导下，即便不了解某个产品也还是选择它（如消费者之所以购买某一款雷克萨斯的车型，究竟是因为其特殊的工程设计，还是因为“丰田出品”所带来的安心感呢）。这两个互相矛盾的场景，用统计学家的话来说，具有“观测上的等价性”，导致相同的购买决定。但在第一种情况下，丰田这个品牌对消费者几乎毫无价值，而在第二种情况下，品牌则起了极其重要的作用。

正因如此，企业对自己的品牌实力难以抱有信心，而企业的真正价值乃至存立之本皆源于品牌。了解消费者的购买原因，对营销和战略计划至关重要。

电视业可以很好地告诉我们这一问题的解决之道。如果要看对主品牌的忠诚度，电视业绝不是你第一个会想到的行业，因为观众忠诚的对象往往是单独的节目，而数字领域发生的一切都表明，这一倾向只会增强，不会减弱。然而，电视网的主管（如香卡）长期以来一直在尝试打造电视网或者说“网络之夜”的品牌。电视有个吸引人的地方，即它可以解决上文提到的实证难题：节目种类非常丰富，观众的口味也很容易预测。年轻观众喜欢年轻演员的节目，年长观众则喜欢年长演员的节目；观众喜欢看与自己同种族、同性别的演员阵容；等等。而且，由于各个电视网播放的节目类型并不总是相同，因此，我们可以把品牌忠诚度与节目忠诚度区分开来。让我们来看看怎样做到这一点。

我们想一下这两组时间段：观众惯于收看的电视网播放他们不喜欢看的节目时，以及观众不常收看的电视网播放他们喜欢看的节目时。如果观众在这两类时段里始终在切换电视网，那就可以得出结论：观众的忠诚对象是节目；而如果他们始终留在自己喜欢的电视网上，那么他们的忠诚对象便是品牌。

我们观察数据时发现，在决定看什么的时候，观众对电视网品牌的重视程度与对单个节目的重视程度一样高。当观众本可在不太喜欢的电视网上收看他们喜欢的节目类型时，有大约一半的时间他们仍留在了自己喜欢的电视网上，或者说，选择了他们喜欢的品牌。

为什么观众对电视有品牌忠诚度呢？原因之一在于信息。随着频道日渐增多、节目变化越发频繁，观众越来越不可能对每个频道在每个时间点播放的内容都了如指掌。在这种情况下，品牌成了帮助观众做出收视选择的信息渠道。

换句话说，品牌提供信息联系。在任何时间收看的任何一档节目，都对观众其他时间的收视选择起到一定的指导作用。当然，那些调到心仪电视网的观众最后有可能看了不喜欢的节目，但多半情况下，他们还是会看到喜欢看的节目。所以说，产品间的信息联系越强（假定是因为更清晰的品牌形象或更鲜明的品牌认同），品牌营销的收益就越多；信息联系越弱（因为产品相差悬殊或消费者对各产品都非常了解），强调品牌、淡化产品的做法所带来的收益就越少。

现在让我们回到之前提出的问题上：何时将竞争从产品转移到产品组合才是合理的？答案是，当产品过多或变化过于频繁时；当消费者在纷繁的选择面前茫然失措而不知道去哪里、找寻什么时；当品牌定位非常鲜明，足以指导消费者对形形色色的选择进行分类排序时，这样做合理。而当产品组合只有几样产品时，当这几样产品经常被新产品取代时，当它们彼此间差别很大（品牌形象散乱）时，当消费者已经很了解每一样产品时，这样做就不合理。在这样的情况下，品牌营销带不来任何回报。

为何数字领域始终存在溢出效应?

为什么电视节目间的溢出效应在今天仍有重要意义?这似乎是个谜。新技术本应改变这一切,但情况却并未发生变化。这是为什么呢?

30年前,遥控器的推出本应终结人们对电视网的忠诚感——但它没有消失。十多年后,电子节目指南的推出本应终结人们对电视网的忠诚感——但它还是没有消失。又一个10年过去了,DVR的推出本应终结人们对电视网的忠诚感——可它依然存在。

这三种新事物给了观众更大的自主权、更强的搜索能力和更多的互动性,但他们对电视网的忠诚度却几乎没有受到任何影响。

2003年,一项对观众惯性的研究发现,当时观众对电视网的忠诚度与20年前一样强烈。技术对它毫无影响,无论什么情况,联系都得以存续,不是因为我们作为用户只能收看捆绑的节目(跟音乐CD一样),而是因为我们选择这样做。

安德鲁·拉什巴斯(Andrew Rashbass)在担任《经济学人》CEO期间发现,杂志消费领域也存在类似的现象。网络刚问世时,读者更爱读单独的文章,而非传媒公司斥巨资策划的内容。但随着Kindle和iPad的相继推出,读者对读物有了更大的自主权,但此时却出现了奇怪的现象。"精选内容套餐终于重获价值,"拉什巴斯说,"人们现在花更多时间阅读和观看自己选择的内容。而且,他们愿意为内容付更多的钱。"

为什么精选内容早先在网络兴起时以失败告终,却因Kindle和iPad这些新技术的出现而大获成功呢?拉什巴斯创造了两个新词来解释个中原因:后仰与前倾。

人们使用平板电脑最多的时间,是情绪和身体上处于"后仰"模式的时候——与使用电脑时惯常的"前倾"模式恰好相反。Kindle设计成适合单手、在外阅读的样式,绝非巧合。

拉什巴斯指出,这一区分并不严格,"我们也会用PC进行后仰式活动,用iPad进行前倾式活动,如发邮件、上Facebook和推特。但这也进一步证实了这样一个观点：是后仰还是前倾，与使用场景有关，而与使用什么设备无关”。

是后仰还是前倾，与使用场景有关，而与设备无关。我们对新技术的运用，并不总是遵循产品开发工程师所设想的模式。这就是溢出效应在新技术大大增加的情况下仍往往得以保存，有时甚至增强的原因所在。收视的导入效应之所以始终存在，不是因为我们没法用遥控器轻松换台，而是因为不断换台很麻烦；交叉推广之所以始终存在，不是因为我们没法从电子节目指南中获得信息，而是因为广告也可以有效地提供信息；品牌忠诚感之所以始终存在，不是因为我们没法弄清究竟什么对自己有利，而是因为依靠品牌往往更容易弄清这个问题。

每过4年，NBC的奥运报道就提醒人们：溢出效应始终存在。在2008年北京奥运会上，游泳运动员迈克尔·菲尔普斯（Michael Phelps）称霸泳池，掀起了收视狂潮。他破天荒地夺得第8枚金牌的那场比赛，是NBC18年来收视人数最多的周六夜间节目。NBC的《今日秀》和《晚间新闻播报》的收视率亦随之暴涨，两档节目的竞争优势因此得以扩大。4年后在伦敦，菲尔普斯参加的游泳比赛收视率甚至比北京奥运会时还要高。对NBC来说，收视率暴涨固然好，但更好的是由此带来的溢出效应。《今日秀》的收视率创造了全年最大的几次领先优势，《美国达人秀》更成为数周内所有主要广播网成年观众人数最多的电视娱乐节目。伦敦奥运会期间，NBC提前一整个月大力推广9月播出的黄金时段节目。这些努力最终收获了成功：当年秋天，NBC的黄金时段收视率从第4名一跃升至第1名，这在近10年来是首次。

宽带视频产品也始终存在产品联系。举个例子，OTT视频的特点不是“点单”，而是订阅。当网飞在2013年首次推出自己的原创电视剧《纸牌屋》和《女子监狱》时，它不是将这些电视剧与其他新节目一并播出，而是将同一节目的所有剧集一次性播出。由此产生了一种新的产品联系形式，这次用它自己的话说就是“刷剧”。

这一切耐人寻味的讽刺之处在于，要想更好地理解产品联系，不一定要对产品或新技术有深入了解，但必须更好地理解顾客。产品联系之所以普遍存在于众多领域，是因为它们来源于用户行为，而与管理决策或用户不得不使用的新技术无关。

国际管理集团（IMG）

在本章一开始，我们提出了一道谜题：在脆弱的明星经纪行业，如何建立一家不仅能与客户保持一年以上合作关系，还能确立长达40年的无可争辩的优势地位的机构？说到底，我们究竟如何解释IMG的成功？

IMG的故事是个关于产品联系的故事，但它不仅仅关于互补品、溢出效应或搭便车中的某一类，而是关于所有这一切。它提供的经验能教会我们如何在竞争激烈、知识产权薄弱或界定模糊的情况下经营脆弱的核心业务——几乎每个媒体机构都面临这样的难题。

回想一下IMG面对的基本难题（这个难题在任何媒体行业都极为常见）：你很难预测下一个明星是谁、出现在哪里。就算你运气好，也很难把明星一直留住。而一旦他们离开，公司的资本就所剩无几了。

在核心业务受到威胁或极不稳定的情况下，任何企业的本能反应都是避开核心业务，转而增加业务种类、尽可能地扩大经营范围。IMG在认识到它早期与帕尔默、尼克劳斯和普雷尔取得的成功更多是因为运气好这个事实后，似乎就是这么做的。自20世纪60年代起，IMG开始将高尔夫球业务从球手经纪的老本行拓展至一系列新领域：赛事管理（始于1964年的英格兰温特沃思世界比洞锦标赛）、高尔夫球场设计、电视制作和广播（1968年设立环球国际部）、授权许可（始于1968年的温布尔登）、训练学校（1984年收购尼克·波利泰尼网球学校后发展迅猛）、高尔夫球手排名（设计了索尼世界排名[①]系统），以及公司代理。在网球、

①现已更名为世界官方高尔夫球排名。

橄榄球、古典乐等其他明星经纪领域，扩大业务范围亦成为IMG的惯常做法。

为什么这个模式对IMG有效，但用在很多别的机构上却行不通？知道这个问题的答案，对认识产品联系、理解产品联系在何种情况下起作用至关重要。

我们来看看为什么。

有缺陷的多元化经营逻辑

降低风险

IMG式的多元化经营常被冠以“风险管理”这样一个让人安心的名号。其理由是，多元化的收入来源可降低因完全依赖单一核心业务收益而产生的风险。这个论点极具诱惑力，业务经理们长久以来都是这么认为的。但是，以降低风险为动机的多元化经营几乎总是得不偿失。

多元化经营的基本逻辑就是有缺陷的。想借多元化投资来分散风险的投资者完全可以直接通过股市达到这个目的，而不是把主动权交给投资组合里的各个公司。通过金融市场进行多元化投资要比通过兼并和收购更容易、更高效。

在20世纪的大多数时间里，多元化经营是企业的常态，业绩最好的公司大多规模庞大、业务种类繁多。到70年代，多元化经营的吸引力开始减弱，大公司内部交易的好处很多都能通过完善的资本市场和劳动力市场获得。1994年，金融学者郎咸平（Larry Lang）和勒内·斯图尔兹（René Stulz）比较了多元化经营和未多元化经营的公司的市值。他们发现，在过去的10年间，多元化经营的公司每一年都比经营重点更为明确的公司估值更低——这一现象被称为“多元化折价”。研究人员明确表示：“我们的证据支持这样一种观点：多元化经营不是提高业绩的有效途径。”此后，这些研究结果又用不同方法和不同测量标准，以不同市场为研究对象重新得到了验证。多元化经营的神话破灭了。

受郎咸平和斯图尔兹启发而进行的这些研究表明，多元化经营普遍不奏效。那么把业务范围扩大到关联领域呢？这样做难道不会带来协同效益吗？这个常被称为“相关”多元化的经营模式，至少被证明对企业的危害较小。但是，IMG和其他类似案例表明，相关多元化的经营逻辑并非没有自己的问题。

想想IMG进军高尔夫球赛事领域的举动。事实证明，决定赛事活动能否取得成功的一个关键因素，是顶级球星是否现身，但这些球星是极不稳定的资产，赛事主办方对他们几无谈判优势。我们来回顾一下先前的讨论：从1998年到2008年，泰格·伍兹每年大约参加一半的PGA比赛，有他参赛与无他参赛的门票收入比约为2∶1，也就是说，前者比后者高了100%。如此看来，IMG的赛事业务几乎没有降低依赖球星所固有的风险，反倒是增加了这种风险：IMG在赛事业务上成功与否，很大程度上取决于它的球星客户是否参赛，但这些客户是极不稳定的资产，IMG对他们原本就没有多少谈判筹码可言。

郎咸平和斯图尔兹证明了，过于偏离核心业务的多元化几乎总是得不偿失。但是，过于靠近核心业务的多元化又可能令你无法应对核心业务变幻莫测的风险。

“一站式购物”的逻辑

业务扩张的第二个原因是，它能扩大公司提供给顾客和供应商的产品或服务范围，从而增强公司的影响力。如果你除了代理个人业务外还代理公司业务，你就能为球星客户拿到更好的代言条件；如果你组织赛事活动，你就能掌控选手的参赛；如果你通过电视转播体育比赛，你就能影响球星的现场报道，影响他们的电视合约；如果你拥有自己的训练学校，你就能决定学员的选拔；如果你为客户提供设计高尔夫球场的机会，你就能把这当好处来笼络和挽留球星——换句话说，如果你控制住邻近业务，你就能对明星施加更大的影响力。

这是公司用来证明业务扩张合理性的典型的“全方位服务”逻辑。20世纪90年代，几乎各大金融服务收购公司的“金融超市”战略都遵循了这一逻辑，把零售银行、投资银行、企业银行、资产管理和经纪业务整合在同一框架下。几乎每一次巨型媒体合并用的也都是这个逻辑。维亚康姆1999年收购CBS就是典型案例：通过将较年轻观众收看的有线电视网与较年长观众收看的广播电视网整合起来，公司可以为那些寻求覆盖所有年龄段观众的广告提供一站式购物服务。分析师对这次合作欣喜若狂。一位分析师说道：“你完全可以在了解了广告主的需求后向所有年龄段人群宣传广告主——从尼克国际儿童频道年纪最小的消费者，到CBS一些年纪最长的消费者，以及乡村音乐网、纳什维尔网、音乐电视网（MTV）和热门录像带第一台（VH1）的中年消费者，不一而足。”

不幸的是，一站式购物几乎总是让人失望。

这并不是因为开发全方位服务的产品系列是件难事，而是因为你很难创造出一个顾客凭自己能力无法轻易获得的东西。想象一家既卖比萨，又卖牛奶的商店，它为顾客提供了能在同一地方买到两种食品的便利。但如果把一家比萨店和食品杂货店紧挨着开在一起，那么顾客就能享受到几乎一模一样的便利。此时，与两家独立的专营店相比，全方位服务的商店几乎没有任何优势可言。

如果顾客靠自己就能获得所有这些产品和服务，那么，把不同业务整合在同一框架下的做法就不能为顾客创造任何额外价值。换句话说，一站式商店制造了一种好似建立了联系的幻觉，但其实并没有建立任何联系。

一站式商店逻辑最饱受争议的一个案例发生在大约10年前。它和所谓的“砖块加鼠标”的实体店与网上销售相结合的策略是否有价值有关。由于亚马逊、网飞等互联网公司采取了与巴诺书店、百视达等实体企业截然相反的“纯鼠标”策略，很多人认为它们注定要失败。在他们看来，采取线下、线上相结合模式的公司总能比纯线下或纯线上的公司提供更多的东西。按照他们的逻辑，经营两类资产必定好于经营一类资产。当然，这一论点目前已被证明是大错特错。原因不是“砖块”和“鼠标”的结合没有作用，而是顾客靠自己就能获得所有这些东西。

互联网分析师和行业专家已开始转变论调。在消费类视频服务混战的大背景下，有人说：“我确实认为大多数消费者都喜欢线下加线上的解决方案。事实上，他们确实有这样的解决方案，那就是用网飞在线看视频，用红盒子租碟看剧看片。”虽然网飞已成为人们在线购买DVD的首选网站，但红盒子却选择实行纯线下策略，在食品杂货店和零售店设置了一大批视频自动租售机。文章作者还说：

当巴诺书店在1997年开设网上商店时，它……似乎是一个不费吹灰之力就能击败亚马逊等纯线上公司的巨人。但这个巨人不得不与世界上最成熟、最易用的电商网站竞争。

他以罕见的坦率语气继续写道：

我敢打赌，1997年9月《财富》杂志上那篇文章《为何巴诺书店能击垮亚马逊》的作者，现在一定对当时看衰亚马逊网站的言论感到不小的尴尬。

实际上，我百分之百确信那位作者的尴尬，因为我就是作者本人。

在IMG建立联系——IMG背后的真实故事

IMG成功的真正秘诀，既非回避核心业务以降低风险，亦非提供全套服务，而是善用联系。如果你毫无关联地提供一个个服务，那么随便哪个经纪人替明星直接获得这些服务就能复制你给的好处。但如果把两类业务联系起来创造更多价值，就很难有人比得上你了。

自20世纪70年代起，IMG开始全面发动球星争夺战。年轻的和未被发掘的球星为IMG提供了无可比拟的将业务连为一体的机会。首先是锦标赛参赛资格：作为赛事组织者，IMG有权决定向谁发放“豁免权”（高尔夫球）或“外卡”（网球）。对刚刚崭露头角的球星来说，锦标赛参加次数越多，排名上升的可能性就越大。此外，成为IMG的客户还有别的好处：在高尔夫球锦标赛的头两天搭档IMG的大牌球星是很直观的“以老带新”策略，它意味着更高的电视曝光率，从而使球星更容易拿到更为丰厚的代言合约；高尔夫球世界排名由麦科马克设计、算法由IMG控制，这也给IMG带来了巨大影响力。1999年，IMG的强势引来了人们的指责，其中就包括李·维斯特伍德——一位非IMG旗下的球星。在34场高尔夫锦标赛中，维斯特伍德连胜11场，成绩无人匹敌，结果他的世界排名只升至第6位。

IMG的服务对象还涵盖了过气球星。一位媒体主管很喜欢描述媒体业和娱乐业的“明星S曲线”：“明星的价值随时间呈弧线变化。弧线在某一点开始上升（或者说，明星在这一点被发现），然后达到顶峰。但它总会进入下滑期，不管你多有才，这都不可避免……一个好的经理人不仅要管理好明星的上升期，也要为下坡路未雨绸缪。”

球星一旦过了巅峰期，大多数公司都会弃之一旁，而麦科马克则选择打造专属于他们的机遇。它可能会给他们安排直播间的位置——这可是稀罕且令人垂涎的资产。它会帮他们设计高尔夫球场，然后安排它的当红球星去那里比赛，以确保这些球场拥有高曝光度。它还给过气球员创造比赛机会。从20世纪80年代开始，IMG接连成功举办常青高尔夫球巡回赛，而这一赛事的发展很大程度上要归功于IMG的三位著名客户帕尔默、尼克劳斯和普雷尔。它帮忙组织赛事活动，提供电视报道，争取企业赞助和代言。常青PGA锦标赛的获胜者奖金从1980年的2万美元涨至2015年的近50万美元，增长速度比通货膨胀率快了9倍。由于奖金的一大部分最终回流到自己客户手中，因此IMG也从连年上涨的奖金中获利。职业生涯和高尔夫球手的代言机会，如今延长了15年。

通过为不具谈判优势的球星创造更多价值，IMG也为旗下当红球星做了大蛋糕。那些没有像IMG这样的业务组合或球星库的经纪公司，实难望其项背。

但IMG并未止步于此。它还找到了直接为旗下当红球星做大蛋糕的方法。

一种方法是创造赚奖金的新机会，但要怎样做到这一点呢？PGA巡回赛每年约有35场比赛，而球星参加的比赛很少超过25场（泰格·伍兹大约会参加17场）。为了扩大球星“停工”期间的赚钱机会，IMG想出了一个新的赛事活动。1999年，它推出《决战舍伍德》。这是在前球星、IMG现在的客户杰克·尼克劳斯（Jack Nicklaus）设计的高尔夫球场上进行并在黄金时段播出的单轮电视高尔夫球比赛，比赛在IMG旗下球星（最初是2个，后来是4个）间进行。奖金额度也无可挑剔：110万美元，这在当时约等于为期4天的大赛奖金。IMG高尔夫球副总裁后来这样描述了这一策略：

我们的业务，就是对从事高尔夫球场设计的高尔夫球客户进行宣传推广……（但）IMG真正吸引人的地方，体现在开发商想要获得IMG资源的时候。我们设计球场，管理球场，管理专业运动员，为这些运动员设计、举办比赛，然后对赛事进行授权并在全球范围内电视转播。

这是一种协同作用：从无到有地创造出新的市场和更大的价值。

新的机遇不仅扩展到了新的赛事，还延伸到了新的地域。1997年，IMG请来了泰格·伍兹参加在他的母亲的祖国——泰国举办的本田精英赛。他得到的好处除数额可观的奖金外，还包括出场费（据传高达30万美元）和顶礼膜拜的媒体报道。

这并不是说泰格·伍兹没有从非IMG主办的赛事中拿到过出场费——2002年，新西兰公开赛给了他370万新西兰元，其他赛事也提供了同样丰厚的出场费。但是，“有偿比赛”式的出场也有其隐患。新西兰公开赛的赛事组织者为了收回泰格·伍兹的出场费，不得不在一年内将门票价格翻番，引发了球迷乃至部分高尔夫球手的愤慨。相比之下，请球星参加IMG的赛事则能带来巨大的利好：IMG不仅控制资金流动（并因此可以选择以何种方式补偿泰格·伍兹的服务，如出场费、代言费或其他好处费等），还能影响叙事。新闻通稿把泰格·伍兹塑造成了到世界各地参加比赛、帮助把这项运动推广到世界各地新兴市场的全球体育大使的角色（参加泰国赛事还有向他母亲的祖国致敬的意味）。

这不只是钱的问题，更关乎传递的信息，委婉的说法叫“品牌管理”。它是非常划得来的。

这样的价值创造和品牌管理模式还扩展到了IMG的培训学校。如果给球星提供在学校教小孩的机会，即使球星接受，媒体也会报道得非常难看，把它写成“有偿比赛”。但假如学校归自己所有，IMG就可以自行决定如何分配学校带来的收益。正确的做法不是向球星付出场费，而是减少对球星其他收入收取的佣金。这不仅是更好看的叙事，还是更高明的生意。

电视业务之所以能为IMG和旗下球星提供额外的收益，主要还是得益于“联系”二字。大赛转播权的争夺战往往异常激烈。在赛事报道方面，IMG与几大电视网相比几无差异化的竞争优势，但它有一样优势：它支付的高尔夫球巡回赛电视转播费里，有很大一部分又变成了巡回赛奖金，其中约50%落入IMG客户囊中。经纪人对奖金收取10%佣金，意味着从转播费转化而来的奖金里有大约5%又流回到了IMG的口袋。不管赛事是否为IMG所有，各赛事在奖金上的比拼也同样会带来这种好处。

对摄像机的掌控，还意味着IMG有权决定报道的对象和方式（听上去很熟悉吧？与前文所述的电视网垂直整合购买演播室的好处很是类似）。麦科马克曾谈到这方面的实际运作机制：在与英国广播公司（BBC）竞价争夺宝马德国公开赛的报道权时，IMG赢得了胜利。为什么？因为它承诺提供的报道不仅包括高尔夫球比赛本身，还覆盖球场周围的赞助商标志。

自1970年至2000年，IMG承担了一半以上顶尖高尔夫球手的经纪业务。在业务领域拓展至网球、赛车、时装模特和古典乐后，IMG仍遵循同一条准则：先从代理明星开始，而后建立业务网络。每一场仗，它都赢得漂漂亮亮。

现已退役的橄榄球偶像巨星、IMG客户佩顿·曼宁（Peyton Manning）曾被问及IMG带来了哪些好处，他如是说道："它是唯一可以同时做球员经纪、营销和财务咨询的公司。"实际上，它是唯一的选择。

以用户为中心的多元化经营及其独特之处

IMG故事的核心不是人才发掘：从一干人才中脱颖而出一个明星的可能性确乎微不足道；不是专家谈判：在与超级明星的较量中赢得胜利的可能性也实在微乎其微；亦非受常见因素驱动的多元化经营。与主张避开脆弱的核心业务以"降低风险"的公司相反，IMG与它的明星建立了更深层的联系；与主张为明星提供更多服务的"一站式购物"形成鲜明对比的是，IMG提供了比任何人都多得多的东西。

IMG的成功证明了从不同角度理解明星经纪的好处（见图23）。第一，不要把眼光只局限在今天能给明星提供什么机会，而要想你能在明星的一生中提供些什么。对IMG来说，在明星过了巅峰期后（亦即IMG对他们有更大的影响力后）创造新机会能让公司更好地在他们尚处于巅峰期时（亦即公司对他们的影响力较小时）争夺人才。第二，不仅要把每个客户看作独特的关系——每个经纪人都必须这样做——还要在广泛的业务组合中看到客户与其他业务的联系。IMG利用与当红明星的关系为不太知名的明星和退役的明星创造了更多价值，因此它能与当红明星分享这些好处，并由此争取到更多的当红明星。第三，不要把新业务扩张当成单独的机遇，而要把它看作广泛的产品组合的一部分。

IMG的故事，是认识联系、管理联系的故事，是在产品、人才和生命周期之间建立联系再从中获益的故事。

这些案例提出了一个问题：如何让1+1=3？这个问题看似奇怪，却是业务组合管理和企业战略中唯一重要的问题，是任何考虑进行业务扩张的主管或企业家都应注意的唯一检验标准，是迫使你寻找联系的问题。

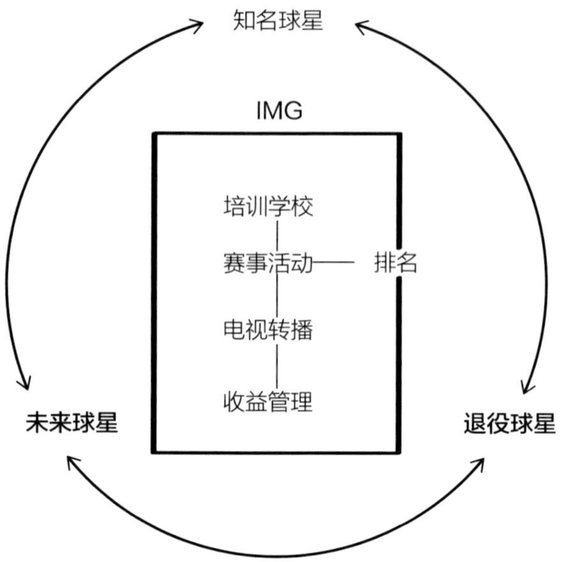

图23　IMG的战略

长期以来，联系是依据“产品协同效应”构建起来的：同一家公司经营的两类产品或业务有怎样的相关性或协同性？左鞋和右鞋有着显而易见的关联，桌椅、微波炉和烤箱也是如此。人们认为，业务组合扩张只对紧密相关的产品行得通；而专家则说，扩张到无关产品领域的做法注定要失败。

而后在1991年，C. K. 普拉哈拉德（C. K. Prahalad）和加里·哈默尔（Gary Hamel）提出了一个新观点：公司不应从产品角度来看相关性，而应从流程或竞争力角度去理解它。本田从汽车扩张到割草机业务的做法很明智，原因不在于产品是相关的，而在于它在发动机和动力传动系统方面的专长是相关的。这种“核心竞争力”的多元化逻辑令人兴奋不已，数以百计的公司将其奉为圭臬。

随着时间的推移，这些观点变得更加明确清晰——“相关”究竟有多相关？核心竞争力到底由何构成？——但它们的要旨和在“产品”或“竞争力”方面起决定性作用的联系依然存在。

只不过这里有个圈套。本章描述的例子表明，产品相关性和竞争力相关性这两个视角可以忽略新的生产性扩张。电影院和托儿服务表面上是“无关”的，餐厅指南和轮胎制造、体育和古典乐、培训学校和电视转播也是如此。但它们是行得通的组合，因为一旦结合起来，它们就能为用户创造更多价值。这种为增加顾客价值而非仅仅为利用产品协同效应或一般竞争力而将产品联系起来的想法，要求企业对多元化经营建立基于用户的观点，而非基于产品或竞争力的观点。

IMG模式似乎践行了“把顾客放在心上”这句老话。但与此同时，IMG广泛的业务扩张和持续的多元化经营倾向又与之背道而驰。聚焦重点业务，不搞广泛的多元化经营，通常被认为是以顾客为中心的企业的典型特征。那么，应如何解释这一矛盾呢？

保持对重点业务的聚焦，有一个吸引人的逻辑。冲突的产生无一例外是因为想要服务太多的顾客。例如，如果为范围广泛的银行客户提供服务，那么有的人会要求线上服务，有的人则希望延长线下分行的营业时间；如果为范围广泛的航空旅客提供服务，那么有的人会要求优质的餐食和服务，而有的人则看重是否能准时抵达和起飞。“适合每个人”势必将导致平庸。对重点产品的聚焦往往能让组织毫无妥协地做出选择。

但是，聚焦重点的准则，归根结底还是建立在一个更为深刻的论点上：避免多元化经营的原因，不是它本身有害，而是实践中产生的冲突难以管理。这样来看，这是一个截然不同的不搞多元化经营的原因。它意味着，如果拓展业务范围能增加用户的价值，那就没有理由不这么做。IMG展现了这样的可能性，前面讲到的互补品、借势策略和平台的例子亦如是。

而上述关于多元化经营的实证研究表明，“多元化折价”从来都不是不扩张的理由；折价是个只在平均意义上成立的实证结果，并不适用于每一个公司。事实证明，这个区别常常被人们忽视。尽管咨询公司和学者长久以来警告多元化经营的巨大危险，但许多多元化经营的公司始终表现良好。的确，就多元化折价是否存在这个问题，20年来一直争论激烈。数据测量是否精确？（否。）因果逻辑是否稳健？（否，后续研究表明，多元化经营的企业原本就业绩不佳。）结果是否普遍适用于所有地域？（否。）这些争论都是多元化经营的倡导者和怀疑者之间激烈拉锯战的一部分。但人们在争论中忽略了均值和方差的简单区别，即平均效应是否适用于每一家公司。的确，如果你更仔细地观察就会发现，在多元化经营的公司中，业绩长期系统性地优于聚焦重点业务的公司的比例高达40%，且稳定在这个水平——这个数字实在高得惊人。如果方法得当，多元化经营能够带来成功。

唯有拓展，方可延续

当廉价或免费的替代品席卷市场、威胁到你的产品的经营状况时，你作何反应？在一个越发混乱的世界里，你如何赢得人们的关注？面对商品化，为何某些类型的内容的价格涨幅与它们的受欢迎程度不成比例？

人们通常的应对方式是，全力保护核心业务免受价格压力和顾客流失的损失；砸更多的钱营销产品；把精力集中在内容的生产、获取或投资上，因为“内容为王”，市场终将给予它合理的价值。

这些诀窍反映了人们偏重内容、产品和质量的倾向，尽管证据一直都表明这样做是错的。它们使企业形成不惜一切代价保护核心业务的“堡垒”心态和只注重产品的狭隘观念，而这些正是令企业陷入“内容陷阱”的思维定式。

解决这些难题、迷惑和矛盾的方法，不是在内容创作上投入更多的精力，不惜一切代价保护内容，也不是花更多的钱推广内容，而是认识、利用和建立产品联系。

这一想法的印记随处可见。那位明星经纪人是如何把公司发展成一家引人注目、长久存续、始终能与规模10倍于自己的企业相竞争的机构的？为什么产品质量有时带来令人难以置信的成功（如苹果），有时却遭遇巨大的失败（还是苹果）？为什么有时看似稳固的优势到头来却变得如此脆弱，有时却带来长达30年的市场统治地位？

不论哪种情况，答案还是要回到产品联系上来。音乐行业的复苏，不是维持价格、打击盗版或提高音乐作品质量的结果，而是价值转移到了演唱会等互补品上的缘故。苹果能扭输为赢，不仅仅因为它做出了伟大的产品——要知道，苹果在PC

领域同样做出了伟大的产品，却只获得区区3%的市场份额——更因为它认识到了互补品的力量，并对这一力量进行了有效管理。Zee TV将一度占据的统治地位拱手让人，不是因为无能或不走运，而是因为产品的溢出效应。马克·麦科马克能在明星管理这个极不稳定的行当里取得惊人的成就，不是因为他避开了这个核心业务或找出了辨识优质明星的方法，而是因为他开辟出了与之相关的新业务和新市场。

成功的企业对自己的产品和所处行业投入的思考只会更多，不会更少。IMG、苹果和亚马逊始终在开拓视野。今天的许多互联网巨头也在做同样的事。一旦你拥抱产品联系的概念，轮胎公司出版餐厅指南或电影院提供托儿服务等做法就显得不仅合乎逻辑，而且必不可少。

对联系理解错误是企业决策失误的一个原因。另一个原因是我们使用的语言。随着数字技术及其对现有行业的影响越来越多地被破坏、超竞争、替代之类的名词定义，难怪几乎人人都把这些技术视为应尽力躲避的威胁。然而，媒体业的历史一次又一次地证明，人们以为的威胁往往是机遇，以为的替代品也许是互补品，以为的消极联系往往是积极联系。

对管理者和企业家而言，更有利的是以下事实：成败不仅取决于自然力量，更取决于管理上的选择。大多数时候，只是抱有“积极的产品联系会自然而然地产生”或“机遇到处都是，只等人抓住”的愿望是不够的。管理者必须发现或创造联系和机遇。

在上述成功案例中，或许真正重要的一点是，这些故事不仅仅关乎创造性天赋、更加集中的产品聚焦或卓越的创新能力。这些因素为成功创造了条件，但绝大多数情况下不足以维系长久的成功。如果你的策略受制于这些想法，那么你实在跟买彩票没有什么区别。但假如你拥抱产品联系，你的企业寿命很可能会长久许多。

产品联系是“联系三部曲”的第二部曲。与其不惜一切代价保护你的现有产品，不如把眼光放长远，去寻找更广阔的创造价值的机遇；与其用你生产的“内容”定义你的业务，不如及时认识到你是谁的互补品；与其扑灭你面前燃起的每一场火，不如在废墟中找寻孕育重生希望的种子。

简言之，唯有拓展，方可延续。

Chapter

03

情境——功能联系

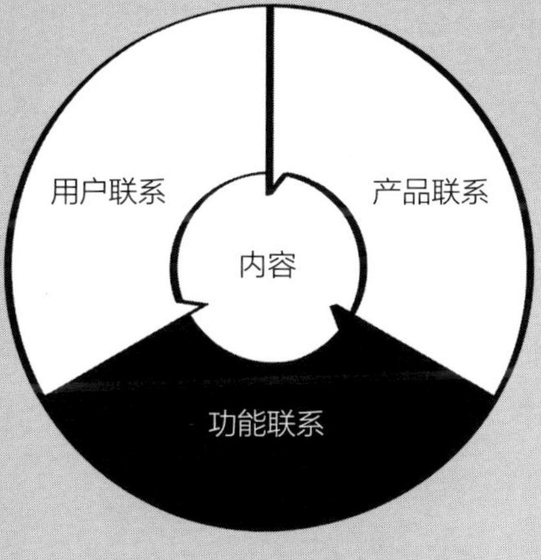

两种截然不同的数字策略

Schibsted的“数字优先”

我周游于世界各地，向形形色色的人讲述这些故事。人们的反应总是那句话：“这只有在挪威这片土地上才会发生。”

——埃斯蓬·埃吉尔·汉森，Schibsted《世界之路报》总编

无论在世界的哪个地方，都鲜有传统媒体机构取得像Schibsted那样的数字成就。但悖论在于，Schibsted的成功，并非因为利用了自身在传统媒体业的原有优势，而恰是因为摆脱了传统媒体。我于2013年遇到了Schibsted最资深的一位编辑埃斯蓬·埃吉尔·汉森。他给人以传统新闻人的印象，却说出了这样一番话：“数字优先是我们改革的核心。它意味着忘记报纸，重新出发。我们希望尽量减少使用刊登在报纸上的报道，尽可能多地创作原创内容。这是核心思想。”

“数字优先”这个名词常用来描述媒体改革，指制定数字战略时有意减少甚至摒弃模拟时代媒体的惯常做法。数字优先模式是《世界之路报》引领Schibsted的数字变革期间的许多新闻实践的基础。这一模式包含：强调快速发布（而非精细编辑）的三层新闻法、图片密集的报道呈现方式（而非以文字为主的描述）、实时更新、极长的首页。即使在今天访问几乎任何一家传统报纸的网站，汉森提到的悬殊差异都一目了然。综观大多数网站上的在线新闻，符合数字优先原则的仍属少数。其格式、发布周期、设计和呈现方式仍往往受到传统纸质版的强烈影响。

当然，在Schibsted，数字优先从来没有“重数字、轻纸质”的含义。它只是

想重新思考，在线上，新闻应该、而且、可以是什么样子。它还意味着不随意照搬纸质媒体的方法和惯例。然而，要做到这一点，就得在编制上与纸质部门保持一定的距离。在《世界之路报》的数字部门，只有佩德森和汉森是从纸质部门“跨界”过来的，其他人都来自外部招聘。汉森向我讲述了这种由人员构成带来的新鲜文化的种种表现：

我们觉得技术应当占有一席之地，而不应是一潭死水。这一想法带来了很多好处：可以实时为用户提供新工具和新服务，可以实时跟踪和响应读者数据，可以提高对某些我们自己绝对想不到的网站特性（如加载页面所需时间）的敏感度。即使是在几年前数字与纸质重新整合的时候，我们的数字文化也得以保存。实验性延续至今。

Schibsted等机构在数字领域取得的惊人成就，也许能让人们得出这样一个结论：及早行动是数字时代的成功秘诀。要将数字业务与传统的纸质业务分离开来，使其免受后者的钳制；要拥抱数字优先的理念；要实时更新内容；要提供将内容外包给用户的工具；要坚持不懈地实验；要免费投放市场。这些做法的好处现在得到了广泛的接受，理应成为一切数字转型战略行动的一部分。

但在锁定这个结论之前，我们先考虑另外一种可能性。

“智慧与无知之间的激烈角逐”

奥斯陆以南700英里的伦敦市中心，坐落着《经济学人》的总部，它直到最近才搬到圣詹姆斯街上。与邻近的许多艺术品商和古董商、雪茄零售店和仅对会员开放的私人俱乐部一样，《经济学人》在1843年成立后100年的大部分时间里，受众群都是政客、官僚、银行家等权贵阶层。到1960年，《经济学人》的订阅人数只有区区3700人。但在接下来的40年间，环球旅行和全球贸易推动了杂志的发展，到2000年，其发行量增加了200多倍，订阅人数高达约75万。

《经济学人》涵盖的主题比其他大多数杂志都广泛得多：宏观经济学、商业、政治和技术。它几乎覆盖了全球每一个角落，雇用的记者数却远少于其他新闻机构。2013年，《经济学人》的全职记者不到90人，只有《新闻周刊》《财富》和《福布斯》的约四分之一。在其他几个方面，“报纸”（内部员工对《经济学人》的称呼）的做法始终迥异于业界，甚至早已过时。例如，它颠覆了从大而全向专业化发展的趋势——即使在2015年，《经济学人》跨领域的记者调动也并不罕见，甚至有在亚洲政治和硅谷这样相隔甚远的领域之间调动的例子。

别的杂志纷纷将希望寄托在名记者身上，而《经济学人》却一直实行作者匿名制。它坚守过往时代的新闻传统，不对任何文章署名。别的杂志纷纷按地区推出各种版本，而即使在2015年，《经济学人》在全球范围也只发行了一个版本。

更加惊人的是，在很长一段时间里，《经济学人》对互联网表现出了一种近乎漠不关心的冷淡态度。它对在线平台的反应极慢，甚至没有将theeconomist.com这个域名及时注册（十多年来，输入该URL后显示的只有一张艾伦·格林斯潘的照片）。大多数纸媒机构的数字内容是免费提供的，而《经济学人》则建起了付费墙，存档文章只开放给每年支付100多美元的订阅者访问。

此外，尽管数字时代的话题覆盖范围必然会增长，但《经济学人》编辑层的知识分子根基几乎没有发生变化。仍有许多人毕业于牛津大学并参加过牛津辩论社。在线部门的组织和内容策略仍与纸质部门紧密相连，直到最近还在由纸质编辑做主。实际上，他们从未想过将数字内容独立出来，也从未想过将数字优先模式的其他要素分离出来。线上杂志的版式、风格和内容直到最近还在模仿纸质版的特点，很大程度上避开了博客的形式，内容则几乎完全是从纸质杂志上摘取下来的。数字产品创新极少且间隔时间极长，而且那为数不多的几次创新（如线上栏目“辩论”和“与经济学人喝茶”）也大量借鉴了纸质版的版式和风格。网站的更新频率很低；大多数网站都有的超链接，《经济学人》网站几乎一个也没有。的确，编辑们有意识地不与外界发生联系。

传媒企业家约翰·巴特利（John Batelle）在2006年说道：“自我封闭的网站正变得越来越无足轻重。这不是因为它们的文章或分析必然存在缺陷，而是因为它们的商业模式必然存在缺陷。在今天新闻业的生态系统中，最大的罪过就是自绝于对话。《经济学人》和《华尔街日报》都犯了这一大错。”

2009年是50年来纸媒行业最糟糕的一年，仅一年时间就有369份杂志关门大吉。然而，也是在这一年，《经济学人》的订阅收入增长了6%，广告收入和营业利润都增长了25%以上。在《新闻周刊》《时代》等众多周刊的读者数急速缩减的同时，《经济学人》的读者数却大幅攀升。从2000年至2015年，尽管纸质版广告收入近期有所下滑，但纸质版发行量仍翻了不止一番，营业利润几乎增至3倍（6000万英镑）。

解读《经济学人》

Schibsted和《经济学人》的故事形成了鲜明的对比。面对相同的数字威胁，它们采取了截然不同的应对方式。下表总结了其中的差别，也提出了一个很自然的问题：我们要如何理解这些差别？

表12　什么才是正确的数字策略？

	Schibsted	《经济学人》
反应速度	快且积极	慢
数字部门的组织架构	先独立，后整合	自始至终与纸质部门不分家
数字部门的员工构成	大多来自外部招聘	由内部员工构成
内容策略	在线内容采取全新模式	大多沿用纸质版的模式
更新频率	极高	极低
收入来源	开拓了新领域（如约会交友和减肥）	与纸质版相同
网络版对纸质版内容的依赖程度	低	高
是否依赖内容聚合以及用户生成内容	是	否
超链接	多	无
价格	免费	付费

为什么《经济学人》采取了这样一种看似迟缓、冷淡并与其他诸多失败杂志一样漫不经心的互联网策略，却大获成功？为什么它与其他顶尖杂志同样面临着激烈的线上竞争威胁，却持续成长壮大？

人们很容易认为，《经济学人》的内容比其他出版物质量更高——更高明、更深入、更敏锐。许多订阅者极其信赖它的报道和它揭示深刻道理的能力——在他们看来，一个不看《经济学人》的读者，是发现不了这些道理的。

然而，质量本身并不是个令人信服的解释。许多出版物的报道质量同样过硬，后备新闻人才也经常比《经济学人》更大、更多元化、更富有经验。非订阅者和数字版读者也自然而然地发现这个解释难以接受。《大西洋》的迈克尔·赫希霍恩（Michael Hirschorn）讽刺地说："《经济学人》标榜自己把世界高明地提炼成一篇紧凑的概论——博客是这玩意儿的另一个说法。"他总结说，这份杂志"从来没有像它的死忠粉们竭力推销的那么出色"。

人们可能认为《经济学人》最忠实的读者会去反驳这些评论。这么想就错了。甚至连《经济学人》前CEO安德鲁·拉什巴斯，也在还掌管这家出版物时直言不讳地否定了"《经济学人》是世界上最好的杂志"这个说法。彼时他告诉我："拿任何一篇《经济学人》的文章到网上找，你都能找到一篇不逊于它的文章。不管你搜索什么话题，我们的报道都不可能是唯一的搜索结果。作为提供优质分析的产品，想成为'唯一'是很难的。这个想法仍然可以存在，但在现实中几乎不可能实现它。"

《经济学人》成功的线索一定存在于别的地方。

我们先来看看有哪些事情是这份杂志不做的。你永远不会看到有关"突发新闻事件"、最近发生的危机或国际事件的首篇报道出现在《经济学人》上。你也不会在它上面读到描写政治黑幕或根据长达数月的调查撰写的关于"……背后的真正原因"的报道。完成这样的报道，需要远大于目前规模的新闻编辑部和截然不同的新闻工作——行走于全球各地，寻找幕后的消息来源，进行长达数月的侦查工作。而《经济学人》将近三分之二的记者大多数时间都坐在伦敦市中心，无法完成那样的报道。

《经济学人》每周在纸页间提供的不是新闻，而是意见，并且是大量的意见——按照拉什巴斯几年前所说，是定期传递的对全球事件的解读和观点，现任CEO克里斯·斯蒂布斯（Chris Stibbs）最近则用《经济学人》大多数员工耳熟能详的一个说法告诉我“是每周的内容套餐”。“读者没有时间建立的视角，我们提供给他们——他们依靠我们获取视角。我们还提供广度——每周把全世界讲给读者听。”

对国际事件每周发表意见并非《经济学人》的“专利”，包括《时代》和《新闻周刊》在内的许多出版物也提供同样的东西。按斯蒂布斯所言，让《经济学人》有别于其他出版物的，与其说是内容，不如说是风格：

> 我们的风格是不偏不倚地讲道理，我们的风格是以事实为基础。最重要的是，我们每周的内容套餐发出的是同质化的声音——这声音不仅仅是某一个记者的观点，更是《经济学人》的世界观。随便拿一篇《经济学人》的文章读，大多数读者立刻就会知道它出自《经济学人》。《经济学人》带给你的是一以贯之的风格。

在许多人听来，斯蒂布斯的话都是真实的。随意选两篇《经济学人》的文章读，感觉都像是出自同一人之手。甚至把相隔30年发行的两期杂志拿来读，也像是在读同一个人的文字。许多媒体机构把质量当作工作重心，但很少有媒体像《经济学人》那样把严格的风格统一原则作为一切编辑、组织方法的焦点。

“重视新闻报道的质量很有价值”这样的观点，对那些经营媒体内容的人而言并不稀奇。但如果认为“重视风格的统一极有价值”，赞同的人就会少得多。《经济学人》的读者寻找的不只是智慧或个性，因为他们从很多地方都可以得到这些。他们寻找的，是用连贯一致的视角帮助他们理解事件的人。

《经济学人》究竟是如何做到这一点的？这种做法又是如何制度化的呢？原来，《经济学人》对统一风格的不懈追求是由一套不寻常的规范所驱动的。

《经济学人》著名的周一早会是问题的核心，在周一早会上，编辑和记者就当周的报道选题进行辩论。早会的模式与著名的牛津辩论社相仿，许多记者正是在那里打下了智识基础。早会由对话构成，各方追根究底，充满激情。最后的结果是，《经济学人》带给读者的意见不是某个记者的个人观点，而是所有为它工作和写作的人的集体意见。杂志不追求平衡，而追求建立在证据之上的意见——这一风格深深根植于它1843年发表的一篇简洁优雅的声明："《经济学人》是一份观点时常激进、对事实抱持敬畏之心的出版物。"与许多新闻机构的记者单独作业的做法相反，《经济学人》的周一早会展示了做新闻的不同方法，这个方法便是团队创作。

周一早会辩论产生的"一周内容套餐"，不但阐述了全球趋势，而且阐述的视角惊人地统一。也正是由于团队创作，任何一名作者都很难将某篇文章或某个意见完全归于自己名下。这是文章不署名的一个原因。

作者匿名制还有其他好处。它可以让记者跨越不同的领域而不被粗暴地归类，甚至连读者都看不出异样。它为无经验和有经验的记者提供了公平竞争环境。当然，每当有读者提到《经济学人》的文章，都相当于免费的"媒体"推广。读者永远不能谈论单个作者，不能问类似于"你读《大西洋》专栏作家法里德·扎卡利亚（Fareed Zakaria）的文章了吗？"这样的问题，而只能问"你读《经济学人》的文章了吗？"

换言之，《经济学人》的核心吸引力，不是宏大多元的表达，而是同一个声音。这声音不来自僵化死板的文风指南和蓝本，而来自集体创作和辩论。统一的风格比卓越的品质更重要。这种统一性，在数十篇文章、数百个国家的报道、几十年的时间里都保持良好。它最终产生了"一种极为制度化的编辑方式"，斯蒂布斯说："就算明天几位最资深的记者都离开，这种方式依然会深嵌在我们的工作中。"

以上是对《经济学人》独特成功的一个很有吸引力的解释，但它并非全部原因。诙谐的广告宣传（见图24）又强化了这份杂志的神秘色彩，这些广告之所以成为业界传奇，不仅因为它们非常奏效，更是因为它们对杂志的实际内容几乎只字未提。一张红底白字的广告告诫读者"不做未经质疑的回答"，另一张贴在机场行李车上的广告则督促读者"以事实为根据"①。（我个人最喜欢的是："如果你在《经济学人》中读到垃圾，那一定是因为这垃圾存在有趣的东西可说。"）

这些广告最引人注目的地方是它们几乎没有谈到产品，也没有试图说服你什

①原文为"rest your case"，此为双关语，表义为"放下行李"。

么。《广告手册》的作者肖恩·布瑞雷（Sean Brierley）说：“《经济学人》的营销……从来不强调编辑产品的质量，而一直在读者的自我形象上下功夫。它是一个品牌标志，主管们喜欢和它一同出现在人们眼中，但人们几乎从未见过他们真的在读。”

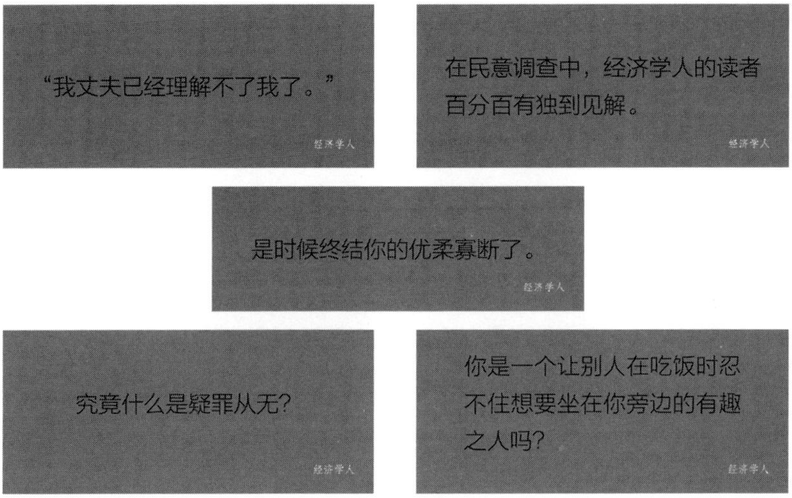

图24　红白广告系列

这便是《经济学人》身份营销的威力所在。它不仅给阅读它的人提供价值，也给那些只买不读的人提供价值。

高明的营销手段远不止于这些红底白字的广告。在过去10年间的核心增长地区——美国，《经济学人》的营销策略依靠的不是全国范围的电视广告，而是城市层面的闪电式推广活动。斯蒂布斯告诉我：“我们对去哪些城市开展活动是非常谨慎的：不是旧金山或纽约，而是我们认为潜在读者占有率最高、而实际读者占有率最低的城市。”这种推广不仅卓有成效——10年内，在美发行量增长了150%以上，订阅人数到2010年超过了75万——而且经济合算，成本远低于全国性的地毯式推广。

这并不意味着《经济学人》的营销开支很少。实际上，它在营销上投入了远超几乎任何杂志的巨额资金，而这进一步证实了它在营销上的高明之处。《经济学人》的营销预算占收益的20%，足以令别人妒忌得眼红。斯蒂布斯说：

营销是最根本的。除了伦敦、纽约等主要城市，其他地方的人根本不觉得自己应该订阅《经济学人》。你必须把产品卖出去。这是我们工作的根本。

斯蒂布斯强调的并非《经济学人》营销模式的优势，而是它与众不同的地方。

第一，它主要对全额付费的订阅者感兴趣。“我们不像对手那样为了吸引读者、拉动广告收入而大打折扣。相反，我们希望找到那些愿意全额付费的人。我们会花大量资金在‘用户获取成本’（获取每个新读者的营销费用）上。”

第二，《经济学人》的模式是由对全球潜在订阅者的仔细评估驱动的。“根据我们设置的筛选条件，（这些潜在订阅者）在6500万到1.3亿人，”斯蒂布斯说，“我们先确定目标受众及其居住地，再结合传统和社会化营销手段精准地‘击中’他们。”

第三，产品不是针对不同市场定制的。“我们认为，《经济学人》对各个市场的吸引力非常相似，因而它在各个市场上传达的信息也非常相似。一个纽约的《经济学人》读者与一个吉隆坡的《经济学人》读者的共同之处，要比与只隔两栋房子住在同一条马路边的人还要多——尽管杂志被读者知晓的实际方式各不相同。”

这些因素综合起来，就形成了一个更加差异化的产品，而更重要的是，它们是对抗网络威胁的某种保护。如果把杂志的重心放在个人作者、突发新闻或多元化表达上，那么互联网以及随之而来的数以百计的竞争对手会随时准备除掉你。但如果把重心放在集体声音、内容管理和身份营销上，那么别人想削弱你的优势就困难得多。

这解释了《经济学人》为何在网络最初兴起时有意识地对它采取冷淡态度。

斯蒂布斯向我描述了早期的这种冷淡。他告诉我，《经济学人》的“冷淡”不是说它没有在网站上提供有趣的内容。相反——

我们的网站没有对内容的筛选整合，没有一周内容套餐。它就像别的网站那样，只是把很多东西集合在了一起。所以，如果你作为读者上我们的网站，你必须得找遍网站，自己摸索出有趣的东西。当网络问世的时候，我们没有跟风行动。每个人都在告诉我们要快步迈入数字时代，但我们始终想不出互联网和我们提供的“后仰式”视角的结合点在哪里。你进入网站，看到一篇文章，然后离开。我们网站拥有的最大机会，是让人们尝试、体验我们的工作成果，再努力把他们转化为付费读者。

这也是《经济学人》对后期数字平台的反应如此不同的原因所在：“平板电脑和智能手机一出现，”斯蒂布斯说，“我们就开始积极寻求对策，因为我们意识到，这里才是‘后仰式’体验无缝衔接的地方。读者从中获得的体验跟读纸质版一模一样：你走进来，像在星巴克那样坐下，花一个小时或更长时间阅读。这完全是一周精选内容套餐的翻版。”

网络与平板电脑、智能手机的差别也使《经济学人》在各种数字平台上的定价和反应速度方面做出了一些违反直觉的决策。在网络上，很多《经济学人》的内容过去可以，现在也仍可以免费获得。但如果用平板电脑，同样的内容就得花150美元的年订阅费才能重新获得。在斯蒂布斯看来，《经济学人》“有意放慢对网络的反应，但对平板电脑则应对得迅速而积极”，背后的逻辑是类似的。

去问任何一个媒体机构如何差异化定价，得到的区分标准必定是“数字版”和“纸质版”；问它如何应对变化，得到的回答一定是快速行动。《经济学人》拒绝追随这两种潮流。它的定价和反应速度在不同的数字平台上差异显著，但这些差异不是巧合。驱动它们的，是这些平台的读者体验的差异，而非内容的差异。

随便找一篇《经济学人》的文章看，你很容易在其他地方找到类似的内容。但如果试着复制这份杂志的风格和统一性，你会发现它所提供的身份感和它的姿态立场似乎要更稳固。的确，明白了这些道理，你就会理解一个适用范围普遍得多的信息：消费者体验要比抽象的内容质量更重要。

换句话说，《经济学人》对互联网反应迟缓，不是因为它无知、懈怠或不在乎，而是因为它承担得起无知、懈怠或不在乎的代价。

Schibsted与《经济学人》的对比：如何理解两者差异？

虽然Schibsted和《经济学人》的数字模式截然不同，但这两家成功机构做出不同的选择，并不令人惊讶。令人惊讶的是，它们的数字策略竟如此不同。如果差异只体现在一两个方面，你可以把它归因于巧合或干扰因素。但如果几乎每个方面都不同，那就需要一个更好的解释了。

这些机构的差异并非源自地理因素。英国（《经济学人》所在地）的几家媒体机构所采取的对策与Schibsted更为相似，而斯堪的纳维亚的几家媒体则更接近《经济学人》。这些差异也无法用发行频率来解释。许多周刊同《经济学人》一样反应迟缓，却为此付出了代价。其他日报也试图像Schibsted那样积极行动，却收效甚微。

要想理解两家机构出现这些差异的原因，就必须对双方各自的选择进行更仔细的分析——把它们看作一系列密切相关的决策而非独立的决定。

我们先从《经济学人》的不署名制开始。正如我所论述的那样，它是集体创作理念的天然产物，反过来又塑造了通才文化，并使记者在不同领域间的频繁调动成为可能。这份杂志的统一化表达不是来自僵硬死板的文风指南，也不是来自对新员工的有效培训，而同样是团队创作的产物。杂志恒定不变的印刷版式和设计，不是因为这方面的创新通常得不到消费者的重视，而是因为对《经济学人》的读者而言，这类创新并非他们所期望的——统一化的表达和免于混乱繁杂的产品才是。

一旦被视为由相互关联的决策构成的完整系统，《经济学人》和Schibsted的差别就变得合情合理了。理解《经济学人》150多年来所做选择之间的联系，还有助于解释为什么它的数字模式与Schibsted如此不同。想一下Schibsted的小报《世界之路报》，它的成功建立在突发新闻和娱乐性报道的基础之上。网络兴起的同时，成百上千提供相同功能的替代品也随之出现。如果在这些元素上竞争，你没有什么选择，只能跟别人比谁报道得更快、谁的新闻更具娱乐性，由此产生了实时更新、图片取代文字、更大胆的标题和更多的新闻。但要想到：《经济学人》的实力和魅力来自精挑细选的内容和统一的风格，网络的引入不会使你提供的价值发生多大变化。如果你想跟别人较量报道的速度和娱乐性，你反倒会削弱原本吸引读者的地方。毕竟，他们选择你，不是为了了解他人或体验日趋严重的信息超载，而是为了远离这些。只有以这种方式竞争，在应对网络时，你才承担得起慢——正如斯蒂布斯所说，“有意放慢”——的代价。

《经济学人》的成功不是源自一系列偶然或随机的选择，而是来自一张由密切相关的选择构成的网络。图25显示了《经济学人》相互关联的选择所形成的网络。

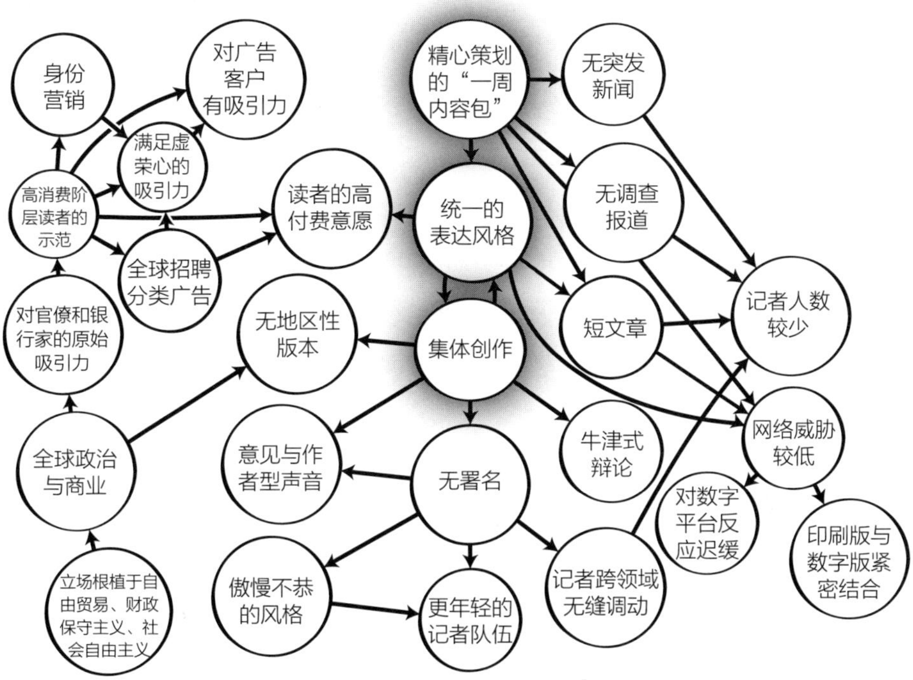

图25 《经济学人》的功能联系

这种由跨功能的联系——我们可称之为“功能联系”——构成的网络，不仅阐明了《经济学人》今天的成功，也使复制它的成功成为几乎不可能的事情。《经济学人》订阅费之高，只有品牌定位、品质和营销理念都达到同样高的层次后才可与之匹配。删去署名则很有可能招致适得其反的结果，除非你把团队创作和统一化表达这两点一并复制。缩减新闻编辑部的规模，而不从根本上改变新闻模式（砍掉突发新闻和调查报道），则会降低产品质量。

此外，《经济学人》这些错综复杂的选择随时间不断变化，这使全盘照搬它的做法变得难上加难。不理解功能选择之间的联系和这一生态系统的复杂性却还要盲目模仿，极有可能遭遇失败。

2008年，《新闻周刊》宣布将明确改变自身定位，使其更接近于《经济学人》。它决定取消突发新闻报道，转而依靠“独家的智识洞见而非独家的信息发布”。它将远离报摊折扣战和无利可图的读者群，转而把目光投向基数更小、更富有的读者群。它还将放弃“名人新闻”，转攻评论文章。编辑乔恩·米查姆（Jon

Meacham）解释道：

据说，随着新闻机构数量的增加，人们注意力的持续时间不断缩短，因此只有那些报道迅速且短小精悍的新闻机构才能存活下来。我们行业中有些人认为，纸质出版物应效仿互联网，用简短的、网状的信息片断填满页面。我们不赞同这种观点。你手握的这期《新闻周刊》，它的改变背后有这样一个简单的想法：我们敢肯定你想读到更多而非更少的东西。别的媒体机构认为你只是想快速、容易地获得信息，我们则认为你愿意花时间去读那些值得付出时间的内容。

提供睿智观点来取代越来越依赖原声讲话片段的新闻界，不是毫无道理的。然而，一个个单独作业、要价高昂的明星专栏作家制造出的，是大量机智却异质化的观点，而非一以贯之的表达。此外，这样做成本很高。《新闻周刊》无法在一夜之间复制《经济学人》阳春白雪的吸引力，所以它提高订阅费的尝试反而是搬起石头砸了自己的脚。在《新闻周刊》宣布改革计划后，《名利场》预言："尽管提高订阅费和报摊零售价可能不是什么坏主意，但试图用其他方式效仿《经济学人》，只会无功而返。"

2010年，《新闻周刊》的所有者《华盛顿邮报》公司以1美元的价格卖掉了该杂志。

《新闻周刊》的终结恰恰反映了"内容陷阱"，更准确地说，反映了"内容陷阱"的第三种表现形式。它显示了新闻业只知内容、不顾具体情境的倾向；显示了人们总指望从别人那里获得现成的答案——在什么平台，以什么形式、什么价格，提供什么内容的答案——而非靠自己的力量得出答案的倾向；显示了新闻业孤立地执行内容措施，却不去认识和充分利用措施之间联系的倾向，这一倾向会使新闻机构忽视情境对几乎每一个内容决策的形塑作用。

功能联系是"联系三部曲"的第三部曲。它向内容企业传递的信息类似于以前的情形。就像你不能孤立地思考用户或产品，你也不能孤立地做出有关内容的决定。

各地的企业都落入了"内容陷阱"。接下来，我将探讨造成这一现象的原因有哪些，这类思维模式表现在哪些方面，以及如何解决这一问题。

联系与战略

《经济学人》的故事并非独一无二。成功机构的选择往往是密切相关的。功能联系的概念长期根植于经济学和管理学。但如果认真理解这一概念，你就会发现，对企业战略特别是数字领域的企业战略而言，功能联系有着深远的意义。

功能联系源于这样一个事实：任一决策的回报大小，几乎总依赖于其他决策。提高订阅费，则成功概率在一定程度上取决于营销投入的规模；在全球范围只提供一个版本，则读者的反响很大程度上取决于在各地提供的内容；不给文章署名，则人才流失的风险只有在声望等其他因素使为这份刊物干活变得有吸引力的情况下才会降低。

无论是哪种情况，任意一种选择带来的好处都因其他决策而增加——或者说，成本因其他决策而减小。经济学家将这些联系称为"互补性"：执行一个选择后，做出第二个互补性选择能让你取得更好的结果。这应是一个熟悉的概念了——我们在前面对互补产品的探讨中谈过它。它也是本章中理解"内容陷阱"的基础。

25年前，互补性的概念首先由斯坦福大学的两位经济学家保罗·米格罗姆（Paul Milgrom）和约翰·罗伯茨（John Roberts）明确提出。他们试图理解当时最伤脑筋的一个问题：日本企业缘何突飞猛进，迅速赶超美国企业？怎样才能追上它们？

两位经济学家的出发点是个当时被广泛接受的简单观点，即日本企业的快速发展是由"一套独特的制度安排、组织架构和管理实践"推动实现的。但在这之后，他们更进一步地从互补性的视角去考察日本的成功：

我们认为，这些特征共同构成了一个互补性的要素体系，体系中的各要素相互适合，比单独存在时更加有效。此外，这个体系尤其适用于第二次世界大战以来日本商业所处的人口、社会、宏观经济、法律、政治和监管环境。结果是形成了一个远大于各部分之和的连贯整体。

那么，这个更加全面的视角得出了什么样的结论呢？答案是："单个特征及其对日本经济成功的贡献，如果孤立于体系其余互补要素或体系所在的环境之外单独考察，便无法得到正确的理解。"

这是个简单有力的观点：组织层面的选择是相互联系的。以这一视角看这类选择，不仅能让我们理解"日本现象"，还强调了跨功能协作对一切组织的重要性。米格罗姆和罗伯茨在《经济学：组织与管理》一书中进一步充实了互补性的概念。他们探讨了这一概念在当时逐步兴起的现代生产战略中的作用，这些战略强调对"快速、低成本通信，高度灵活的设备，以及计算机辅助设计"的利用。他们写道："当存在互补性时，企业战略的各方面必须协调一致，才能使企业战略达到最优。"

换句话说，管理者必须认识这些使组织紧密结合的功能联系，并依循这些联系行事。

《经济学：组织与管理》大概是两位作者学术上最不复杂的研究，但它却是引用最广泛的研究成果。它有最广泛的实际意义，并对未来20年的企业战略产生了显著的涟漪效应。

哈佛大学教授迈克尔·波特（Michael Porter）在1996年的《哈佛商业评论》上发表了一篇文章，名为《何为战略？》，具体阐述了这本著作的意义，而这篇文章也成为出版史上最具影响力的文章之一。波特区分了运营效能——一个在过去10年间广泛流行于商业和管理领域的概念——和企业战略。运营效能是一个行动接一个行动地把事情越做越好，而企业战略关心的则是如何变得与众不同以及如何把相互联系的行动结合起来。认识到这两者的差别，对成功至关重要。

波特认为，这其中的原因与竞争有关。在一个所有组织都追求卓越运营的世界，每个组织都可能发展得越来越好，但组织之间差异化的空间则所剩无几，因而任何人都不具备竞争优势。结果，追求卓越运营变成了徒劳之举。到头来，你的付出一无所获。

这个关于追求卓越运营的令人警醒的结论让人想起了刘易斯·卡罗尔（Lewis Carroll）充满想象和梦幻的奇妙故事《爱丽丝镜中奇遇记》。在这本书的某一处，被爱丽丝奋力追赶的红皇后解释了“镜中世界”的本质：每个人跑得越快，越好像所有人都停在原地。“你瞧，在这里，你只有全力奔跑，才能维持在原地。”

镜中效应已应用于进化生物学：必须改变，才不至于落在相互竞争的生物后面。它还应用在了商业领域，言简意赅地概括了为何孤立式行动的思维是危险的。如果你力求实现卓越运营，你也许能改善业务，但跟你做同样事情的竞争对手也能做到这一点。结果是，没有任何差异化，因而也不存在任何优势。你跑得固然快，可最后也不过是跟别人停在同一条终点线上而已。

相比之下，由于行动是相互联系的，力求变得与众不同——此乃正确策略的核心——成功的希望更大。“一系列相互关联的行动，要比简单地模仿某个销售方法、效仿某种加工工艺或复制某些产品特性更能拉开与竞争对手的距离，”波特说，“建立在行动体系之上的位置要远比建立在个别行动之上的位置更具可持续性。”

对企业而言，追求卓越很好，与众不同则更好——它能让你以旁人无可匹敌的方式夺取努力的成果。

一旦理解了互补性的概念，波特的论点就变得不言自明。在这个论点提出后，波特的一名研究生扬·里夫金便开始着手证明它。里夫金说：“当符合战略的决策数量众多且密切相关的时候，找出一套行之有效的选择组合可使企业免遭模仿，原因有三。”第一，相互联系的选择会使其他人更难重新发现成功的策略——看到别人做出的各种选择并不能保证你能解读出这些选择之间的联系。第二，照搬成功企业的单个决策是不可取的，因为这样做会让你忽略决策之间联系所带来的好处。第三，模仿竞争对手整套相互联系的决策几乎是不可能的，因为这很快就会变得极其复杂。即便你模仿了某家企业的绝大部分方面而只漏掉了少数几个方面，你仍有可能失败。

就在这些作者形成想法的同时，两位研究领域相去甚远的学者——研究系统动力学的杰伊·福里斯特（Jay Forrester）和研究进化生物学的斯图亚特·考夫曼（Stuart Kauffman）——也做出了类似的贡献。他们处理同一个问题的方式各不相同：有的诉诸正式的数学模型和模拟，有的依靠逻辑一致性和归纳推理。但是，所有这些研究传递了同一条核心信息。这条适用于企业战略的信息如下：组织层面的选择是相互联系的。功能联系增强了任何单一决策的影响力。因此，联系要求你不仅要看到孤零零的决策，更要看到整体的逻辑。联系使得竞争对手难以模仿你所做的事情。

总而言之，联系是企业战略和竞争优势的核心。

联系创造持久的成功：为什么早在1985年，沃尔玛的成功也无人能挡？

在过去半个世纪里所有取得持久的商业成功的企业里，最著名的例子也许就是零售商沃尔玛了。沃尔玛成立于1961年，是20世纪90年代初期世界上最大的零售商。到2015年，它的年收益高达近5000亿美元，超过了奥地利一国的国内生产总值和其他150个国家的国内生产总值之和。它的运营强度也毫不逊色。例如，它的司机每年行驶约7亿英里路程，足以绕地球近3万圈。

写沃尔玛成功的书已有数十本之多，其中就包括公司创始人山姆·沃尔顿（Sam Walton）的一本。沃尔玛也许是世界上被研究得最多的公司，几乎每天都会出现一篇有关沃尔玛的新文章。但最引人注目的是，它已被证明是最难复制的公司之一。

人们很容易认为，沃尔玛之所以取得这样辉煌的成就，是因为它是第一个进入折扣零售业的公司，因此成长速度比对手都快。但事实并非如此。在成立整整24年后的1985年，沃尔玛的规模仍小于凯马特，只有西尔斯的一小部分那么大。然而，没有人能阻挡它的成功。

沃尔玛成功的原因，不在于它比别的公司更聪明、更快或更好。它的优势，源于无数决策，他人极难全然照搬。它的优势，源于联系。

举一个例子。1990年，沃尔玛大约2%的成本优势来自在区域办事处上节省的开支——因为它的区域办事处数量为零。然而，区域办事处可执行一些实用的职能，如价格制定、库存管理、协调。那么在沃尔玛，由谁来处理这些工作呢？答案是，有的工作——如定价——下放到店长身上，而有的工作则上收至公司中心。

这又引发了另一个问题：如果不设区域办事处能节省2%的成本，那么其他零售商为何不这么做呢？允许店长自主定价或让公司中心承担更多责任，这些做法复制起来似乎并不格外困难。但事实恰恰相反。允许店长自主定价不仅仅意味着赋予他们权力，更意味着要确保他们掌握有关产品需求的信息。因此，自20世纪70年代起，沃尔玛在IT系统上投入了数十亿美元。这些系统极其尖端复杂，可提供每一个库存单位的每日信息——什么卖得好，什么卖得不好。同样地，由于信息可在店铺和中心之间进行相对无缝的传递，公司管理者的管控力也得以增强。

其他零售商之所以无法模仿沃尔玛“不设区域办事处”的制度，不是因为它们不懂如何关掉办事处，而是因为它们不想这样做。关停办事处需要大量的后续投资——管理人员的再培训、激励机制的再设计、IT系统的构建。倘若没有这些投资，取消区域办事处只会造成严重的混乱。

同样的逻辑可用来解释为什么沃尔玛运营的方方面面难以逐个击破。想一下沃尔玛著名的“天天低价”口号及其附带的“不减价”政策。效仿沃尔玛不搞减价促销似乎很容易——只不过对大多数零售商而言，减价和促销发挥着极其重要的作用，那就是清理月末库存。沃尔玛不需要搞特价甩卖，因为它先进的IT系统将库存保持在了很低的水平。

此外，沃尔玛早期将店铺开在农村地区而非城市中心的策略（第一家店铺开在了阿肯色州罗杰斯市，该市当时人口不足6000人），亦是促其成功的一大原因。这一策略获得的关注超过了这家连锁集团采取的所有其他做法，而且模仿起来似乎也是轻而易举。但事实证明，在小城镇开店并不是件容易事，实际上还会带来若干特殊难题：供应商可能拒绝给偏远地区送货；人口密度可能过低，无法支撑店铺的固定成本。为应对这些挑战，沃尔玛将店铺开在区域产业集聚区，这样一来，它便能建立自己的区域仓库和配送中心来盈利。没有集群战略，在小城镇开店便不具备经济上的可行性。

我们往往认为，企业成功的关键是做出比别人更好或更明智的选择。沃尔玛的故事却完全改变了考虑这个问题的思路。沃尔玛的成功之所以极难复制并持续长达50年，不是因为做出的所有选择都比对手“更好”或“更明智”，而是因为这些选择之间的联系极为紧密。对其他零售商来说，赶超沃尔玛的前景十分渺茫：不论效仿哪一个选择，由于它与许多别的选择相互联系，因此实施它实际上会让你变得更糟。而如果一次性复制10个选择，难度又会呈指数级增加。

联系与权衡：爱德华·琼斯公司的奇怪选择

“相互联系的选择”这一概念的涵盖范围，远不止沃尔玛这个零售业巨头——它几乎存在于每一个行业，甚至连通常被认为极难实现差异化的金融服务经纪业也包括在内。表面看来，管理别人的钱不过就是懂得把钱往哪儿投比较明智，但事实并非如此。

爱德华·琼斯是过去30年来美国增长最快的经纪公司之一，已悄然成长为美国第四大经纪公司。乍看起来，公司对服务哪些市场和客户的决定很是奇怪。

这里有一个小样本。爱德华·琼斯的目标客户不在大都市区，而在小城镇，那里许多人的收入都远远低于平均水平。它以完全相同的方式服务各个收入水平的客户，而非只针对富有人群制定费用、提供服务。它的每个办事处只配有一名财务顾问，而其他经纪公司雇用的顾问多达15人。因此，它每名顾问的经常性支出是全行业最高的。在2010年，爱德华·琼斯每笔交易收费100美元，而亿创理财、亚美利交易这些公司也提供类似的服务，价格不到它的十分之一。它从来不用自己的账户交易，这相当于放弃了投资银行业务的巨大收益，而投行业务恰恰是大多数金融机构的盈利来源。即使在2016年，它的产品仍以共同基金和债券等常规型产品为主，缺少衍生品、对冲基金、仙股[①]、掉期[②]等更为复杂的产品，而后一类产品已越发成为经纪行业内的竞争筹码。

看上去，这些选择和这种竞争方式每天都让爱德华·琼斯白白错失大笔收入。然而，公司却一直在悄无声息地稳步成长，甚至在其他经纪公司均大幅萎缩的

①指其价格已经低于1元，因此只能以分作为计价单位的股票。

②指外汇市场上，在同一笔交易中将一笔即期和一笔远期业务合在一起做，或说在一笔业务中将借贷业务合在一起做。

2007年至2008年的大衰退期间仍有所增长。它始终被奉为美国"最适合工作的地方"之一。更惊人的是，它连年都是美国权益回报率最高的经纪公司。

究竟如何解释爱德华·琼斯的一系列令人费解的选择和更令人费解的成功？与沃尔玛一样，答案与联系有关。

思考一下爱德华·琼斯提出的发展目标。它直接来源于公司发表的三行战略声明，过去30年来，公司的普通合伙人每年都要仔细修订这一声明。以下是其中的一个版本（发表自2009年）：

我们的目标是，为那些通过全国范围内各配有一名财务顾问的办事处网络委托我们进行财务决策的稳健谨慎的个人投资者提供可靠而方便的面对面财务咨询，借以在2012年前发展至1.7万名财务顾问的规模（现在是1万名）。

仔细阅读这份简单的声明，然后再读一遍。它不仅阐明了爱德华·琼斯的发展目标，还描述了它不会去追求哪些机遇。它的目标客户是寻求可靠建议和长期回报的人，不是天天渴望获得高于市场平均水平的回报的人。在当时人们的感觉中，客户的信任意味着顾问来自同一个社区，顾问办事处开在给客户以"我是你们的一分子"感觉的小型购物中心里，而非相距15英里之远的市中心写字楼内；它意味着让客户感到安全的简单产品，而非风潮"一个月一换"的复杂证券；它意味着尽量避免自营证券，更倾向于与第三方产品供应商保持相对独立的关系；它意味着每个办公室只有一名顾问，因而客户与顾问的关系是个人层面的而非组织层面的；讽刺的是，客户信任也意味着巨额服务费，因为这样才能有效地抑制频繁交易的冲动；它还意味着不用自己的账户交易，以规避过去10年来困扰其他金融服务公司的各种利益冲突。

如果逐个来看，爱德华·琼斯的决策显得短视、怪异、违反直觉；但若整体去看，便会呈现出一番截然不同的景象——一家公司在决策中做出明智的权衡，然后遵照权衡结果行事，不盲目跟风，根据自身情况选择发展路线。

爱德华·琼斯的故事并非只有经纪公司才感兴趣，它引发了对"最佳做法"这个多年来渗透在管理和战略咨询领域的概念的疑问。简单来说，这个概念认为存在一种适合所有人的方法。你只需要找到那些经营良好的公司，然后依样画葫芦即可。

而一旦承认互补性的概念，你就会理解为什么“最佳做法”式思维会起到适得其反的效果。把一个选择照搬过来，却不做使这个选择发挥作用的必要的后续决策，那么你只会变得比以前更糟。“假如世上只有唯一一个理想位置，”波特在1996年写道，“战略便没有存在的必要。企业只需做一件事——赢得比赛，然后找到那个理想位置并捷足先登。战略定位的本质，就是去找出异于对手的做法。”

波特对“最佳做法”式思维的预测着实令人沮丧，但它却引起了人们对经济学和战略学某些经久不衰的概念的关注。首先是经济权衡的概念：几乎每一个决定都不仅要考虑效益，还要考虑成本，而降低成本需要其他后续决策的支撑（天下没有免费的午餐）。其次是创造价值与获取价值的区别。靠模仿成功者的做法为客户创造价值是一回事，从创造出的价值中获取部分价值则是另一回事——你必须与众不同才能做到这一点。这些都不是“最佳做法”式思维会告诉你的东西。

1996年，爱德华·琼斯总经理约翰·巴克曼（John Bachmann）撰写了一篇题为“权衡”的著名备忘录。在备忘录中，他描述了公司的整体做法：

权衡需要明确的抉择，但在一个充满强大力量的世界里，妥协通常比做出困难的抉择容易一些。通过权衡，组织的方方面面变得独一无二；每做出一次权衡，就增加了一点竞争对手模仿的难度。一系列明智的权衡使模仿几乎变得不可能。

之后，巴克曼列出了爱德华·琼斯权衡后的选择：

个人投资者是我们唯一的客户。

我们的投资方式是购买并长期持有优良证券。

我们鼓励面对面的客户关系。

我们有选择性地提供产品。

我们只提供别人生产的产品。

我们不做封闭式包销、B股和大部分优先股。

见，即业务优势不是来自更低的成本或更高的用户价值，而是来源于相对竞争对手而言更低的成本和更高的价值。

从降低聚合和复制成本的角度来看，流视频对网飞而言的确是极好的业务。但从降低相对成本的角度来看，流媒体却是个可怕的东西，因为任何人现在都可以成为内容聚合者。与网飞几无敌手的DVD配送业务相反，流媒体领域涌现出了包括亚马逊、Vudu、罗库、苹果和HBO在内的数百个竞争对手。配送DVD需要配送中心、复杂的IT系统和有效的分拣机制，而流媒体只需要计算机服务器。它成本更低、更不复杂、联系更少，因而业务优势也更为脆弱。

从2011年7月至2012年9月，网飞的市值跌幅超过85%。几位观察者指出了网飞定价上的失误：2012年7月，网飞解除了DVD业务和流媒体服务的捆绑，将二者分别计价销售。此举招致用户的恶意反击，用户数随之减少。但即便公司彻底改变了定价方式，股价仍持续下跌。

将近一年后，网飞开始采取一种截然不同的做法：自己制作节目。2013年1月，网飞播出了《纸牌屋》。这部黑暗的美国政治剧好评如潮，成功挽回了用户，减少了用户流失。网飞的节目播放有一个引人注目且对观众极具吸引力的特色，那就是它的发布策略：公司不是一次发布一集，而是一次性发布一整季共13集，从而引发“刷剧”现象。6个月后，网飞又用同样的策略发布了监狱剧——《女子监狱》。

人们很容易认为这些做法有助于减少网飞对外购内容的依赖，但实际上，这些做法的影响要深远得多。得益于更稳定的用户基础，网飞利润额大幅攀升，因而有能力加大对原创内容的投入，反过来又拉动利润增长。随着用户的增加，网飞从别处购买内容时也有了更大的谈判筹码：庞大的用户基础增强了网飞对内容授权方的吸引力，加大了竞争对手购买昂贵内容的难度。它的各个决定形成了良性的联系循环。

在9个月内，网飞的股价恢复到了两年前的水平。

移动比特能比移动原子创造多得多的价值，但因为任何人都能做这件事，企业也就难以从中捕获价值。移动原子成本更高，也更复杂，但更复杂就意味着联系更多，因而差异化的机会也就更多。

我们往往因沉迷于数字业务而忽略了功能联系。其实，这类联系在低成本的比特环境中与在原子环境中一样重要。

人们喜欢透过内容策略的视角——自己制作内容还是购买别人的内容——去审视网飞的成功时期。人们普遍认为，网飞DVD业务的成功来源于聚合，流媒体业务的成功则来自原创内容的制作。事实并非如此。聚合从来不是网飞DVD业务优势的根源，原创制作也绝非网飞流媒体业务优势的原因——差异化与联系才是二者优势的真正来源。

我们认为，成败取决于你所提供的内容或从哪里获得内容。我们寻觅灵丹妙药，寻觅创意降临的瞬间，寻觅下一个重大事件。这些偏见正是“内容陷阱”的反映。它们忽视了企业真正赖以成功的联系。内容和创新虽可创造成功，但极少能让企业保持成功，因为它们极易被复制、借鉴和学习。联系则能让差异化得以存续，因为它提高了对手模仿的难度。

功能联系的概念建立在前文关于联系的概念之上，提供了创造和获取价值的新方法。网络效应和互补品依靠用户和产品之间的联系创造价值，拥有网络和排他性互补品也是获取价值的方法。在网络市场里只要领先一步，你就很可能一直保持领先地位，因为用户明天的决定与今天的决定密切相关。提供排他性互补品，那么你的核心产品将是最大的受益方。功能联系之所以能创造持久的差异，不是因为存在这样的用户或产品联系，而是因为它将你所做的一切连在了一起。相互联系的决策能使成功战略得以保持和加强。

盲目模仿对手的内容措施

在《纽约时报》付费墙上屡屡碰壁

《纽约时报》在2011年3月推出付费墙时，整个业界已处于岌岌可危的境地。几十家报社关门大吉，利润大幅下滑，行业观察者预言报业的末日即将来临。付费墙是行业的里程碑事件。“每一家报社都关注着这场实验。”全国公共广播电台（NPR）说。如果付费墙失败，如果读者不愿为备受尊崇的《纽约时报》的内容付费，各地报业的前景都将变得渺茫。而如果成功，则可能标志着新时代的来临。

随着早期取得积极成效的消息慢慢传开，欢呼声响彻全国各地的几乎每一座新闻大厦。随着《纽约时报》继续尝试新的数字产品，有一件事很清楚：它创造了不受起伏不定的广告业务影响的稳健收益源。在随后的几个月里，各地报纸纷纷建立数字付费墙，向用户收费。在接下来的两年里，多达150家报社推出了自家的在线订阅、计数器或付费墙。

对《纽约时报》付费墙的分析比比皆是。有人认为，付费墙戏剧性地证明了用户如今愿意为在线新闻付费；有人得出结论，允许读者免费阅读一定数量文章的计数模式比硬性付费墙更奏效（的确，伦敦《泰晤士报》几年前就实行了硬性付费墙，但结果极其失败）。还有人说，这项尝试令人振奋地证明了付费墙引发的偶尔来访的读者数量的下降，没有严重到危及广告收入的地步。

然而，我们能从《纽约时报》的成功中得出一个不同却同样合理的结论。《纽约时报》付费墙之所以成功，是因为它是《纽约时报》。拥有足以说服用户付费的声望和品牌吸引力的新闻机构很少，报道话题和意见专栏作家如此广泛，以至于让读者离不开的新闻机构很少，拥有像《纽约时报》那样规模的订户基础的新闻机构则少之又少，而订户基础对创造充足收入以收回新闻编辑部门的固定成本至关重要。

想想最后这一点。《纽约时报》的在线读者数超过6000万。庞大至斯，也不过带来130万左右的数字订阅者，亦即不到2%的在线读者。地区小报的新闻编辑成本可能是《纽约时报》的五分之一，读者数却只有《纽约时报》的十分之一，算一下就会发现，倒闭是迟早的事。

规模、品牌和差异化内容只是付费墙模式在《纽约时报》大获成功，却在其他地方惨遭失败的部分原因。《纽约时报》付费墙的早期推广者之一丹尼斯·沃伦告诉我：

> 我希望我们做的事情是可以推而广之的，因为我极关心新闻业现状，我知道广告业务有多难做。我们与数百家想了解我们成功秘籍的新闻机构会了面。我想说，最重要的是去真正了解什么是你的内容对读者的独特价值。这才是让我们跨过这道鸿沟的终极原因。

所以，真正了解你与别人不一样的地方是非常重要的，因为这是你开启成功的唯一钥匙，是人们愿意向你付费的理由。如果你没有任何能区别于其他人的东西，那的确是个问题。

《纽约时报》董事会主席亚瑟·苏兹贝格最近谈到，报业须避免落入急于复制对手模式的陷阱。他说：“《纽约时报》面临的挑战和机遇与《华盛顿邮报》《波士顿环球报》《洛杉矶时报》等都市日报迥然不同，与《托皮卡资本报》这样真正的地方小报更是大相径庭。这些类别的报纸都须找到对策，但它们的对策绝不会一模一样。固然会有相似之处，但也会有显著差别。”

急于模仿《纽约时报》向在线读者收费的做法，至少可以说是给了大多数报纸当头一棒。许多尝试遭遇了彻头彻尾的失败。数百家报社在过去几年间相继倒闭。那些存活下来的幸运儿中，几乎没有几家的收益足以抵消因读者不再访问付费网站而导致的广告收入的下降。几乎每一家报社都掉进了同样的陷阱：复制别人的做法，而不是去理解这样做的原因。

《纽约时报》公司CEO马克·汤普森（Mark Thompson）最近说道：“在现代媒体业，你有理由认为，最好的行动方式是仔细聆听业界观点，然后反其道而行。”汤普森指的便是人们普遍认为将惨遭失败的付费墙，但他的话同样也非常适用于那些因垂涎《纽约时报》的成功而相继推出付费墙的新闻网站。

虚拟货币的现实

不模仿别人、认识并拥抱差异的好处，不仅适用于是否收费的决定，还适用于向谁收费的决定。回想一下世界上最大的两个社交网站Facebook和腾讯的巨大差异。两者都有10多亿用户，2015年收益均超过150亿美元，市值均超过2000亿美元。然而在2013年，Facebook的收入几乎全部来自广告，而腾讯80%以上的收入来自用户付费。

具有相似的产品、相似的用户基础和相似的经营财务状况的两家公司，怎么采取了如此不同的商业模式？人们不禁要问：哪个模式“更好”？但如果把商业模式放在联系的情境中看，就会发现：人们问错了问题。

如前所述，这两家公司的一大差异是虚拟货币。腾讯赚的钱几乎全部来自虚拟货币，Facebook则几乎不从虚拟货币中赚钱。为什么会这样？这个差异对两者的发展前景意味着什么？

2009年，Facebook推出了Credits——供用户在Facebook的平台上购买商品、服务和游戏内置应用程序的虚拟货币。18个月后，Facebook宣布放弃Credits——这条路行不通。

哪里出了错？虚拟货币不可能永远不成功——看看腾讯就知道了。一个更合理的结论是，Facebook只是搞砸了。它从不真正地鼓励用户彼此分享货币，而分享行为能提高知名度和接受度；它从不告知用户，除了花在社交游戏上，货币还可以有哪些用途；而且，由于向合作伙伴收了30%的税，它从不鼓励用户把货币用在别的地方。“创业公司应明智地避免犯这种毁灭性的三连错。”一篇反思Facebook失败教训的文章如是写道。

不过，也有人提出了不同的解释。虚拟货币成功与否，或许与执行无关，而是反映了情境的差异。

当腾讯在2000年年初开始推出虚拟货币时，中国的支付系统仍然很不发达，只有约1%的人口拥有信用卡，而像贝宝这样已在美国市场发展强劲的支付系统，无一存在于中国。广告收入也十分微薄：2003年，全中国的广告收入总计只有约130亿美元。相比之下，美国则超过了2500亿美元。或许最重要的是，中国的互联网接入很是不同：约30%的中国用户是通过网吧和第三方服务器而非自己的PC访问网络。对他们来说，分享照片、视频等个人信息非常麻烦。为克服这一障碍，腾讯给每位用户分配了一个属于自己的网络身份号码（以代替很少人使用的邮箱）和头像（以代替照片）。随着腾讯即时通信软件的爆炸式增长，用户对个性化和差异化的需求也不断扩大，如服饰更美观的头像、易于记忆或数字吉利的账号。

因此，虚拟货币对腾讯用户来说是有价值的，原因有二：它可以使用户购买那些将自己与其他网络用户区分开来的虚拟产品；它填补了正式支付机制的空白。而对Facebook用户来说，这些问题都不是问题：他们可以轻松地上传个人信息和照片，从而使虚拟身份、形象的差异化变得无关紧要；正式的支付系统早已非常完善健全。虚拟货币从未在Facebook用户之间流行开来，因为他们根本不需要它。

相比于别的解释，这个解释有着迥然不同的战略启示。

情境差异的重要性终将为大多数公司熟知，但这一类差异往往很难辨别。问一个企业家为什么中国的互联网公司如此依赖虚拟货币，大多数人会回答你“文化”二字——这是个忽视了真正起作用的情境因素的本能反应。

这个论点也出现在了其他地方。随便上一个中国或印度的网站，你就会发现，它比西方的所有网站都要拥挤得多，页面更长，更杂乱无章。你去问为什么，得到的惯常答案还是“文化”。但真正原因其实是，10年前，这些市场网速很慢，企业因此尽可能多地把信息上传到网页上，这样用户就不必刷新网页了。这个习惯一直延续至今。

换句话说，基础设施——而非文化，能更好地解释为什么中国用户喜欢购买虚拟商品，也忍受得了杂乱的网页。不理解这一点，从中国的经验中就什么也学不到。但理解这一点后，却出现了一些教训。

在依据美国的新闻付费墙进行推断时，人们倾向于认为全国各地的报纸都大致相似，但实际上，它们有很大的不同。而在依据世界各地的虚拟货币进行推断时，人们则倾向于放大文化上的差异——但这些教训要普遍得多。

这些错误还存在于其他地方。垂直整合——把内容和分发结合在一起的做法，被认为是解决所有内容生产者的难题的方法——直到下一次大兼并惨遭失败，才发现这个做法并非灵丹妙药。如果把垂直整合当作每个企业都应采取的“最佳做法”，你就会彻底困惑于这一做法时常失败，以及有些公司没有这么做照样经营良好的原因。如果你认识到这个做法只在某些条件下才是合理的，如当内容制作方想要获得令人垂涎的“货架空间”来展示它即将推出的不知名的新内容时，你就能明白为什么不是所有人都应该这么做。

无论何种情况，对内容措施之成败的错误解读，在于误判或完全忽视了情境的作用，亦即组织的其他选择或组织所在地域的市场特征的集合；在于忽视了这些联系。

内容与情境的对比：为什么地理因素对数字企业（依然）至关重要？

世界各地的商业结构

说到商业实践的本地化，虚拟货币是个极端例子——在某些地方，它要么成功，要么失败。更常见的情况是，本地化决定了成功策略的成与败。

本地化是很难的。看看沃尔玛就知道了——尽管在北美战绩显赫，但在海外却苦苦挣扎。沃尔玛的全球之旅始于20世纪90年代初期，在接下来的20年内扩展到了近30个国家。但在2015年，沃尔玛约80%的海外利润只来自加拿大、墨西哥和英国（进入英国市场的方式是收购）三个市场。为什么？

一个可能的答案是它变得自满了；另一个原因是它太美国化了；又或者，它可能低估了新市场的竞争激烈程度。

事实上，沃尔玛的挣扎触及了它先前大获成功的策略的核心。

在美国的偏远地区建立配送中心和仓库，能让配送变得更快速、更高效。但在连像样的道路都没有的市场这么做，就是另一回事了。

将IT系统与美国的小供应商整合起来，能让你更快地与它们分享信息。但在那些小供应商不信任大供应商的市场（如巴西的一些小供应商认为IT整合是向税务机关举报信息的通道）这么做，提高供应链效率就会难上加难。

在美国郊区开店是赚钱的——那里房地产便宜，所以有很多人生活在那些地区。但在以城市化为常态的市场的郊区开店，客流量只会少得可怜。

在美国的商店附近建造大型停车场，你便为购物者创造了愉悦的便利条件。但在墨西哥、中国等人们坐公交车或骑自行车去购物的市场这么做，你便是在强迫他们拎着购物袋吃力地穿过停车场，从而给他们造成极大不便。

在美国市场，你可以支持“天天低价”的做法，因为你的工资单同样相对较低。但在工会力量强大的市场（想想德国），这便是一件难事。

这些错误要比推销上的错误更要紧。推销上的失误，如沃尔玛最初犯的在足球狂热国度巴西兜售美式橄榄球或在热带国家波多黎各贩卖冰钓小屋这样的错误，很容易纠正。但沃尔玛在世界上诸多市场遭遇挑战的原因与此不同：许多在国内市场回报丰厚的决策，一旦脱离了国内市场这个背景，就会惨遭失败。

以上便是沃尔玛的选择——它们使对手极难与沃尔玛竞争美国市场——与国内市场背景之间的联系。道路和基础设施、税务合规、郊区化和劳动法是沃尔玛在国内市场成功的秘密，但恰恰也是它难以将国内优势扩大到国外的原因所在。一旦某些选择脱离了所在的紧密相连的行动体系（也就是使自身难以被对手模仿的那些联系）——正如沃尔玛在适应新市场时不得不做的那样——你的初始优势就会遭到削弱。

这便是联系带来的成功悖论。战略学教授扬·里夫金在其博士论文中探究了相互联系的选择对模仿的抑制作用，但他同时指出："复制与模仿往往相伴出现。那些能让系统抵挡住模仿的因素，同样也会给复制制造强大的障碍。"对于不想被模仿的成功组织，错综复杂的选择能带来振奋人心的结果。但出于同样的原因，这些选择也给希望将成功从一个领域扩大到其他领域的组织——实质上就是那些试图自我复制的组织——带来了挑战。

英国著名零售商乐购和马莎的故事也是如此，它们是英国最成功的两家零售商，但在西进的路上却陷入了困境。乐购在加利福尼亚推出了"鲜易"品牌，却并未享受到"顺道消费"（指人们临街行走时顺道购买食品）的（更欧洲式的）好处，因为美国人大多开车去超市。马莎试图照搬它在加拿大的供应商网络来规避高昂关税，却发现新供应商无法满足它的质量标准，于是又不得不从传统供应商那里进口商品。更糟糕的是，"加拿大和欧洲的消费者不熟悉圣米高[①]这个品牌，员工的热情难以重新点燃"。

从表面上看，数字企业不太会面临这样的问题。它们在各地的经营方式不是都大同小异吗？而这不正是数字化的好处吗？线上店面可完美复制，各市场的交易成本相差无几，通信成本可忽略不计，支付系统迅速融合，服务器无处不在。零售商拓展海外市场时举步维艰的通常原因——差距悬殊的房地产成本、品牌知名度、产品准入和员工技能等，不再有任何区别。

但是，让我们思考一下世界各地电子商务的结构和亚马逊将国内优势复制到国外的能力。亚马逊的电商历程与沃尔玛的实体业务惊人地相似。其他零售商难以与

①马莎的自创品牌。

亚马逊竞争美国市场的原因，也就是难以将自己的配送中心、仓库和订单执行模式复制到别处的原因，恰恰是亚马逊难以在国外迅速扩大规模的原因。到2013年，亚马逊在美国有近50个订单执行中心，但在世界其他地区却仅有40多个，其中超过35个中心集中在4个地区（英国、德国、中国和日本），从而给其他地区的大批本地电商留下了发展的可能。

适应者及其打破联系的方式

Flipkart的崛起

Flipkart是印度领先的电商企业。亚马逊并不缺少创立这家公司所需的知识——公司的创始人就是两名前亚马逊员工。其中一名创始人宾尼·班沙尔（Binny Bansal）最近向我阐述了他们在印度大获成功的原因。这是个战略在本地情境的影响下逐渐形成的故事。

创立之初的Flipkart没有多少特别之处。与亚马逊一样，Flipkart靠在线售卖图书起家，顾客用信用卡付款。公司进入电子产品领域后，事情有了转机。顾客无法确知产品能否完好无损地送上门、是否单货相符或究竟是否发货。“图书销量的月增长率高达40%，但电子产品的订单数却困在每天100单的水平，无法继续增长，”班沙尔说，“于是我们意识到，线上零售存在信任问题。于是我们告诉顾客：你们无须提前付款，货到付款即可。”此外还附带了30天的包换期。“效果好得令人难以置信——只用了一年时间，我们的销售额就从1000万美元增加到1亿美元。”

货到付款的做法席卷了整个行业。但是有一个问题：货到时，顾客必须在场才能收货。由于很少有人愿意在工作时间收快递，Flipkart便建立了取货中心，让乘客更方便地在开车返家途中顺道取快递。建立取货中心还有另一个原因：如果包裹丢在了顾客家门外，就无法确定顾客回家后包裹是否还在那里。这在美国通常不是个问题，所以亚马逊在进入印度后长达19年的时间里始终认为没有建立取货中心的必要，也就不奇怪了。

不同的市场之间还有其他差异，如对进入哪些产品类别的选择。在美国，媒体产品是亚马逊起步时很自然会选择的领域，而印度的CD和DVD零售市场比美国小一个数量级。与此相反，手机是Flipkart很自然会选择的一个产品类别，因为在印度，除了在线销售，人们只能去那些效率低下的夫妻店买手机——而在美国市场，手机则是通过运营商这个难以渗透的系统进行销售。除此之外，美国运营商还为了销售语音和流量套餐大力补贴购机费用，因而留给零售商的售机利润微乎其微。时尚是Flipkart的另一个增长门类。班沙尔说，与美国情况不同，“在印度，大多数时尚商品是由贩卖无牌杂货的小零售商销售的”，因此这类产品线上增长的条件非常成熟，“而且，印度市场更追求实用性而非品质感”。

此外，基础设施本身也存在差异。在印度，手机在极短的时间内经历了爆炸式增长，使打造手机电商变得势在必行。印度的供应链效率低下，意味着Flipkart建立起自己的配送基础设施后，成千上万的实体零售商都能使用并从中受益——而在美国，大多数零售商有自己的基础设施。

在Flipkart的发展历程中，几乎每一个决定都是针对当地情况做出的——到2015年，Flipkart占据了印度近45%的电商市场。当然，游戏还远未结束。亚马逊也在战局中越发受到青睐——但亚马逊为此不得不调整其大部分的全球策略来适应当地的市场需求。即便在电商大战愈演愈烈之际，班沙尔仍直言不讳地评价道：“全球化模式对电子商务没什么好处。”

Hotstar的灵感源泉

在位者可以实现内容的本地化，但必须打破它们过往成功所仰赖的联系，采取截然不同的思维模式。多年来，星空卫视一直难以敲开印度在线流视频市场的大门——直到采取了不一样的做法，事情才有了转机。

星空卫视是全球传媒巨头新闻集团的全资子公司，是印度领先的电视公司，但这样的出身通常对战略的本地化不是什么好事。与许多大型传媒机构一样，星空长期以来的标准操作流程是去了解西方市场的成功经验，然后在本地采取类似做法。但到了建立数字平台的时候，这个操作流程却不奏效了。

星空CEO乌代·香卡回忆起最初的努力：“我在2007年刚来星空那会儿，我们有个数字单元，但不太懂数字化，也不知道该怎么做。”沃顿商学院毕业生阿基特・莫亨（Ajit Mohan）曾在麦肯锡工作过，最近加入星空。他详细说道："西方传媒公司在做什么，我们就做什么。我们建了网站，在星空体育旗下提供体育内容，还建了付费墙。"订阅价格也很合理：50卢比或1美元就能全程收看板球世界杯比赛。结果，星空只吸引来20万付费用户，相当于印度人口的0.02%。

7年后，印度电视业的情况没有多大变化。电视内容仍然比比皆是，收视人数仍在增长，无线功能仍未出现。除YouTube外，星空在流视频领域没有真正的竞争对手。然而，香卡及其团队——莫亨和首席运营官桑贾伊・古普塔（Sanjay Gupta）——决定再试一把数字业务。原因就像香卡所说的："每个消费者花在收看内容上的时间一直在稳步增长，但在这增加的时间里，大部分都来自互联网。在我看来，不竞争这个市场是非常短视的。"

2014年春天，我与莫亨、香卡一起吃午餐。当时的孟买酷热难耐，我正准备加入哈佛商学院发起的一个在线教育项目，而香卡正研究如何启动星空的流视频计划。在哈佛，我们决定将产品做成数字优先的模式（这点我将在下一章详细讨论），而香卡则希望将星空的视频产品做成移动优先的模式，因为手机是印度市场的首选平台。

18个月后，香卡跟我讲了进展情况。起初，星空再次把重点放在了体育上，除获得2015年板球世界杯的电视转播权外，还获得了该赛事的数字转播权。购买内容版权是很贵的，但它还是最容易的部分。从那一刻起，星空的每次尝试几乎都与前一次不同——而这回，它要实现本地化和移动化。

移动化引发了一系列后续决定。"我们没有建网站，而是完全建立在应用程序的基础之上。"莫亨说，他被香卡挖来负责Hotstar项目。然后，他们做出了免费的定价决策。印度的支付网关仍相对不够成熟，人们极少用手机进行信用卡交易。但是，除了收入低的事实外，免费的定价决策还受到了移动数据收费结构的影响。"我们学到了一件事，那就是用户并不把手机上的免费内容看作免费的，"香卡说，"印度跟美国不一样，固定流量套餐极少，你用多少数据就付多少费用，所以用户会认为内容收费有点趁机捞一把的感觉。"

这是个简单而深刻的洞见：内容提供商的"免费"和本地用户的"免费"不是一码事，因为用户还要缴付不固定的数据费用。对用户来说，内容的价格几何，要看他们为内容的互补品付了多少钱。

接下来的挑战是优化不同带宽速度和不同屏幕的视频馈送。印度的带宽低至64千位每秒，高至宽带，相差极为悬殊。但是，香卡下定决心不折中妥协，这在很大程度上源于他在电视业的经验："在这里，如果你有权力，你就能得到馈送。"他鼓励团队对移动化也采取同样的做法。

网络质量是可变性最大的一个因素。为了创造无缝的用户体验，工程团队与外部供应商合作，努力让视频馈送自动、实时地适应用户的带宽。"如果带宽低，"香卡说，"你可能看不到视频，但我们会确保你听到音频；如果你静止不动，你仍有可能收到视频。当你移动到网速更高的区域时，视频质量会自动调整，变得更清晰，而不会有任何中断。"

工程问题无小事。"我们还要针对不同尺寸的屏幕单独设计。印度有全世界型号最多的屏幕，从iPhone 5s到本地功能型手机一应俱全。我们为每个型号的屏幕都单独做了设计。"

要做到移动优先，还必须具备用户必然会期待的新功能：暂停按钮；板球比赛的得分时间线，用户可与其互动；仪表板显示有关节目安排的会话。"对移动用户而言，内容不仅包含体育、表演、故事和戏剧对话，"香卡说，"所有其他方面共同构成了他们观看内容的完整数字体验。"不过，星空不提供实时转播，尽管实时性长期被认为是赛事转播的必要条件。星空的转播有5分钟的延迟，"为的是消除从电视团队那里传来的噪声，"香卡挖苦道，"用户好像根本不在乎这5分钟。"

星空为它的移动平台设计了专门的品牌宣传语——"Go Solo（独自前行）"。"我们想让它与电视形成对比，"香卡说道，"看电视是一家人的事，而在移动平台上看视频则是一个人的体验。它让收看行为变得私人，并赋予你作为独立个体的主导权。"

移动优先的战略远不止于此。星空的招聘也发生了变化——它不再聘请电视台制作人员，而开始起用那些为YouTube制作短片的年轻制作人。"人才、行为、奖励和聘用都与主流的娱乐、体育机构截然不同，"香卡说，"从外部招人是很难的，但从媒体业招人则是自杀。"

相应地，新员工的文化也必须有所不同：

> 过去，我们与新员工的第一次谈话都是围绕内容的标准和流程指导方针：什么是允许范围之内的，我们使用什么样的表达、词汇、视觉效果。这些对电视来说都必不可少，但互联网压根儿不受这些限制，自由到了极其可喜或可恶的地步。我的法务团队总提醒我，新员工做的内容全部违反我们的指导方针。最后，我只好向新团队保证：如果你们有麻烦，给我打电话，我来负责。

星空的移动应用程序名为Hotstar，原本计划于世界杯前几个月推出，但实际上是在世界杯前9天才发布的。虽然程序的开发出现了种种延误，但结果却好得很。莫亨说："我们原本的目标是前2个月下载量达到200万。结果，头5天下载量是100万，40天就达到了1000万。"这是全世界下载量增长最快的应用程序。发布后3个月，下载量高达3500万。

Hotstar不仅仅是个关于流视频的故事，更是个打破电视模式、一步步实现移动化的故事。在技术方面，它针对不同的屏幕和设计做了优化；它对流媒体进行了创新，培养了服务大批观众所必需的能力；它开展了移动优先的广告宣传活动；它的定价决策受到了移动数据收费的影响；它招聘了全新的员工；它确立了与母公司内部常见做法截然相反的全新内容标准。

这一切，才是打破成功悖论所必须付出的努力。

星空的移动优先历程与Schibsted惊人地相似，后者在3000英里以外的地方走上了数字优先的转型之路。两者都是意义深远的文化变革。触发两者的都是一个简单的问题：内容究竟要如何调整，才能适应当地人的首选设备？

永恒适用的战略流程

要制定成功的策略，就得先搞清什么才是适合你的，而这个问题无法从别人身上得到答案。但是，认为不管怎么做最后都必然得到正确策略的结论，同样极其危险，因为成功组织最终得到的答案虽千姿百态，但它们遵循的战略流程都是一样的。

为什么在现实中把这件事做对如此之难?

几年前，我造访了美国的一家地方报社。彼时，报社的领导团队正进行“战略重启”，试图搞清下一步该怎么走。为启动这一流程，他们做了一些合理的事情。CEO让每个职能部门领导提出一两项他们认为应当采取的措施。这是很多机构时不时就会进行的一项例行工作。

在我登门时，领导团队正仔细阅读返回来的建议。以下是这份清单的一部分：

1. 变成免费模式。
2. 为纸质版开发新产品和新服务。
3. 加强各地区的营销力度。
4. 降低星期日报纸的价格。
5. 将纸质产品和数字产品捆绑销售。
6. 对新闻编辑部进行合理化改革。
7. 增加体育版的特写文章。

还有很多很多。

这份建议清单看似合理，却存在一个问题。单独来看，清单上的许多想法都言之有理，应当采纳。但放到一起，却实在看不出这份报纸想实现什么目标，应朝什么方向发展，怎样才能从数十份相仿的报纸中脱颖而出。更糟糕的是，还有某些想法是相互矛盾的。若要降价，就必须降低成本，但增加体育版面则会增加成本；对新闻编辑部进行合理化改革可节省成本，但增强营销力度则会增加成本。总而言之，这些貌似合理的措施都是渐进式、无差异、不一致的。

一个合理的流程非但没能让组织认识到内容措施之间的联系，反而使其掉入了孤立地理解措施、实施措施的陷阱。这引出了一个有关战略流程的重要洞见：要想创造联系并充分发挥它的作用，不要先做功能性决策，幻想它们加起来恰好是一个连贯整体。先想想你到底要实现什么目标，再去思考这对每个单独的功能意味着什么。

甚至在管理者和企业家常常提出的问题里也可看到这一点。“应如何为移动应用程序定价？”“应偏重广告还是订阅？”“应建立开放式平台还是封闭式平台？”以这种方式制定决策，你只会重蹈我们先前试图理解Schibsted与《经济学人》差异原因时的覆辙——孤立地思考每个选择，而非结合做出选择时所处的情境去综合思考。

怎样避免落入这种“孤立式行动”的陷阱？答案看起来非常简单。“不要做出孤立的选择，而要做出综合的选择。”战略家常常这样建议。这会迫使你认识联系。但你首先要知道，综合性选择来自何方，要提出什么样的问题才能到达那里，怎样创造优势。接下来，我将探讨这个话题。

参与什么市场？怎样赢得胜利？

“竞争优势”一词是企业战略的核心，可追溯到几十年前。战略实践的历史更为久远，可追溯到几世纪前发动的战役。如今，研究亚历山大和拿破仑的英勇事迹、研究孙子和马基雅维利的著作，希望从中得到关于战略的真知灼见，已变成一种时尚。但无论你采用哪种视角，有两个问题是任何一个战略家都必须回答的：参与什么市场？怎样赢得胜利？

这两个问题，人们在战略、比赛、历史和政治中听过一遍又一遍。这是因为，它们迫使你在竞争之外思考些别的东西，迫使你在执行前先思考情境，迫使你思考优势而非模仿，迫使你思考你为市场带来了哪些与众不同的东西。

在商业情境下，这些问题迫使我们牢记良好管理的基本原则与核心，那就是，顾客和你为他们创造的价值。所以，在商业（而非战争或政治）战略方面，以下这组敏锐而简单的建议可对你有所指导：

弄清应争取哪些顾客以及他们真正想要的是什么。然后，以独一无二的方式兑现它。

就这么简单。

了解你的顾客：建立总体观点

“了解你的顾客”是商业领域最古老的忠告，但它往往指的是了解从你这里买东西的都是哪些人、他们为什么买你的东西。如果你是零售商，它指的是了解来你店里购物的都是哪些人，他们为什么来你的店购物；如果你是航空公司，它指的是了解乘坐你的飞机的都是哪些人，他们都在什么时候乘机；如果你是酒店或餐饮连锁机构，它指的是了解最经常光顾你的店的都是哪些人，他们喜欢你的店的什么。我们认为，了解了这些事实，就能够了解顾客。但实际上，这些还远远不够。

最近出现了一种迥然不同的了解顾客的方法。不要只盯着你服务的顾客，还要看向你不服务的顾客。找寻那些得不到充分服务、需求未被满足的顾客，然后努力把他们争取过来。了解边缘顾客，想想你能给他们提供些什么。这样的建议有可能管用，它是摆脱组织盲点的一种方法。但是，它同样会让你掉进一个陷阱，即不先搞清楚某些人是不是你应该服务的对象就直接去服务他们。

为了指导战略，不要问你的顾客选择你的原因；恰恰相反，如果想了解顾客，你得先完全撇开你自己、你的产品和你的组织去思考全局——这才是帮你找到目标市场的做法。“重要的根本不是你的组织，”安德鲁·拉什巴斯曾告诉我，“而只在于外部世界，以及对这个世界发生的一切是否有自己的观点。”

过去10年间，拉什巴斯不得不多次面对这个问题。其间，他领导过三家成功的媒体机构——先是《经济学人》，后是路透社，最近是《欧洲货币》杂志。它们是三家要有多不同就有多不同的媒体。第一家不报道突发新闻，第二家只报道突发新闻，而第三家既报道突发新闻，又面向商业客户提供分析和数据。为让这三家迥然不同的媒体获得成功，拉什巴斯遵循了一条简单的规则：对顾客行为的变化方式形成一个总体观点，但永远不从产品入手做这件事。“如果你在媒体业，”他说，“就不要先考虑你给读者提供了什么，而要先对人们获知新闻、使用新闻、购买新闻的方式形成自己的观点。”

无论在什么领域，形成这样一个总体观点都很重要。假如你是电视主管，那么你需要观察人们可能看视频的地点（在家中还是奔忙时）、可能使用的设备（智能手机、电脑还是电视机）、可能观看的内容（3分钟的视频还是30分钟的电视剧）；你需要思考，“掐线”现象的发生是因为大家都看腻了电视节目，还是因为低收入的观众流向了比电视节目更便宜的产品服务或压根儿什么也不看了，还是因为年轻观众是玩手机长大的所以对电视机不感兴趣；更重要的是，你需要判断电视机是否会消失、多平台是否会成为主流。而如果你是图书出版商，你就需要对阅读会增加还是会减少、电子书会取代还是补充纸质书有自己的看法。诸如此类。

这些问题回答起来并不简单。5年前，大多数出版商认为，随着电子书销量的爆炸式增长，纸质出版行业势必崩溃——结果证明，他们错了。最近，由于数字出版销量稳定在市场20%左右的水平，一些主管又表示电子书的增长已经结束——他们很可能也错了。

这不仅仅是因为未来趋势难以预知。多半情况下，信息就在我们眼前——但都被我们漏掉了。有时候，我们得出错误的见解是因为缺乏同理心，得出错误的分析是因为没有看数据，得出错误的结论是因为不懂经济学。但更多时候，我们出错是因为总是先从产品出发，而不是先去真正地了解顾客。形成总体观点的过程本应撇开“我们”这个因素，可我们却硬要把自己塞进这个过程。

“建立总体观点的过程非常混乱，”拉什巴斯坦率地说，“但你就是要一遍遍地审视它，抛出假设，然后试着得出别的结果。传统组织常常失败的原因在于，它们抓着现有的东西不放。之所以会这样，是因为它们没有把维持现状的风险量化出来，而这又是因为它们缺少总体观点。”

了解你的独特价值：明确工作重点和做一致化调整

一旦形成关于顾客行为的总体观点，你就可以着手处理战略流程的第二部分了：弄清给顾客提供什么价值才能将顾客行为与你的独特优势匹配起来。这个问题触及差异化和竞争优势的核心，决定了一个组织应将主要精力放在哪里、把什么作为工作重点，反映了组织的制胜方式。

“一旦你获得对世界的观点，”拉什巴斯说，“你就会说：‘好吧，如果这就是世界存在的方式而我又是世界中的一个组织，那么现在该怎么办呢？’把你的总体观点与你作为一个组织的行动联系起来，是很具战略眼光的做法。

“所以，如果你是《卫报》，你的总体观点可能就是，随着全球化和新的分发机制的出现，新闻的两极化正愈演愈烈。而你的战略眼光——你的核心——则是权威可靠的‘左倾’新闻机构，是市场上的空白。这就明确了你需要做的事情。”

所以，要把客户需求与你作为一个组织的目标和独特优势结合起来，弄清你究竟想做什么。

要实现这一点，就必须调整你在组织中围绕这个目标所做的一切，使其保持一致。这正是功能联系派上用场的地方。例如，对图书出版商而言，数字战略不仅仅涉及电子书的出售，更关乎对“寻源”策略——如何在网上寻找作者——的重新评估，对生产策略——如何处理实体仓库——的重新审视，对营销策略——从渠道营销转向消费者营销——的重新思考，对定价策略——将一章内容或一批书而非一本书作为定价单位——的重新修正，对营销和数据分析能力及其构建方法的重新评价。

这个过程很难说是惊天动地的大事，但仔细一看，你便会明白它对战略意味着什么，与孤立式行动的思维方式又在哪些方面迥然不同。它要求你从情境——关于顾客的总体观点——出发，再以此确定目标市场和制胜方式。它意味着明确工作重点，然后使各项职能协调一致。它是让战略领导行动，而不是相反。

组织的错究竟出在哪里？错就错在，它们往往跳过第一个问题——目标市场，直接去回答第二个问题——制胜方式。这就好像没弄清问题是什么就想寻找解决方案一样。讽刺的是，这个错误与我们通常认为的成功在位者存在的懒惰或自满问题关系不大。恰恰相反，它来自“对行动的偏好”。我们花在分析或反思上的时间太少了。我们更喜欢行动。

现在让我们将这个过程应用到数字内容领域，看看会发生些什么：

行动中的战略：学会说“不”和明确工作重点

设想你正在为一家内容企业制定数字战略。你的首要任务是弄清读者想要的是什么。你给出了若干想法，观察了周围情况，兴许还做了读者调查。以下是你提交的部分清单：

突发新闻
个性化
博客
对话
精选内容
聚合
统一风格
多样性
超链接
实时更新
娱乐性报道
重要报道
图片
多媒体
加载速度快
广告少
免费新闻
易于搜索
深度档案

想从这份清单里找出既可行又赚钱的数字策略？我只能祝你好运。

作为一句老话，“以用户为中心”是迷人的。但作为一个实际问题，它仿佛永远是一团乱麻。在数字领域，你可以提供如此多——似乎越来越多——的可能性，每做出一个选择，就意味着放弃别的选择。内容企业面临的核心挑战，不是弄清应提供什么，而是弄清不应提供什么，也就是何时说“不”。

在模拟领域，靠提供方方面面都“足够好”的内容，你有可能混得不错。毕竟，地理边界能让企业免遭竞争的冲击。但在数字领域，人们必须立刻做出实际的选择，决定要在哪些方面做到世界一流，因为你不可能提供给读者他们想要的一切。对数字企业而言，说“不”变得越发必要和迫切。

但要怎样确定工作重点，怎样说“不”呢?

让我们回过头来，先看看沃尔玛是如何做到这一点的。走进任何一家沃尔玛门店，你十有八九能找到想要的东西，而且价格可能比其他任何地方都低。喜欢去沃尔玛购物的人可以滔滔不绝地列出一长串喜欢沃尔玛的原因：品种繁多、货源充足、价格低廉、购物方便。但是，购物氛围这一项却鲜少出现在这份表单上。

的确，沃尔玛朴实无华的布局、枯燥乏味的氛围、实用主义的设计，和它低廉的价格一样出名。但作为世界上最大的零售商和全球最赚钱的公司之一，沃尔玛为何不愿投资为顾客提供更高档、更热情的购物环境呢?

同样令人诧异的行为还可从其他行业领先的公司看到。西南航空是过去20年的大多数时间里美国最赚钱的航空公司。它始终在顾客满意度调查中名列前茅——只有一项除外：餐食。苹果是全球市值最高的公司，也获得了奇高无比的顾客评价——不过电子产品买家经常关心的两个方面却不在高满意度之列：与其他产品的兼容性与价格。到目前为止，苹果产品几乎比所有同行业产品都更“封闭”、更昂贵。

沃尔玛并不认为商店就应该是枯燥乏味的，西南航空也并不认为乘客就不该在飞行时吃东西，苹果也并不认为人们所有产品都得从同一家公司购买。这些公司似乎有意在这些方面跟顾客过不去的原因在于，这样做可以让它们在别的很多方面受到青睐。

增加开支升级门店会损害沃尔玛的成本结构和提供全球最低价格的能力，而后者恰恰是人们去沃尔玛购物的真正原因；提供飞机餐所花费的时间会增加西南航空的停航时间，损害其出色的起降准点率，而后者恰恰是西南航空的顾客真正看重的地方；降低价格或开放系统会削减苹果的高研发支出和提供易用的即插即用型产品的能力，而后者恰恰是苹果最忠实用户推崇它的真正原因。

的确，顾客也看重零售商店的环境、飞机餐和电子产品的低廉价格——只不过不那么看重而已。正因如此，沃尔玛、西南航空和苹果选择不提供这些东西。为了在某些方面成为同类之最，这些公司选择在其他方面做出妥协，因为首先，它们了解顾客最想要的是什么；其次，它们清楚在必要的选择与内嵌在这些选择中的权衡之间存在的联系。

你能找出100个顾客想要的东西，但这些需要不可能全部满足，没有一个组织有资源做到这一点，选择间的联系也不允许这样的事发生。联系使选择和工作重点的确定变成一种需要：对一件事说了“是”，你就不得不对别的东西说“不”。

让人哭笑不得的是，以用户为中心，恰恰需要对顾客说“不”，而且是经常说“不”。

如何在内容行业说“不”：打破成本与质量的权衡困境

学会说“不”，对内容企业来说并不容易。它们担心削减成本会损害质量，从而增加吸引读者的难度，继而影响盈利能力，反过来又要进一步降低成本。身在内容行业的你，如何在读者什么都想要的时候说“不”？如何在削减成本的同时保证质量？不管在世界上什么地方，这些问题都问了一遍又一遍，早已屡见不鲜。它们似乎是无解的：成本和质量是典型的对立关系，只能平衡折中，没有简单的解决之道。

只可惜，这个问题存在解决办法。管理者和企业家每天都在成本和质量之间做出权衡。他们的经验教训很有启发性，可以让人们对他们所遵循的战略流程有更多的了解。

1）内容差异化——不报道什么

回想一下《经济学人》高质量、覆盖全球、全部由90名记者完成的报道。它的权衡不是放弃最擅长的东西，而是在所有其他方面做出妥协。它对很多东西都说了“不”——突发新闻、调查报道、网络电视、前沿技术、读者互动。但正因为说了“不”，《经济学人》在内容的精细度和统一性上做到了世界范围内无出其右的高度，而这两点恰恰是它的读者真正看重的地方。

对杂志而言，如何使说“不”制度化？当我向CEO克里斯·斯蒂布斯提出这个问题时，他不假思索地回答道：“忍住说‘是’的冲动，是我们基因的一部分。”但斯蒂布斯也聪明地意识到：“把这句话变成一个真正的答案，而非一堆关于基因的肤浅空洞的东西，是最难的部分。”经过一番思考，他找到了三个原因。

首先是《经济学人》的创办宗旨，其历史可追溯至1843年，影响了英国普通法的废除。“《经济学人》的创刊目的不是赚钱，而是支持一项事业。”斯蒂布斯说，“这个宗旨一直延续至今，组织内部对于我们的角色和工作有非常强烈的认同。”其次是组织内部“真实而持续的信念”。读者真正想从这份杂志中得到的是：“当周的百篇文章中蕴含了我们对世界的看法。一旦你陷入别的思维方式，认为做杂志就是要面向任何人提供任何话题的文章或把文章免费或以极低的价格推向世界各地，那便不是我们达成宗旨的方式。”最后是《经济学人》精明地认识到，这种做法永远无法迎合每一个人。斯蒂布斯说：

如果你认为世界上总共约有6500万人可能对你感兴趣——我们相信《经济学人》的情况就是如此，那么你根本不可能成为谷歌、亿贝或雅虎，因为它们的潜在受众有50亿人。你不能玩面向大众市场的游戏。我们对潜在目标受众的判断让我们牢牢抓住了全球舞台。

愿意承认自己的产品吸引力有限的组织很少，敢于用具体数字量化这有限吸引力的组织则少之又少。但是，这样做或许能带来巨大的回报。正如斯蒂布斯描述的那样：“基于这些判断，如果有什么情况发生，我们首先会问：它为什么是个威胁？为什么有人做我们的事情会比我们做得更好？我们的信心部分来源于这样一个想法：就我们所做的事情而言，我们已经达到了可能达到的最好水平。因为有这样的信心在，我们才能退一步说：好吧，这种情况对我们有什么影响？”

《经济学人》的战略深深植根于我们耳熟能详的两个选择——目标市场和制胜方式。它是说“不”的哲学。在斯蒂布斯看来，它是一种可以推广的模式：

我非常非常坚定地相信，无论你是经营企业、管理员工，还是参与体育运动，核心都在于发挥优势。如果你有一个三人团队，不要把精力放在弥补他们的劣势上，而要利用这三个人的优势创造出完整的解决方案。这就是《经济学人》日复一日扎扎实实做的一件事。这才是说“不”的力量源泉。

说“不”的习惯，《经济学人》已经培养了150年，因此，即便数字大潮来临，它也无须改变。但更多的是像《德撒律新闻报》这样的报纸。和《经济学人》形成鲜明对比的是，《德撒律新闻报》在思考数字工作的重点时才第一次开始学习说“不”。这通常需要巨大的变革。我们来看看它是怎么做的。

核算报道层面的成本，明确组织层面的工作重点

克拉克·吉尔伯特（Clark Gilbert）是一位非典型的媒体CEO。他曾是一位商学院教授，接受过克莱顿·克里斯坦森的训练。当他接任总部位于犹他州盐湖城的《德撒律新闻报》CEO一职时，这份报纸的经营业绩乏善可陈，正面临所有报纸都面临的数字挑战。制定数字战略、明确工作重点是一回事。但要做到这一点，你还得知道你的优势在哪里。在《德撒律新闻报》，没几个人知道该怎么办——这是有充分原因的。

“因为报纸借助分类广告而变成天然的垄断者，”吉尔伯特告诉我，“所以它们从来都用不着考虑核心产品的成本问题。我们只知道新闻编辑部的一般成本。没人从每篇报道的成本角度去思考问题，从来没有。”

网络的到来使成本变得透明，让报道层面上的单位经济效益变得清晰。“在网上，市场会告诉你人们每天都读了哪些报道，”吉尔伯特说，“于是我们就开始做这个并不怎么复杂的计算题。”他们用每位员工的总成本除以每人发表的报道数，用得出的结果衡量产出率或每篇报道的成本。他们引入每篇报道的流量数据，并创建了一个每篇报道的受众与每篇报道的成本的2×2矩阵。“我们发现了一些非常违反直觉的情况：某些我们从未想过会成为超级明星的记者，最后变得十分高产，收获了大批受众；而某些连新闻编辑部都看好的人，不仅没什么产出，写的东西也不怎么吸引受众。”

报道层面的核算相对比较简单，也提供了一些关于报社报道优势的线索。但要想弄清楚应把什么作为工作重点——也就是目标市场，而不仅仅是制胜方式——他们必须看到流量数字以外的东西。“你不能纯粹以数学的眼光看报道层面的数字，”吉尔伯特说，“有些报道可能对报纸有战略性意义，这种情况下不论流量如何，我们都要把它们登出来。”

然而更重要的是，他们认识到，工作重点须由整个报社确定，而不是由员工单独决定，后者已变成了惯例：“我们意识到，每个员工都在独立做决定，而不是由报社从战略层面做决策。如果你是个自由职业者的市场，那没关系；但如果你是《德撒律新闻报》或《华盛顿邮报》，你就应该从战略高度对重要事务进行把控。”

报社开始寻找战略和实践之间的冲突，吉尔伯特即将彻底改变整个战略流程。领导层确定了六个重点编辑领域：家庭、信仰、媒体价值观、教育、对贫困人群的关怀以及经济责任。“其中有些报道，如有关穷人的报道，在流量方面比不上其他报道，”吉尔伯特说，“但我们报社的最高层相信，这类报道对我们非常重要。这是从战略层面做出的决定。但是，我们没有让往下六七级的什么人做出‘环境报道很重要’的决断。这类报道或许对有些人很重要，但它不是我们的强项，所以如果这是他们想做的，他们就该去别的地方。这就好像，别家报社的某个记者虽能写出基于信仰的精彩报道，但因为这类报道不是这家报社组织层面的重点，所以也没有得到重用。”

重点已经确定好了。现在，这家报社要围绕这些重点进行协调。为此，领导层开始寻求数据和量化的帮助。

他们先从报道层面的数据入手，使它们可视化：“我们在办公楼里装了仪表盘，显示每篇报道的流量，可按部门和记者名字分类排序。”他们设定了最小目标，随负责领域的不同而不同，做企业类长篇报道的记者一周须完成两篇长稿和三篇新闻综述，新闻编辑部的记者在专题报道的模式下一天须完成两篇报道。流量和产出数据与“经过了同行评议且使用了10项指标的质量评分”相结合，这10项指标包括“报道是否让读者对情况更了解”“是否避免了两极化”“是否考虑了所有观点”，等等。这些指标本质上是主观的，但很容易量化。“每个人都有自己的看法，但每个高级编辑和领导团队每天都会对质量进行评估。我们要求全公司每年做两次这个工作，每次为期一个月。我们建立了质量评价标准，按照它给一篇报道评分需要10分钟的时间。所以说，我们创造的流程不仅符合我们的品牌承诺、强化了我们的使命，还非常容易做到。”

吉尔伯特描述了新闻编辑部的改变所带来的影响：“记者喜欢受到认可和称赞，但不喜欢收到反馈意见。我们建立了一种反馈文化。我们称赞出色的工作成果，但也对不足之处提出改进意见。评估和量化从来不是这个社会文化的一部分，但它成了我们文化的一部分。”

这一流程取得了显而易见的成效。吉尔伯特说：

我们降低了成本，为此不得不解雇87人，但我们提高了质量。而且，通过建立鲜明的品牌承诺，我们各方面的能力都比过去更强了。在组织层面明确工作重点的决策起了重要作用，原因是我们意识到，我们永远成不了比方说像《华盛顿邮报》那样监督联邦政府的角色。我在这上面投入的每1美元都白白浪费了，因为我永远成为不了人们阅读此类报道的首选数字媒体。所以我会对《华盛顿邮报》说，在政治报道方面，你们做得比国内任何媒体都好，但若论对美国家庭的报道，盐湖城的《德撒律新闻报》次次都会打败你，因为我们把资源集中在了这上面，这一点我们的作者比谁都了解。如果每个新闻机构都能坚持这样做，美国的新闻质量必将大幅提升。

《德撒律新闻报》的战略流程不仅对它做的事情有启发意义，而且对它不做的事情也具有启发性。首先是何时说“不”的问题。大多数内容企业通过全面削减开支来解决成本与质量的权衡问题，所谓“按比例缩小规模”。这种方法非常简单，有效性也很容易证明，但它恰恰与好的战略背道而驰。它会使你陷入恶性循环：质量下滑导致读者数量减少、财务状况紧张，反过来又不得不进一步降低成本。相比之下，明确工作重点是一条截然不同的路径——吉尔伯特说它是一条不需要全面削减开支的路，本质上是做出何处节流、何处不节流的选择。

其次是在哪些地方做出哪些决定的问题。起初，大家只知道整个新闻机构的总成本，却不知道每篇报道的成本，但对重点新闻领域的确定——这对在成本降低的情况下保持质量至关重要，却是由每个记者完成的，而非在整个组织层面完成。吉尔伯特的目的便是要彻底改变这种状况，把核算放到报道层面，把对新闻重点的规划放到组织层面，而不是相反。报道层面的核算使经济效益变得明晰，从而影响产出率。而战略层面工作重点的确定则颠覆了孤立式行动的思维模式，也就是这家报社过往内容模式里一次做出一个决策的做法。它让组织发挥了自身的长处，而不是在“也许永远都赶不上别人”的领域里苦苦挣扎。

尊重你的使命；认识你的优势；明确工作重点，而后协调一致。这就是《德撒律新闻报》制定路线时所遵循的简单而熟悉的流程。

到2013年，《德撒律新闻报》在全国范围内与200个合作伙伴建立了“一稿多登”的有偿共享合作关系。网站流量与上年同期相比增长了40%，而这样的成绩对一个成立了15年之久的网站来说，尤其令人钦佩。报道层面的流量也增加了10倍之多。

2）体验差异化：三个关于电视新闻的故事

《经济学人》和《德撒律新闻报》的故事提供了一扇窗口，让人得以一瞥确定内容优先级——提供哪些内容，不提供哪些内容——的流程。但是，给内容确定优先级是一回事，实现用户体验所有其他方面的差异化则是另一回事，而后者常为人忽视。理解二者的差别，能启发我们如何在不改变内容的情况下实现差异化。在这方面，电视提供了一些教训，阐明了一些应避免的盲点。

a. 一则关于里根的报道

1984年总统竞选期间，CBS新闻记者莱斯利·斯塔尔（Lesley Stahl）制作了一段时长5分40秒的报道，直言不讳地批评里根总统削减残疾儿童拨款和反对资助公共卫生事业。斯塔尔回忆起这段经历和白宫副幕僚长理查德·达曼（Richard Darman）的反应时说：“我知道这篇报道会产生很大的影响。它实际上就是一部《晚间新闻》式的纪录片。我担心白宫给我提供消息的人会气得要排挤我……但我并没有被排挤……反倒是在报道播出后接到了达曼从白宫打来的电话。”

达曼：加把劲，年轻人。多好的报道啊。我们很喜欢。

斯塔尔：你没听见我说了些什么吗？

达曼：没人听见你说了什么。

斯塔尔：我没听错吧？你再说一遍？

达曼：你们搞电视的人还没想明白吗？当出现有力、煽情的画面时，画面就算没完全淹没声音，也压倒了声音。我说真的，莱斯利。没人听见你说了什么。

斯塔尔报道配的画面是里根访问儿童医院。达曼的言外之意是，对观众来说，除了画面，其他的都形同虚设。

斯塔尔为传递正确的“内容”而费尽心思。结果，本应起陪衬作用的画面倒成了真正的主角。

b. 一场关于克林顿的实验

几年前，我和同事拉菲尔·迪·泰拉（Rafael Di Tella）请4个班的250名MBA学生对两名记者之间的一段对话进行评估。对话如下：

记者1：你认为比尔·克林顿（Bill Clinton）是个诚实的人吗？

记者2：嗯，我想他是。我认为他本质上是个诚实的人。我觉得一个人可以既是诚实的，又对很多事情撒谎。

我们问了学生这样一个问题：你认为记者2的回答偏右、偏左还是中立？

他们的回答如下：

表13　报道来源意识与感知偏见

记者2的回答：	偏左	偏右
1班和3班	22%	48%
2班和4班	61%	13%

乍看起来，两组结果的反差很是奇怪：两个班的学生以超过2：1的比例认为回答偏右，另外两个班的学生却以接近5：1的比例认为回答偏左。而这几个班的学生

从人口统计上看完全相同。

实际上，我们对记者的对话做了一处改动。对第1组和第3组，我们给出的对话如下：

福克斯新闻记者1：你认为比尔·克林顿是个诚实的人吗？

福克斯新闻记者2：嗯，我想他是。我认为他本质上是个诚实的人。我觉得一个人可以既是诚实的，又对很多事情撒谎。

对第2组、第4组，我们给出的对话则是：

CNN记者1：你认为比尔·克林顿是个诚实的人吗？

CNN记者2：嗯，我想他是。我认为他本质上是个诚实的人。我觉得一个人可以既是诚实的，又对很多事情撒谎。

两组结果的巨大反差，与内容——各地内容企业最花心思的部分——毫无关系，而完全由报道者的身份造成。

以上例子证明了内容——或者说产品——与顾客体验内容的方式是不同的。然而，我们却一再忽视这个差别。

新闻编辑部往往只关心报道写得是否引人入胜，而实际上，网站的加载速度可能跟读者体验一样重要，甚至比后者还要重要。谷歌在2010年认识到了这一点，称网站加载速度会影响搜索结果的排名；Facebook在2015年也认识到了这一点，于是使用更快的加载速度来实现新产品“即时文汇”的差异化并吸引文章发布者。出租车只关心乘车时的体验，但让优步脱颖而出、变身500亿美元新贵企业的，在很大程度上却是它便捷的乘前叫车和乘后支付体验。只盯着内容或产品，你就有可能错把不重要的事情当成工作重点。但理解了用户体验，你会发现差异化的真正机遇。

c. 有线新闻差异化

1995年，电视新闻市场已是拥挤不堪——4家广播新闻网和3家普通有线新闻网，包括一个7天24小时不间断播出的频道。新闻观众人数不再增长，市场份额难以提升。成本经济学也不适用于这个行业：电视主要是固定成本业务，节目制作成本不随观众数的变化而变化。尽管如此，福克斯新闻仍决定进军这个市场。

不到10年时间，福克斯新闻就克服了低成本结构的不利因素，收视率赶超CNN——但这并非因为它制作的新闻更好（或更贵）。早年间，福克斯新闻只有三个办事处，而CNN有23个；CNN有2300名员工，而福克斯只有100名。那么，福克斯究竟是如何赶超CNN的呢？

到现在，故事的大致框架已是耳熟能详。差异化是福克斯新闻战略的核心：针对某一部分观众（通常是自称政治上右倾的观众）提供服务，而非为所有人服务。不仅如此，它还把重点放在了某些能引起这部分观众共鸣的议题上，而非“一视同仁”地报道所有议题；强化了其独具风格的基调和活力，甚至采取了好斗的姿态，而非传统的审慎做法；不追求观众的广泛度，而追求观众的忠诚度（按它的说法，寻找“粉丝”是它的目标）。这些便是福克斯寻求差异化的方式，效果出奇地好。

长久以来，新闻机构实现差异化的方法是让内容变得“更好”。在CNN，这甚至被编成了一句口头禅：新闻才是明星。如今，此种做法正逐渐失势。

福克斯新闻找到的盈利点，不是制作更好的内容，而是针对特定用户做新闻。但这一点也只不过让它关注到差异化的一个方面。除此之外，差异化还存在其他方式。几年前，我们在一项对有线新闻节目的研究中考察了差异化，考察依据不是节目提供的内容，而是观众对它们的看法。研究思路很简单：根据两档节目的收视人群，推断它们的相似或相异程度。如果两档节目的观众重叠度很高，则视为相似；如果不高，则视为相异。

研究结果令我们大吃一惊。你可能认为，在人们眼中，福克斯的两档新闻节目一定比一档福克斯新闻节目和一档CNN节目更相似——但事实并不总是这样。CNN的《拉里·金现场》的观众约有30%经常收看福克斯的《奥莱利因素》，反之亦然——这比《拉里·金现场》和CNN其他任何节目或《奥莱利因素》和福克斯其他大多数节目之间的重叠度更大（我们在CNN和福克斯的其他节目上也观察到了大量重合观众，尽管有些节目——如福克斯的《汉尼提与科姆斯》和CNN的《安德森库珀360度观点》——不太可能从对手那里吸引到观众）。

更惊人的发现是，新闻差异化对电视观众还有另一个重要维度，它与左右意识形态无关，而与新闻报道基调是沉重还是轻松有关。以严肃或强硬的责难口气报道政治新闻，你会吸引到新闻迷，但不会吸引到其他人。用机智风趣的方式传递相同的内容，你会吸引到更广泛的观众，包括原本可能永远都不会看政治新闻的人群。

由于有线新闻网忙于瓜分政治观众，因此很大一部分市场处于服务空白。喜剧中心便瞅准了这部分市场，乔恩·斯图尔特（Jon Stewart）的《每日秀》只用了几年时间就赶超福克斯新闻收视率最高的节目。它的收视人群比全国范围内的新闻观众和报纸读者更年轻，受教育程度更高、更富有，信息也掌握得更充分。

有线新闻网过去专注于严肃新闻市场的差异化。但结果证明，把自己看轻一些同样是强有力的策略。战略洞见来自对观众需求的了解。只关心怎样区别于市场上的既有参与者，是无法产生战略洞见的。

一位退休的有线电视主管最近与我谈到了新闻机构正面临的核心挑战："问题在于，你如何让有趣的变得重要、重要的变得有趣。"从根本上来说，这个问题的答案在于更好地了解观众，而不仅仅是内容。

3）商业模式差异化："独立制片公司"的做法

成本—质量的权衡也影响了传媒业的其他领域。电影主管对此积怨已久，他们认为降低成本意味着无法与其他大片争夺商业成功，也吸引不到足够大牌的明星从狂轰滥炸的市场中突出重围。从1980年到2010年，即便考虑了通货膨胀因素，好莱坞制作一部电影的平均成本也还是增加了4倍之多。自2000年以来，好莱坞制片公司的开支增长了大约50%，几乎所有的增长都来自大制作影片（超过1亿美元）——在许多人看来，这种趋势是不可持续的。结果，电影的首映越来越令电影主管们焦躁不安，业界越来越依赖于孤注一掷的做法，创作上越来越趋向于保险、缺乏创造力的作品，续集（主管们文雅地称呼它"特许经营电影"）的泛滥即为明证。

但是，电影预算飙升的原因何在？有三个原因经常被提到：第一，明星演员虽可吸引大批观众，但要花大价钱才能请来；第二，电影公司前期须支出大笔营销费用，因为大多数电影首映周末的票房收入占总收入的一半之多；第三，在预算紧张的情况下，有才华的创意总监很难留住，而且就像建议说的那样，他们也不应该被强行留住，否则"一分钱一分货"，你花了多少钱，就只能换来等值的劳动成果。换句话说，多花钱，就能吸引来高质量人才；少花钱，就注定面临商业上的失败。

在好莱坞，这句老话就跟飞驰的汽车和喧闹的派对一样司空见惯。

然而，还有一部分电影从业者的经历证明，“多花钱多办事”的道理并不正确。这部分从业者便是独立制片公司，如焦点影业、福克斯探照灯影业、狮门娱乐和温斯坦影业，以及比它们更早的米拉麦克斯影业。

以下是独立制片公司的做法。首先，它们付给明星的片酬更少——不过是预付的。利益分成——也称为好莱坞的后端交易，更多地称作股权分享——由独立制片公司发起，现在正变得越发常见。例如，一些独立制片公司承诺给演员或制片人的报酬绝不超过50万美元，给导演的报酬绝不超过100万美元。“重要的不是你是谁，”一位独立制片公司的主管回忆道，“罗宾·威廉姆斯可能一部电影拿2000万美元，但他演一部独立电影的收入不会超过50万美元。当然，利润分成常常能弥补较低的片酬。10年前，演员在前端和后端都能拿得到报酬。本质上，一直是制片公司给演员干活，而不是相反。”

其次，通过先在海外上映影片，独立制片公司节省了营销开支，彻底改变了之前国外发行商借助美国上映期间获得的关注度进行宣发的惯例。“我们在海外获得成功后，在国内就有筹码拿到更低的发行价格。”一位主管解释道，“此外，我们转而采取分阶段的放映方式，也称为‘平台放映’，即在全国各地的影院根据观众需求渐次推出影片。之所以放弃大规模上映的方式，是因为你常常要冒着预付2000家影院首映周末放映费的风险，最后却颗粒无收。”

最后，在和花钱大手大脚的导演打交道方面，独立制片公司的对策很简单：“绝不让步。”当然，这句话说起来容易做起来难。但诀窍是一个其他行业耳熟能详的谈判花招：不要亲自谈判，而要让别人替你谈判。任何在经销商处买过车的人都会对这种做法很熟悉（想起来了吗？销售员在答应按你要求的价格成交之前，总要先说一句“我得跟经理商量一下”）。独立制片公司不雇用那些靠不住的销售员，而是选择与保险公司和银行合作。保险公司提供一份保证电影拍摄完成的契约，它是向银行借款的必要条件。作为交换，银行会密切留意影片制作的财务状况。一位独立制片公司的主管解释说：“如果电影制作人和我们的利益一致，我们一定会批准预算的增加；如果不一致，我们可能会说：‘听好，你们要是还想和我合作，那就拿出些实际行动，不然就等着对付保险公司吧。’这是个有助于管理电影导演的机制。”

参股、分阶段放映、反向发行借势、第三方谈判代表——这些是独立制片公司为摆脱无利可图的大制作电影的怪圈而使用的手段。结果是，兼具创造力与商业性的成功影片的出现概率变大了。举例来说，1994年由新闻集团创立的福克斯探照灯影业是20世纪福克斯的独立电影部门。它最开始拍摄年代片，随后扩大了作品种类。与更早成立的米拉麦克斯影业一样，它有一项了不起的纪录。从1998年到2006年，探照灯制作了18部电影，都非常赚钱，很多还广受好评。在此期间，探照灯给母公司创造了30亿美元收入和10亿美元利润——这是任何媒体主管都梦寐以求的数字。

人们往往认为，创造力需要财务自由，但事实并非如此。一位前独立制片公司主管说：“财务上的约束不是一件坏事，它能让你在冒创新风险的同时，不必承受有损创造力的担忧。当你非常害怕自己遭受损失时，你只愿意承担较小的风险。恐惧是风险的敌人。”

少即是多

1）措施还是战略——一家二者得兼的企业

各地的管理者都开始相信，良好的业务有赖于良好的措施。在数字领域和内容行业，这种思维模式被进一步放大：我们开始相信存在一种成功之道、一个正确答案，只要我们对同类看得足够仔细，就可以找到那些措施。这是一种“内容陷阱”式的思维模式。

所谓内容陷阱，指的是只关注个别决策而不关注整体，追求最佳做法而不追求战略，忽视把个别决策连为一体并将其与情境关联起来的功能联系。到目前为止，我们研究了一些试图掌握战略艺术的组织。但讽刺的是，或许我所遇到的最富启发性的良策典范是一家恰恰因为与良策的要求背道而驰而逐渐为人所知的公司，它被认为是美国“最佳做法”式管理的典范。

你从未听说过丹纳赫公司，但它是《财富》世界500强里业绩最佳的公司。它的总部设在华盛顿特区，是一家估值650亿美元的工业集团。在过去30年间，没有几家美国公司的业绩可比肩于它。从1985年成立到2015年，它的股价以每年23%的骇人速度增长，就连沃伦·巴菲特（Warren Buffet）的伯克希尔·哈撒韦公司也没有在这期间赚到这么多钱。而且，它经营的是机床、测试和测量以及产品识别等非常单调乏味的业务，并经营已久——这种情况下还能实现如此惊人的收益，更是厉害。

丹纳赫以私募股权业务起家。不出几年工夫，创始人就以丰田为模型将它重新打造成了一家运营型公司。当时，日本企业的业绩远远好过美国企业，车间生产力十分惊人。当时正流行流程改进的概念，“精益流程”“持续改善”等名词风靡一时。丹纳赫欣然采纳了这些理念，而且做得还远不止于此。

精益流程和持续改善成了公司的著名工具箱——丹纳赫业务系统（DBS）——的一部分。在接下来的30年里，丹纳赫完善、扩大了这些思想，并不断将其运用于收购来的各个企业，通过对各层级管理者进行DBS方面的培训并将他们派遣至这些企业，实现各企业的“丹纳赫化”。这些管理者学习了产品开发的新工具、问题解决、个人发展、定价和客户研究。培训项目强调行动学习，而非课堂理论。绩效衡量讲求实际、涵盖范围广泛，但它奉行“不指责的文化”。公司为每一个人都设定了弹性目标，工作成果根据是否达标用红色或绿色标记。绩效评估设计得透彻深入，运用了严格做法（“5个为什么”）来了解根本原因。数字要受到仔细的检查，目的在于学习和改进，而非评估或解雇。正如一位分析师所说，DBS流程系统成了“丹纳赫的灵魂。它统领公司的规划、部署和执行”。

无论在什么地方，几乎没有一家公司像丹纳赫那样坚决、毫不动摇地将一套通用流程严格运用于全公司上下。乍看起来，丹纳赫是一台“最佳做法”机器，一家只是比其他公司“做得更好”的公司。许多分析师和竞争对手都从这些角度理解它。但公司任职时间最长（2001—2014年）的CEO拉里·卡尔普（Larry Culp）却认为：

鉴于DBS的重要地位和它强大的文化影响，新员工入职后很容易就能找到自己要做的事情。乍一看，他们这么做好像只是在履行一个良好企业员工的职责。但在培训DBS时，除了教授“如何做某件事”的方法外，我们所讲的每句话都在提醒他们，做每件事都有其时间、地点和情境。理解情境对我们至关重要。

因此，我们今天做的很大一部分是训练员工何时使用工具，与他们思考、探讨在什么情境下应运用什么工具、什么流程，可能对哪些方面产生影响。这仍然是一场战斗，因为人们往往还没把问题搞清楚就先去思考解决方案。

你必须确保问对了问题，理解你在各种情况下要解决什么问题，而不是相反。这就是我们认为我们独一无二的地方。很多公司想复制我们，但它们无一例外地只是把事实套进解决方案，这很可能造成灾难。如果你没有预先问对问题，你就无法将工具运用得当。

对丹纳赫而言，这些问题都是先从战略流程问起。人们耳熟能详的“目标市场”和“制胜方式”双准则，早就深深印在了它的战略手册中。公司首先用这两条准则指导它收购的企业和它所遵循的兼并标准——这些标准的严格程度不亚于流程本身。它明确地避开那些在周期性的、波动的或低增长率的环境下运营的公司，也不考虑那些不以有形产品为中心的公司。它对进入新行业很谨慎，不是因为新行业没有机会，而是因为——如卡尔普所说：“在我们的核心市场上还有那么多潜在的收购机会，所以我们没必要进入新行业。跑道上仍有很多空间。”结果就是，尽管它每年看到大约500个潜在收购案，但它会拒绝掉其中的98%——在如今的美国公司中，这个比例简直闻所未闻。

说“不”的意识不只存在于兼并收购，还体现在项目优先级的划定上。丹纳赫首先确定了3—5年的“突破性”措施——一个很短的清单。卡尔普说：

我们非常重视“关键少数”。我们喜欢说“少即是多”。我们尽力在创造一种文化：尊重“没有人能事事亲为”的现实。这确实很难。我们的高级团队入司后说：不，我们就是得事事亲为。但确定优先级是为了避免出现长到天际的工作日程。相反，我们尝试把工作量安排在可消化的范围内，这样可以更好地专注于优先事项。所以我们告诉自己：要现实一点——工作不急于在今年内全部完成，甚至未来3年也不一定做完。但我们要明确我们今年真正要做的事情，这意味着砍掉清单的一半甚至三分之二。

3年的突破性措施分解成了1年的措施，再配合指标来跟踪每一项措施的成效。这就是协调一致——将指标从高级管理层向下传达给每个团队成员，一直到生产车间的看门人。“少即是多”的模式也扩展到了人才开发。“选择少而精的人，特别是在领导层，可能比选择大批二流、三流员工更保险，”卡尔普告诉我，“小团队不用经常交接工作，也不需要大量的协调配合，因此效率可能会更高。慢慢地，我们能进到某些公司里提建议说：你们可以从20个人减到15个人。不过，这样做不只是砍掉5个人，而是要让你们的团队脱胎换骨变得更好。”

整个战略流程被称为方针部署（PD），是从日文方针管理翻译过来的。“这一思想在这里第一次得到发展，”卡尔普说，“向下传达战略是它的核心。”关于PD，最需要牢记的是，每项措施、每个决定和每项指标都相互关联。这是一个认识、尊重和利用功能联系的过程。

丹纳赫之所以成功，不是因为它有灵丹妙药或严格保密的秘诀，也不是因为它无意间发现了一些创造性的天才。它所做的一切都是合乎常识、一目了然的。然而，它的高度却是旁人难以企及的。卡尔普说：

我年轻时总是不理解丰田究竟为什么会允许通用汽车和福特的人进入它的工厂，任由他们搜寻事实。然而在今天，我们也做了同样的事。我们敢于把我们的做法巨细无遗地告诉全世界。而我认为丰田敢于这么做的原因——对此我们略有了解——就是你虽看得到一切，却看不到它立体的样子。

做竞争情报时，情况是一样的。当我们看到同行做了些有趣的事，我们的第一反应永远不是“我们也要这么做”，而是“他们为什么这么做”。

丹纳赫的成功来源于对情境的理解和对联系的重视。这么做需要克制、坚决，需要说“不”。这不是今天商业的潮流，正如卡尔普所说：

说“不”可能给人一种反企业家精神或反创新的印象。让1000朵花同时绽放是很诱人的，但我们宁愿从战略讨论中走出来，明确我们真正想要追求的3—5个大目标，然后在整个组织的操作层面强化它们。

2）腾讯的战略实验

对丹纳赫的管理者而言，说“不”似乎很简单，因为他们拥有难得的机会，有数以百计的项目可供选择，无往不利。而当一个企业在快速变化的环境中经营、几乎每天都面临技术性的颠覆时，说“不”就要困难得多。

事实并非如此。让我们再次回到中国的腾讯，看看它在这方面的经历。腾讯所处的技术环境极不稳定，在中国，对付“山寨”的挑战比在美国严峻得多，让用户付费的难度也高得多。中国比西方更早从台式电脑过渡到手机。中国顾客在评价新技术产品和服务方面坦率到了令人发指的地步，他们对任何一样产品或服务的忠诚度都低到可忽略不计。结果是，中国的创新放在任何创业背景下都称得上是极端形式的创新，类似于往墙上扔意大利面，看看哪几根面条粘在墙上。

这就是过去15年间几乎每一个中国互联网企业家所处的经营环境。这也是腾讯在这一时期的运作环境。2011年，腾讯推出了微信——一款全功能手机应用程序，它问世后迅速跻身海外市场。然而在2013年，奇怪的事发生了——腾讯决定走“少即是多”的路线。

微信推出几个月后，腾讯网络媒体事业群（OMG）总裁找到微信创始人张小龙，向他提出了在微信上推出新闻服务的想法。这个想法相当吸引人，很快得到了通过。几个月后，新闻服务正式推出。它有些很不寻常的特点，如一天只推送两次报道——早8点和晚8点（有重大突发新闻的极少数情况除外），而不是实时推送报道到用户设备上；它只提供4则报道——刚好适合单屏显示，而不是洋洋洒洒几百篇报道；推送哪些报道的决定权掌握在编辑手中，有时还会选择一些流量预期不高的报道，而不是靠算法做决定；一天当中，腾讯不撤换流量低的报道，不对推送做任何修改，尽管它随时都可以拿到最新的流量数据。新闻推送最初没有设计用户会话，也没有个性化。而对用户在微信上的停留时间，腾讯也不实时跟踪。不是不能——腾讯在它的微博平台上就在做这件事，而是主动不这样做，因为它认为在推送报道数量有限的情况下，几无盈利可能。

在一款全世界最现代、最富活力、功能最齐全的移动应用程序上，新闻服务竟然如纸质新闻一般简单不复杂。

我在北京的那天，微信推送的4篇新闻报道分别是，一名员工捐赠69间房屋给他的工人，中国独生子女政策即将改革，北京发生一起火灾，与某名人儿子有关的一起官司上诉至最高法院。这些便是白天12个小时内推送的报道。仅此而已。

过去20年间，新闻媒介发生了多次变迁，先是从纸质转型到数字，而后从台式电脑转型到iPad和智能手机。因此，新闻本应带来更多的即时报道、更多的个性化、更多的随选信息、更频繁的更新和更多由用户生成的内容。这些东西，微信的新闻产品都没有。但这似乎并不重要：大约40%的用户会为了读新闻而打开微信，53%的用户每天都会点开微信推送的报道。新闻是微信最重要的三四个功能之一。

一位OMG主管解释了这些非同寻常的决定背后的逻辑：

作为微信的媒体产品，我们吸引用户的方式和我们所能提供的服务是与众不同的。“少即是多”便是最重要的一个设计特点。它是真正让微信新闻成为优秀产品的东西。用户不要个性化，而要每个人都在读的重要新闻；不要杂乱，而要简单；不要干涉，而要精心的策划。如果我给你发一条信息说“这儿有一篇很棒的《纽约时报》文章给你”，你会立刻想看吗？不会！但我们早期很少考虑到这一点。

微信的简单和它取得的非凡成就在整个公司引起了连锁反应。这位主管说：

微信的影响范围不只局限于移动QQ，它对腾讯的整个组织都产生了巨大影响。首先，它让我们离移动时代更近了，离台式时代更远了。现在，每个部门都承担起移动转型的责任。其次也是更为根本的，是“少即是多”这个新理念。

现在，每个部门都得考虑自己究竟能开发出什么出类拔萃的产品，而非一般的产品。我们做的项目比过去少了，而不是多了。这看上去有违直觉。但在这之前，别的公司做什么，我们就做什么。那是一种快速模仿、凡事都要搭QQ这一核心产品的便车的文化。我们只要做出些什么东西，都会把它放在QQ上，以为这样就能成功。而实际上，你需要的是好产品，而不仅仅是渠道效益。微信的经验令腾讯CEO马化腾再次着眼于整个组织。每个部门都在从小项目、小机会向大项目、大机会转移。我们还把启动项目的权力从总经理和副总裁的手中移交给了一个10人小组。

出乎意料的是，在努力革新的同时，公司的开支却减少了。

为了使一般的产品变得出类拔萃，用户体验必须超级好。你得关心每个细节。没有强烈的关注力，我们做不到这点。我们正在以前所未有的速度削减其他项目。只要知道某个项目不奏效，我们就立刻砍掉它。我们只关注重要项目。组织变得更灵活了。腾讯曾是一个弥漫着齐心协力创办一家公司的气氛的组织——人人亲密无间，没有人想要伤害别人的感情。现在，公司也被认为是那些想要做成些什么的人的好去处。的确，它比别处好太多——项目更少，产品更好。

闭上眼睛，如果你以为跟你说话的是拉里·卡尔普，也情有可原。丹纳赫和腾讯的差别之大，不亚于你所能找到的任何两个组织。它们一个做工业制造，一个做移动网络；一个是传统美国公司，一个是新式中国公司；一个以持续改善为核心理念，一个以实现创造性的可能为根本宗旨；一个建立在常识管理之上，一个建立在不寻常的企业家身上。然而，丹纳赫和腾讯却遵循相同的组织和创新理念，那就是“少即是多”。

敢于不模仿

你负责一家内容企业的数字变革计划，正制定这方面的行动策略。你做出了以下决定：放慢脚步，借鉴核心部门的组织惯例，网络版内容直接照搬模拟版，聘请业内人士。

如果你要设计一套注定失败的数字战略，那么以上便是它的特征。然而在过去10年的大部分时间里，《经济学人》正是这么做的，而且比其他多数杂志都成功。这又如何解释呢?

秘诀就在于，要避免孤立地理解内容措施，而要将措施视为一系列密切相关的决定；要抛弃“应以别人的选择为依据做出自己的选择”这样的观点，要找到人人都应采取或避免的最佳做法或最差做法。

这些偏见比比皆是，但在内容行业更为明显——在这里，人们一直被训练寻找灵丹妙药；在数字领域最为突出，因为技术变化如此猛烈，管理者和企业家通常不知该如何清晰地表述或制定数字对策。很自然，他们会把目光投向同行，投向其他同样在勉力维系或只是不甘落后的人，寻找任何可能奏效的点子、有关该做什么的线索和该采取什么策略的暗示。

我们每时每刻都听得到这样的想法：聚合别人的内容，不要亲自生产；自建，不要收购；建立付费墙；推出虚拟货币；观察做类似内容的人的商业模式，然后复制他们的做法；随时模仿、借鉴；无论做什么，动作一定要快。

按照这些指示行事，那么到头来，你很可能与成功背道而驰。

所有这些指示都反映了“内容陷阱”。当落入这一陷阱时，我们不再靠自己的力量弄清什么才是适合自己的东西，而是指望从同行——做类似内容并且也在努力应对数字领域的人——身上找到这些难题的答案。

当每个人都在尝试新鲜事物时，理解情境的作用就比以往任何时候都重要。当用户行为迅速演变，技术更迅速地呈现新机遇时，学会适时说“不”便成为最重要的事。当成本降低、分销渠道无限多因而每个人都可参与其中时，思考你与别人的不同之处就变得更为重要。

成功的战略来源于认识你所处的情境，而非你所做的内容；来源于认识选择之间的联系，而非孤立地理解选择；来源于明确工作重点、敢于说“不”，而非随大溜、不加区分地抓住一切机会。

成功的战略来源于回归战略的基本原则：了解你的客户想要什么，然后调整你的组织，让它以独一无二的方式满足客户的需要。要实现这一点，必须发现、遵循并创造决策之间的联系。

功能联系是“联系三部曲”的第三部曲。它超越了用户和产品的范畴，扩展到了选择本身之间的联系。企业正是依靠这一类联系创造竞争优势，并将自己与经营相同业务的其他许多企业区分开来。功能联系是良策的摇篮。

一旦认识到这一点，就会产生深远的影响。你将明白为什么沃尔玛、丹纳赫这些公司的战略虽简单、公开到了惊人的地步，却能经受住时间的考验，令竞争对手几无模仿可能。你将了解为什么世界上最成功的零售商不愿花钱改善门店环境，以及为什么美国增长最快的经纪公司要对用户每笔交易收取100多美元的费用。

即便是数字领域的赢家，也在直接了解这些观念。作为线上零售商，亚马逊和网飞享有稀缺性，在很大程度上得益于它们逐步建立起来的实体基础设施，而非源于所在领域特有的数字经济因素。而如今在进军数字产品零售业后，它们不得不寻找新的方法将自己同其他数百个能做同样事情的对手区分开来。就连互联网巨头腾讯，即使身在一个日益网络化、具有明显的赢者通吃效应的行业里，最近也开始拥抱“少即是多”的理念。尽管媒体产品在数字领域变得越发商品化，媒体机构也不只是盯着内容的差异化，还在谋求用户和体验的差异化。

数字经济能带来丰厚的回报，但竞争优势最终来自稀缺性和差异化。能否将两者结合在一起，乃是数字成功的关键。

所以，不要在找寻自己的数字之路时随大溜。要敢于不模仿。

Chapter

04

人人都是媒体公司

希望与争论并存的广告业

对互联网之影响的预测与互联网本身一样古老，但在20世纪90年代初期，没有几个预测引发的轰动能赶得上关于互联网对广告之影响的预测。“广告的未来即媒体的未来。”一位观察者在《连线》杂志上写道。未来看上去一片光明。

广告不是最近才有的现象：已发现的最早的广告可追溯至古埃及、古希腊和古罗马，是一些登载着销售信息和失物招领通知的莎草纸。几个世纪以来，广告的基本方法未曾改变：发布出来，然后等待人们回应。

然而，这种模式存在着挑战。据说，19世纪的零售商约翰·沃纳梅克（John Wanamaker）曾这样抱怨道：“我花在广告上的钱有一半是浪费的——但不知道是哪一半。”

直至晚近，广告效果仍难以评估，其中一个原因是，大多数广告都放置在电视、报纸、广播等大众媒体上，这意味着企业无法对接收者进行精确定位——每个观看或收听了这些媒体的人都接触到了放置在那里的广告。广告曝光量也难以测定：广告主通常对谁看了或听了他们的广告没什么线索。关于受众，他们拥有广泛的人口统计数据，但对于每次曝光，他们却只有有限的信息。

人们相信，互联网将改变这一切。广告主将实现精准投放，甚至到了能选择给哪些特定人群发送广告的程度。“在互联网应许的一对一世界里，”著名记者、技术分析家埃丝特·戴森（Esther Dyson）写道，“广告的定制将成为常态，品质也将普遍提升。花的钱越多，你获得的广告品质就越高。”除了精准投放，效果测定也将得到改善。企业会对接触到某条广告的人数及其对广告的反应了解得一清二楚。更重要的是，互联网是交互的。消费者可以点击广告，或以做梦都想不到的方式提出更多的要求。

伴随对互联网广告的乐观情绪而来的，是对电视广告的惨淡预测。2000年，第一台数字视频录像机（DVR）问世，TiVo和Replay也几乎同时出现。它们都是观众连接到电视机的小盒子，都沿袭了VCR时代的熟悉功能：可以录制节目，观众可在下回观看时快进跳过广告。而新推出的盒子使这两个功能的操作变得出奇简单，而且还能做更多的事情。早期的研究结果发人深省：高达88%的电视广告被DVR的用户跳过不看。“如果没人看广告，商业电视就不复存在。”《纽约时报》如此总结。

在广告的精准投放上，很少有公司的前景像Facebook那样引起人们如此巨大的兴奋。当然，精准投放需要了解消费者的偏好，而Facebook对10多亿用户有着深入的了解：他们的年龄、性别、教育程度、所在地、感情状态、工作、媒体偏好和朋友圈，都被它一一掌握。更甚者，这些信息大多由用户自愿上传到Facebook。提升广告效果似乎有着无可限量的可能性。

因此，关于新功能对广告市场的影响，有三组预测是明确的：精准投放、效果测定和交互性将成为互联网广告的根本优势。快进跳过广告将给电视广告主和广播网造成毁灭性的打击，而基于人口统计数据、社交图谱和行为信息的一对一实时精准投放则有无限的广告潜力。这些预测都源于专家，都得到了数据和图表的支持。然而，它们都错了。

关于广告的三个难题

在人们早先对在线广告做出上述预言的20年后，在线广告的前景依旧不甚明朗。大多数网络发布平台的主要广告格式与1994年屏幕文字被大小各异的横幅广告围绕的形式并无太大不同。精准投放变得更容易了，却并未实现它曾经期许的巨大成功：大多数广告的点击率（CTR）平均为0.1%，意思是1000人中大概只有一个人实际点击了广告。测定曝光量的方法变得更加精准，但这没能帮助广告主了解他们的广告投资回报率（ROI）有多高。事实上，广告效果依然如往常一样模糊不明，营销主管们依旧无法确定花在数字宣传上的钱是否值得（即使他们认为自己知道，也往往是错的，这一点我将在后面详述）。最后，对大多数发布平台而言，广告的“高品质”并未转化为更高的价格。事实上，按“每千次曝光成本”（CPM）计算的广告价格正逐年下降。

谈到电视广告消亡的预兆，情况还要令人费解。DVR本应预示着广播广告将无钱可赚，但自2000年至2015年，尽管美国家庭的DVR占有率增加至40%以上，电视广播收入却坚挺地保持在每年约400亿美元的水平，依然占据美国广告市场的第二大份额。这并非得益于电视主管提出的某些神奇的诀窍。杜克大学研究人员最近的一项研究表明，拥有DVR的家庭跳过广告的高比率，对产品销售——广告主真正关心的广告效果的指标——几乎毫无影响，拥有DVR的家庭和没有DVR的家庭在产品购买量上几无差别。

而Facebook的美好前景也遭遇了挑战，虽然这并非因为精准投放广告对目标用户来说是件多么难的事。尽管Facebook掌握了海量的用户数据，但几年来的点击率一直徘徊在0.3%左右，比谷歌低10—40倍。“最终点击归因”是谷歌的CTR很可能人为虚高的一个原因：消费者点击了某条谷歌搜索广告，只能说明他们上搜索引擎的目的是购物，并不能说明这就是他们看到广告后的反应。但是，这并非两家公司CTR差距悬殊的原因。Facebook的CTR不仅低于谷歌，有段时间甚至低于网络上所有网站的平均水平。

为什么钱会从线下跑到线上？为什么人们如此泛滥地跳过广告，却并未摧毁电视营收？为什么Facebook掌握了海量用户信息，用户基数也与谷歌不相上下，点击率却连续几年只是谷歌的一小部分？

答案就在于，构成所有这些早期预测之基础的假设都是错的。它们的逻辑是，只要抓住更多眼球，你就能让更多人接触到你的广告，从而创造更多收益。为了做到这一点，就要千方百计地把广告摆到消费者面前，因为在可以自由选择的情况下，大多数消费者都会扭头就走看也不看。这一看法的隐含前提是，广告是一种令人烦心的、被消费者厌弃的东西。

如果持这一观点，你会认为广告业在广告跳过技术出现的那一刻就完蛋了——直到你意识到，跳过广告一开始就不是广告问题出现的原因。毕竟，在DVR问世之前，广告跳过现象就已然存在了，甚至还非常泛滥：只要愿意，观众就可以轻松跳过广告。上厕所、去冰箱拿吃的、跟身旁的人聊几句，都有可能解决广告跳过技术的问题。

同样，如果持这个观点，你还会认为Facebook是广告主的理想平台，因为它拥有海量的用户信息和10亿的用户规模。但如果想一想人们最初来这个网站的原因，你就会意识到Facebook有个现实的问题。就常规的电商网站而言，用户去那里就是为了购物。Facebook则不同，用户去那里是为了和朋友联系、聊天，因此他们最不想看到的就是一张产品促销广告塞到眼前。

换句话说，广告未来的关键绝非到达率和吸引眼球——简单地把更多广告摆到用户面前，然后等待他们的反应；也不仅仅是更多的用户数据，而是一直以来的那个问题：广告效果，即广告缘何奏效以及怎样发挥作用。

两种广告观的深层分歧

“眼球与效果”之间的矛盾是至少50年来广告业更大范围争论的缩影。在1958年出版的《富裕社会》一书中，约翰·肯尼思·加尔布雷思（John Kenneth Galbraith）描绘了一幅广告业运转机制及其对消费者福利之影响的灰暗图景。“广告劝说人们相信自己需要那些实际上并不需要的东西。”他写道。这便是“依赖效应”。

加尔布雷思提出的观点抓住了许多消费者甚至营销主管的想法。但是，对于营销为什么奏效这个问题，还有另一个截然不同的观点。它认为广告不是讨人厌的说服工具，而是极有价值的信息来源。

有买车意向？要是没有广告提供尺寸、燃气效率和价格这些信息，你可能一点头绪也没有。想看电影？你可以先看个3分钟的样片，也就是预告片，然后再做定夺，而不必强忍几个小时看一部选错的烂片。

在以上情况里，广告发挥作用的方式不是说服你购买你本不想要的东西，而是给你提供你所需要的信息。换句话说，广告不仅有利于公司，还有利于消费者。这是件好事，因为它帮助消费者做出了对他们而言正确的选择。

那么，广告究竟是通过说服起作用，还是通过提供信息起作用呢？回答这个问题不仅极为重要，而且极其困难。原因有二，我们接下来将详细探讨。

内生性问题

在揭示广告的效果时，首先面临的挑战是，无论用什么理论去解释广告怎样发挥作用，都很难弄清它是否起作用。接触到广告的人往往是那些已经倾向于购买产品的消费者。毕竟，你如果不先阅读某本女性杂志，就看不到这本杂志上的广告；如果是某部儿童电影的观众，就更有可能看到别的儿童电影的预告片；如果是体育节目的观众，就更有可能看到啤酒的电视广告——而在这种情况下，你很有可能已经在喝啤酒了。

换句话说，你买了某个产品的事实可能跟你接触过这个产品的广告毫无关系。你对产品的偏好可能是首先导致你观看某些广告的原因，因为广告主为了精确定位消费者，会把广告投放到那些更有可能找到目标消费者的媒体渠道。这就是经济学和营销学学者所谓的“反向因果关系”或“内生性问题”。其中心问题是，究竟是广告曝光导致购买行为，还是消费者偏好导致广告曝光和购买行为？

克服这种实证难题不仅仅是一种学术行为，还涉及营销的核心以及广告费花得值不值的问题。谷歌每年从付费搜索中的获利超过400亿美元，绝对是网络上最重要的广告形式和营销收益中增长最快的部分。但谷歌广告为何如此有效？一个答案是，它们给消费者提供的信息恰恰是他们做出购买决定时所需要的信息。还有一种可能性是，付费关键词（比方说Patagonia①）只是代替了某个无论如何用户都会点击的搜索结果（Patagonia.com）。如果是这样的话，把购买决定归因于广告就夸大了广告的影响。

加利福尼亚大学伯克利分校教授史蒂文·泰迪里斯（Steve Tadelis）于2011年加入亿贝，担任其著名经济学家、高级总监，之后在负责一个旨在确定企业营销资金的最佳开支方向的营销项目时对内生性问题产生了担忧。泰迪里斯说：“怎样最大限度地提高不同媒体渠道的广告回报率，通常被称为‘媒体组合’问题，是个

①巴塔哥尼亚，世界顶级户外奢侈品牌。

非常简单的问题，如果你了解回报的话。我最初的反应是：‘哇，这可真是个难题。’因为我当时正考虑内生性问题。由于这类问题的存在，任何单一渠道的广告回报都难以准确测定。”

亿贝委托了一家咨询公司给这个项目做分析。正当泰迪里斯在内部到处寻找答案时，他在亿贝的同事鼓励他找这家咨询公司聊一聊，以更好地了解它的做法。他回忆起与顾问们的谈话：

这通电话的第一部分，本质上就是一堆描述他们公司有多厉害的推销套话——25年前成立，拥有极丰富的经验云云。然后，他们谈到了所使用的方法——他们称之为“专利转换函数”，以及他们的模型运行起来计算量有多大。过了10—15分钟，我终于意识到这里根本没有什么东西是“专利”的，无非是些加了非线性变量的普通回归模型而已。今天，你基本上可以在每部iPhone上运行远比这些模型灵活的版本。

聊得更深一些后，他们谈到了添加股市行为、一年中的时间、假期等变量来测定他们所谓广告的“增量提升”。很明显，这无助于解决内生性问题。最后，在被我逼到墙角后，他们搬出了拉格朗日乘数来解决问题。

拉格朗日乘数法是用来计算给定函数的最大值或最小值的方法，受某些约束条件的限制。从表面上看，顾问的回答算不上疯狂——毕竟，亿贝就是想搞清楚什么样的开支组合能最大限度地提高广告投入的回报，而这取决于它各个渠道的广告回报率。但正如泰迪里斯所说：“要知道答案，你得知道函数和约束条件。他们刚刚绞尽脑汁搞出个花哨术语，想拿它来吓唬我们，以为我们这样就会言听计从。只可惜，我就是教这个的。此刻我意识到，他们全是胡扯。”

几周后，这家咨询公司向亿贝展示了他们得到的结果，其中最主要的发现是，最高的投资回报率（1200%）来自对关键词“eBay”的支出。泰迪里斯回忆道：“我举了手，提议说关键词竞价的投资回报率很可能是负100%，因为如果你不针对具体人群投放广告，他们点击的很有可能就是显示在关键词下方的自然搜索结果。然后他们说‘你不能这么想，这实际上是长期的品牌打造’云云。显然，这一切不过是个骗局。”

于是，泰迪里斯和几位亿贝的同事决定自己去探索这个问题。

最终，他们进行了一系列实验，通过将付费搜索和自然搜索的效果区分开来，直接解决内生性问题。正如他们所言，这其中的风险非同小可：“亿贝每天管理1亿多个关键词和关键词组合，使用的算法每日更新，并自动馈送给谷歌、微软和雅虎的搜索平台。”对付费搜索而言，误测的后果尤为严重：“如果你某天在《纽约时报》上登了一则广告，继而有更多人不论出于什么原因看到了这则广告，你无须多付钱；而如果人们没看到这则广告，你也不会少付钱。互联网广告不是这样的，付费搜索尤其不是——点击的人越多，你付的钱就越多。”

在一场实验中，亿贝暂停了微软和雅虎的搜索引擎上所有与亿贝品牌（如“亿贝鞋”）有关的关键词的搜索引擎营销（SEM）查询，同时继续在谷歌上付费进行这一查询。在另一场实验中，亿贝在一批随机抽选的地区将谷歌上的无品牌关键词（如“鞋”）竞价全部暂停了60天。两场实验的结果都发人深省。在第一场实验中，几乎所有因减少付费点击而损失的流量都得到了自然搜索的补偿。也就是说，“关闭付费搜索广告的确切断了一条通向公司网站的（成本高昂的）途径，但它转而把流量导向了自然搜索，而自然搜索对广告主（这里是指亿贝）是免费的”。在第二场实验中，就无品牌关键词而言，结果非常相似：搜索引擎营销对销量有影响，但小到可忽略不计。其中大部分影响来自不常购物的新注册用户（前一年在亿贝只购买了一到两件商品）。付费搜索对经常购物的人没有影响——无论如何他们都会去网站上购物。泰迪里斯说：“就前一年在亿贝上购买了3次以上或在过去90天内经常访问亿贝的人而言，广告的投资回报率确确实实已接近负100%：无论如何这些人都会来，如果你把广告摆到他们面前，他们就会点击它进入网站而不是通过其他途径进来，但这并不会使他们买更多东西。”至于搜索广告的整体回报率，研究得出结论：由于“购物行为不受广告影响的经常性用户是产生广告费用的主要来源”，因此搜索广告的“平均收益为负”。

换言之，付费搜索本质上是浪费金钱。

这可能是迄今为止对在线广告影响的最干净利索的研究，无疑也是最具挑衅性的一项研究。它发表在最负盛名的一本经济学期刊上。对于业界反应，泰迪里斯说："当这篇论文见诸媒体时，谷歌相当不爽。"谷歌发布了自己的报告，显示使用付费搜索后点击量出现大幅的增量提升。"谷歌的结果是正确的，"泰迪里斯说，"只可惜真正的问题在于，增加的点击量是否转化为增加的销量。我们用亿贝的数据表明：由于减少了付费搜索，我们的确如谷歌所说损失了点击量，但没有损失销量。原因在于，大多数点击来自那些无论如何都会经常访问网站的人。所以，当你做更多的广告时，你只是得到了更多的网站点击量，而不是更多的销量。"

这些结果能否推广到亿贝以外的范围？作者指出，对于拥有知名品牌的大公司，内生性逻辑应引起它们对付费搜索有效性的忧虑；但对于不太出名的品牌或新产品，实际上就是那些常客很少的品牌或产品，如亿贝，付费搜索很可能因提高了它们的知名度或让人们了解到它们的存在而有很好的回报（稍后将对此进行详述）。不过，对这篇论文的大多数反应都属于另一类。泰迪里斯回忆说：

几个互联网营销分析博主认为"付费搜索对亿贝当然没用——亿贝是一家愚蠢的公司，它根本不知道怎么花钱"。亿贝是蠢在用错了关键词吗？绝对不是。亿贝那时已从一群拥有博士学位的杰出计算机科学家开发的预测模型中学到了许多关于关键词竞价的东西。但是，这些模型属机器学习类别，只关心相关性，不关心因果关系。亿贝是否浪费了很多钱？是的，跟任何一家不了解实际情况的公司并无二致。实际上，几乎所有公司都在采取行业的"最佳做法"，而由于内生性问题，这些做法都是有缺陷的。

那时，亿贝还没开始理解内生性问题对付费搜索回报率的影响。而如果没有在亿贝工作过，泰迪里斯也永远不会思考这个问题。这项研究完全是在这种情况下进行的。但是，它让互联网广告最重要的一个领域成为公众关注的焦点——奇怪的是，在这个领域之前从未有人研究过。泰迪里斯坦率地反思了过去这方面的研究缺位：

营销分析和互联网广告领域有点像17世纪的医药界，有些人就像那个年代试图兜售商品的江湖骗子。他们用行话哄骗或吓唬你，所用方法都暗藏在谜一般的黑匣子里，没人能评估这些人的方法是否可靠。广告发布商的报告看上去倒是可信、高明，但根本上也是自利的。然后是营销预算的问题。假如我们理解了沃纳梅克多年前所说的话，即一半的预算其实根本没必要花掉，也发现随着数字经济的到来，我们可以搞清哪一半预算不必花掉，那么会发生些什么呢？广告公司可能会损失一半的预算，我相信任何人，甚至是客户公司的首席营销官，都不希望这样的情况发生。所以，这里存在一个典型的"代理问题"。大多数营销人员都不想欺骗公司——他们真的相信这一套是行之有效的。客户也想相信它，可他们不相信科学，因为他们没受过训练，也不具备技能。他们最后多半还是靠拍脑袋行事。

那么亿贝又是如何应对的呢？"它不再竞买'亿贝'这个关键词——如果你在谷歌输入'亿贝'二字，你不会再看到亿贝的广告。而对于非关键词竞价，公司修改了竞价策略。"修改依据便是泰迪里斯及其合著者的研究结果。

是说服，还是信息提供？

如果克服内生性问题算不上什么挑战，如果人们确实可以证明广告是行之有效的，那么第二个难题便接踵而来：广告怎样发挥作用？之所以称它为难题，是因为广告曝光导致购买行为这一事实与广告作用机制的两种说法——说服和信息提供——都相吻合。说服性广告引诱消费者购买产品而不管他们是否真的需要，信息性广告则引导某些消费者——产品的"匹配"用户——进行购买。无论哪种情况，结果都一样：广告曝光导致购买行为。

正如我们将看到的那样，厘清这些对广告作用机制的互相矛盾的解释（说服和信息提供），具有重大意义。然而，这些解释很难厘清。判断两个说法正确性的一种方法，是去寻找应该不喜欢某样产品的消费者，然后评估广告曝光对他们的影响。但是，这说起来容易做起来难——消费者的偏好很难进行先验评估，找出消费者"误看"广告的情形更是难上加难。毕竟，企业都希望把广告投放给它们认为会购买其产品的消费者。

我和前同事罗恩·沙哈尔着手克服这一实证难题。我们选择了电视节目预告片作为研究对象，原因有二：首先，正如前面第二部分所述，观众对电视节目有明确的、截然不同的偏好，而且这些偏好是可预测的。年长观众喜欢有老年角色参与的节目，年轻观众则喜欢有年轻演员参与的节目。观众喜欢角色的性别、收入或教育程度与自己相仿的节目（我们是个自恋的物种：我们喜欢看与自己相关的节目）。其次，由于电视广告无法精准投放——所有观看节目的人都会接触到其中播放的预告片，无论被预告的节目匹不匹配他们的偏好——因此存在大量“误看”的情形，即节目预告被某个并不匹配的观众看到。

结果令人震惊。看看预告片总体上产生的巨大影响，我们很容易推断出，这类广告的作用机制是说服所有观众观看节目，而不管这个节目是否“适合”观众。但再看看预告片对不同观众的影响，“信息”论又显得更为合理：在与节目的预期匹配程度低的观众里，看过预告片的要比没看过预告片的更不可能收看这个节目。换言之，研究证明，广告的作用机制主要是匹配和提供信息，而不（仅仅）是说服。

说服论与信息论反映了两种矛盾的广告理念：一种是“以产品为中心”的思维模式，认为广告就是要说服、烦扰、打搅用户，最终实现给用户洗脑的目的；另一种是“以用户为中心”的模式，承认甚至拥抱消费者的自主选择权，认为广告就是在消费者需要时给予他们信息。以产品为中心的广告旨在说服你购买产品，不管你想不想要；以消费者为中心的广告则帮你更容易地找到你想要的产品。这是战斗、轰炸、说服消费者观看与合作、提供信息、鼓励消费者分享之间的区别。正如我接下来所述，这两种广告观对我们做广告的方式、理解数字技术对营销之影响的方式以及今后可能出现的图景都有着迥然不同的意义。

以用户为中心的营销及其意义

以用户为中心的理念已在营销领域讨论了数十年之久，但营销却变得跟如今任何商业活动一样以产品为中心。想想那些广告指标：到达率、眼球、销量和产品购买这些名词变成社交场合上为让自己显得入时所必备的谈资。这些都是人们关心的指标，丝毫不考虑消费者对购买的产品是否满意，也不考虑他们如何被引导做出购买行为。类似的脱节现象也存在于营销和销售的激励措施。首席营销官（CMO）

的指令永远是“来一场令人难忘的造势”，而不管活动本身对消费者有没有助益。销售总监的指示永远是“把全部精力用在提高销量的工作上”，而不管购买者是否受到团队的欺骗。广告公司、广告网络和任何参与营销活动的人员同样被指示这样做。重要的是结果，而不是获得结果的方式。“以用户为中心”这个说法也许是由营销人员创造出来的，但在委婉的外衣下，它意味着轰炸消费者并最终将其征服。

不仅营销人员需要确定将哪些指标作为重点，那些决定着什么算作广告、什么不算作广告的人也面临这一挑战。想想下面这个事实：互动广告局（IAB）为互联网广告制定规则，很大程度上是为了建立用以指导广告主向媒体公司付费的标准。几年前，IAB裁定，尽管有50%—70%的用户向使用弹出式窗口的品牌报告过非常负面的联想，但是“由于有些广告主使用这种广告类型，因此我们必须维持这种广告类型的可行性”。最近，IAB又裁定，仅仅3秒钟的数字视频广告曝光，就足以构成向广告主索赔的依据。有没有想过为什么YouTube的广告播放3秒就可以跳过？那是因为3秒钟已经足够向广告主索取赔偿了。“这个体系失灵了，”一位高级营销主管告诉我，“广告网络想要维持这个体系，这样他们就能赚到钱。客户可以终结它，但他们没这么做。广告公司则没有任何理由去终结它。”

假如存在一种理念以同时欺骗消费者和广告主为核心，那么这就是那种理念。那些与在线广告互动的消费者也面临着越来越大的风险。思科2013年度安全报告指出：“点击广告染上电脑病毒的可能性要比逛色情网站高182倍。”

这些对立理念的冲突之处不仅限于激励或指标层面。以产品为中心和以用户为中心的广告观的矛盾，实在是比比皆是。

我们先来看看广告测定。长久以来，尼尔森（绝对的行业领头羊）等市场调研公司都是按媒体（电视、广播、互联网）而非按消费者收集数据。如果你想知道哪些消费者看电视、听收音机或上某些网站，继而弄清每一类媒体适合什么样的广告宣传，那没问题。但如果你想了解怎样才能在最大程度上让广告到达特定的消费者或最有效地整合各媒体的广告宣传，那么你一定会困惑不解、茫然失措。直到2014年，尼尔森才改变其跟踪广告曝光率的方法，不再测量同一媒体对不同人的广告曝光，而是测量不同媒体对同一人的广告曝光。

或者想一下广告费的趋势以及随之而来的分析。在线CPM价位很低且呈下降趋势，到2015年，它降到了纸质CPM一个零头的水平。对此，流行的解释是供应量过大，“现如今每个网站都成了发布商”，而且每个广告网络都允许企业精确定位目标个体，从而对到达率进行商品化。无疑，无限的广告库存是媒体公司面临的一大挑战。但对于CPM的低迷，还有另一个未引起足够重视的解释：也许仅仅是因为广告没有效果，所以消费者根本不想点进去看。的确，如果在线广告的效果非常好，那么以其低廉的价格，会创造巨大的投资回报率（毕竟，ROI无非就是效益除以价格）。事实当然不是这样，也不是大多数营销人士所以为的那样（如果真是那样，广告预算就会即刻、大量地转移到数字领域，而这件事也没有发生：2014年，作为经济体中最大的广告客户群之一，包装消费品公司花在数字广告上的预算只占总预算的不到10%）。CMO们还在等待确定的答案，因为除了广告库存过剩，“定价问题”也同样可能与广告效果低下有很大关系。

这种冲突也存在于营销领域的最新动向——“大数据”。人们每天都在丢出“重定向”“实时竞价”和“效率”等名词，看起来，掌握更多的用户信息和更多分析信息的方法能解决营销难题。但是，有个问题却被这一切湮没了——你可称之为“Facebook问题”。Facebook早期塑造自己的广告策略时，总是把数据挂在嘴边：图表、人口统计数据、定位。然而，它未能获得期望的结果。最终，Facebook改变方向，不再追求个别定位，转而将目光投向社交广告——广告与社交关系结合在了一起，而不是被简单粗暴地推到接收者面前。【普通例子包括朋友的建议、Facebook上的点赞、分享的经历或通过朋友获得的价格折扣。著名例子包括“冰桶挑战”——被标记的朋友要么用冰水浇遍全身，要么向肌萎缩侧索硬化症（ALS）研究机构捐款；百威的“百威赠伙伴”活动——Facebook用户可向朋友发送兑换券，买一杯啤酒送给朋友，朋友凭券即可在当地酒吧兑换啤酒。】差别显而易见：点击次数大幅增加。正如Facebook所学到的那样，光靠更多的数据已不足以把一个糟糕的广告变成好广告，也不足以将说服转化为信息提供。数据本身无法帮助我们理解广告奏效的原因，无法解决内生性问题，也不能取代对用户和用户行为的更深入的理解。

正如一位分析师最近所言，数字广告仍是个“黑匣子”，“我们还有很长的路要走”。

原生广告及其真正目的

2013年1月14日，一篇关于基督教科学会的报道登上了全国著名的文化政治新闻杂志《大西洋》的网站。这事本身并不奇怪，奇怪的是报道的内容——文章对科学会极富争议的领导人大卫·密斯凯维吉（David Miscavige）大加赞赏，不吝溢美之词。文章左上角有个横幅，显示该文章为“赞助内容”——付费广告的委婉说法。此举远不足以平息几个小时内出现的尖刻批评声。《连线》高喊“信誉扫地”。《卫报》的报道则把“《大西洋》科学会门的教训”作为标题，直指“挥霍信任容易，赢得信任难”。《大西洋》当日即发表道歉声明，开头简单明了：“我们犯了大错。”

“原生广告”指的是将广告信息嵌入其他内容。这个概念本身并不新鲜，自出现至今已有相当长的年头了。杂志界称其为“社论式广告”，电视业称它为“植入式广告”或“品牌化娱乐”——最近的例子是《美国偶像》上巨大的可口可乐杯和唐纳德·特朗普（Donald Trump）主持的《名人学徒》，在后一个节目里，挑战者需要为沃尔格林连锁品牌创制新的冰淇淋口味，或为乐金（LG）的家庭娱乐系统制作90秒钟的视频。

娱乐节目用这种方式增加广告收入是一回事，新闻机构也这么做就是另一回事了。这一趋势引发了人们对原生广告的激烈争论。

乍一看，存在两种简单而相反的观点。一种观点认为原生广告是新闻机构应对日益严峻的收益困难的一种创新方式，而随着数字广告价格不断下降以及数字广告显示和横幅（banner）越来越不为人重视，这些挑战变得越发紧迫。另一种观点则将原生广告视为对顾客的故意欺骗，认为它放弃了我们固守的“政教分离”式的编辑与广告内容分离的原则，严重破坏了新闻业的诚信基石。

人们很容易以这种方式理解对原生广告的讨论，认为争辩双方是决心保护新闻业的人与决定靠新闻业牟利的人。但这场争论更伤脑筋的地方在于，这并不是人们站队的唯一方式。这场争论把一些奇怪的东西凑在了一起。根本原因在于，对原生广告的讨论实际上不是“政教”是否该分离的问题，而是以产品为中心和以用户为中心这两种广告思维模式，哪一方将战胜哪一方的问题。

要明白这一点，有必要了解一下最近这股原生广告潮流的开端。《赫芬顿邮报》在原生广告的兴起中扮演了比其他机构都更为重要的角色。但它采用原生广告，并非因为对这类广告有天生的偏好，也不是因为面临着其他出版商日后将要面临的收入亏空，而是因为受到了它的内容管理系统（CMS）的启发。

CMS是媒体机构用来在网站上上传、显示、组织、存储和管理内容的计算机应用程序——这些任务看上去平凡无奇，很难把一家新闻机构与其他机构区分开来。然而，CMS却实现了《赫芬顿邮报》的差异化。

“在大多数传统内容机构，你发布了一篇文章，工作就算完成了，”《赫芬顿邮报》的前发行人珍妮特·巴利斯在最近的一次谈话中说道，“而在《赫芬顿邮报》，这才刚刚开始。”CMS分析每一篇文章都是由哪些人、以何种频率阅读和分享，然后把这些数据反馈给编辑部，这些数据就会与内容并排显示在编辑部的仪表板上。

2007年出任《赫芬顿邮报》首席技术官的保罗·贝瑞（Paul Berry）是创建该报CMS的关键人物。他告诉我：“我们是第一家编辑能实时跟踪读者指标的机构。让我们倍感骄傲的是，通过这些统计数字和仪表板，编辑人员能够对他们的活动进行管理。”事实证明，《赫芬顿邮报》的CMS是拉动搜索和社交流量的强大工具。“这是连通内容与对话的最非凡的架构。”巴利斯总结道。

《赫芬顿邮报》设计CMS的初衷是跟踪每篇内容的绩效。起初，没有人意识到跟踪广告绩效有什么价值，但这个价值很快就变得清晰起来。正如贝瑞所言：“我们会约一家大型机构的CMO见面，写备忘录，展示我们的内容创作过程和受众工具。然后，我们会设法把赞助博文、横幅和拉幕卖给他们。他们总是会问：‘我们怎么才能得到像你们这样的内容管理平台？’我们要的就是这个。”广告主看到了《赫芬顿邮报》内容和流量的巨大增长。现在，他们也想要同样的工具。

这一洞见在《赫芬顿邮报》内部创造出了一个全新的角色：社交营销经理。他们接受过与编辑团队相同的工具训练，知道如何最大限度地利用流量和分享，以及如何使用仪表板。唯一的区别在于，他们要向广告主汇报广告的进展情况。《赫芬顿邮报》创始人之一乔纳·佩雷蒂（Jonah Peretti）后来在BuzzFeed重现了这一模式，贝瑞则转而创立了RebelMouse——任何发布商都可访问这个平台，以实时跟踪读者指标和内容分享。

珍妮特·巴利斯谈到了《赫芬顿邮报》的广告开始模仿普通内容的样子和感觉的重要意义。“人们认识到，CMS可作为广告技术使用——这一点非常重要。如果广告的目标是点击率、转化率和参与度，那么这也是我们内容团队关注的焦点。使用同样的工具、雇用同样的专家、运用类似的指标，你就能得到相同的样子、感觉和设计。你开始发现，广告和内容的界线变得越来越模糊了。”

尽管强烈地意识到隐藏在这一趋势中的危险种子，巴利斯却也强调了它的好处——包括对读者的好处。

复制这个世界上最优秀的内容创作者的做法有诸多好处。为什么插在玛莎·斯图沃特（Martha Stewart）试验厨房里的广告信息不能模仿那些食谱的特点？为什么插在《经济学人》里的广告信息不能模仿《经济学人》的视角？这样做只意味着你技艺精湛，而且明白它对消费者的价值。

她的论点简单却重要。传统上，广告是针对某个产品定制的，然后，人们将相同的广告放置在数百种不同的媒体渠道中。原生广告实际上是一种既针对产品，又针对媒体渠道而量身打造的广告。将广告信息与品牌匹配起来的做法不仅带来了回报，还增强了广告效果。

但是，广告又是如何影响消费者对编辑质量的观感的呢？人们可能会认为，广告在这方面的影响还取决于品牌情境。实验结果证实了这一想法。回想一下前文描述的那个将相同的编辑内容放在不同网站上进行比较的“名称”实验。我们重新做了这个实验，这次将一组不同的广告信息插放到每一来源中给参与者看。在《经济学人》的网站上阅读文章的参与者中，有三分之一的人未看到任何广告，有三分之一的人看到了制作精美的广告（美国运通、捷豹等），还有三分之一的人看到了廉价的弹出式广告。我们对在《赫芬顿邮报》网站和无名网站上阅读文章的参与者也做了类似的随机处理。

结果是，对于在无名网站上看到广告的人，任何形式的广告曝光都增加了他们对编辑质量的积极观感。读者可能会这样推断：如果有人愿意付钱购买这个网站的广告位，那么这个网站一定不会太差。《经济学人》读者的结果则非常不同：优质广告引起的读者对编辑质量的反响，与没有广告的效果是一样的，但低质量广告的插放则使得读者对编辑质量的观感下降。而对《赫芬顿邮报》读者来说，看到了任何类型的广告和什么广告也没看到，对编辑质量的观感都没有任何影响。

关键在于，广告对编辑质量观感的影响随网站品牌传统的不同而截然不同。“重要的是你是谁”是个基于直觉的想法，但它却解释了为什么不同的发布商尝试多种类型广告（原生广告或其他类型）的积极性有高有低。如果你提供的内容既可靠又优质，那么做得太离谱就等于玩火；但如果你缺少这些特点，那么任何类型的广告都可能增强你的可信度。

斯坦福大学两位教授内夫德普·萨尼（Navdeep Sahni）和哈里凯西·奈尔（Harikesh Nair）最近的一项研究明确地考察了原生广告的作用原理，以及它发挥作用的过程是否包含对消费者的欺骗。研究对象是一款用于餐厅搜索的移动应用程序，广告的形式（原生或非原生）和频率在实验中是随机选择的。为了将消费者购买倾向的影响与广告的混淆影响区分开来，研究者考察了消费者对原生广告的具体反应。这类广告收效十分显著——餐厅的来电次数平均增加了67%——但并非靠欺骗消费者获得：消费者在看完原生广告后并未停下，而是继续搜索；即便最终选择了广告宣传的那家餐厅，也是通过常规搜索或自然点击完成的——这不符合“消费者很傻、很天真”的观点。当然，这并不是说消费者永远不会受骗。但正如作者所提醒的那样，“消费者容易上当受骗的默认假设”可能也不是事实本身。

要旨是，如果方法得当，广告不光能帮上广告主的忙，还能给发布商和读者带来好处。

拉朱·纳里塞蒂（Raju Narisetti）最近与我聊天时详细阐述了这一点。纳里塞蒂对“政教”关系略知一二：他是一位新闻业内人士，曾历任印度《经济时报》和《铸币报》、美国《华尔街日报》和《华盛顿邮报》的编辑。纳里塞蒂坚持认为，“政教分离”式的编辑—广告分离模式乃昔日遗俗，早就与当今现实脱节。一开始，你会觉得他放弃了原则——直到他说了些特别的话。他的论证动力不是让广告发挥功效，而是让内容发挥功效。

新闻编辑人员过去坚信，优秀内容是他们的独特卖点。如今，优秀内容越来越成为一个前提——理应拥有的筹码。如果你发表了任何内容，30秒内就会有另外10个人表达相似的东西。我认为，新闻编辑人员要想取得成功，就必须把重点从内容转向读者体验。这一改变意义深远，因为所有体验，不论好坏，都来源于内容与技术的交汇。

与我们迄今为止所做的任何事相比，这件事都更具挑战性，因为技术专家和记者这两类人的生活圈全无交集。他们通常不在同一个楼层，甚至不在同一座楼。他们的语言和词汇大相径庭。大多数开发人员认为“万般皆下品，惟有代码高”，而大多数记者则认为“万般皆下品，惟有话语高”。解决这个问题的唯一方法是改变新闻编辑人员的语言，从创作好的内容转变为创造好的体验。围绕体验的创造建立架构意味着除了编辑和作者外，你还要把开发人员、产品人员、用户界面人员和数据分析人员一并囊括进来。这恰恰就是“政教分离”式的想法造成严重问题的地方——因为新闻编辑以外的一切都被看成是“生意”。

我们甚至无须探讨新闻编辑部里从事广告工作的人员和原生广告的问题就可以明确上述这一点。内容与广告的融合不过是我们这个行业的必然发展趋势。

纳里塞蒂的观点不是支持“政教合一”，而是希望编辑与广告能互相建立起对另一方的感受力和敏感性。

我会组建一支全公司范围的广告创新流程团队，人员囊括新闻编辑部的产品、技术、分析和广告决策层，但主要工作是主动创新，而非应付创新。在美国，由于“政教分离”原则，没有一家新闻机构的编辑部有跨部门的广告创新团队。这造成了一个意想不到的后果，那就是我们放弃了读者与广告主之间的联系。

因此，如今的广告创新大多是伪装成创新的侵扰。前贴片广告就是个很好的例子——在15秒的时间里，你除了看广告什么也做不了。这就像是说：我们知道你很想直接看内容，但请允许我们先耽误一点时间把你逼疯。这种创新很多都采取自动播放的形式。我们必须改变这一点，创造出与体验融为一体的广告。

这便是原生广告之争有趣而恼人的地方。巴利斯和纳里塞蒂希望培养广告主对新闻编辑的敏感性、提高新闻编辑部与其他机构部门的融合度，从而创造更好的用户体验。另外一些人则担心滑坡效应，认为新闻业和新闻诚信将是最后的输家。谁是对的？答案取决于你执行这个想法时的思维模式。一种思维模式希望将内容与设计、技术、用户界面、广告等其他业务部门结合起来，目的是为客户创造更好的体验，同时不折不扣地恪守透明和披露原则。这件事如果做得好，读者就会带着完全开放的眼光，希望看到广告，阅读赞助内容，链接到相关报道。另一种思维模式是把原生广告当成一种捞钱、欺骗用户的手段，披露原则不过徒有虚名。最终很有可能像《大西洋》那样，引发人们无尽的嘲讽与愤慨。

换言之，原生广告之争不仅仅是新闻骗子与新闻卫士之间上演的对决，更是一场保护内容派与改善体验派之间发生的论辩，亦即以产品为中心和以用户为中心这两种思维模式的较量。

重新构想广告业

变革之风

把用户作为合作伙伴

结识约翰·温莎（John Winsor）时，我们两个都在大型机构里做数字风投项目的负责人：他在广告集团哈瓦斯，我在哈佛商学院。当我们彼此分享“由内而外”的创新经历时，我被一件事震惊了——他总在逆流而上。

从那时到不久前，温莎一直是哈瓦斯的首席创新官，但他绝不是你想象中的那种典型的广告主管。

他出生于科罗拉多州的博尔德，是该地著名的户外文化的化身。他参加过铁人三项赛、专业的直排轮滑赛，还创造了最快登顶乞力马扎罗山的世界纪录。甚至在担任美国增长最快的一家广告公司Victors & Spoils的负责人后，他还花大量时间在墨西哥冲浪。现在，他正尝试凭借以用户为中心的市场营销手段改变广告界的格局。

这一切始于1989年。温莎告诉我：

如果你住在博尔德，那么你所有的朋友都会是职业运动员。我的妻子就曾是个运动员——她参加过世界铁人三项锦标赛。很多其他的朋友也是一样。当你闲坐在一群职业女运动员身边时，她们会说：“市面上只有这些男性体育杂志，怎么就没有一本女性体育杂志呢？”我接下来的事业便由此开启。

《女子体育+健身》（《WSF》）是20世纪80年代仅有的几本专门为女运动员而创办的杂志之一。10年前，该杂志由网坛传奇人物比利・简・金（Billie Jean King）创办，初名为《女子体育》。创办之初，它就被《红皮书》收购，但据温莎回忆："杂志很快就陷入了财务危机。它出现的时间不对，地点也不对。如果创办的企业太过前卫，就几乎与创办过于陈旧的企业一样糟糕。"

杂志的一部分问题可能源于创新太过超前，另一部分问题则植根于它的广告驱动模式。温莎说：

我们每天的工作是将单位订户的广告收入最大化，而向广告主多收费的最快方法就是扩大订户群——不管达成这个目标的方式是自然的还是人为的。我收购这本杂志的时候，它表面上有45万个订阅者，但其中大多数是假的。所以我做的第一件事是丢掉那部分虚假的发行量。我成了广告业的笑柄。人们的反应就好像在说："温莎刚刚收购了一本破产的杂志，准备要削减发行量。真不敢相信！"开会时，他们表达的想法说白了就是："你可真是个白痴。"

白痴战略成功了。

我把发行量大幅砍到了15万，但我告诉广告主：我们把重点放在核心订户上，这些人才是你们想要的，且相比上周的花费，你们只需花一半的价钱就能得到这些订阅者。没有一个广告主退出。这样一来，我砍掉了三分之二的发行量，却只减少了一半的广告收入。我很快就扭亏为盈。

聚焦核心订户是第一步，下一步便是巧妙地利用这些订户。然而，要做到这一点，就得了解这些顾客群究竟包含哪些人。"这是个有些意外的发现，"温莎说，"数据显示，《WSF》的读者平均会向12个人提出买什么、如何做运动之类的建议。这一点对我们重塑品牌至关重要。"

《悦己》和《体形》杂志是《WSF》当时的两大竞争对手。

我们以前的老板曾说：“我们很像《悦己》和《体形》。”我们回答说：“不，我们不像。《悦己》和《体形》是上瑜伽课的人，而我们是瑜伽教练。”

事实证明，这种“高端”的再定位对广告主很有吸引力。此后，《WSF》抛开核心用户群，另辟蹊径。

我们之后创办了一本高中体育杂志。为了能卖掉它，我们将目标对准了教练群体。我们给美国所有女子运动队的教练都送了一本名为《如何提升教练水平》的小册子，随附45份杂志。我们告诉教练：“非常感谢你们带领运动员前进，把她们培养成未来的领军人物。我们将用这本杂志帮助你们，希望你们把这些杂志分发给运动员。”

《WSF》很快便从制作杂志进入制作研究报告阶段：“我们无法让广告主相信女性也是可以做运动的，他们对高中女生的运动毫无兴趣。于是，我们开发了一款名为‘报告者’的产品。”报告不过是对女运动员日常行为的记录——按温莎的说法叫“民族志描述”。但事实证明，这些信息对想要以女运动员为受众创办业务的公司和广告主有着不可估量的价值。《WSF》每份报告的撰写费用为5000美元，卖价却高达2.5万美元。

我就是在那时意识到广告渠道有多么扭曲。我们有早期订户，有产品创意，有研究洞见，却只能从产品和营销价值里分一小杯羹，大部分都落入了广告代理商的口袋。于是我问了这样一个问题：假如我们把这些早期订户放在渠道的顶端，会发生什么呢？

1998年，温莎将《女子体育+健身》卖给了康泰纳仕，并创办了以“共创”营销理念（即把用户作为产品生成和传播过程中的合作伙伴）为依托的战略和研究机构——雷达传播。他深受博尔德和耐克等公司的影响。“耐克在这方面做得非常出色。他们会把我妻子和她的职业运动员朋友们送到波特兰几天。她们会与耐克的设计师们坐在一起，讲故事、做运动、想办法。这是用户生成的产品，然后产品的名气会自行传播开来。”

接下来，一本概述温莎理念的书问世。然而，“我的出版商将其命名为《超越品牌》，不同意我起的《共创》这个书名。在他们看来，‘共创’永远不会发生，以用户为中心的营销永远不会发生”。

职业女运动员是温莎最早的用户、营销者、设计师合作伙伴。这一合作模式的产生可谓水到渠成：“博尔德的一切都跟运动门道有关。为了让攀岩变得更容易，攀岩者不惜打破常规；直排溜冰者和北欧式滑雪者常常改进设备。如果你有最棒的门道，你就有机会赢得比赛。”但雷达传播很快就扩展到了体育竞技以外的范畴，与几家其他领域的公司建立了合作关系：李维斯的标志品牌（“我们找了15位母亲和她们12岁大的女儿，给每个人配了一个设计师，让她们为经典系列设计新的产品”）、丰田、英特尔、惠普。

温莎早期的巨大成功，如今跨越了两家公司，持续长达15年时间。他的成就全部来源于一个简单的营销理念：视用户为合作伙伴。

《女子体育+健身》和雷达传播采取了不同的营销做法。它们没有叫读者买他们根本不关心的东西。恰恰相反：它们邀请读者参与进来，帮助它们了解该卖给谁、如何营销，甚至该做什么样的产品。用户是销售过程中的合作伙伴，是创意生成过程中的合作伙伴。

2007年，温莎将雷达传播卖给了另一家广告公司Crispin Porter + Bogusky（CPB）。但他的步伐远未停止。

创意的众包

在卖掉雷达传播后，温莎加入CPB，负责战略和产品创新。CPB自封为创意公司，目前由亚历克斯·博古斯基（Alex Bogusky）领导——按温莎的话说，这位领导是个“创造性天才、怪胎、了不起的灵感机器”。CPB的成就越来越具有创造性：它设计了汉堡王、宝马迷你、耐克的营销活动，禁烟运动Truth.com，以及微软那句大胆的广告语“我是一台PC”。不到两年时间，CPB的员工就从200人增至1200人。它对麦迪逊大道嗤之以鼻，选择把总部设在博尔德。它以拒绝推销著称——客户上门找它，而不是它找客户。凭借出色的创意作品，CPB先后13次被行业刊物评为“年度最佳广告公司”。2010年，《广告时代》将其评为“十年最佳广告公司”。

2009年，博古斯基和温莎写了一本名为《自营销》的书，描述了CPB产品设计和营销的基本理念。它的中心论点是，产品设计和营销都应是综合行为。“对企业和产品而言，与其先创造一款产品，再思考营销方式，不如进行自我营销。”这一理念部分是温莎早期创办《WSF》和雷达传播的经验。现在，他们要进一步检验它。

到2010年，CPB的业务量已经大到应付不过来的程度。“后来来了家较小的客户——巴拉莫摩托车公司——请我们设计标志。当时我们手头有很多工作，但大家都对这个项目充满热情。我们决定接下这个活儿。”

为了这个项目，CPB进一步挑战极限。

> 我们刚刚见了个叫本·马尔本（Ben Malbon）的朋友，他用众包方式为百比赫实验室设计了新标志。他们使用crowdSPRING这个开放平台：提交到平台上的作品对所有人可见，买家不断给作品提供评分反馈，以便按照自己的意愿指导众包作品的产生。业界对此的反应可想而知：“我们在赚钱，砸我们的饭碗。”我和亚历克斯看着对方说：“噢，这挺酷的。”因此，我们决定用crowdSPRING做巴拉莫的项目。

CPB在crowdSPRING上发布了巴拉莫项目的简单概要。他们还给获奖作品提供了一笔高达1万美元的奖金。“这笔钱比crowdSPRING平台上提供的任何金额都高10倍。而且，这是有史以来广告业为客户提供的首个众包作品。”

比赛刚开始的第一周就吸引来数千名设计师的参与。这促使博古斯基和温莎撰写创办新广告公司　　完全基于众包原则的广告公司　　的商业计划。

> 我们母公司的反应是：“你们在开玩笑吗？这会让我们整体蒙受巨大的经济损失。”于是我离开了那里，找到一家愿意资助我的风投，找来几个博尔德的朋友，然后我们创办了Victors & Spoils。

温莎的世界日新月异。25年前向用户发出的参与营销活动的邀请，已发展成“开放”的营销理念：邀请用户，邀请设计师，邀请任何可以为营销创意和策略添砖加瓦的人。邀请他们参与进来，而不是与他们作对。温莎描述了这种紧张关系：

在传统的营销领域，“我们”与“他们”、公司与用户是对立的关系，仿佛利益不一致似的。但想想苹果、耐克、巴塔哥尼亚这些最伟大的品牌和营销者吧，它们有着截然不同的做法。如果你在耐克校园环顾四周，你会发现：“噢，那儿有个顾客，那儿有个运动员，那儿还有个设计师。”这些人都在那里。这就是我所说的生态交错带，也就是两个生态系统交界的地方，过渡区域。例如，在湿地和森林的生态交错带，两种生态系统的特点并存且共荣。它就像是培养两类生物的培养皿。最好的营销者有广大的生态交错带，而非在“我们”与“他们”之间划清界限。

从共创到联系

用户联系之一：从观看到分享

合作与共创是以用户为中心的营销典范。联系能带人们走得更远。

温莎回忆起大学期间一件影响了他的思维方式的事：

我出身于一个五代传承的出版业世家。我利用大学暑假为父亲工作，他是伊利诺伊州《坎顿日报》的发行人。有年夏天，我在报社的本地新闻部工作。我们写了篇关于坎顿一家养老院的几个老太太跑去大城市皮奥里亚，以及贝蒂·苏吃了个芝士汉堡、朱莉吃了些炸薯条又喝了杯奶昔的文章。我说：“别逗了，老爹。我堂堂大学生干这个真是逊爆了。谁关心坎顿的哪个老太太都吃了些什么啊？”父亲狠狠地训了我一顿，他说：“你不理解这个世界。要想把报纸卖出去，就得让报纸与读者的生活息息相关并反映读者的利益，让读者成为内容的创作者。唯有如此，你才能让人们对你所写的内容产生兴趣，因为当朱莉在养老院读报纸时，她会告诉她所有的朋友，然后其他人都会去买报纸。这是一种社群活动。”

这件事对我日后的所作所为都产生了巨大影响。

让消费者喜欢你的广告是一回事，但比这更好的是让他们喜欢你的产品，好上加好的是让他们影响别人去喜欢它。此时，广告不再只是企业传递给客户的一条信息，它还是用户之间传递的信息。这便是广告分享或者说我们现在称之为“病毒式广告”的一个范例。它是用户联系的一种表现形式。

“病毒式广告”“口碑营销”和“社交广告”是眼下最火热的几个名词，但广告分享背后的驱动因素却很难理解。为什么某些电视广告会像病毒一般传播开来？什么能增加新闻文章点对点的分享量？为什么某些信息的转发量比别的信息多？多年来，营销人士一直在研究这些问题，也获得了一些发现。例如，一项探究某些电视广告病毒式传播的原因的研究称，幽默的广告观看量更高（但优势不明显），而不幽默的广告分享量较低。另一项关于《纽约时报》文章分享量的研究指出，引发敬畏或愤怒情绪的报道分享量更高，而引发悲伤情绪的报道分享量很低。若包含惊人或实用的信息，则分享量更高。一些企业已经做起了“策划病毒式传播”的生意。Mekanism是一家创办于2000年的广告公司，如今已小有名气，连续几年成就斐然。它的成功大多来自“有偿影响者”，即那些拥有大量关注者、有偿传播关键词的人，而不是因为破译了病毒式传播的密码。

BuzzFeed或许是病毒式传播方面最成功的尝试。2006年，毕业于麻省理工学院、曾任《赫芬顿邮报》编辑的乔纳·佩雷蒂，着手“让内容变得社交化”。起初，他只能“事后”做这件事：BuzzFeed只能从那些已被分享的报道里挑选一些放在自己的网站上。随着时间的推移，它转而尝试对病毒式传播趋势进行预测，而不仅仅是搭顺风车。它每一篇内容的“病毒式传播提升度”都得到了跟踪。推特、Facebook和品趣志（Pinterest）的分享量是分开统计的，以便公司理解每个平台上分享的驱动因素。通过持续跟踪以及网站上靠算法驱动的报道更替机制，编辑可以对正被分享的各个内容进行监控。所获得的经验教训在各编辑团队之间分享。

或许，BuzzFeed模式最迷人的地方还是它表面看来最科学的地方。2007年，佩雷蒂和网络社会学家邓肯·沃茨（以社交网络中的“小世界”连接性研究而著名，现任BuzzFeed顾问）在《哈佛商业评论》上发表了一篇论文，描述了他们制造病毒式效应的方法。它包含一个简单的等式：$R = b \times z$。作者认为，这一等式描述了传染病的传播过程，其中R是复制率或每个已感染病例所产生的新感染者的预期数量（b是一人与另一人之间实际传播疾病的概率，z是任意一人可能“传染”的平均人数）。传统观念认为，如果R大于1，则每个人把疾病传播给多于一人，从而导致疾病的流行；而如果R小于1，则传播速度将下降，导致疾病传播“中止”。

“然而，这个流行病的类比存在一个重要的缺陷。”沃茨和佩雷蒂说。原因在于，传播速度不仅取决于复制率，还首先取决于感染者的数量。传染病的传播源头只有一个人，所以R值要很高才能蔓延开来。但是，广告在初始阶段可同时“播种”大量受众，所以即使复制率很低，也可以制造病毒式效应。（佩雷蒂和沃茨举了宝洁的“汰渍冷水”洗涤剂广告为例：“（它的）复制率仅有0.041，但由于初始阶段的种子受众数高达90万人，因此接触到它的人数仍比没有转发功能情况下的人数多出4万人左右。”）佩雷蒂和沃茨希望联合电视、电子邮件列表或网上直接购买广告等传统媒体广告宣传，带来大量的潜在传播者，这让分享变得科学起来。他们的一条重要洞见就是，要让内容像病毒一样传播开来，既不需要影响者，也不需要高复制率。

佩雷蒂和沃茨坦诚地分享了他们破译病毒式传播密码的方法：“我们的大种子营销观没有真正病毒式营销的那种神秘感，（但）它执行起来简单直接，能可靠地提高广告收益，且成本很低。”

到2014年，BuzzFeed是世界上增长最快的网站之一，每月吸引超过1.5亿独立访客，访客量是《纽约时报》的整整两倍。这是分享的力量，亦即用户联系的力量。

但是，还有很长的路要走。

尽管Buzzfeed增长迅猛，有最科学的预测病毒式效应的方法（随机测试、连续监测和大规模初始“种子”受众），但它的病毒式传播模型最多只有几个稳定变量，如幽默、动物、列表和图片。“研究证明，猫的报道分享量格外地高。”一份关于BuzzFeed的报告写道。预测造成病毒式效应的因素依旧很难，只有不到20%的方差——不同内容的病毒式效应的差异——能用BuzzFeed的模型解释。

就连原生广告的内容也要接受某种形式的测试，同时给同一广告系列创作多篇文章。“获胜者将得到更多的空间和更好的位置，失败者则活活饿死。”BuzzFeed对快速的A/B测试的热衷也等于承认了“压根儿不知道到底什么奏效”。

一旦被识别出来，联系就能发挥巨大的力量。认识和管理联系可能很难，但哪怕只取得若干进步也是值得的。正如沃茨所说：“你能用这个赚到钱。如果（BuzzFeed）预测出20%的方差，而竞争对手预测出10%的方差，他们就将完爆对手。”

用户联系之二：从个人到社群

2011年11月，巴塔哥尼亚在《纽约时报》上发布了一则整版广告，标语是“别买这件夹克”。图片里的并非竞争对手的夹克，而是自家的夹克。

为什么一家公司会叫顾客不要买自家产品？巴塔哥尼亚在它的网站上解释道：

现在是我们公司正面迎击消费主义问题的时候了……（为了）减轻公司的环境足迹，每个人都必须减少消耗。企业的产品要少而精，顾客在购买前也要三思。

这是个目的在于卖出更多衣服的广告噱头吗？巴塔哥尼亚也回应了这个问题：

但我们的业务终归还是生产和销售产品。每个人的薪水都以此为基础。而且，我们是一家成长中的企业，正不断开设新店、邮寄更多的商品名录。我们要对那些指责我们虚伪的顾客说些什么呢？

这是我们激发并实施解决环境危机方案的使命的一部分。对我们来说，致力于推动环境改变，却不鼓励顾客“三思而后买”，才是虚伪的。

努力满足减少消耗的要求，对我们而言并非虚伪之举。反过来说，认为一个健康的经济体可以建立在人们对并不需要的东西越来越多的买卖的基础上，才是愚蠢的——现在是反对这一愚蠢观点的人说出自己意见的时候了。

然而，巴塔哥尼亚是一家成长中的企业，我们希望长长久久地经营下去。我们卖的东西是否实用、功能尽可能地多、持久耐穿、美观而不受时尚的奴役，是对我们的诚意（抑或虚伪）的考验。我们现在尚未完全达到这种水准，不是每件产品都符合所有这些标准。

第二年，巴塔哥尼亚制作了影片《旧衣新穿》，鼓励消费者修补旧衣服、不买新衣服。它甚至还发布了一系列免费修补指南。

巴塔哥尼亚成立于1973年，由致力于环保行动的约塞米蒂国家公园攀岩运动员伊冯·乔伊纳德（Yvon Chouinard）建立。其使命是“打造最好的产品，杜绝不必要的伤害，利用商业运营激发并实施解决环境危机的方案”。它的一些增长方式看上去很奇怪，但一旦认识到它们与公司的根基和使命是一脉相承的，就不难理解了。公司通过商品目录而非实体店销售产品。它的商品目录一年只发行两次。想要订购的顾客须拨打付费号码，但想获得攀岩地点信息的人则可拨打免费热线。公司不搞调查、焦点小组讨论和顾客研究。员工都是“自我驱动”的“死忠粉”，公司鼓励员工休假冲浪，以生产出比别家都持久耐穿的衣服为骄傲。

如果你把广告和影片视为独立的营销活动，那么它们看起来的确既古怪又蛊惑人心。但如果你结合公司的整个历史去考虑，它们就显得连贯而清晰了。

巴塔哥尼亚的优势——它拥有深厚的顾客忠诚度（像竞争对手常说的那样）、“似邪教一般”受到人们狂热追捧、增长速度惊人的真正原因——不在于它出色的生产和营销能力，而源于它的“社群”，即多年来发展形成的用户、员工、攀岩运动员和环保人士等群体，源于将这些群体连为一体。

“别买这件夹克”广告发布后的两年内，巴塔哥尼亚的销量增长超过了40%。《旧衣新穿》影片推出后的5个月内，品牌频道的客流量翻了两番。不仅如此，公司还成为媒体关注的焦点，不花一分钱就获得了专家所说的“免费的媒体报道”。

用户联系之三：从购买到赠予

黑色星期五正变成美国人越来越不期盼的一天：长长的队伍，非常规的营业时间，令人不快的购物者，以及频频发生的缺货情况。而这只是假期购物体验的第一天。零售商也顶着黑眼圈强打起精神。2014年，与往年一样（并且越发相似），购物者抱怨售货员态度生硬，服务不周。消费者对黑色星期五的不满情绪铺天盖地，他们认为零售商只想牟利，不想帮消费者解决问题。本应洋溢着欢乐气氛的“圣诞铃声”，越来越让人败兴而归。

直到潘尼百货另辟蹊径，圣诞购物季才重返祥和。

12月3日，潘尼百货给几位购物者制造了“圣诞大馈赠”的惊喜。它随机挑选了几位购物者，派他们在商场中找一个陌生人并送给对方一份礼物：后者在商场内挑选任何东西，不限价格，当天都可免费获得。人们惊讶得说不出话来，既感激又感动——这些反应不仅来自收礼物的人，也同样来自送礼物的人。这一切全部用镜头拍了下来，作为广告播出，广告语是：“给予比接受更好吗？”

质疑该广告的人会认为它又是零售商刺激销量的把戏，只不过这次打的是免费赠礼的幌子。但有一点很不同：礼物必须送给一个完全不认识的人——一个今天大多数人都非常陌生的强大创意。这一点完全改变了这个广告，是人们愿意分享它的根源所在。

Victors & Spoils构思了这个广告。温莎在发布前一天向我描述了它的由来：

我们感受到了假日购物季的紧张气氛。这些天，任何一个美国人都难掩对黑色星期五过度消费的反感情绪。因此，说服潘尼百货这样的品牌对这一紧张局面予以还击，是一件非常酷的事。拍这个广告的目的就是问一个简单的问题：给予难道不是比接受更重要吗？

疯狂的是，潘尼百货敢于不在广告里放品牌标志。全片只有一个话题标签：“#JustGotJingled”（“圣诞惊喜”）。一点进#JustGotJingled标签就立刻能发现是潘尼百货，还有一些线索也提示视频地点是在潘尼百货的商场。但整个前提是，如果所有人都在朝一个方向走——吆喝说“我们家优惠力度更大，电视机才卖二五折，来看看我们店里的好东西吧”——你就得走别的路。潘尼百货实际上是在问：

真正的圣诞精神不正是给予吗？

我们期待这个广告会改变对话。它最好的地方在于，它与公司的基因是一致的。当你回溯公司的历史时，你会发现当年潘尼先生就爱谈论他们的黄金法则：接受前，先学会给予。

视频中，人们喜极而泣，而看视频的人们也会感动得流泪。它的力量之所以强大，是因为它直击心灵，提醒我们什么才是应当关心的问题。我感觉每个人都会说：可恶，我怎么不是这个群体中的一员。

广告成功了。在一周的时间内，这个“圣诞惊喜”视频仅在推特上就被观看、分享了300多万次，成为该网站观看次数最多的广告之一。它的成功有两个原因：一是它激动人心，让人们对自己产生了良好感觉；二是它把人们联系在了一起。

这个故事提供了一条简单而有力的教训，告诉我们社会联系何以成为可能，以及为什么利用社会联系对公司来说往往十分困难。我的前同事米克拉伊·皮斯科尔斯基（Mikolaj Piskorski）是一位社交策略专家。他研究了几乎每一家在线社交网络，连同一些已不复存在的社交网络。他带给那些想要利用社交关系的公司的启示是，不要再想方设法卖产品了。先考虑社交，再考虑产品。这样做会让发展潜力不仅变得越发强大，而且更加真实可靠。

联系的本意正是让人们彼此连通。它不关乎销售。不过，把前者做对，后者往往便水到渠成。

产品联系

用户联系能让出色的广告升华为伟大的广告。同样，连通不同媒介也能起到这样的作用。

随便找一家广告主或广告公司询问其最新的广告情况，你很可能会发现他们的广告只限于一种媒介。“你看那个电视广告了吗”或者“你看那个Facebook广告了吗”是我们记住广告的方式。即使不同媒介真的相互连通，那么就算广告大获成功（比方说，电视广告实现病毒式传播），也纯属偶然。同时使用不同媒介或将它们真正融会贯通的广告要罕见得多。而且，人们似乎有充分理由认为：纸质广告不适合电视，而推特和Facebook广告由于非常依赖互动性、实时性，也不适合电视。

不妨再想一想。

2010年，嘻哈巨星Jay-Z即将出版他的第一本书——《解码》。与Jay-Z的大多数作品一样，这本书与众不同。它不是一本单纯的传记，而是一部描述其众多极具挑衅性的歌曲隐含意义的“抒情回忆录”。为了推广这本书，Jay-Z也想搞些不一样的东西。Droga5帮他实现了这一点。这是一家创意初创公司，曾凭借彪马、卡夫和保诚的推广案而引发关注，并荣获年度最佳广告公司大奖。

在构思这本书的发行时，Droga5做了一些哪怕用自身标准衡量都堪称非凡的事。它设计了一个整合了电视、广告牌、Facebook、推特等所有媒介渠道和从游泳池到餐厅菜单、地铁站、公交车站等一系列非媒介位的推广活动。这个活动类似于寻宝游戏。书的每一页都放置到世界上的某个地点——每天发一页，地点要经过精心巧妙的挑选，以对应当天书页的内容。例如，写Jay-Z餐厅的那一页会打印在餐厅的菜单或餐具垫上。参与者每天通过社交媒体获得有关被“发布”书页的线索，并可使用微软的必应搜索引擎搜寻这些线索。由于微软当时正欲从谷歌手中抢夺市场份额，因此它顺势与Jay-Z和Droga5合作开发了一款综合在线游戏，参与者可找出Jay-Z书的每一页在书中的具体位置，从而逐渐拼凑出整本书的数字版本。谁拼出整本书，谁就赢得两张终身有效的Jay-Z演唱会入场券。

这场造势成功了：它带来了近10亿次媒体展示和两倍于200万美元投资额的回报（还促成了必应一年来最高的市场份额增幅）。书甫一问世，便荣登《纽约时报》畅销书排行榜第三名。

《解码》的推广不是在不同媒介渠道上重放同一个广告。每种渠道的选择与否，都视其与内容的相关度而定。而且，如果渠道少于此，活动也不会成功，因为每一种媒介用途的发挥都离不开其他媒介的配合。这是一次真正意义上实现了整合的推广活动。1加1加1等于30。

大多数广告主并非不想做这类东西，而是其组织架构决定了它们无法做成这类事。广告公司通常按媒体的垂直领域进行架构，如电视部、广播电台部、社交媒体部等。它们的客户公司也是这样的架构，数字媒体、电视等部门的负责人全部向CMO报告，所以一场营销活动可能包含10个不同的媒体活动，每个活动都分得一部分营销支出。而且，即使公司能做出综合性的推广案，效果评估也会遇到重重问题。尼尔森等广告效果评测公司的组织架构决定了它们无法跟踪跨媒体广告的效果，只能收集单个广告媒介的数据。

但由于各机构开始寻求对产品联系的管理和利用，这一困境正缓慢改变。广告公司越来越多地寻求打破谷仓效应①，企业也开始重新设计组织架构以利用跨媒介的推广形式。2014年，尼尔森迈向了更为综合的数据收集和人事报告架构。它们都逐渐认识到了媒介联系的力量，并努力让这一力量得以充分发挥。

我们再来看一个例子，看看一系列不同的媒体渠道能同时创造什么样的效应。

联合利华旗下的多芬肥皂是最受认可的消费品品牌之一，产品销往90多个国家。2014年，多芬的全球数字团队希望在其举办的全球数字峰会上寻找思想领袖。它邀请了包括Victors & Spoils、Facebook、谷歌和品趣志在内的若干家公司出席。温莎如是描述了这次活动：

与会的每个人都发表了自己的观点，然后听其他人怎么说。这或许不大正常，但我们这些平台的确不是什么竞争关系。

轮到Facebook发言时，它讲了一些令人印象极为深刻的事情：通过让不同种族的人拍摄视频来让广告适合当地市场。他们的数据显示，这一做法在各个市场都带来了令人难以置信的增长。真正有趣的是当他们谈论Facebook工作室的时候——这个工作室本质上就是公司内部的一家广告代理。他们说："我们那时没有别的工作，就给多芬制作了这段30秒的短片。"他们一边介绍一边播放了整个视频——要是让其他公司来做，怎么也要收个一两百万美元。接下来发生的事非同寻常。他们说："如果你想用这个广告，没问题，尽管拿去；如果你不想用，也没什么大不了的。它只是一份礼物，我们送给你们的礼物。"我们面面相觑："一切都结束了，对吧？"那一刻我想，传统的广告行业彻底完蛋了。

---

①谷仓效应（silo effect）：出自吉莲·泰特（Gillian Tett）的*The Silo Effect: The Peril of Expertise and the Promise of Breaking Down Barriers*（《谷仓效应：为什么分工反而造成个人失去竞争力、企业崩坏、政府无能、经济失控》），指企业部门之间各自为政、缺乏沟通协作的现象。

Facebook不是唯一一个在内部建立类似广告代理部门的公司。2014年，BuzzFeed、汤博乐（Tumblr）等后起之秀也做了同样的事——BuzzFeed组建了一支全面致力于为客户创作广告文案的90人团队。这些公司基本上把它们的作品都送了出去。为什么？这并非因为它们认为自家广告的价值比不上别家，也不是因为它们为了赢得市场份额而把价格定低，而是因为它们希望客户在自己的网站上多花些广告费。任何让客户更容易花钱的事情都是有利的。

过去，电视网、报纸、广播电台等媒体渠道将广告位卖给广告公司。现在，互联网新兴企业和老牌巨头等新媒体发行商向客户赠送广告，以便之后再把广告位卖给后者。它们变得越来越像广告公司。温莎说：

统一化和民主化的过程正难以置信地同步进行。一方面，在今天，任何人都可以成为一名创作者——任何人都可以制作YouTube视频；另一方面，谷歌、Facebook等公司宣称："我们在YouTube（或其他网站）上赚到钱的最好方法就是建立YouTube工作室。"今天，谷歌正在洛杉矶、伦敦、新加坡、纽约等世界各地设立最先进的工作室。对我来说，这就是广告公司将不复存在的原因——它们已进入游戏尾声。

广告公司的未来也许不甚明朗，但这里的作用原理再熟悉不过，互补品又一次发挥力量：要想卖出一件产品，就免费赠送它的互补品。而且，对广告公司来说，有一条耳熟能详的经验：当你的核心业务变成别人的互补品时，就该是清醒过来的时候了。

事实证明，这个游戏并不是新鲜事。正如温莎早先所述，报纸和杂志过去一直都是这么玩的：

我给爸爸的《坎顿日报》干活儿时，做的事是一样的。沿街有一家Ludlum开的食品杂货店。他们在我们的报纸上登广告，但当时没有广告公司来设计广告。所以我每天都跑到Ludlum店里问："今天牛肉多贵？"他们告诉我肉价，然后我来设计"广告"。如果我们不是免费帮他们设计广告，他们就不会花钱在我们的报纸上登广告。

我创办《落基山体育》后，干的还是一回事。我们问一家当地的跑步店："你们想登广告吗？"他们答："想，但我们这儿没有懂创意的人。"我们说："不要紧。我们来给你们设计广告。"又或者，因为我们是女性运动健身杂志，所以如果他们的广告里没有女性，我们会加进一位女性免费重新拍摄——以换取他们登广告付的费用。

差异化

对潘尼百货而言，2013年不是一个好年景。4月，上任仅17个月的CEO罗恩·约翰逊（Ron Johnson）遭解雇，他在2012年取得的季度业绩被人们形容为"大型零售业史上最糟糕的表现"。约翰逊曾试图让潘尼百货模仿苹果的零售模式，几年前他是苹果零售战略的负责人。他削减了促销活动，重新装修了店面，重新设计了标志，还解雇了数千名管理人员。

这些举措无一奏效。对价格敏感的消费者转而跑去优惠力度更大的地方。即便之后重新推出了促销活动，也未能挽回那些消费者。员工士气低落。重塑品牌的尝试混乱不堪。认识新标志的人的比例从84%降到了56%。

2014年年初，公司亟须一场营销上的改革，但它实在搞不起了。

传统观点认为，电视是树立品牌的地方，而社交媒体则是利用品牌的工具。潘尼百货却决心反其道而行之。

2014年，超级碗开球后的几分钟内，第一条推文出现了：

@jcpenney: Who kkmew theis was ghiong tob e a baweball ghamle.

#lowsscorinh 5_0[①]

这条推文迅速招来人们的嘲笑。账号被盗了？负责账号的实习生喝醉了？半个小时后，第二条推文出现了：

---

①此条和下一条推文充满了拼写错误，语无伦次，内容错乱。此条大意是，谁知道这是场棒球比赛？

@jcpenney: Toughdown Seadawks!! Is sSeattle going toa runaway with this???①

整个推特圈都疯了。这条推文获得了超过2.1万次转发。不只是观众在转发，其他品牌也在转发——从多力多滋到起亚汽车再到士力架，甚至就连对手梅西百货也加入了转发大军。嘲笑对手笨拙的机会总是千载难逢。

半个小时后，第三条推文出现了：

@jcpenney: Oops… Sorry for the typos. We were #Tweeting With Mittens. Wasn’t it supposed to be colder? Enjoy the game! #GoTeamUSA②

潘尼百货是美国冬季奥运队及其连指手套的官方赞助商。尽管奥运会几个星期后才开幕，但这场“蓄谋已久”的推广活动引发了极大关注。它虽未能将品牌从结构性和经营上的困难中拯救出来，却是超级碗最成功的非电视营销活动。而且，它一分广告费也没花。

是什么阻碍了传统广告公司做这样的事？有两大原因。

首先，习惯很难打破。“做生意”有固定的“方式”——电视指标（到达率、曝光率）、创新做法（100人团队、长达数月的营销活动）、定价模式（15%的广告费佣金），以及衡量成功的标准（是否成为人们在茶水间闲谈的话题、是否获得戛纳广告奖）。“创意”被认为是艺术。广告公司视自己为文化权威。改变任何一点都意味着打破旧习，意味着承受成功商业模式和声望被毁的双重风险。

其次，某些激励使广告公司倾向于维持现状。传统上，广告公司收取佣金，即客户在推广案上所花金额的15%。如果一个推广案花了客户1亿美元，那么广告公司赚1500万美元；如果客户花了5亿美元，那么广告公司的收入就增加到7500万美元，尽管这两个推广案的制作成本可能大致相同。为了改变这种激励机制，许多年前，薪酬转变为成本加成的模式——薪酬将根据制作广告案实际需要多少广告公司的雇员来确定。但是，这同样毫无助益。这一转变发生后，广告公司抬高成本的动

①大意是，海鹰队触地得分！西雅图能否轻松取胜？

②意思是，哎呀……很抱歉，我们打错字了。我们刚刚#戴着连指手套发推特。不是应该更冷吗？祝看球愉快！#

机也随之产生。

这就是习惯、结构和激励的力量。能摆脱这些力量的广告公司很少，有些正在尝试，而最终取得成功的则少之又少。但这正是体现竞争优势的地方。

广告与“内容陷阱”

今天，有三个问题在消耗着广告业：第一，从广告主的角度来看，如何以最低的成本让更多的人看到广告；第二，从发布商的角度来看，如何在广告价格普遍下降的情况下维持广告收入；第三，在数字广告、社交媒体和超精准定位的世界里该使用什么样的新指标。

这些问题和它们背后的思维模式，共同导致了“内容陷阱”。

如果把客户看成接收信息的眼球，把广告看成不惜一切代价维系的业务，把数字广告看成下一个重大事件，那么，你就跟音乐、报纸和书籍行业一样，中了圈套。

广告业的希望不在于用无用信息持续轰炸消费者，而在于鼓励消费者成为他们所做之事的一分子。它不关乎眼球，只关乎分享、网络与社群。这一切来源于对用户联系的理解。

广告业的希望不在于为任一媒介（无论是电视还是社交媒体、新的还是旧的）设计出最具创意的广告，而在于将不同媒介的广告整合起来。它不是要保持广告作为一类业务的价值并不惜一切代价抬高价格，而是去理解这类业务在变成其他业务的互补品后其经营情况发生的变化。这一切来源于对产品联系的认识。

广告业的希望不在于模仿社交媒体或电视广告的行业领先者，而在于理解你自身的需求、情境和优势。若能为产品创造网络效应，你就不必打广告了——用户会自发帮你做免费宣传；若能设计出用户喜爱的广告，你就不必做营销定位了——用户会帮你完成这件事；若能给你的文化发展出专属社群，你就不必寻找顾客了——他们会反过来找你。每个公司面对的可能性都不甚相同，而理解了功能联系，就可以对它们加以利用。

通过有效的推广活动吸引观众是一回事，用户联系能大大增强推广效果；设计强有力的社交媒体、电视或广播电台推广活动是另一回事，综合的造势能大大增加每一场活动的影响力，产生1+1=3的效果。紧跟时下最好的营销模式——无论是在社交媒体、广告宣传还是商业模式方面——然后加以模仿是一回事，引领潮流、独辟蹊径，塑造文化而不追随文化则是另一回事。

这些便是用户、产品和功能联系的作用。它们指导我们理解今日营销领域的种种趋势，提示我们应到何处寻找新趋势。

人们很容易认为，新技术将改变营销，但事实并非如此。人们还容易认为，理解在线广告的最新指标和名词【如CPM和每行动成本（CPA）；每点击成本（CPC）和CTR；广告交易平台与广告网络，广告过滤和广告重定向；原生广告、植入广告、展示广告、横幅广告、插播广告和搜索广告】有助于理解如何线上推进，但事实并非如此。即使是营销主管也很难随时掌握这些名词或认同通行的定义和指标。

广告和营销领域的真正矛盾，并不像多数人所想的那样存在于传统与数字之间，而是存在于以产品为中心和以用户为中心的思维模式之间。横幅广告、弹出广告和原生广告并非全新的策略，而是自始至终都存在的做法和思维的新的表现方式。只要能卖掉产品，就可以随便轰炸用户、愚弄用户、惹恼用户、欺骗用户。以产品为中心的思维模式是零和游戏。毫不奇怪，消费者往往是输家。

“如果你没有在思考如何与观众建立联系，如何在销售产品或服务时建立信任……你就得重新审视一下自己的动机了。”几十年前，“广告之父”大卫·奥格威（David Ogilvy）如是写道：“提供产品信息要比用形容词说服消费者更重要。”他发出这些警告的时候，营销界正陶醉在大众媒体看似无穷多的可能性里难以自拔。今天的新技术似乎也带来了无限的可能。然而，营销的真正潜力不在于技术本身，而在于是否能以一种既古老又崭新、建立在用户中心性和用户联系之上的思维模式拥抱技术。

几十年来，以用户为中心的理念一直为营销人士和营销专家津津乐道。讽刺的是，常规的营销思维模式普遍对这个理念置若罔闻，仍然是“把东西卖出去，过后再分析经验”的那一套。伟大营销的真正力量——真实性、用户中心性和消费者信任——绝不会在短时间内消失，甚至于在数字媒体上得到了更好的表达。这也是广告业有望彻底变革的地方。

广告业有无变革希望，取决于哪一种思维模式最终获胜。“共创”“社群”和“分享”虽非新名词（的确，“生态交错带”是新名词），但它们体现了观念上的转变。这种转变建立在对品牌与用户之间以及用户与用户之间的真实联系之重要性的理解上——而不是迫不得已、受人摆布或精心策划的。

如果你看问题的角度是以产品为中心，那么你将面临许多难解之谜——为什么钱会从线下跑到线上？为什么DVR没能摧毁电视广告？为什么Facebook的点击率曾长期维持在很低的水平，而CPM现在仍然很低？如果你采取以用户为中心的思维角度，这些谜题都将迎刃而解。

站在十字路口的教育业

《经济学人》最近指出，高等教育的“革命已然拉开帷幕”，“其结果将是大学的彻底改造”。在本书的最后一部分，我将对变化中的高等教育界一探究竟，思考数字技术当下对它施加的影响，审视某些新出现的亟待应对的策略——以及，拥抱即将到来的变革。

从表面上来看，教育似乎是一类迥异于媒体、娱乐等内容行业的产品。但实际上，它们有着重要的共同点。

音乐、电影、广播节目、电视节目、书籍、新闻和广告都属于信息商品，即可以简化为比特和字节并以数字形式传输的商品。教育也是一样。近三个世纪以来，教育这类产品的交付方式从未发生改变——直到现在，情况终于有所变化。

那些冲击了教育以外行业的数字技术和现象，如今也正在给教育领域制造灾难：宽带传输、多边平台、应用程序、搜索、新设备和软件创新。与其他内容行业一样，教育领域也可能以各种形式遭遇灭顶之灾，数字化的发展潜力既恐怖又刺激，到处涌现着新模式、新组织和新投资者。

本书通篇都在试图证明，数字力量几乎对我们文化的各个方面都有着深刻的影响。在接下来我对教育界的探讨中，有一点与前文不同：我不会以一个冷静的旁观者身份进行分析，因为教育正是我所在的领域。近年来，美国各地的高等院校一直在重新思考它们的线上角色，而我非常幸运地参与了哈佛商学院的在线教育项目。

我的主要论点是，媒体和娱乐等内容行业的数字变革带给我们的核心教训，对今天高等教育机构围绕战略进行的谈话大有裨益。高等教育的变革业已开始，而这场变革未来的进程，取决于我们现在做出的选择。

但在这之前，我们不妨先回过头来看一看。

变化中的格局

大学似乎陷入了困境。新技术正在撼动它们的世界，而且，这些技术的全部改造潜能现在甚至还无法预测。

一位常春藤盟校的教授描绘了他“对高等教学未来的引人入胜的构想”——在这个构想里，既没有教科书，也没有校园。这一构想起源于一个简单的想法：教授在课堂上授课的同时，成千上万的人“即便足不出户也能同步接受教育”。“国家变成了新的校园。”另一位观察者说。一位记者进一步描述道：“课堂会被废除吗？以后的小孩坐在家里甚至在街上走路的时候，脑子里也要被塞满知识吗？”与此同时，大学正争先恐后地使用新技术和新平台开设课程。投资者把大量金钱投入新的教育项目。专家警告称，教育行业的颠覆即将来临。

这些描述捕捉到了当今高等教育所面临的窘境。只可惜，它们是在100年前写的。它们描述的是无线电广播首次出现时的高等教育状况。

今天的争论与20世纪二三十年代的争论有着惊人的相似之处。新技术——当年的广播、如今的网络革命——都有望给教育带来变革。那时与现在一样，大学的成本不断增加，学费也水涨船高。两个时代的批评家都警告称，教育行业的颠覆即将来临。

这一次会有所不同吗？

技术与教育的极简史：1920—2010

“远程学习”的想法甚至在广播问世前就已经出现。第一门远程学习课程开设于1724年的波士顿，以常规邮件作为授课方式。函授课程在19世纪40年代由艾赛克·彼特曼（Isaac Pitman）爵士普及开来，他的课程是教授自创的速记法。广播课程则在近一个世纪后才出现。

1920年至1938年，有200多个城市学校系统和多所大学申请了联邦无线电广播许可证。无线电当时是一门令人兴奋的新技术，能让教授向几百英里外的学生传递信息。的确，它可以“将大学教育提供给所有渴求它的人”。纽约大学于1922年创办了广播电台，哥伦比亚大学、塔夫茨大学、威斯康星大学和哈佛大学纷纷效仿。

有几门大学课程采取学分制。但是，正如《高等教育纪事报》的一篇文章所描述的那样：

> 渐渐地，问题开始出现，对广播课程是否将完全取代传统院校的怀疑愈演愈烈。首先是学员流失问题。像今天大多数的远程课程一样，结课率令人失望。在选修一门课程的学员里，只有一半参加了考试。有报道说，听众对学识的兴趣常常与各式各样的娱乐诱惑发生冲突。听众可能偶尔收听一下讲课，但出勤率和学习热情远远达不到远程课程铁杆拥护者的预期。

这些观察极具先见之明。我们又一次可以几乎原封不动地照搬这些话来描述今天发生的事情。

到1940年，围绕广播教育的炒作大大减少，在美国，提供学分的广播课程只剩一门。

此后不久，电视问世，给教育带来了新的可能。但由于难以吸引观众收看教学内容，因此对电视授课的炒作也很快偃旗息鼓。也有若干例外，如美国革命性的儿童节目《芝麻街》，以及英国成立于20世纪70年代、采取前卫的开放式招生政策的电视公开大学。但总体来说，与电台一样，电视对传统教学模式或教育机构并未产生许多人预期中的影响。

随后到来的是计算机和互联网革命。1982年，第一家计算机成人学习中心在东海岸（新罕布什尔）成立。15年后，第一所虚拟大学在西海岸（加利福尼亚）由若干所大学联合建立。之后，修读在线课程的人数暴涨：到2009年，美国有550多万人至少修读过一门在线课程。尽管在线教育飞速发展，但传统大学却仍是老样子。

我的一位同事最近把现代大学称为一种“惰性力量”。这是一句玩笑式的评述，但他说得没错。自1636年成立至今，哈佛大学的实体教学模式几无变化。到19世纪末，哈佛模式【很大程度上由时任校长查尔斯·威廉·埃利奥特（Charles

William Eliot）的改革措施塑造成形】变为“混合型大学”，兼具世界一流的研究和扎根于通识教育的多年专业预备教育。录取要求极其严苛，课程内容也涉猎广泛。

凯文·凯里（Kevin Carey）最近在《大学的终结》一书中说，混合型模式“是讲得通的——理论上讲得通”。但是，这一模式其实充满矛盾，其中最突出的是哈佛大学哲学家威廉·詹姆斯（William James）一个多世纪前在一篇题为“博士章鱼”的文章中首先表达的担忧：研究上的优秀与教学上的优秀几乎毫无关系。詹姆斯的忧虑随时间愈演愈烈。

一些院校选择了不同的路线。文理学院只提供本科教育和通识教育、人文学科和自然科学。它们格外注重教学，录取人数较少，重视学生体验甚于教师的“明星魅力”。

州立大学则有其自身的优势（生源多、学费低、录取率高）和挑战。此外，还有社区学院——到2014年，美国约有700万学生（也就是40%以上的本科生）在1100多所社区学院就读，其中超过三分之一的学生是所在家庭的第一代大学生。社区学院在录取上更加宽松，更多把成人学习者而非青少年作为目标生源，无须花费高昂的住校成本，着重于实践技能。鉴于其数量庞大，社区学院居于众多教育改革计划的核心。

很长一段时间以来，高等院校逐渐采取差异化策略，这通常对它们很有好处。例如，实施了差异化策略，不同学校即便近在咫尺也能争取到不同生源。截至2014年，波士顿地区拥有超过100所高等院校，几乎都存在了30年以上。

然而，随着时间的推移，挑战日益显现：学费攀升；成本上涨；为了补贴成本，对捐款的依赖程度日益加深；对教学的重视程度降低；通识教育与职场所需技能之间存在巨大鸿沟。最后这个问题有时被称为知识与实践、深奥学术与职业教育、学习“思维方式”与“必备知识”之间的矛盾。

最令人担忧的是，学生花的钱越来越多，学到的东西却似乎越来越少。全国范围内的学生债务最近超过了1万亿美元。毕业率持续下滑：到2015年，数百所大学的毕业人数不及入学人数的三分之一。文化素养差得惊人：在经济合作与发展组织最近的一项研究中，超过三分之一的大学毕业生未能表现出基本的算术能力和解决问题的能力；社会学家理查德·阿鲁姆（Richard Arum）和约瑟帕·罗克萨（Josipa Roksa）在《学术漂流》一书中指出，在校4年期间，三分之一的大学生在批判性思维、分析推理和沟通技巧方面没有学到任何东西。

高等教育的变革似乎不只是时机成熟，而是注定发生。

颠覆的种子

萨尔曼·可汗（Salman Khan）在新奥尔良长大，是南亚移民的后代。他是一名优秀的学生，由于才华出众，被MIT录取并获得三个学位（数学、电气工程和计算机科学）。他27岁从哈佛商学院毕业，随后进入一家硅谷的对冲基金工作。这样一个寻常的开头，很快就将发展为一段不寻常的职业生涯。

2004年年底，可汗13岁的表妹纳迪娅从新奥尔良给他打了个电话，向他请教五年级的代数难题。可汗在电话里给了她指导，帮她解答了问题。由于此次辅导极为成功，他很快开始通过电话辅导更多的亲友。但这种方式很不方便，于是他使用现成技术——雅虎的涂鸦记事本——制作简单的视频并将其上传到YouTube供他们观看。接下来便发生了极不寻常的事。

起初，他从亲戚那里得到了反馈，比如纳迪娅似乎更喜欢可汗的YouTube视频而非他的个性化电话讲解。可汗后来思考了个中原因："最不适合学习的时候就是有人站在你背后问'懂了没有？'"很快，他开始在YouTube上收到好评——这些好评不只来自亲戚，还来自世界各地观看视频的人。他还收到了很多信件。有一封来自一位女性，她的两个身患残疾的孩子曾使用过可汗的视频。"她说她全家人每天晚上都为我的家人祈祷，"可汗说，"当时我在一家对冲基金工作。"

可汗发现，与任何媒体或娱乐产品一样，教育实质上就是一种信息商品。教育是"非竞争性的"——任何知识都可被数百万用户同时消费。教育还是"非排他性的"——考虑到全球范围内免费、即时的发布机制（以及盗版因素），教育的获得越来越难限制。

于是，在进入高级金融界仅仅几年后的2009年，可汗辞去了正职，创办了可汗学院——一家致力于"向任何地方的任何人提供免费的世界一流教育"的非营利组织。他后来说，可汗学院的资源“少得近乎可笑”。学院“只有一台PC、价值20美元的截屏软件和一部80美元的手写平板电脑。教师、工程团队、支持人员和行政部门都只有我一人”。

到2016年年初，可汗学院的网站上已有约1万个视频，内容涵盖从微积分到金融、生物、政府等方方面面的主题，每月吸引的学员超600万人——“比哈佛大学自1636年成立以来学生总数的10倍还多。”可汗说。视频的观看量超过7.5亿次，观看视频的学习者来自不同年龄段。而且，这一切都是免费的。

看到自己的孩子在线上跟可汗学习数学后，微软的比尔·盖茨投资了可汗的项目。谷歌也投资了。2012年，可汗入选《时代》杂志“100位最具影响力人物”。美国教育部出资300万美元，对学院教材的成效进行评估试验。

这一次，情况已非比寻常。

巨头驾到

可汗学院不过是冰山一角。虽然它是中小学在线教育领域的一次激动人心的突破，但它的短视频仍不被广泛认为对高等教育构成了重大的颠覆性威胁。随着斯坦福大学教授塞巴斯蒂安·特龙（Sebastian Thrun）在2011年掀起的海啸，这一威胁才真正到来。

10多年来，特龙曾先后是卡内基·梅隆大学和斯坦福大学的计算机科学教授。他专攻人工智能（AI）和后来被谷歌称为“登月计划”的超前项目。与斯坦福大学的许多计算机科学家一样，他与硅谷的创业公司——谷歌——合作密切。自2007年以来，特龙担任过谷歌的顾问，领导了谷歌的无人驾驶汽车项目，还创立了开发出谷歌眼镜的实验室——谷歌X。

2010年，特龙即将教授他每年秋季都会开设的AI课程。但这一次，他把讲课过程录了下来并放在了网上。对那些缺了一两堂课的斯坦福学生而言，这当然是件好事。但特龙的真正目的是让所有感兴趣，但永无可能踏上斯坦福校园的人听他讲课。

特龙被随后发生的情况震惊了。短短几周内，来自世界各地的约5万名在线学习者注册了课程。到学期结束前，学员数增加至15万人。“这个时刻起了催化剂一般的作用，”特龙回忆道，“接受我教授的AI课程的学生比全世界其他地方接受AI课程的学生加起来都要多。”

结果更令人震惊：这门课程表现最好的前400名学员中，没有一个是斯坦福大学的学生，全部都是在线学习者。（表现最好的斯坦福学生排在第411位。）特龙由此顿悟：“我不能再在斯坦福教书了。我感觉有一颗红药丸和一颗蓝药丸。你当然可以吃下蓝药丸，回到教室接着上课。可我吃了那颗红药丸。我见识到了仙境的美好。”

2011年6月，特龙离开斯坦福，创立优达学城。这是一家营利性企业，其资金主要来自一些看到了教育技术（“edtech”）巨大潜力的风险资本家。为在平台上开设课程，优达学城首先向大学教授伸出了橄榄枝，随后接洽了公司。不久，其他人纷纷加入战局。斯坦福大学计算机科学教授安德鲁·凯勒（Andrew Keller）和达芙妮·恩格（Daphne Ng）也开始在线教授课程，注册人数超10万人。随后，他们离开斯坦福，创办了在线教育公司Coursera。由于对大学的商业模式有着令人不安的影响，这些从大学衍生出来的以教师为主导的公司引起了业界的注意。东海岸的各个院校迅速参与进来。2012年5月，哈佛大学校长德鲁·福斯特（Drew Faust）和MIT校长苏珊·霍克菲尔德（Susan Hockfield）宣布成立非营利性组织edX。这是两所时而被视为对手的顶级学府之间在线上学习领域史无前例的合作。

edX的管理与“斯坦福派”有所不同。它是合资项目，哈佛大学和MIT各自出资3000万美元。在内容合作方面，它直接招募大学，而非单独的明星教师。尽管存在这些差别，edX平台的形式和功能与其他平台也很类似：一门在线课程——现被称为MOOC（“大规模开放在线课程”的缩写）——通常由流视频讲座外加“办公时间”和一系列测验构成，学生可在“办公时间”向教师或其他教学人员提问题。edX的课程也是免费的。

300年来风平浪静的高等教育界，正经历着剧烈震荡。互联网发展至今，精英大学第一次积极参与到这个领域，向世界上任何地方的任何人开放课程。

到2012年9月，已有约2000万人在各平台上注册了课程，超过1500门课程可供选择，包括全国顶级学府在内的150多所院校和机构提供了某类内容。它们覆盖的受众范围比以往任何时候都广泛得多，学习者的成本也比过去低得多。

《纽约时报》宣布2012年为“MOOC年”。《时代》专栏作家汤姆·弗里德曼（Tom Friedman）断言：“MOOC革命终于来了……这次是玩真的。”大学校长、学院院长和行政人员盯着音乐、报纸和图书出版界的管理者都非常熟悉的道路。各大学府雄心勃勃地进军网络世界——这么做并非总是完全出于自愿，而往往是出于感觉上的必要——因为萨尔曼·可汗、塞巴斯蒂安·特龙这些有影响力的人物以及大批风险投资者和媒体机构正涌入这一领域。

这便是2012年夏天的情况。也就在那时，我和哈佛商学院的一些同事坐了下来，希望能找到属于我们自己的数字未来。

大学如何制定数字战略

“我们该怎么做？”这是一个几乎所有学院和大学近来提出的问题。

在试图做出自己的回答时，我们聆听了当时围绕在线学习展开的更为广泛的讨论。在线学习对住宿教育未必有很好的影响。随着一批又一批新学员报名参加世界上最优秀的教授开设的免费在线课程，大学入学人数几乎必然会受到影响。实际上，大学入学人数已然受到了影响——例如，由于越来越多的学生响应互联网的诱人召唤，大学毕业后立即追寻创业梦想，雇主越来越重视在职培训计划，以及人们对MBA的价值一直存在质疑，因此大多数商学院的申请人数连续10年呈暴跌态势。同时，管理者和企业家越来越难从工作中抽出大量时间参加长期的管理课程。免费在线课程只会加速这些趋势。

在线教育也提供了机遇。能对世界各地数百万富有才能的学习者施加影响，符合包括哈佛在内的众多大学的使命。对终身学习——升级或更替员工的“人力资本”——的需求一如既往地重要。汤姆·弗里德曼曾写过一个“扁平的世界”，在这个世界里，所有地方的人都能利用技术获得相同的教育资源。壁垒正在倒塌。

不仅如此，壁垒倒塌的速度极快。在线教育平台严重担心自己行动得不够迅速。随着现有平台与越来越多的大学和教授合作，它们对学习者的吸引力将越来越大。制造强大网络效应（制造亿贝、Facebook和亚马逊那样赢者通吃的平台效应）的可能性，每天都在增加。

在线教育的基本策略似乎非常清晰：行动要快，成本要低。这是亚马逊、Facebook和谷歌采取的模式。大多数警告颠覆迫近的专家现在都在鼓吹这一策略。然而，我们判断，“快而低廉”的行动方针并不适合哈佛商学院。

在接下来的几个月里，我们几乎各个方面都制定了突破既有MOOC模式的在线学习策略。我们决定摒弃日益标准化的“课堂录像”模式，转而采取更昂贵的“数字优先”做法；我们决定建立自己的技术平台以搭载我们的课程，而非依赖edX或Coursera等现有平台；我们决定对课程收费；我们放弃了广泛的受众，转而吸引较小的学习人群；我们还决定让在线体验几乎不包含任何与教师的实时互动。

就其本身而言，这些决定每一个都是有争议的；作为一个整体，它们显得太过鲁莽。最后一点——不与教师实时互动——也许是最违反直觉的，特别是考虑到我们为吸引学员付出的巨大努力。主流观点认为，改善在线学习体验或在日益自由的市场上对在线课程收费的唯一方法，是提供更多机会与教师和内容专家实时互动，即人们常说的“增值服务”。我们的做法甚至与哈佛商学院本身针对住宿生的教学法——鼓励教授和学生积极交换意见的案例教学法——相去甚远。

本节的其余部分将探讨我们做出这些选择的依据，以及我们一路走来学到的经验教训。我希望这些经验能跳出哈佛商学院的一时、一地、一事，惠及所有肩负着制定战略以应对数字变革之任务的人与渴望理解数字变革的人。

创立HBX

我们的院校背景

2012年春天，在宣布与edX合作后不久，哈佛大学教务长艾伦·嘉伯（Alan Garber）就开始与哈佛的11所学院和教师进行接触。

嘉伯与MIT教务长L. 拉斐尔·莱夫（L. Rafael Reif）在建立与edX的合作关系中共同发挥了重要作用。哈佛的愿景集中于三个目标。第一个目标是在线授课可显著扩大学校的影响范围，增强学校的到达率和影响力。几个世纪以来，只有那些经过选拔走进校园的少数人享有接受哈佛教育的权利。现在我们能够，而且应当提供机会给任何渴望它的人。

第二个目标关乎新研究的可能性。学术研究是哈佛等顶级学府精英地位的基础。在线用户的点击流产生了大量数据，对这些数据加以分析，能获得关于学习和教学的重要见解。

第三个目标是利用在线学习改善住宿学习和教学。但如何做到这一点呢？到2011年年底，人们清楚地发现，YouTube视频和在线课程不仅有能力让在线学员受益，也有能力对住宿学生发挥影响。毕竟，如果在线学员能利用业余时间观看教授的授课视频，那么教授的在校学生也能做到这一点。这反过来又会影响课堂教学。原本耗费一个小时或更多课堂时间的讲授，在网上可压缩时长，从而腾出宝贵时间让学生和教师进行私密的、增值的课堂对话。

2000年，三位经济学教授首创“颠倒课堂”一词，用以描述技术颠覆传统教学过程的潜力。到2012年，颠倒或“翻转”课堂的概念已成为网络用语的一部分，并被越来越多的学院和大学所采用。嘉伯认为，在校生不仅可以利用在线课程材料，还能从与教授在课堂上进行的后续小组对话中获益。这才是在线教育给哈佛住宿生带来的真正好处。

嘉伯的前两个目标引起了哈佛商学院许多同事的深深共鸣，但理解第三个目标费了我们好大功夫。我一开始不懂为何，后来突然意识到：100年来，我们哈佛商学院人一直在“翻转”课堂。

哈佛商学院的起点：发现式学习

哈佛商学院以其对商业实践和管理的研究享誉全球，但更为人所知的是它的案例教学法。学生不是从教科书或理论中学习管理，而是要设法解决管理者在现实世界中遇到的问题，做出管理者必须做出的决定——这些都浓缩在10—15页由教师编写的“案例研究”中。

案例法并不是最有效的教学和学习方法——恰恰相反，学生和老师都可能被它搞得灰心丧气。也许学生原本渴望得到“答案”，却被鼓励与同伴进行反思和对话；也许教师原本渴望给出“答案”（尤其是当学生的讨论偏离正轨时），却不得不让学生独自寻找答案。尽管如此，这种体验往往能很好地调动起学生的参与热情（萨尔曼·可汗最近称哈佛商学院的课堂比“我参与过的任何传统课堂”都更具吸引力）。为什么？课堂上，学生几乎总是注意力高度集中、准备充分，部分原因在于他们必须如此——讲师随时可能要求他们发言（恐怖的“随堂点名”）。学生不仅因考试成绩好而得到嘉奖，还因为出色的课堂贡献获得奖励。课堂出勤率几乎每天都在95%以上，不仅仅是因为缺勤会影响学生的成绩，更是因为学生享受学习的过程（可以这样讲吗？）。学生不仅向讲师学习，而且经常互为学习对象。教师激发学生思考，常常要求他们迅速反应、立刻作答。学生在发现中学习，在错误中成长。案例法是当代版的苏格拉底教学法。

这些便是案例教学法与基于授课的传统教学法——很多观察者开始将两者称为“主动式学习”与“被动式学习”——的根本区别。如果有人认为这两类方法的区别归根结底是内容类型或者说形式——前者是“授课”，后者是“案例”，那也情有可原。然而，没有什么比这种想法更远离事实了。两类方法的区别远远超越了内容类型或曰形式的范畴，扩展到了学习过程本身。究其核心，案例法关注的是学生如何学习，而不仅仅是他们学到了什么。这便是“翻转课堂”。

虽然许多机构都渴望转变成主动式学习的模式，但这已然是我们的起点。所以，当审视在线教育和它带给学生的好处时，我们问自己的第一个问题是，我们要解决什么问题?

为什么改变?

组织层面的变化总是由恐惧加速引发。有人害怕安于现状、变得疲沓；有人害怕遭受新竞争对手或新技术的颠覆性影响；还有人担心，如果不做些什么，面对新机遇时就会措手不及，落于他人之后。这些都是很多大学纷纷加入网络战局的原因。

2012年的哈佛商学院几乎没有人对现状不满：案例教学法收效良好，既有课程进展顺利，学生满意度很高。几乎没有人担心这个机构即将面临颠覆。

面对我们的同事克莱顿·克里斯坦森表达的担忧，最后这一点显得格外突出。克里斯坦森也许是最著名的研究颠覆的理论家和学者，他积极主张组织机构走在颠覆的前面。10多年来，克里斯坦森勇敢地团结了哈佛商学院的教师。他早在2001年就警告称太多行业安于现状、不思进取，因而危机四伏。他曾明确表示，在线教育终将给我们运行良好的运作模式带来浩劫。

然而，基于案例法的主动式学习法效果之佳，又让我们再一次怀疑：在线学习是否能改善课堂体验?它还使得教师相信——也许是错误地相信——我们的校园教育不大可能在短期内遭到颠覆。

核心产品强大，对现状高度满意，尚未有“失火平台”，替代品水平较差——人们经常认为这些条件是导致在位者坠入深渊的最终因素。但我们的对话并未就此完结。就在不久之前，我们的院长尼廷·罗利亚（Nitin Nohria）仍对在线教育抱持怀疑态度。（在被问到哈佛商学院何时开设在线课程时，他回答说：“我有生之年是不可能了。”）而现在，他和许多其他教师仍然渴望在网上有所作为。

为什么？我们把了解数字技术的可能性视为巨大的机遇，或许这些了解能帮我们更好地判断是否要长期投资在线教育。我们有一个强烈愿望（我们院长对此阐述得最好）：一个多世纪以来，哈佛商学院在住宿制商业教育领域功勋卓著；而今天，我们能否赢得多平台教育领域的领先地位？我们还要做出一个具体决定：是否要在edX上开设MOOC式课程。事后想来，哈佛大学与其他学府共同创建edX的大胆举措，在哈佛商学院内部激起了关于我们自己要如何参与这一领域的对话。没有edX，我们可能不会发展得如此迅速，甚至根本不会有任何进展。

于是这个问题就变成了：在线上教育领域，我们怎样做才能不仅帮助到学习者，而且符合机构的利益，还能利用我们的优势？正是这个问题最终让我们摒弃了“课堂录像”的模式。的确，MOOC式的流视频讲座对数百万在线学习者具有诸多价值，但没有理由认为，我们能比别人更好地提供这些课程。此外，视频讲座与我们的课堂教学法不相吻合。要想在网络世界取得成功，我们必须以某种优势为依托，才能充分发挥自身制度基因的作用。我们的优势便是案例教学法。所以，当我们就HBX——此名称借用了在线教育领域比比皆是的X后缀——开展对话时，支撑我们的是对既有教学方法的优势的信念，而非以克服它的短处为导向的思维模式。我们希望通过HBX实现差异化，基于自身优势创建属于我们自己的在线课堂，不走以改变我们的教学法灵魂为前提的道路。

学习者是哪些人?

我们很快排除了一个选项：我们决定不在线上提供哈佛商学院的全部MBA课程。MBA项目是哈佛商学院的掌上明珠，是数以百计的学生花大价钱申请入读哈佛商学院的原因。在线教育对它没有威胁——至少这是我们当时的感觉。

这不是个一目了然的决定。很多其他名校也开始将它们最好的住宿课程放到网上——哈佛大学麦克尔·桑德尔（Michael Sandel）的“正义”、MIT南特·阿加瓦尔（Anant Agarwal）的“电路”、斯坦福大学塞巴斯蒂安·特龙的“人工智能”等。人们可能会想，为什么这些大学宁愿让它们最优秀的住宿课程承担风险，也要使这些课程变得唾手可得、随处可取呢？其中一个原因是希望提高到达率。另一个原因是相信在线课程不大可能抢走住宿课程的需求——即便真的对后者形成了冲击，也是正确的举动。“抢自己的市场”成了商业领域一句耳熟能详的老话，多年来，哈佛商学院的许多教师一直向各企业灌输这句话。当颠覆的威胁真实存在时，这句话是个明智的解决方案。但再一次地，没有多少人认为我们正面临这样的形势。将来某个时候，我们或许不得不将MBA课程放到网上，但那不是我们起步时要考虑的问题。

于是我们转而开始问：我们应当把在线课程提供给谁？为了回答这个问题，我们先从与哈佛商学院联系最紧密的学习者——本校的MBA学生——着手考虑。在这一过程中，我们发现哈佛商学院的MBA项目有个问题。这个问题不是发生在开课之后，而是发生在开课之前。

15%—30%的哈佛MBA学生在入学时几乎没有任何会计、经济学、数据分析等基本商业语言的背景（有的学生可能以为自己具备这些知识，但到后来往往发现，事实并非如他们所想的那样）。但对这些领域的了解——懂得如何看会计报表、如何将经济学原理用于决策、如何分析数据，对课程准备至关重要，从第一天起便是如此。

多年来，为应对这一挑战，我们开设了为期两周的入门住宿课程，大部分安排在MBA正式开课前教授。有的课程，如基础课，可让学生接触到问题解决、商业史、经济学等一系列广泛话题；有的课程，如分析课，着重于定量技能、金融和会计，附带若干在线辅导。然而，到2011年年底，学生的预备课程出现明显缺口。基础课长期停开；分析课虽卓有成效，上课人数却只占学生总数的15%—20%；此外，整个项目不久前从两周压缩到了一周。现在已有几位教师认为，我们帮助学生做好充分准备迎接艰苦的MBA项目的能力已经受到了影响。

这为预备课程的改造和网络试水提供了一个近乎完美的机会。

2014年12月，我与扬米·穆恩（Youngme Moon，曾作为MBA项目主席与院长一道发起关于HBX的对话）、珍妮丝·哈蒙德（Janice Hammond）和V. G. 纳拉亚南（V. G. Narayanan）（二人共同负责分析课）四人相聚哈佛商学院校区的地下会议室，探讨MBA先修课程是否应成为哈佛商学院的首批在线课程。讨论没多久，我们就达成了共识——一致同意课程上线。我们决定开设会计、商业分析和经济学三门在线课程，以涵盖MBA正式修读前所需要的基本概念，让学生初步了解“商业的基本语言”。我们的首个在线项目就是这样诞生的。

我们涉足在线教育始于两个看似平淡无奇的决定：不触碰现有产品；先面向还未正式入校就读的哈佛商学院学生推出新课程。这类似于一家公司在其现有顾客走进实体店前先向他们提供一款新的数字产品。制定数字战略时把重点放在现有顾客身上，往往被认为是失败的一大原因。它可能导致组织的短视，因为对现有顾客需求的专注会使你忽略掉大多数其他顾客的需要。但在这些争辩中，产品与顾客常常被混为一谈。由于体系架构不灵活，所以对现有产品进行改造可能很难，但开发新产品以满足现有顾客未被满足的需求则不难。而且，这些顾客未被满足的需求不单单是被忽视的需求，更是实现差异化的绝佳机会。因此，与其将目光投向远方——投向“非顾客”，投向处于市场边缘的群体，投向远离哈佛商学院的人群，不如我们选择先从近处着眼。

将本校MBA学生的需求确立为工作重点的决定，有两个更深层的影响。我们很快意识到，对新设计的在线预备课程材料有潜在需求的，可能不只限于本校的MBA学生，其他商学院可能也希望借用这些材料教授它们自己的MBA学生。雇主也许会发现，给新员工提供这些课程很实用。准备进入职场的本科生，而不只是那些计划获得MBA学位的学生，也很可能会发现这些材料的价值所在。

在围绕本科教育掀起的更大范围争论的背景下，最后这一点显得尤为突出。通识教育长久以来一直是美国高等教育的基石，但近年来，很多人开始把它当成奢侈品看待。这方面的争论常被表述为“为工作而学习”与“为生活而学习”之争或“学习符合市场需求的技能”与“学习思维方式”之争。人们的争吵愈演愈烈，没人愿意做出让步。

尽管我们首个在线课程项目的本意是用于本校MBA学生——很多人之前是学习通识学科的本科生——的学前准备，但若能扩大成一门任何学校的本科生都可选修的夏季课程，便能让其他学生有机会在学习他们所热爱的艺术史、文学、哲学或化学的同时，了解基本的“商业语言”。他们将掌握极具长远价值的批判性思维和沟通技巧，同时为步入职场做更充分的准备。沿着这个逻辑，我们最终确定了在线课程的名称——HBX CORe，即“准备就绪证书”。

这便是决定将重点放在本校MBA学生的需求上所带来的第一类未预见到的影响。第二类影响是，不论喜欢与否，品质标准都一定要高。无论我们在网上为新生提供何种服务，我们都要创造令人交口称赞的体验，创造能与他们进入校园后的住宿课堂学习相媲美的体验。毕竟，CORe将是他们在哈佛商学院的首次学习体验。哪怕它比之后的在校体验差一丁点儿，都是行不通的。

最后这个愿望实现起来似乎并不容易，甚至有可能无功而返。

数字优先的方针

我们很快意识到，把住宿体验简单照搬到网上是不可行的。如果这么做，十有八九会失败。因此，我们决定走"数字优先"的路线。我们必须提供只有在线平台才能带来的学习体验。

这一认识让我们与"翻转课堂"模式渐行渐远。尽管极具吸引力，但不考虑哈佛商学院的教学方式，翻转课堂法存在一个根本问题，那就是，它是一种"课堂优先"的模式。把只涉及少量互动的那部分课堂教学搬到网上，对课堂学习者来说固然是件好事，但对在线学习者而言却有不利影响。毕竟，这样一来，后者就要受到我们本要摆脱的那种基于讲授的教学法的束缚。我们认为，即便是哈佛商学院富于积极讨论的课堂学习，单纯录下课堂上的对话放给在线学习者看也仍不足以激发他们的热情或灵感。

让我们拥抱数字媒介所能提供的一切吧。让我们想象其中存在的崭新可能——在线学习者将借由这些潜在可能，一跃成为教育行业的主角。

"数字优先"源于这样一个信念，即把传统课堂的做法简单复制到网上是行不通的。相反，数字优先意味着我们要从案例研究法中提炼出使它如此强大的基本原则，然后重新构想诠释每一条原则的方式。我们要借鉴原则，而非细节。原则外的一切，我们统统忘掉。在HBX随后的发展过程中，"忘记并借鉴"成了一句耳熟能详的助记口诀。它的灵感直接来自Schibsted等媒体公司的经验。

什么是我们的核心原则？我们确立了三条：解决现实世界的问题、主动式学习与同伴学习。解决现实世界的问题是案例法学习的典型特征。与传统案例一样，我们鼓励学生通过理解那些面对真实困境的管理者的故事来学习每个概念，因为这些故事赋予了概念以现实生命力。主动式学习要求学生不仅要阅读或聆听内容，而且要沉浸其中并积极参与、反思并讨论——案例学习是一种“前倾”式的方法，我们希望在网上也能创造这样的体验。同伴学习也是核心原则——学生应相互学习。

我们展开了热烈的讨论，为这些原则的线上落实出谋划策。我们知道，有些事情，在线平台不可能有传统课堂做得好，但关键在于，我们能否把其他事情做得更好。随着讨论的深入，一个个点子迸发而出。例如，由管理者讲述案例故事的动态短视频比传统的文字叙述更具吸引力。相比单纯地看教师在黑板上作画或写公式，交互式练习或图表可能是一种更好的学习概念的方式。学生可以随时提出问题，而不像课堂的交流时间那么少。教师可以要求每个学生在学下一个内容前先反思已学到的内容，那些反思后形成的想法可以即时、广泛地分享开来。学生可以根据自己的需要放慢或加快视频的速度。同一门课甚至同一堂课可以由几位不同的教授进行授课，让学生听到不止一种声音。

我们逐渐意识到，数字媒介本身绝非创造优质在线体验的障碍。唯一的障碍，是我们的想象力。

随着我们集思广益得到一个个这样的想法，我们得出了另一个发人深省的结论。没有任何一个现有在线学习平台能创造出我们想要的体验。我们需要搭建一个自己的平台，并且越快越好。

对接下来该怎么做，我们一筹莫展。所有主要在线教育平台的创建者都是计算机科学教授，这绝非偶然。我们让信息技术组的一些同事帮我们思考建立平台的各种可能性。他们认真倾听我们（但愿是）突然迸发的种种灵感，以及有时（怀疑是）相当疯狂的想法，告诉我们什么可行、什么不可行。随着交流的深入，更重要的事情发生了：内容和技术团队之间开始形成持续的反馈环。对我们而言，这是一个关键，它在未来几个月里创造了HBX赖以存续的文化根基。教师的想法可以在很短的时间内得到平台上的执行。

从战略到启动

无法回避的关键性问题

我们的对话有时候杂乱无章——这是讨论产品开发或策略时的常有之态。但在这一切之下隐藏着两个问题，它们形成了一条明确的线索，将我们讨论的一切连在了一起，也是每个战略家都必须问的两个基本问题：参与什么市场？如何赢得胜利？

这些问题都不复杂，但回答起来却需要花些真功夫。对我们而言，很容易就会被有关在线教育的浮华说辞所蛊惑。“实现教育民主化”“让世界变得扁平”“拥抱新技术”……这些表述有其可取之处，对我们也起了激励作用。然而，它们虽大体指出了在线教育行业的终极目标，但在指导个别决策方面却用处不大。战略的基本问题仍然至关重要。学习者是哪些人？应在哪些方面实行差异化？怎样创造数字优先的体验？

就在大学或在线平台制定网上战略和目标的同时，一条又一条的规则接连出现。“获得最广泛的影响力”是一个，“最大限度地提高到达率”是一个。为达到这些目标而提出的手段往往也是一样的：开设有明星教师加持的优质课程，学习者自会趋之若鹜。

一旦你意识到这些做法对了解学习人群及其真正关心的东西没有多少帮助，你就会立刻发现它们的不合理性。这类似于先提供产品再寻找顾客，而非先确定顾客再提供产品。这是典型的以产品为中心的做法，而非以用户为中心的做法。

由于将“学习者是哪些人”这个简单问题作为出发点，我们摆脱了倚重内容和教师的思维模式。这一点非常重要。对MBA学习者的深入了解让我们更容易知道，为让他们做好准备迎接正式的MBA课程，CORe需要提供什么样的材料。它让我们了解到他们的学习难点在哪里，哪些概念又是必须掌握的。它还为我们设立了清晰的品质标准。

不了解学习者的另一个后果，是人们常挂在嘴边的到达率、使用率之类的指标。对在线课程而言，拥有10万名注册学员已被视为成功的标志。但是，在线课程的结课率很低，通常是个位数。这些数字自然引发了人们对在线教育热潮的质疑。2012年被《纽约时报》盛赞为“MOOC之年”，来年就变成了NPR的“在线教育革命迷失方向”。

将焦点对准学习个体意味着我们坚定地把参与度而非到达率作为唯一关注的指标。我们相信，如果能破解参与度的密码，到达率必会随之而来。

重点突击还是多点尝试

到2013年3月初，CORe逐渐成形。与此同时，“数字教育”和HBX之下的其他机会也纷纷开始出现。我们是否应建立门户网站，将有抱负的创业者与顾问和投资人联系起来？我们是否应搭建数字平台，推进哈佛商学院的研究工作？我们应最大限度地提高教育产品的数量，还是逐渐缩小规模？我们应为管理者提供“如何做XX”式的教程吗？我们应利用数字技术提升现有的在校课程吗？

战略家和企业家经常被视为不同世界的人。人们认为，战略适用于大型的、成熟的组织，它们的竞争方式和竞争对手是众所周知的，所有优先考虑的事项都是既定现实。企业家的世界则被认为是混乱的、创新的和未知的。在那里的头等大事是抓住每一个机会，因为你不可能知道哪个机会对你有利。

对两类人的区分把人们的注意力从真正的问题上转移开了。成熟的组织也需要创新，年轻的组织也需要确定工作重点。在HBX的早期阶段，我们既要创新，也要确立重点。

在接下来的几个月里，我们逐渐习惯了说“不”。我们决定试水第二类课程——针对高级管理者的在线短课程（令人啼笑皆非的是，其中第一门课就是关于颠覆性战略。克莱顿·克里斯坦森已同意教授他的这一研究领域）。由于缺乏时间和资金，我们无法开设更多项目。我们不需要百花齐放，只希望自己的创造成果能在某种程度上改善在线教育。它是战略世界与创业世界看似古怪的并存体。对此，院长私下的一句指示表述得最好：“尽可能地发挥创造力和创业精神，但不要把失败当作备选项。”

就在我们关于组合战略的对话越发清晰的同时，另一个明朗化事件即将发生。讽刺的倒不是这件事出乎我的意料，而是考虑到前文所述，它本不该让我感到意外。

明朗化事件：用户联系和社交式学习

到2013年5月，我们的工作进行得热火朝天。我们忙着搭建平台，聘请摄像师，打电话定价钱，为每门课设计内容。

对于最后这项工作，除了雇用课程研究助理、聘请手下的一些博士生外，我们还请了三名杰出的MBA二年级学生提意见。如果我们要为即将入学的MBA学生开设一门激动人心、极具吸引力的在线课程，谁还会比我们自己的学生更有资格指导内容的设计过程呢?

我们定期碰面开献策攻关会。三个月后我意识到，MBA学生所说的一些东西始终没有被我们听进去。在这几个月里，我们一直在探讨如何让课堂内的案例讨论行之有效，而学生们却在讨论如何能让学习在课堂之外同步进行，讨论我们在线上对教学进行重新打造时应思考的问题。他们谈论了课前学习小组、课后电子邮件、走廊闲聊、食堂辩论和寝室讨论。他们说，那些看似偶然的点对点互动同样应是案例教学法的一部分。

社交式学习一直是我们的基础原则之一。我们知道案例法很大程度上依赖于学生的相互聆听和互相学习，却很少完整地注意过这一点究竟意味着什么。相反，我们把精力主要放在了课程架构、平台设计和教学质量上——换句话说，我们把提供优质内容当成了重点。

很明显，我们落入了“内容陷阱”。

突然有一瞬间，我豁然开朗。“我们把97%的时间都花在了内容设计和主动式学习上，只把3%的时间花在了社交式学习上，”我在那个月的一封短笺中对自己写道，“我们要把它彻底颠倒过来：97%的时间花在社交式学习上，3%的时间花在内容上。” 穆恩也独立地得出了相同的结论。

在接下来的一个月里，我们想尽一切办法增强平台的社交式学习功能。我们的教师团队与技术团队开了一系列会议。我们抛出了几十个想法，没有一个被随随便便地驳回。我们设想，一打开平台就出现一幅世界地图，任何时间都能显示学生的所在地。学生能了解到彼此的身份：平台不采用匿名制和假名制，用户须提供个人头像。学生要提供很多有关自己的信息。要实时更新互动式投票的结果以评价每个人的作答（这个创新看似很小，却可以创造出“学习瞬间”——你一回答完问题就会惊讶地发现，许多人对这个问题有着不同的答案）。要用要求学生上传照片以说明其对概念的理解的作业取代基于文字的答案，然后让图像变得可以搜索。要激发学生自发展开虚拟辩论。要让程序能够在运行过程中创建学习小组，让到达相同阶段的学习者可以互相讨论某个概念，甚至还要尝试在线“随堂点名”。

随堂点名是案例教学法中最著名的教学技巧。讲师可以在课上任何时刻随机向任何学生提问。问题可以简单也可以很难，可以是概念性的也可以是分析性的。讲师可能很快进入下一个环节，也可能再接着问这个学生几分钟时间。随堂点名是苏格拉底教学法的核心。因为害怕被点到名，学生们总是惴惴不安，甚至多年后都还常常对此记忆犹新。

我们想知道，究竟是什么让随堂点名如此有效？当然，它鼓励预先准备——学生在课堂上要自始至终保持注意力集中。它让学生从彼此身上甚至他们所犯的错误中学习——毕竟，学生的第一直觉很少是完全正确的。而且，由于具有社交属性，随堂点名可以达到极为恐怖的程度：在你准备发言时，有90个学生默默地、长久地注视着你。因此，社交压力是随堂点名如此强大的根本原因。“相比于在教授面前难堪，我们更害怕在同学面前丢脸。”多年来很多学生都这样告诉过我们。现在，正思考在线社交式学习的我们想知道，怎样才能让HBX获得这种力量。

就这样，我们为HBX设计了随堂点名。设计方案很简单：当学生在线浏览内容时会随机弹出一个窗口，窗口里提出一个必须在一分钟内作答的问题（旁边有表计时），回答字数不超过30个词。班级里的每个人都能看到答案和作答者的个人头像。这将是HBX平台众多兼具主动式学习与社交学习特性的功能之一。

我们设计这些社交功能不仅仅是为了让学生交流互动，更是希望他们互相帮助。但要如何实现呢？讨论板是在线教育里常见的事物，但几乎没有什么效果，参与过讨论的学生只占不到10%。大多数人不上讨论板的一个原因是它们浏览起来非常枯燥。讨论板通常被设置为在线课程页面的“边栏”，学习者随时可就任何话题发布问题——然而，这让搜索变得十分困难。另一个原因是学生往往没有动力回答其他学生的问题——最受欢迎的在线课程通常备有大批教学助手随时准备参与进来回答问题。除此之外，学生不需要以真实姓名注册。

为解决这些问题，我们先完成了一个简单的设计：我们把课程材料拆分成独立的课程页面，把讨论板置于平台上的每一页之内。页面上的问题只能由该页面的内容触发。这是一个小功能，但它使搜索变得更容易，因而可促进同伴互动。

然后，我们增加了明确的激励机制。“游戏化”越来越多地出现在网络世界，它的宗旨是奖励参与者的特定行为。游戏化的奖励机制有时很管用，有时却像是些花哨的噱头。但在线教育比游戏和媒体公司多一个优势：可以给参与者打分。于是我们决定把分数与课堂参与挂钩。如果你回答了其他学习者的问题，你的课程成绩就会提高。多年来，我们的住宿课程一直都是这样给学生打分的。

在过去10年间，社交网络爆炸式发展，对它的研究也随之急剧增长。一个备受关注的问题是，为什么有些社交网络能激发某些特定行为，而有些却不能？例如，为何领英能诱导参与者发布与工作有关的信息，而Facebook的帖子则更为个人化？为何Friendster的用户——正如其创始人所期望的那样——对约会比对交朋友更感兴趣？

一个新的有力见解是，成功有赖于吸引到“合适”的用户，给他们的参与提供“合适”的激励，并给某些行为提供“合适”的工具——这与平台质量或社交功能本身毫无关系。过去我们一直在教别人这些原则，现在轮到我们自己将它们付诸实践。对于我们所构想的每一个社交功能，我们鼓励团队发问：如何确保诱导出合适的行为，吸引到合适的用户，并给予其合适的奖励？我们的规则应简单明了、易于理解，但不能过于透明，以防被钻空子。

有关社交式学习的对话使我们的平台设计重点发生了转移，从纯粹交互式变为交互式与社交性兼具。我们对HBX的设计原则正逐步变成现实。2014年5月，我们勾勒了一套四层设计方案，以此为核心构建我们的教学法（见图27）。这四个层次对应于学习的四种形式：被动式、主动式、适应式和社交式。指导我们的中心问题是如何通过每一种形式的学习增强参与度。

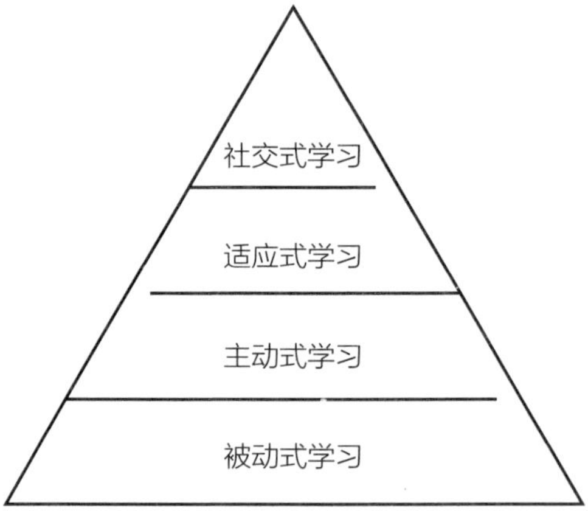

图27　学习的四个层次

被动式学习是最简单的层次。在这一层，用户可以毫不费力地观看和聆听。但它未必就是无聊的。保持视频简短性、提高动画质量、将理论概念建立在现实世界的事例之上，都是提高兴趣的方法。

主动式学习是第二层：让用户行动起来做些事情。“屡败屡试”原则是我们传统课堂案例教学法的基础。在线上，我们将遵循同样的策略，关键是鼓励学生勇于尝试。投票、反思、随堂点名和互动功能都是主动式学习的例证。我们将坚持“3到5分钟规则”——如果学员在3—5分钟的时间内不主动做任何事，就无法通过。这一点甚至能将我们的视频片段与典型的MOOC区分开来。

接下来是适应式学习，即按照每个人的需求定制学习。从本质上来看，在线学习是适应式的，学员可按照自身进度学习材料。但是，围绕定制化也存在着诸多其他可能性。例如，如果你某个问题回答错误，你可能需要回答更多问题，直至回答正确。小学生和中学生已开始在IXL等极好地贯彻了这一原则的平台上学习数学。问题在于，实现更复杂的适应式学习所需要的技术还未出现。所以，我们决定以后再考虑这方面，现在先集中精力优化其他方面。

社交式学习是第四层。在我们看来，这类学习形式同样能使我们的平台区别于其他平台。我们需要它的另一个原因是，我们不打算在课程开始后设置任何学员与教师之间的实时互动。

我们最初与团队成员分享这个想法时，有几个人大吃一惊。有些人认为它行不通：案例教学法的成功根植于学生与教师的紧密互动和教师在对话中的指导作用。但是，如果在线上采用这种教学法，我们就永远无法扩大规模。为解决这一问题，教师需要把精力从住宿教学任务转移到在线学习上，而这是不切实际的。我们需要一个教师不在场也能良好运转的学习模式。

优质在线教育可以规模化发展吗?

组织何以扩大规模，对大多数企业而言都是至关重要的问题。对这一问题的思考，需要检验你对你所提供的产品或服务的真正价值的理解。传统的马戏行业就是个明证。尽管欣赏马戏表演是个极其美妙的体验，但100年来，这个行业却始终未能实现规模化发展。一家马戏团一天只能在一个城市进行表演，只有在完成这个地方的表演后才能转战下一个地方。这是因为，通常作为马戏体验核心的动物和驯兽师（特别是狮子和驯狮师）是很难觅得的。到20世纪90年代后期，一个年轻的马戏业参与者——太阳马戏团，不但独领风骚，而且实现了惊人的规模化发展，在全球多个地方同时提供表演。它是怎么做到的？答案不是找到更多的狮子和驯狮师，而是甩掉他们。这意味着对一个传统假设提出质疑——狮子是好的马戏体验里必不可少的部分。

如今，大多数在线学习平台都逐渐在向两种做法转移。第一种做法旨在扩大规模——例如，MOOC将讲座形式设计成可轻松播放给成千上万的学习者——但它面临着难以提高单个学习者参与度的挑战。与此相反，第二种做法专注于“主动式学习”——为每个学习者创造丰富、个性化的体验，教师通常与10—20名学生进行实时的小组讨论——结果常常是每个学习者都收获极佳的体验，但很难规模化经营。两种做法不论哪一个都需要更多的教师，或让教授住宿生的教师承担更大的工作量。

这是我们设计HBX过程中的一个主要问题。我们既追求参与度，也追求规模。实现这一目标的唯一方法是不设置与教师的实时互动。在早期的一场对话中，我们用一张简单的图表达了这个想法。

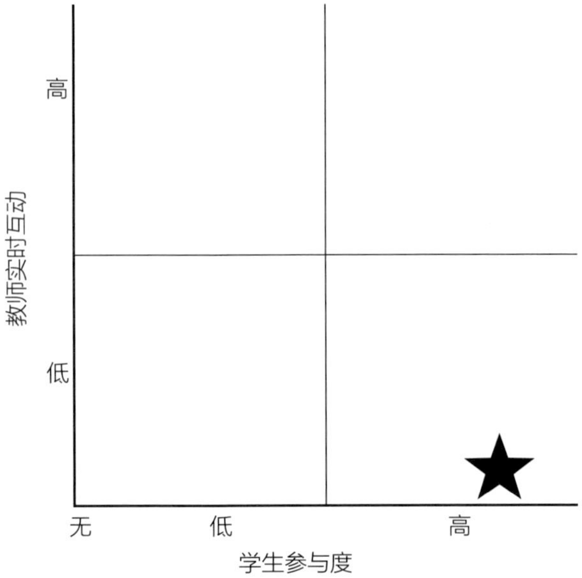

图28　规模与参与度

这值得一试吗？我们认为，值得。

但要如何实现呢？不管在哪里，都很少有教师相信学生能在不与教师或教学人员实时互动的情况下保持很高的参与热情。事实上，在线上平台千方百计对优质在线学习体验收费的同时，主流观点仍认为，教师应提供在线办公时间、实时聊天和其他形式的互动。我们希望扭转这一看法。

为做到这一点，我们仔细思考了传统课堂里教师的各个角色以及教师角色自动化的可能途径。在传统课堂，教师会在学生跑题时及时将话题引导回来；而为了在线上实现这一点，我们会在不同时点展开讨论，然后根据传统课堂经验预测讨论的大体进程，继而在适当时间引入预先录制的教师视频，让学生始终不偏离正轨。在传统课堂里，教师帮助学生从手边案例的个别情况中提炼出一般性原理；而在线上，我们会加入一些问题，促使学生思考不同场景中的概念应用。在传统课堂里，教师鼓励学生反思；而在线上，我们也会在关键时刻分享一些想法和见解。在传统课堂里，教师要确保学生集中注意力；而在线上，我们会采用随堂点名的做法。在传统课堂里，问题的答案由教师给出；而在线上，答案的获得有赖于同伴学习。最后这个特点意味着，如今对我们而言，让社交式学习发挥作用不仅仅是种奢侈，更是规模化发展的必要条件。而且，它将考验我们对同伴学习的信念。

随着课程开发的进行，我们不仅仅是在生产材料，更是在仔细思索学生在阅览材料时的每一个学习瞬间，然后在合适的时刻加入合适的教学元素，让学生“通过发现来学习”。我们习惯于在传统课堂里采用的教学法，在线上实现起来要难得多。每一个学习瞬间都要预先想到。课程提供的学习点必须足够扎实，才能在讨论中经受住各种状况和跑题的发生，但同时还要足够灵活且丰富，才能使对话成为可能。

实质上，我们设计了一个过程——这个过程引领学习者经历一系列谜团和难题，每次解锁一个新问题让他们独立解决，中间穿插着真实的管理者或教师的短片，然后是反思、投票或互动练习。通过将这些元素“硬编码”到课程流程中，我们下定决心要让自己的教师身份在学习过程开始后变得多余。

我们认为，如果成功做到这一点，我们就能颠覆在线课程的经济学机制（至少就我们而言是如此）。开设传统的在线课程相对来说比较简单：用摄像机录制教师讲座，以流媒体形式上传到网上，再添加课程的评价环节。然而，尽管前期投入的成本和精力可能很少，但提升学生在课程开始后的体验需要教师持续付出时间，需要不断投入大量精力。我们希望反其道而行：我们的模式虽要求教师前期投入大量时间，但之后几乎不需要继续付出精力。

这样做能成功吗？我们不知道。

战略制定与功能联系

那年年底，我们制定了一个在许多方面都不同于“MOOC模式”的做法：MOOC向所有人开放，我们有选拔过程；MOOC是公用平台，我们是专有平台；

MOOC的课程安排灵活，我们的课程访问有门槛限制；MOOC用户是虚拟身份，我们的用户是真实身份；MOOC免费，我们付费；等等。外部观察者很容易把这些差异归因于目标不同：例如，付费模式是优先考虑变现而非注册人数的结果，“平台属性”则是由组织层面的控制倾向决定的。不设置教师实时互动的决定可能被看成是我们没有认真对待在线学习的证明，限制性地发布新材料的做法也可能被认为与在线学习本身的灵活性存在匪夷所思的矛盾。

事实上，我们与MOOC模式的差别之所以如此广泛，并非由于我们本就打算和MOOC不一样，而是几乎完全因为我们的出发点——基于案例的学习模式，与MOOC不同。以学生为中心的学习理念让我们做出了之后的每一次选择。我们与MOOC因联系而迥然不同。

图29阐明了这些联系。“发现式学习”激发了交互式功能和评估的灵感，让我们认识到，现有平台的灵活性不足以承载这些功能和评估。于是，我们下决心搭建自己的平台，成本因此增加。要弥补成本，就必须采取收费模式，但收费创造了人们对教学支持的期望，从而使成本进一步增加。为保证较高的注册量，我们提供了助学金。而为了核实助学需求，我们必须依靠与大学之间的合作。

同伴学习对其他决策也有多米诺效应。学生需要一种分享式学习体验，否则对话就会碎片化。分享式体验要求限制性地发布课程内容，以便学生差不多同步完成课程。它还要求按线性顺序向学生展示材料，而不是让学生跳来跳去或是把不同单元的内容混在一起。这意味着高续读率至关重要——如果大量学员退出课程，同伴对话的连贯性就会遭到破坏。

同伴学习还需要合适的激励机制——评分。它要求论坛易于搜索。它需要参与者相互熟悉。因此，我们限制一切学习社群的规模——大批学员会被分成若干小组。这就是我们不搞匿名，而要求参与者公开真实身份并提供个人资料信息的原因。这就是我们建立封闭的Facebook群组的目的——扩大社交关系。这就是我们对学员选拔录取而非向所有人开放注册的原因。这就是我们限制内容团队不过多干预的原因。

换句话说，我们的模式之所以与典型的MOOC模式产生这些差异，不是由于一连串的巧合，也并非源于我们内心希望在方方面面摆脱这个模式，而是因为我们

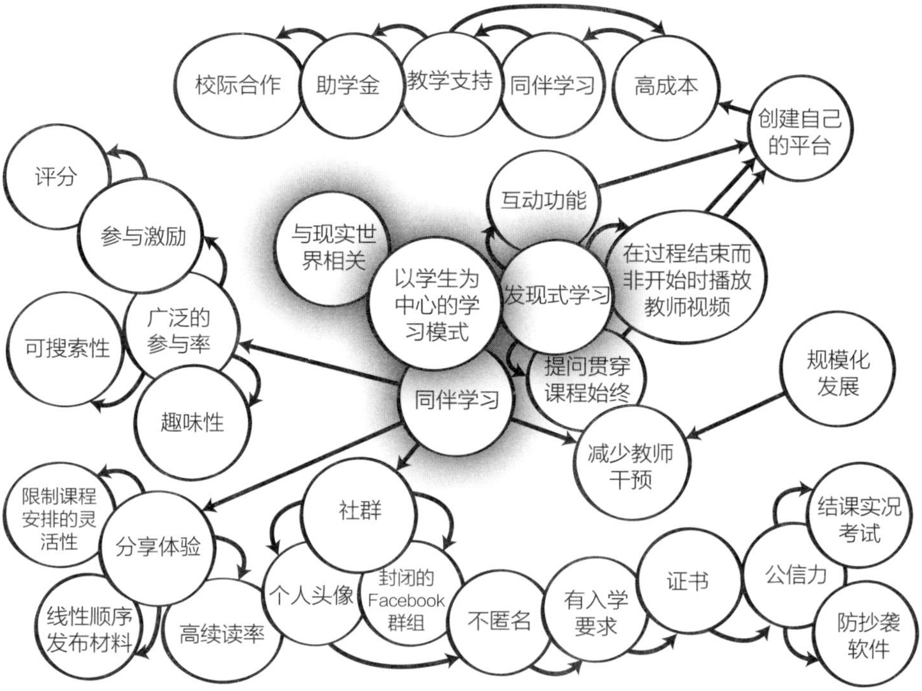

图29　HBX的战略要素

在价格、平台、教学支持、评分、社群、入学要求和校际合作方面做的决定紧密相连。这些功能联系构成了战略基础。实际上，我们与MOOC重演了Schibsted与《经济学人》、沃尔玛与塔吉特以及爱德华·琼斯与美林的较量。

从这个角度来看，你便会看到模式上的差异对其他在线学习战略和“正确”模式的规范性意义。人们很容易认为，像MOOC这样以免费、快速、公开的方式推出在线课程是在线教育的“正确”模式——这是错误的。人们同样容易认为，像我们这样建立专有平台、以既有学员作为目标群体、不设置师生互动才是应当遵循的正确做法——而这也是错误的。即使受到了包括MOOC在内的其他做法的启发，我们的模式也还是由我们自身的需求和优势共同作用形成的。

差异化和战略的核心即在于此。近年来众多模拟行业和数字行业频频上演的，正是上述不同模式之间的较量。

改变——外加一句告诫

面对技术变革，组织往往以失败告终。如今，我们了解了造成这一局面的诸多原因。组织可能变得僵化死板，被既有的做事方法束缚；管理者可能不希望改变——他们也许不愿意承担耗时数年的转型工作，或放弃十拿九稳的短期收益去换取变幻无常的长期回报；他们甚至可能因过分专注于现有客户和产品而看不到威胁将至。

有时，组织失败反倒是因为它的成功：成功的策略总是包含着自我毁灭的种子。毕竟，有效的战略要求你所做的一切都服务于某一特定客户群。但正如我们所看到的那样，这需要组织的各个部门相互协调、通力合作，发挥功能联系的作用。这些联系虽可带来成功，却也难以轻易理解和改变。

人们认识到这些导致组织失败的原因已经有一段时间了。在执行项目的过程中，我们对这些因素有着清醒的认识。但在过去10年间，有一种思想盖过了大众话语场域的所有其他思想——这个思想便是克莱顿·克里斯坦森的颠覆性创新理论，它被普遍认为是过去10年间最具影响力的管理思想之一。

10年前，克里斯坦森本人在《创新者的课堂》一书中预言了中小学教育的裂变。如今，分析师、企业家和投资者也在警告高等教育即将面临颠覆。与媒体的说辞如出一辙：《经济学人》称“在线教育：将至的颠覆”，《福布斯》宣布“高等教育已沦为颠覆归零地①”。这对我们意味着什么？更重要的是，这对其他那些希望开拓出属于自己道路的机构又意味着什么？颠覆的诀窍——快速、免费地投放给你从未服务过的学习者，正指导着许多院校的网络实践。它将成为一句战斗口号甚至一个精神支柱，许多管理者指望它给出下一步的行动指导。然而，我们仍有理由谨慎行事。

有必要先来了解一下颠覆性创新理论究竟说了些什么。

颠覆理论最初在20世纪90年代中期由克里斯坦森及其顾问、长期担任哈佛商

①亦称“零地带”或“原爆点”，原义为核爆炸投影至地面的中心点，现常用来专指遭“9·11”恐怖袭击的美国纽约世贸中心遗址。

学院教授的乔·鲍威（Joe Bower）阐述，此后不断被其他学者修正、完善，并相继应用于众多技术和行业。不过，它的核心却是三条简单或许有些可怕的观察。

首先，在位者之所以会遭到新技术的颠覆，不是因为它们不了解或不接受新技术，而是因为它们理性地选择忽视它们。为什么？新技术往往最先运用于质量低于市场现有水平的产品。因此，企业往往只着眼于现有客户的需求，理性地拒绝考虑那些较新，但质量较为低劣的替代品。

克里斯坦森提醒人们：边缘客户的行为往往预示着你核心业务的未来走向。这又引向了他的第二条观察：有时候，事情的变化速度极快。今天看起来毫无威胁的竞争对手，明天就会跃升至“质量光谱”的高位，变得极具威胁。从这个意义上来说，颠覆理论警告人们不要用静态的、一劳永逸的方式去理解客户需求或竞争对手的行为，不要忽视那些质量表面上暂时较差的产品和公司。

这便引出了第三条观察和建议：不要太过保护你的核心。吃掉你今天的午饭，不然别人就会吃掉它。克里斯坦森认为，成功的唯一机会在于建立一个独立的组织去颠覆或摧毁你原有的核心。这是摆脱既有组织的枷锁与诱人财富的唯一途径。

克里斯坦森用炼钢厂的文献佐证了这些观念，展示了美国钢铁这样高成本的在位者如何因忽视低成本的“小型钢厂”而最终令大部分业务遭致毁灭。他说，美国钢铁等高成本在位者不重视低端钢筋，将其肆意转让给低成本新进者。这样做的决定在当时似乎合情合理，但30年弹指一挥间，这些新进者已开始以较低成本制造质量不逊于在位者的钢铁，在此过程中将昔日的成功在位者的业务摧毁殆尽。克里斯坦森用文献清晰地证明了质量随时间发生的跃迁，并用跃迁模式描述了其他领域的相似效应。

随着其他行业的例证越来越多，颠覆理论得到了认可，人们认为它很好地解释了在位组织遭遇的问题和失败的原因。它成为硅谷代表的某种隐喻，且应用于越来越广泛的行业范围。

而这也是颠覆理论暴露其软肋的地方。人们开始视其为适用于一切领域、一切事物的万能灵药。只不过，它并不是万能的。

部分原因在于，“颠覆”一词与原理论渐行渐远。这个词的流行破坏了本意，远远超出了克里斯坦森的定义，这让他自己都非常懊恼。随着时间的推移，不同的人逐渐对“颠覆”有不同的理解，管理者、投资者和企业家欣然接受——也经常误用——这个名词，以组织起符合其需要的各种论点。但是，这个理论本身存在一定的内在局限性。

首先是经验普遍性的问题。颠覆性创新本质上描述的是行业层面的某些趋势，而非每个行业或被颠覆的行业内每家企业的情况。克里斯坦森几年前就认识到了这一点。他曾说，酒店之所以没有遭遇新技术的颠覆，是因为酒店业不存在共同的“核心技术”。许多观察者终于发现，颠覆绝非自然规律，而这已成为更为普遍的观点。颠覆，仅仅是种可能性。

此外，实践中的“颠覆效应”未必起始于低质量的替代品，而是也可能从高端产品开始。苹果手机是2006年问世时市面上最贵的智能手机，但也是电话行业30年来最具“颠覆性”的创新。

对内容企业来说更重要的是，真正的威胁来自其他地方。图书出版商最害怕的不是自出版的兴起。同样，好莱坞制片公司不恐惧YouTube视频，畅销音乐人不担心YouTube上的翻唱作品，《纽约时报》也不害怕博客作者。在这些情况中，更严重的威胁都来源于别的东西：聚合器、平台以及网络。换句话说，内容替代品不论质量高下，都不产生威胁——威胁来源于充分发挥了用户联系之作用的业务。

在教育领域，相比于“质量效应”，“网络效应”的重要性越发明显。最初，高等教育机构可能并不担心Lynda.com的发展前景（当时这家公司为软件专家和商务人士提供中等品质短视频教程的历史已有10年之久），这在当时或许没错。但当这家公司在2015年被领英——一家从网络联系起家的企业——收购时，它们立刻感到了担忧。

颠覆理论警告在位者不要把太多精力放在现有客户身上。然而，越来越多的组织掉进了另一个陷阱：对现有产品过分关注。只盯着CD的唱片公司错失了演唱会的良机，只盯着新闻的报纸错失了分类广告的良机。有线电视公司之所以越来越受到网飞的威胁，不是因为它们把太多注意力放在了客户身上，而是因为对产品——内容与管道——投入了过多精力。在这些情况里，现有客户的需求都未得到满足。以客户为中心并不致命，以产品为中心才致命。

而且，即使颠覆明显地发生了，在位者也并不总能得到解决方案。“将创新组织尽可能地与核心分离开来。”“在低端市场快速启动。”“随时学习，与时俱进。”这些谆谆告诫的确有一定的吸引力。的确，有些组织如果更严格地照其行事，是可以做得更好。但随着时间的推移，这些“诀窍”也呈现出一种别扭的永恒普适感，而且与良好策略的核心原则——与众不同——严重相悖。

颠覆理论使人们形成了一种思维模式，认为新技术是现有技术的替代品，却看不到它们成为互补品的可能性。这可能解释了《新闻周刊》这类机构失败的原因，却无法解释像《经济学人》这样的机构为何同时获得了成功。它称赞初创业务独立于核心业务的种种好处，却不肯定Schibsted的老员工们为重新整合做出的努力。它强调忘记，却不同时强调借鉴的价值。最终，它制造了一种以消极联系为中心的叙事，人们从这一叙事中得不到任何探索积极联系的勇气。

在为哈佛商学院寻找正确路线的过程中，我们既受到了颠覆理论的启示，也遭到了它的挑战——即使最终我们没怎么按它的指示去做。照搬市场另一端所谓“颠覆式”的做法参与在线教育领域的竞争，几乎毫无意义。它无法发挥我们的自身优势，也不能利用我们的现有能力，反而有可能削弱我们的核心优势，甚至损害学院的品牌。最重要的是，它绝非唯一的前进方向。在制定课程的过程中，我们所有参与创建HBX的人都逐渐相信：“与众不同”是优点，而非缺陷。我们有信心，但远非胜券在握。事物瞬息万变，对在线学习者行为的了解又太过有限，我们不敢保证自己的信念就一定正确。

项目启动，初获成功

网站发布

2014年3月21日，我们开通了HBX网站。网站的一切——基调、风格、内容——都旨在传达三条信息：第一，是我们对在线学习的愿景。这是我们第一次大规模应用数字技术，我们希望在线学习能像哈佛商学院的传统课堂体验那样迷人而震撼。第二，为做到这一点，我们将直接以自身的独特优势——案例教学法——作为基础。在我们网站的主屏幕截图里的，并非一个在线学习者，而是一间传统的哈佛商学院课堂（这似乎违反直觉）。我们想发出这样一个信号：我们将为在线教育带来与众不同的教学理念。第三，我们的做法不一定适用于每个人。我们寻找的是严肃的学习者，而非游客；是主动的学习者，而非被动的观察者；是那些乐于助人的人，而非只满足于个人学习的人。

然后是价格。我们将对首个CORe项目收取1500美元，项目持续约10周，但会为那些需要经济帮助的人提供助学金。我们的意图很明确：我们绝不会基于经济能力的考虑限制学员入读，拒绝申请的理由只可能是缺乏动机、不够投入。

CORe的价格是个内部讨论的问题。和其他类似的决策一样，价格也会经过外部人士的讨论。有人也许会说：为保留选拔性而牺牲规模的做法说明哈佛商学院对在线学习的野心不够大；还有人担心相反情况：由于收费只有MBA学费的约三十分之一，品牌因而变得毫无门槛、唾手可得，有自贬身价之虞。

有人可能说，如果我们引发了两种截然相反的观点，那么我们做的事情说不定就是正确的。但在我们看来，这两种观点都不正确。我们不缺乏对到达率与规模的野心和抱负，但也有一定程度的不确定性——只有在清楚地知道第一个项目成功之后，我们才会向更多的学习者开放。至于品牌是否贬值的问题，如果按小时计算，费用与MBA学费相差无几。

对在线课程收费的目的，是创造营收，让这项事业更具可持续性。大多数在线平台都在实现可持续性的道路上艰难求索。但除此之外，我们的收费理由还根植于另一信念。如果课程免费，那么所有人都会报名参加，包括那些缺乏动力、能力不足或不够投入的人。我们认为，对独自一人的学习体验来说，这没什么问题。但是，同伴学习是我们模式的核心。要想依赖社交式学习的力量，就必须吸引到合适的学习者。否则，那些有积极性的学习者的体验就可能被没有积极性的学习者破坏。我们承担不起90%的学习者中途退出的后果——MOOC的弃课率通常就是90%。弃课者对那些留下来的人会有负面的外部性。价格可以充当学习动机的一个信号：任何一个敢花1500美元买一个从未听说过的在线课程项目的人，都应该会投入其中。

换句话说，选择付费而非免费的模式，不仅是为了创收，也是为了与我们建立HBX所仰赖的学习原则保持一致。

4月初，我们向学院同事介绍了HBX。在此之前，我们的工作一直鲜为人知——除了教师（继续承担常规的在校教学任务）和核心员工聘任（我们的执行董事和几名职员是从MBA项目“借”来的，但还有很多是重新从外部聘请的），HBX项目脱离其他在校项目和运营的日常节奏，独立运作。HBX团队的办公地点距离主校区不到四分之一英里，这是一个足够近到必要时可与学院保持同步，又足够远到可以另起炉灶而不必受制于学院规定的距离。哈佛商学院院长和首席人力资源官自始至终都在参与对话。项目启动前的两个月，我们与其余教师详尽地交流了HBX的情况，反响极其鼓舞人心。大部分人的感想是，HBX就是我们在线上教育领域应该走的路。现在，我们唯有期盼它大获成功。

会有人注册吗？

4月11日，我们在网站上开放了CORe项目的申请，照例没有做什么推广（我戏称之为“无声营销”）。哈佛商学院不习惯于推销自己的MBA项目。每年秋天一开放网站上的MBA申请通道，短短几天就会涌入数百份申请。可是，会有人了解HBX和CORe吗？会有人愿意花1500美元买一个谁都没体验过的在线课程项目吗？

一天之后，我们收到了第一份申请。HBX团队内响起了谨慎的欢呼声——直到我们意识到，申请人不符合申请条件：他来自加州的一所大学。

我们规定，课程申请只面向来自马萨诸塞州的学习者。如果说创办在线业务的目的原则上就是打破地域界限，那么为何还要做这样的限制呢？这是因为，我们必须谨慎行动——先在小范围内摸索，再铺开到其他地方。本地学生更容易招募来做后续的反馈和调查，学习者在同一时区也能方便技术和支持团队的工作。

我们在第三天收到了第一份来自海湾州[①]的申请，随后又零星收到了若干申请。我们向本科生介绍了这个项目，也向校友发送了有关它的通知，也许他们的子女或孙辈会有兴趣了解。我们还给本地的其他院校发放了传单。开课前夕，我们已录取了600多名学生。

①马萨诸塞州的别称。

项目启动

6月11日中午，我们怀着紧张而兴奋的心情，向第一批学员启动了CORe，后来我们亲切地称他们为“先锋班”。几分钟内，便开始有参与者上传头像和个人信息——在接下来的9个小时里，超过300名参与者完成了个人资料的上传。更令人惊讶的是，仅在第一天，学员的个人资料就有超过1.3万次的浏览量，平均每位参与者被浏览了40多次。我们惊奇地看到，在线学习者就是想“互相看一看”——我们对社交联系和社群的想法第一次得到了印证。

那天，HBX团队目不转睛地盯着大屏幕，跟踪参与者的活动。有的学员登录系统，花了几分钟注册，然后退出。有的则一头钻进课程内容。学员在初次登入后一般花30分钟浏览平台。

那天晚上，我们注意到了一些不寻常的事。一个名叫蕾拉·西拉杰（Layla Siraj）的参与者在晚上9点之前完成了所有三门课程的第一个单元。按我们之前的设计，学完这些内容需要一周半的时间，总耗时约15个小时，而她在第一天只连续用了9个小时就完成了。

西拉杰是哈佛大学一名崭露头角的大三学生，主修有机体与进化生物学。她惊人的学习速度使我们不得不怀疑：课程节奏设置得合理吗？是难度太低了，还是西拉杰太聪明了？大约在同一时间，我意外地收到了来自西拉杰的电子邮件。“能开始HBX CORe的学习，我实在兴奋极了。”她写道，“我真喜欢这些课程——一打开那些单元我就舍不得停下来。感谢你们创造出如此精彩的体验。”

也许HBX终究还是会成功的。

项目启动的第一天，整个HBX团队经历了种种情感。有满意——我们是哈佛商学院首个在线课程项目的缔造者。有欣慰，以及极度的疲惫——我们终于如期完成了任务，而为了这一天，我们熬过了几个月的不眠之夜，几乎没有任何时间陪伴家人。我们为自己感到无比骄傲。

接下来的几周里，其他学生的信息也陆续出现。一位用户在Facebook上说：“这是我有生以来经历过的最具协作性的学习体验。”我们跟踪学生之间的对话，看到他们的学习劲头一天天增加。随着提问的不断出现，内容团队密切注视讨论板上的动态，随时做好介入的准备——但只有在没有出现答案或出现的是错误答案的情况下才会介入。

在前三个星期，内容团队一次也没有介入过同伴互助论坛上的讨论。每个学生提出的问题几乎都得到了来自某个同伴的正确而精准的回答。社交式学习的进展情况要比我们想象的更好。这也让我们略感不安：只要有合适的激励、平台、内容和管理，学生没有我们照样能做得很好。

我们正实时见证用户联系的威力。

收获与意外

9月，首个课程项目宣告结束。我们跟踪了结果：第一批学员的结课率为86%；学员满意度与哈佛商学院的住宿项目不相上下：超过90%的参与者给项目打了4分或5分（满分5分）。学生的反馈出奇地好："这是我有生以来经历过的最棒的一次学习体验"，以及"这是我迄今为止所见到的课堂体验的最佳典范"。一位学生写道："（HBX）让我有种身临其境的感觉。"要知道，我们从未面对面见过这个学生。

我们得出的第一个结论是：哪怕是精英学府最苛刻的一部分学生，也可能对在线学习产生强烈的兴趣——即使它是完全自动化的体验，没有任何实时的师生互动。我们为HBX的规模化发展创造了条件。

学生反映我们的课程要求很严苛，这个看法想必也会为之后的学员所认同。然而，"先锋班"的表现却给人留下了深刻的印象——这对来自哈佛大学、MIT、阿默斯特学院、威廉姆斯学院、卫斯理学院、东北大学和塔夫茨大学等马萨诸塞州排名靠前的几所高等院校的学生来说，或许不足为奇。6个月后，我们向世界各地的学习者开放了CORe，录取了900多人。第二批学生的背景极其多元化。课程开始几周后，一名学员在领英的一个帖子里如是说道：

还记得我说过我对这个课程的期望是结识一些美国本科生吗？嗯，我们班里确实有一些。但还有很多其他背景的人，他们加入HBX的历程是你通常在汤姆·汉克斯的电影开头才会看到的。我们有一名海军上校、一位拆弹专家、一位葡萄牙肿瘤学家、一名德国工程师、一位加拿大心理学家、一位阿根廷品牌经理、一名南非硕士生和一位得克萨斯州的康复中心财务经理。我们有几个在华尔街工作的人、一位澳大利亚校长、四名巴西律师、一群MBA学生、几位经济学家，以及很多很多其他人。毫无疑问，多元化是这个组最宝贵的财富，每个学生给每次讨论带来的不同视角是HBX真正独一无二的地方。

我们曾以为绝大多数的CORe学员都是本科生或毕业不久刚入职的大学生，但真实情况再次让我们大吃一惊。CORe学员的年龄跨度很大：有一半的学员年纪要比我们的MBA新生大，平均年龄27岁。他们为什么要参加HBX呢？有几个人已在各自的职业生涯中进入销售、IT、软件开发、设计、创意等形形色色的职能部门，却从未接触过这些学问。正如他们之后向我们描述的那样，他们现在能够第一次在工作中进行有意义的“商务对话”，也就是说，他们已可以围绕产品开发、定价、业务绩效等话题进行对话。还有些人是从未接受过商业训练、希望学习基础商业知识的服务业人士（律师、医生、教育工作者）。有的学员是企业家，有的学员想提升自己的职业前景，还有的学员是对课程的许多内容都熟稔于心的管理者，但他们后来告诉我们，他们从来没有用这种方式学习过这些知识。

我们曾把CORe视为初入职场的年轻人的一次机会：“准备”是我们设计项目时牢记于心的关键词。但如今，学员们却告诉我们，“赋权”才是他们眼中CORe最具价值的地方。

我们的学员有着遍及全球的广泛代表性：平均来看，每一批会有45%的学员来自美国以外的90多个国家。这个国际班更引人注意的是他们的表现。作为CORe的教师，我和哈蒙德、纳拉亚南曾以为我们可能永远不会再遇到像“先锋班”这么优秀的学生队伍了。然而，我们给第一批国际学员打完课程成绩后惊讶地发现，他们表现得比“先锋班”还要好。我们对全球人才分布的假设逐渐动摇。人才的可能性超乎我们的想象。

社交式学习一直是HBX的一条基本原则。论坛参与率高达75%左右。同伴讨论有效、准确且引人入胜。不仅如此，这些探讨以我们未预料的方式创造了一种集体荣誉感。学生彼此督促在截止时间前完成单元学习。他们相互宽慰，彼此安抚，常常开玩笑逗闷子。这些播撒在社群中的种子，将跟随着每一批学生继续生长。对许多学习者而言，成为一个多元、才华横溢且富有参与热情的社群的一分子，与内容、教学、平台的品质一样，也是CORe学习体验的标志性特征。虚拟互动继而发展成遍及东京、伦敦、旧金山等世界许多地方的现实聚会。学生们相互接触，合作实现商业构想或开展以社交为驱动力的工作。在线学习也许能以这种方式塑造现实世界的人际关系——这听上去多么令人震撼。

围绕在线教育的争论大多集中在内容、教学方法、教师质量、教学助理、平台等“供给侧”特征给学习成果带来的影响。但我和同事们知道，“需求侧”特征的重要性丝毫不亚于前者。CORe不仅面向千禧一代，也面向年纪更长的学习者。他们不用眼巴巴地等着从雇主手上领工资交学费；实际上，他们中有很多人凭自己的财力就能交得起学费。他们对自己的学习有掌控力。学员们才华横溢、积极主动、背景多元化——这些恰恰是有效的同伴学习所必备的特征。我们曾试图为高效的在线对话制定规范、创造条件，但学习者才是真正赋予其生命力的人。

当然，还有我们最初的核心目标，其中之一就是让几乎没有商业背景的学生在11周内掌握基本的“商业语言”。然而，事实再次出乎我们的预料。我们原以为具有经济学、统计学或会计学背景的学生会比其他学生在课程中表现得更好。结果是，他们的确更好，但差距异乎寻常地小。到课程结束时，四年制大学经济学专业学生与非经济学专业学生的成绩仅相差大约3个百分点。我们在会计学和统计学等研究领域也得到了相似的结果。

2015年年初，随着CORe在市场上站稳脚跟，我们也向本校的MBA学生开放了申请——这是我们最初就计划好的。2015年约有300名哈佛MBA新生报名参加CORe，报名人数约占当届MBA学生总数的三分之一。我们兜了一圈，重新回到了原点。如今，HBX和在线教育对哈佛商学院的住宿课程正发挥着直接的影响力。

与此同时，面向未来的投资和尝试仍在继续。2015年8月，我们推出了第二个HBX平台——HBX Live。它是一个虚拟课堂（灵感来自扬米·穆恩），实际上是将60把实体座椅换成了60块电视屏幕，使学习者无论身处世界何方，都能实时参与课堂讨论。我们在创立在线平台时曾试图“忘记”案例教学法，而HBX Live却明确地“借用”了它——唯一的区别是我们打破了地域限制。传统的数字互动形式早已使人们利用电视直播室完美实现了一对多的互动形式，而HBX Live却要创造多对多的体验。平台发布前，我们请教师和一些学生群体听了近70堂试讲课。随后，我们为校友举办了一场虚拟聚会，与19所大学的教师举行了一场实况学术研讨会，与BBC电台和哈佛大学同事麦克尔·桑德尔合作开设了一档先导系列节目《全球哲学家》，还设计了若干全虚拟的高级管理课程项目。此外，我们仍在为创造有吸引力的在线平台学习体验而不懈努力：随着CORe的启动，依靠颠覆性战略的支持，更多的同事开始走上平台开设课程；我们正在设想更短的内容形式，并且已着手设计移动平台。

这一切将带我们去向何方？我们还不确定。但是，在创办了两个数字平台并依托它们带来了可与住宿教学相媲美的学习体验后，我们已做好准备去展望一个不同的未来——将住宿学习体验与在线学习体验有机结合，创造真正的多平台教育。

教育的未来

在线上教育领域，各种尝试正紧锣密鼓地进行着。然而，我们与其说胜利在望，不如说才刚刚开始。在反思当前正进行的诸多实践时，我们很容易发现，20年来我们对数字变革的认识，无论是在传媒业还是在其他领域，都不只与教育领域相关。它的重要意义，甚至连我本人在刚参与我们的数字项目时，也没有完全理解。

眼下有三个核心问题：

第一，怎样才能在线上提供最好的内容和最广泛的选择，以覆盖最大数量的学习者？过去几年推出的三大平台——Coursera、优达学城、edX——都已围绕这一目标制定了策略。

第二，在线教育终将超越甚至取代传统课堂教学吗？随便读一篇写在线教育的文章或听一场讲在线教育的讨论，你就会发现，它们都是通过这个视角来观察在线教育的前景和问题的。《经济学人》最近刊登了一篇题为“MOOC会干掉大学吗？”的文章，《时代周刊》《财富》《新共和》等数十家杂志也表达了相似的看法。与此相反，许多评论员则提出了这样一个问题：“线上学习是否只是昙花一现的风潮？”

第三，如何让大学的线上项目得到更快的发展？如今，每隔几周就有新平台和新投资项目推出，新的投资者和商业模式也迅速浮出水面，因此人们常说，行动缓慢的代价就是被时代抛弃。

这三个问题如今已是必讲的老生常谈。不过，我认为它们都是错误的，而且反映了一种与我们在其他场景——本书其余章节所讨论的诸多行业——所见到的相类似的思路。它们体现了“内容陷阱”。

第一个问题反映了对内容而非对学习的偏重，对以教师为中心的模式而非以学生为中心的模式的偏重。这种偏向因忽视了用户作用与用户联系的力量而产生。

第二个问题落入了“传统教育和数字教育是替代品而非互补品”的陷阱，落入了“担忧传统课堂教学的未来，却看不到技术对其有利影响”的陷阱。它令组织错失机遇，忽视产品间的联系。

第三个问题导致组织随大溜，却不搞清楚究竟什么适合自己。对大学而言，思考教育的未来比以往任何时候都需要创造力、想象力和勇气。它关乎战略，要求组织与众不同，而非跟风模仿。它关乎情境与功能联系。

把这些问题翻转过来——就像翻转教室那样——你可能会发现从未想过的机遇。你会了解到让学生在线上联系更紧密的方法，而不再以为学生之间的联系必然会遭到削弱；你会见识到“数字优先”的做法在创造新的、独特的教学模式上的威力，而不再认为在线教育注定是劣质的、商品化的；你会为你的组织找到建立独特优势的方法，而不是参加一场你注定功亏一篑的竞赛。

你将看到联系。

对这些联系的认识和重视最终成为HBX的工作核心。积极联系还激发了我们在数字教育的许多其他领域的新思路。它们在未来的线上学习中起到了至关重要的作用。

课堂教学最大的优点，不在于亲身参与，而在于学生的学习。反过来说，课堂教学被动、乏味、毫无吸引力的最主要原因，不是内容不够好，而是学生的体验被忽视了。

数字教育最令人惊奇的地方，不在于它与课堂教学多么迥异，而在于它与课堂教学多么相似。在线课程的第一个浪潮是60分钟的教师授课视频。它们渴望的是被数以百万计的学习者看到，而不是理解每个学习者的个人动机。它们的重点在于内容，而非体验。

这些课程对在线教育发挥了变革作用，推动了其向前发展，但对学习者而言，却未必是具有改造力量的体验。在很多情况下，它们不过是传统课堂体验换上了新媒介的壳。要想变革学习，这些还远远不够。

当在线教育确实能够发挥作用时，它关注的焦点不是教师，而是学生；不是招生，而是学生的参与度；不是内容，而是体验。可汗学院虽在教材的讲授、平台或内容上没有那么惊人，却是卓有成效的，因为它在学生最需要的时候给他们提供了具有深远价值的东西：对重要概念的言简意赅的解释。南新罕布什尔大学之所以跻身于网络课程发展最快的院校之列，不是因为它用不断变化的新鲜内容教授高深的课程，而是因为它非常善于利用一大批训练有素的“向导”，让学生不论生活中发生何事，都能保持对学习的投入。2U之所以能通过大学之间的合作提供卓有成效的在线课程，不是因为大学合作能让它设计出最好的课程，而是因为它把重点放在了学生需要的其他方面，如品牌信誉、学位以及（最重要的）关注。密涅瓦计划——一家成立了两年的提供四年制在线文理学位的企业——之所以吸引了来自世界各地的高素质学生，不是因为它学费低廉甚至免费，而是因为它把全部精力都放在了小组讨论和批判性思维而非讲课之上。

如此看来，传统课堂教学所面临的挑战实际上与数字技术无关，而是没有把重点放在学习上却放在了内容上的结果。这个问题，我们不需要数字技术就能够解决。

但要想聚焦于学习者，你得先了解学习者——他们的动机、能力和困难。令人惊讶的是，人们极容易忽视这些问题，对它们的关注也少得可怜。只要把内容设计出来，提供最好的课程，推广给人们观看，其余事情便会水到渠成——这正是“内容陷阱”。

在深入研究了学习者的心理后，我和同事们意识到，有效的学习不仅仅关乎内容，更关乎目的。它是学生掌握学习的主动权，是学生愿意提出问题、勇于回答问题，是学生担负起为学习环境奠定正确基调、教导别人亦向别人学习的责任。

在这里，学习与讲授、内容与课堂、学生与教师融为一体。要让学生做到这一切，你必须给他们提供工具。你不仅要给他们合适的内容，还要给他们合适的平台。你提供的材料不仅是用于学习，更要激发他们的参与热情、启发他们的灵感。你要教授他们相互交流的方法，你要营造合适的基调，倡导正确的规范。最重要的是，你要相信他们终将依靠自身力量实现这些方面的提升。你要懂得放手，让他们做出超乎你想象的事情。

这是学生与教育工作者的共同责任，自始至终都是。而且，它与教学平台是课堂还是网络，并没有多少关系。

后记
AFTERWORD

当我开始写这本书时，我就知道，到写完的那一天，周围的许多事情将发生改变。它们的确变了，变得既在意料之外，又在情理之中。

即使在几个月前，谁会想到，一款内容刚被用户发出去就随即消失的应用程序会值数十亿美元，人们可以从前面3英里处的一位陌生司机那里得知警察正蹲守在路边，投资银行家会兼职当司机？这些事甚至并不罕见，它们每天都在发生，人们已经司空见惯。

这句话虽有点陈词滥调，但的确是真的：我们的世界正以比以往任何时候都要快的速度发生变化。在本书中，我试图提供一张世界的快照，在这张快照中，纵使事物变幻莫测，一些思想却百世不易。

以下为核心思想：在有些领域（如著书和演唱会表演），内容的创作过程变化不大，而在有些领域（见上文），这个过程则发生了根本性变化。但无论如何，如今的内容管理纵与几年前相比，也已是云泥之别。原因就在于“联系”二字。

很显然，我们今天能以过去不可能的方式与他人联系起来。同样，我们渴望以新鲜的方式更紧密地将产品联系起来。但联系并不总是显而易见的。要想利用它，就必须先认识它。

除此之外，在今天获得成功，须拥有比过去更多的勇气——敢于与众不同的勇气。若只是亦步亦趋，又怎能独树一帜、先发制人、沿正确的方向不断进步呢？除了Facebook、BuzzFeed和腾讯外，就没有别的路可走吗？不，当然有。《纽约时报》付费墙是通往新闻界成功的唯一路径吗？当然不是。HBX模式具有普遍适用性吗？不可能。我们能从这些故事中学到很多东西，但最成功的组织从不模仿其他成功者，而是做对自己而言正确的事。

今天，成功的潜力是巨大的。在一个连为一体的世界里，成功的不仅仅是那些资金雄厚的大型组织，一个人也不一定非要成为企业家或CEO才能成功。任何人提出的几乎任何想法都有产生重大影响的潜力。每个人，从经验丰富的老将到中层管理者再到新员工，都有能力将星星之火燃成燎原大火。数字的森林就像是1988年的黄石国家公园，漫山遍野尽是干草燥木，点燃大火的小火花可能来自任何角落。

媒体还远未终结。本书付印时，电子书的增长已趋平缓，演唱会市场仍在蓬勃发展，《纽约时报》的付费新闻订阅收入增加，电视“掐线”行为减少，有线电视捆绑销售仍未解除，电影票房收入增长。

但是，许多媒体企业仍然面临挑战。这并非因为它们的内容越来越糟，而是由于固定的成本结构、相互竞争的网络和平台以及作为别人互补品的脆弱性。挑战，来自联系。

策略本身也可以相互联系。就在我们讲话的此时此刻，Schibsted正尝试营建《纽约时报》式的付费墙，而《纽约时报》则在采用Schibsted的数字优先模式。即使包括腾讯、亚马逊和网飞在内的平台在投资它们的关键互补品——内容，像《华盛顿邮报》这样的内容企业还是在朝着平台思维的方向前进。“电视无处不在”这个将《纽约时报》式的捆绑策略运用于电视业的模式，也正蓄势待发。

联系引发的变化，不只发生在我们阅读、观看和聆听的内容领域。一个由聚在一起免费锻炼的人组成的健身小组，几乎像一场草根运动席卷了17座城市。一个允许用户之间免费兑换货币的移动应用程序成为朋友之间分摊餐厅账单和室友分摊房租的工具，2015年的转账额高达75亿美元。

政治竞选领域也见证了联系的力量。乔恩·米勒（Jon Miller）是2008年帮助贝拉克·奥巴马（Barack Obama）运用社交媒体宣传造势的团队成员。米勒是个经验丰富的商人，但在政治方面是个新手。他曾在USA电视网和AOL这两家领先的数字企业有过光鲜的履历。“刚开始时，”他告诉我，“我们清楚自己争取不到大额捐款以及超级政治行动委员会和传统媒体的支持，所以必须有所不同。于是，我们就寄希望于社交媒体。起初不晓得它到底有多厉害。赢下爱荷华州后，团队所有人互相看着对方，心想：这次说不定能赢。”8年后，政治光谱的两端依然延续着“联系式竞选”的态势。依靠社交媒体上人们平均27美元的小额捐赠，总统候选人伯尼·桑德斯（Bernie Sanders）平均每个月筹得的金额和总共筹得的金额比平均每人捐款额达法定上限（2700美元）的对手还高。唐纳德·特朗普没有被动地等待新闻媒体来报道他，而是主动给媒体打电话，再迅速发推特。桑德斯募得的捐款超2亿美元，特朗普“赚来”的免费媒体报道更是超过40亿美元。两位候选人完全依赖密切相连的媒体引爆大选。

本书描述了信息商品领域的变化，但类似的变化也发生在“硬”商品领域。恒温器、冰箱、灯泡、门锁和汽车正变得“智能”（用于描述运用传感器和软件来传递信息的产品的术语），这些都属于“物联网”（IoT）的一部分。硬商品变得越来越像信息商品，制造业正在媒体化。

但是，如果说传统的内容行业对我们有所教益的话，那就是，懂得善用联系的智能产品最终将赢得市场。

一些能做到这一点的智能产品已经取得了胜利。智能家居使冰箱能自动关灯、关门，智能农场将灌溉系统与天气信息和作物价格联系在了一起，智能汽车则将硬件性能与服务呼叫联系了起来。专家称这些趋势为“产品系统”或“系统之系统”。

连通性的好处超越了产品范畴。当信息直接在用户之间分享时，就会显现出更多好处，交通导航（Waze）、摄像机（GoPro）、健身手环（FitBit）和天气预报（Weathermob）等即是例证。某些可能性甚至更大胆，如利用一户家庭剩余的太阳能来满足附近家庭的能源需求。正在崛起的物联网所带来的最大好处，在于把用户和产品联系起来，而不仅仅是提供更智能的产品。

内容行业20多年来最具影响力的参与者，也开始在这些新领域施展拳脚。发动机、恒温器、灯泡、冰箱领域拥有百年制造历史的公司，正目睹亚马逊、苹果和谷歌等新玩家进军这些领域，推出无须传统制造能力即可生产的产品。这些新玩家的加入，是为了更好地建立联系。

内容企业被迫面对的那些有关战略的问题，甚至连传统的制造公司也要面对。汽车公司习惯于投资发动机和变速器，希望实现这些方面的差异化。但是，包括宝马在内的一些公司，已开始将技术授权给他人。它们为什么要这么做？原因就在于，硬件的优势终归是短暂的，甚至是多余的，因为朝电动汽车（受特斯拉启发）、自动驾驶汽车（受谷歌启发）和驾乘分享（受优步启发）方向的转变，让差异化的核心转移到了传感器、控制装置和软件上。这是个耳熟能详的故事：随着竞争从产品转移到相互联系的组合，了解你是谁的互补品——换言之，何为你真正的业务——是很有好处的。如果将你的业务定义为发动机和动力传动系统，你耳边可能就只听得见唱片公司传来的低语了。这不过是CD和演唱会故事的重演。

我们倾向于从技术角度描述这些变化，但其实从理念角度去描述会更好一些。是的，技术是“导火线”，但根植于我们联系方式的理念，才是真正的原因。

我所在的教育领域也在持续发生着变化。今天当我走在哈佛商学院的校园时，我不仅为毕业生们离开学校、走进世界时那充满盎然春色的美好景象赞叹不已，还想到那些从未踏足校园，却正受到我们项目影响的人。

在我完成本书时，哈佛商学院和HBX这两个世界相遇了。

今年早些时候，我们注意到，HBX基础的“联系”原则之一——“同伴学习”——的进展情况远远超出了我们的预想。学员们由线上互动发展为线下见面，创办了一批社会项目，他们自发开展的对话催生出众多创业项目。我们于3月首次邀请HBX学员来校园参加为期一天的社群建设和互动，目的就在于培养、发展学员之间的这种联系。

5月7日，来自澳大利亚、肯尼亚、印度、卡塔尔、厄瓜多尔、哥伦比亚、丹麦等地的近500名学员前来参加了这次活动。参与者认为自己从活动中学到了很多东西，并对此表达了感谢。许多人描述了这个项目给生活带来的影响。一位牧师谈到他希望运用类似的方法把去教堂做礼拜的教众更有效地联系起来；一个有学习障碍的学生说，在参加项目之前，传统的教学方法一直让他备受煎熬，但在参加项目后，简短的在线内容和同伴之间的线上对话重新唤起了他的学习欲望；一位年轻女性谈到她学到的知识给了她为家人和刚起步的生意做决策的信心。这些故事既动人又鼓舞人心。它们源于同伴学习和社群，源于联系。

为联系而创造，为存续而拓展，敢于拒绝模仿。这些都是简单的事，而我们却往往背道而驰。

怀着讲述这些想法的初衷，我决定写这本书，没想到书还未完成，这些想法便对我自己的世界产生了决定性的影响。我希望，无论做什么，你都能心存这些想法；无论身在何方，你都能借助它们的力量赢得成功。

致谢

ACKNOWLEDGMENTS

许多人为这本书做出了贡献，我对他们怀有巨大的感激之情。

我对战略、媒体和数字变革的兴趣受到了多年前我偶然接手的一些研究项目的启发，这些研究后来又在我和哈佛商学院的同事菲力克斯·奥伯霍尔泽-吉共同创立媒体战略项目期间得到了进一步发展。我花了大量时间与菲力克斯教授讨论本书中的许多理念，书中的一部分若由他合写，想必也是信手拈来。

在写作本书的过程中，还有几个人对本书思想的形成产生了直接或间接的影响：拜瑞·内勒巴夫激发了我对战略的早期兴趣，多年来一直激励、鞭策着我；罗恩·沙哈尔和亚历山大·加莱托维奇（Alexander Galetovic）尽管与我生活在不同的大洲，却同我在各个项目上花费了无数时间；拉菲尔·迪·泰拉、塔伦·卡纳（Tarun Khanna）、拉吉夫·拉尔（Rajiv Lal）、尼廷·罗利亚和扬·里夫金则是我在哈佛商学院的早期思想盟友。

能先后在耶鲁和哈佛商学院与一众杰出学者合作，我何其有幸。我不仅受益于他们的工作，还常常从走廊的诸多闲谈中获益匪浅。感谢亚当·布兰登勃格、德米特里·贝扎洛夫、拉蒙·卡萨德苏斯-马萨内尔（Ramon Casadesus-Masanell）、大卫·科利斯（David Collis）、汤姆·艾森曼（Tom Eisenmann）、安妮塔·埃尔贝斯（Anita Elberse）、大卫·加尔文（David Garvin）、潘卡吉·玛格沃特（Pankaj Ghemawat）、兰杰·古拉蒂（Ranjay Gulati）、丽贝卡·亨德森（Rebecca Henderson）、艾朗·克尔伯格（Elon Kohlberg）、文伊特·库马尔（Vineet Kumar）、辛西娅·蒙哥马利（Cynthia Montgomery）、达斯·纳拉扬达斯（Das Narayandas）、艾瑞尔·佩克斯（Ariel Pakes）、克里希纳·巴莱普（Krishna Palepu）、米谢科·皮斯科尔斯基（Misiek Piskorski）、迈克尔·波特、胡里奥·罗特博格（Julio Rotemberg）、泰利斯·特谢拉（Thales Teixeira）、Dennis Yao和大卫·约菲（David Yoffie）。特别感谢其他参与创建哈佛商学院数字项目的合作者苏尼尔·古普塔（Sunil Gupta）、马可·伊恩斯蒂（Marco Iansiti）、卡尔姆·拉卡尼和科林·麦克莱（Colin Maclay）。

对我个人而言，HBX项目是一次极具改变力量的个人经历，它拉近了我与同事们的距离，直至今天我仍在从他们身上学习。他们是珍妮丝·哈蒙德、V. G.纳拉亚南、扬米·穆恩和克莱顿·克里斯坦森；现任及前任执行董事帕特里克·马兰（Patrick Mullane）和亚娜·基尔斯泰德（Jana Kierstead）；以及一支在许多方面令我饱受启发的优秀团队。我自始至终受益于尼廷·罗利亚的领导、安吉拉·克里斯皮（Angela Crispi）和让·坎宁安（Jean Cunningham）的明智建议以及我“河对岸”的大学同事在此次旅程中的美好合作。

哈佛商学院的案例教学模式能使教师从学生那里学到跟学生从我们教师这里学到一样多的东西，而我便是这个环境的特别受益者。多年来，我从我的学生（包括MBA学生和主管）那里学到了不计其数的想法、故事和项目经验。作为一位商业学者，我在研究、案例撰写和提供咨询的过程中遇到了众多杰出的商业领袖和主管。其中，与库斯·贝克尔（Koos Bekker）、Caitlyn Chen、拉里·卡尔普、克雷格·墨菲特、马克·麦科马克、斯维勒·芒克、大卫·珀皮奇、安德鲁·拉什巴斯、彼得·莱斯（Peter Rice）和乌代·香卡的对话帮助我完善了本书中的一些想法。

对所有愿意接受采访谈论并反思自己经历的人，我感激备至。他们是谢尔·阿莫特、珍妮特·巴利斯、宾尼·班沙尔、保罗·贝瑞、Caitlyn Chen、本·克莱克、斯考特·库克、拉里·卡尔普、阿尼尔·达什、马库斯·杜乐盟、彼得·杜·托伊特、克拉克·吉尔伯特、埃斯蓬·埃吉尔·汉森、卡尔姆·拉卡尼、安妮·米西特、本杰明·马可·希尔、菲尔·肯特（Phil Kent）、玛德琳·迈金托什、乔恩·米勒、克雷格·墨菲特、阿基特·莫亨、斯维勒·芒克、拜瑞·内勒巴夫、拉朱·纳里塞蒂、马丁·尼森霍尔茨、菲力克斯·奥伯霍尔泽-吉、托里·佩德森、大卫·珀皮奇、安德鲁·拉什巴斯、扬·里夫金、罗尔夫-埃里克·里斯达尔、泰耶·塞耶瑟斯、乌代·香卡、卡尔·夏皮罗、保罗·斯穆尔、罗伯特·斯蒂恩、Peter Stern、克里斯·斯蒂布斯、欧勒·雅各布·桑德、史蒂文·泰迪里斯、丹尼斯·沃伦、卡尔-尼克莱·韦斯曼、约翰·温莎、阿里·尤鲁克格鲁和Dylan Zhang。

如果没有苏列斯·巴鲁（Suresh Balu）、凯珞琳·布朗（Carolyn Brown）、本杰明·乔杜里（Benjamin Chowdhury）、汤姆·丹（Tom Dan）、杰夫瑞·恩格勒（Jeffrey Engler）、达芬·约翰逊（Daven Johnson）、麦肯齐·洛瑞（Mackenzie Lowry）、约翰尼·莫兰（Jonny Moran）和阿勒科山德·罗辛齐（Aleksander Rosinski）的研究协助，这本书便不可能完成。除了辛苦的努力，他们最大的贡献便是与我不相上下的对项目的热忱。

我在兰登书屋与一支受苏珊·卡米尔（Susan Kamil）指导、好到难以置信的团队合作。多年前，彼得·奥尔森（Peter Olson）让我相信，写书仍有价值。马库斯·杜乐盟不懈地鼓励我继续这个项目。吉娜·森特罗（Gina Centrello）是典型的“作家出版商”，我的编辑威尔·墨菲（Will Murphy）就是她介绍认识的。威尔既具备卓越的编辑才华，又拥有良好的幽默感，还十分善于鼓励别人——显然，一个人能兼具这些品质是非常罕见的。他逐字逐句、一遍又一遍地阅读每一稿，同时让这个过程变得极其愉快。

我还从艾米·米克尔（Amy Meeker）那里获益良多，她提出的编辑意见在忠实于内容的前提下使原文更显紧凑和清晰——在这方面，艾米拥有非凡的天赋。坎贝尔·施内布利-斯旺森（Campbell Schnebly-Swanson）在关键时刻提供了宝贵的建议。Christopher Linnane和Daeun Jeong的插图为我的几个想法穿上了视觉的外衣。Sheila Linehan一直留意我的情况，每天都让我的工作轻松一些。Mika Kasuga耐心、专业、善于协调项目的各部分工作。我的经纪人Don Fehr在早期和整个过程中的重要阶段都给我提了必不可少的建议。

许多同事和朋友阅读了本书的一些章节并提出了实用的意见。他们是特拉维斯·康纳斯（Travis Connors）、苏妮尔·格普塔（Sunil Gupta）、珍妮丝·哈蒙德、普尼玛·克奇卡（Purnima Kochikar）、拉吉夫·拉尔、丹·麦金（Dan McGinn）、拜瑞·内勒巴夫、V. G. 纳拉亚南、尼廷·罗利亚、艾沙恩·雷纳（Ishan Raina）、丹尼·沙密（Danny Samit）、文卡特·斯里尼瓦森（Venkat Srinivasan）和迈克尔·图什曼（Michael Tushman）。对他们付出的时间和愿意配合我的赶工期限的精神，我怎样感谢也不为过。

最后，我向我的家人致以最深切的感激。我已故的母亲比任何人都想读到这本书；我的父亲对这本书寄予了太多的骄傲与热情，以致常常违反“永远不要问什么时候完成”这条基本原则；我的岳父岳母非常支持我的项目，总是对它充满期待和偏爱；Amit是我所能拥有的最好的兄弟；Nitin和Monica总让我对自己保持清醒的认识。最最感谢的是我的妻子Anju，我是多么幸运，每天都能得到她非凡的爱与支持。还有我们的女儿Rhea，她改变了我的整个世界。

精选文献
SELECTED BIBLIOGRAPHY

Ackerberg, Daniel. "Empirically Distinguishing Informative and Prestige Effects of Advertising." *RAND Journal of Economics* (2001). 32, no.2, 316—33.

Alcacer, Juan, Abhishek Agrawal, and Harshit Vaish. "Walmart Around the World." HBS No. 9-714-431. Boston: Harvard Business School Publishing, rev. December 6, 2013.

Anand, Bharat. "Strategies of Related Diversification." HBS No. 705-481. Boston: Harvard Business Publishing, Revised April 11, 2005.

Anand, Bharat, and Kate Attea. "International Management Group (IMG)." HBS No. 702-409. Boston: Harvard Business Publishing, rev. September 16, 2002.

———. "News Corporation." HBS No. 702-425. Boston: Harvard Business Publishing, rev. June 27, 2003.

Anand, Bharat, David Collis, and Sophie Hood. "Danaher Corporation." HBS No. 708-445. Boston: Harvard Business Publishing, rev. November 30, 2015.

Anand, Bharat, and Alexander Galetovic. "Strategies That Work When Property Rights Don't." In *Intellectual Property and Entrepreneurship, vol. 15, Advances in the Study of Entrepreneurship, Innovation, and Economic Growth,* edited by Gary Libecap, 261—304. Greenwich, CT: JAI Press, 2004.

———. "How Market Smarts Can Protect Property

Rights." *Harvard Business Review* 82, no. 12 (December 2004).

Anand, Bharat, and Sophie Hood. "Schibsted." HBS No. 707-474. Boston: Harvard Business Publishing, April 16, 2007.

Anand, Bharat, and Samhita Jayanti. "Strategies of Unrelated Diversification." HBS No. 705-480. Boston: Harvard Business Publishing, rev. April 11, 2005.

Anand, Bharat, and Tarun Khanna. "Must Zee TV." HBS No. 700-122. Boston: Harvard Business Publishing, rev. February 10, 2003.

Anand, Bharat, and Peter Olson. "The Random House Response to the Kindle." HBS No. N1-710-444. Boston: Harvard Business Publishing, rev. February 7, 2011.

Anand, Bharat, and Ron Shachar. "Advertising the Matchmaker." *RAND Journal of Economics* 42, no. 2 (Summer 2011): 205—45.

———. "Brands as Beacons: A New Source of Loyalty to Multiproduct Firms." *Journal of Marketing Research* 41, no. 2 (May 2004): 135—50.

Anderson, Chris. *The Long Tail: Why the Future of Business Is Selling Less of More.* New York: Hyperion Books, 2008.

Anton, James, and Dennis Yao. "Expropriation and Inventions: Appropriable Rents in the Absence of Property Rights." *American Economic Review* 84, no. 1 (March 1994): 190—209.

Armstrong, Mark. "Competition in Two-Sided Markets." RAND *Journal of Economics* 37, no. 3 (Autumn 2006): 668—91.

Arum, Richard, and Josipa Roksa. *Academically Adrift: Limited Learning on College Campuses.* Chicago: University of Chicago Press, 2011.

Bagwell, Kyle. *The Economics of Advertising.* Cheltenham, UK: Edward Elgar, 2001.

Barker, Rocky. *Scorched Earth: How the Fires of Yellowstone Changed America.* Washington, DC: Island Press, 2005.

Barnett, William. *The Red Queen Among Organizations: How Competitiveness Evolves.* Princeton: Princeton University Press, 2002.

Berger, Jonah. *Contagious: Why Things Catch On.* New York: Simon & Schuster, 2013.

Berry, Steven T., et al. "Structural Models of Complementary Choices." *Marketing Letters* 25, no. 3 (September 2014): 245—56.

Bogusky, Alex, and John Winsor. *Baked In: Creating Products and Businesses That Market Themselves.* Chicago: B2 Books/Agate, 2009.

Boudreau, Kevin J., and Karim R. Lakhani. "The Confederacy of Heterogeneous Software Organizations and Heterogeneous Developers: Field Experimental Evidence on Sorting and Worker Effort." In Josh Lerner and Scott Stern, eds., *The Rate and Direction of Inventive Activity Revisited,* Chicago: University of Chicago Press, 2012. 483—502.

Brandenburger, Adam, and Barry Nalebuff. *Co-opetition.* New York: Currency Doubleday, 1997.

Bronnenberg, Bart J., Jean-Pierre Dubé, and Carl F. Mela. "Do Digital Video Recorders Influence Sales?" *Journal of Marketing Research* 47, no. 6 (December 2010): 998—1010.

Brown, Peter, Henry Roediger III, and Mark McDaniel. *Make It Stick: The Science of Successful Learning.* Cambridge, MA: Belknap Press of Harvard University Press, 2014.

Byzalov, Dmitri. "Unbundling Cable Television: An Empirical Investigation." Working paper, July 2010.

Carey, Kevin. *The End of College: Creating the Future of Learning and the University of Ev-erywhere.* New York: Riverhead Books, 2015.

Caves, Richard E. *Creative Industries: Contracts Between Art and Commerce.* Cambridge; Harvard University Press. 2002.

Celly, Nikhil, and W. H. Lo. "Tencent: Expanding from China to the World." University of Hong Kong case no. HK1009, June 21, 2013. Boston: Harvard Business Publishing.

Chipty, Tasneem. "Vertical Integration, Market Foreclosure, and Consumer Welfare in the Cable Television Industry." *American Economic Review* 91, no. 3 (June 2001): 428—53.

Chopra, Sunil, and Murali Veeraiyan. "Movie Rental Business: Blockbuster, Netflix, and Redbox." HBS No. KEL616. Kellogg School of Management, rev. March 2, 2016.

Christensen, Clayton M. *Disrupting Class: How Disruptive Innovation Will Change the Way the World Learns.* Expanded ed. New York: McGraw-Hill, 2011.

———. *The Innovator's Dilemma: When New Technologies Cause Great Firms to Fail.* Boston: Harvard Business Publishing, 1997, 2000.

Christensen, Clayton M., Michael E. Raynor, and Rory McDonald. "What Is Disruptive Innovation?" *Harvard Business Review,* December 2015.

Chung, Kevin Y. C., Timothy P. Derdenger, and Kannan Srinivasan. "Economic Value of Celebrity Endorsements: Tiger Woods' Impact on Sales of Nike Golf Balls." *Marketing Science* 32, no. 2 (March 1, 2013): 271—93.

Cohen, Wesley, Richard Nelson, and John Walsh. "Protecting Their Intellectual Assets: Appropriability Conditions and Why U.S. Manufacturing Firms Patent (Or Not)." National Bureau of Economic Research, Working Paper No. 7552, 2000.

Collis, David, and Michael Rukstad. "Can You Say What Your Strategy Is?" *Harvard Business Review,* April 2008.

Collis, David, and Troy Smith. "Edward Jones in 2006: Confronting Success." HBS No. 707-497. Boston: Harvard Business Publishing, rev. March 21, 2012.

Cramer, Judd, and Alan Krueger. "Disruptive Change in the Taxi Business: The Case of Uber." National Bureau of Economic Research, Working Paper No. 22083, March 2016.

Crawford, Gregory, Robin Lee, Michael Whinston, and Ali Yurukoglu. "The Welfare Effects of Vertical Integration in Multichannel Television Markets." National Bureau of Economic Research, Working Paper No. w21832, December 2015.

Crawford, Gregory S., and Ali Yurukoglu. "The Welfare Effects of Bundling in Multichannel Television Markets." *American Economic Review* 102, no 2 (April 2012): 643—85.

Datar, Srikant, David Garvin, and Patrick Cullen. *Rethinking the MBA: Business Education at a Crossroads.* Boston: Harvard Business Review Press, 2010.

Deighton, John, et al. "The Future of Interactive Marketing." *Harvard Business Review,* November/December 1996.

Elberse, Anita. Blockbusters: *Hit-Making, Risk-Taking, and the Big Business of Entertainment.* New York: Henry Holt, 2013.

Elberse, Anita, and Kwame Owusu-Kesse. "Droga5: Launching Jay-Z's Decoded." HBS No. 513-032. Boston: Harvard Business Publishing, July 25, 2012.

Esteves-Sorenson, Constança, and Fabrizio Perretti. "Micro-Costs: Inertia in Television Viewing." *Economic Journal* 122, no. 563 (September 2012): 867.

Evans, David. "The Online Advertising Industry: Economics, Evolution, and Privacy," *Journal of Economic Perspectives,* 23, no. 3 (2009): 37—60.

Farhoomandr, Ali, and Elsha Yiu. "Tencent's Business Model." University of Hong Kong case no. HK 1003, July 5, 2013. Boston: Harvard Business Publishing.

Forrester, Jay. "Systems Dynamics and the Lessons of 35 Years." In Kenyon De Greene, ed., *A Systems-Based Approach to Policy Making.* New York: Springer, 1993.

Franke, Mary Ann. *Yellowstone in the Afterglow: Lessons from the Fires.* Mammoth Hot Springs, WY: National Park Service, 2000.

Galbraith, John Kenneth. *The Affluent Society.* 3rd ed. Boston: Houghton Mifflin, 1976.

Gans, Joshua. *The Disruption Dilemma*. Cambridge, MA: MIT Press, 2016.

Gentzkow, Matthew. "Valuing New Goods in a Model with Complementarities: Online Newspapers." *American Economic Review* 97, no. 3 (June 2007): 713—44.

Ghemawat, Pankaj. "Distance Still Matters: The Hard Reality of Global Expansion." *Harvard Business Review* 79, no. 8 (2001): 137—47.

———. "Fox Broadcasting Company." HBS No. 387-096. Boston: Harvard Business Publishing, rev. April 2, 1993.

———. "Leadership Online (A): Barnes & Noble versus Amazon.com." HBS No. 798-063. Boston: Harvard Business Publishing, rev. March 16, 2004.

Ghemawat, Pankaj, and Stephen Bradley. "Wal-Mart Stores in 2003." HBS No. 704-430. Boston: Harvard Business Publishing, rev. January 30, 2004.

Govindarajan, Vijay, and Chris Trimble. *Ten Rules for Strategic Innovators: From Idea to Execution.* Boston: Harvard Business Review Press, 2005.

Grossman, Gene, and Carl Shapiro. "Informative Advertising with Differentiated Products." *The Review of Economic Studies,* 51, no. 1 (1984): 63—81.

Guinan, Eva C., Kevin J. Boudreau, and Karim R. Lakhani. "Experiments in Open Innovation at Harvard Medical School." *MIT Sloan Management Review* 54, no. 3 (Spring 2013): 45—52.

Hagiu, Andrei. "Strategic Decisions for Multisided Platforms." *MIT Sloan Management Review,* Winter 2014.

Hagiu, Andrei, and Simon Rothman. "Network Effects Aren't Enough." *Harvard Business Review,* April 2016.

Hendricks, Ken, and Alan Sorensen. "Information and the Skewness of Music Sales." *Journal of Political Economy* 117, no. 2 (April 2009): 324.

Henry, Jeff. *The Year Yellowstone Burned: A Twenty-Five-Year Perspective.* Lanham, MD: Taylor Trade Publishing, 2015.

Hill, Benjamin Mako. "Almost Wikipedia: What Eight Early Online Collaborative Encyclopedia Projects Reveal About the Mechanisms of Collective Action." In *Essays on Volunteer Mobilization in Peer Production.* Ph.D. diss., Massachusetts Institute of Technology, 2013.

Interactive Advertising Bureau. IAB Internet Advertising Revenue Report: 2013 Full Year Results. 2014.

———. IAB Internet Advertising Revenue Report: 2012 Full Year Results. 2013.

Isaacson, Walter. *Steve Jobs.* New York: Simon & Schuster, 2011.

Katz, Michael, and Carl Shapiro. "Network Externalities, Competition, and Compatibility." *American Economic Review,* June 1985.

———. "Systems Competition and Network Effects." *Journal of Economic Perspectives,* Spring 1994.

———. "Technology Adoption in the Presence of Network Externalities." *Journal of Political Economy,* August 1986.

Kauffman, Stuart. *The Origins of Order: Self-Organization and Selection in Evolution.* Oxford: Oxford University Press, 1993.

Keating, Gina. *Netflixed: The Epic Battle for America's Eyeballs.* New York: Portfolio/

Penguin, 2012.

Khan, Salman. *The One World Schoolhouse: Education Reimagined.* New York: Twelve, 2013.

Khanna, Tarun, and David Yoffie. "Microsoft–1995 (Abridged)." HBS No. 799-003. Boston: Harvard Business Publishing.

King, Andrew, and Baljir Baatarogtokh. "How Useful Is the Theory of Disruptive Innovation?" *MIT Sloan Management Review,* Fall 2015.

Knittel, Christopher, and Victor Stango. "Celebrity Endorsements, Firm Value, and Reputation Risk: Evidence from the Tiger Woods Scandal." *Management Science* 60, no. 1 (January 2014).

Knopper, Steve. *Appetite for Self-Destruction: The Spectacular Crash of the Record Industry in the Digital Age.* New York: Free Press, 2009.

Krueger, Alan. "The Economics of Real Superstars: The Market for Rock Concerts in the Material World." *Journal of Labor Economics* 23, no. 1 (April 2004): 1—30.

———. "Land of Hope and Dreams: Rock and Roll, Economics, and Rebuilding the Middle Class." Lecture delivered at Rock and Roll Hall of Fame and Museum, June 12, 2013.

Krueger, Alan, and Marie Connolly. "Rockonomics: The Economics of Popular Music." In *Handbook of the Economics of Art and Culture 1,* 667—719. Amsterdam and Boston: Elsevier North-Holland, 2006.

Kumar, Vineet, Bharat Anand, Sunil Gupta, and Felix Oberholzer-Gee. "The *New York Times* Paywall." HBS No. 512-077. Boston: Harvard Business Publishing, rev. January 31, 2013.

Kwak, Mary, and David B. Yoffie. "Apple Computer-1999." HBS No. 799-108. Boston: Harvard Business Publishing, March 1999.

Lafley, A. G., and Roger Martin. *Playing to Win: How Strategy Really Works.* Boston: Harvard Business Review Press, 2013.

Lage, Maureen J., Glenn J. Platt, and Michael Treglia. "Inverting the Classroom: A Gateway to Creating an Inclusive Learning Environment." *Journal of Economic Education* 31, no. 1 (Winter 2000): 30—43.

Lal, Rajiv. "Harrah's Entertainment, Inc." HBS No. 502-011. Boston: Harvard Business Publishing, rev. June 14, 2004.

Lambrecht, Anja, and Catherine Tucker. "When Does Retargeting Work? Information Specificity in Online Advertising." *Journal of Marketing Research* 50, no. 5 (2013): 561—76.

Lang, Larry H. P., and Rene M. Stulz. "Tobin's Q, Corporate Diversification, and Firm Performance." *Journal of Political Economy* 102, no. 6 (December 1994): 1248.

Lashinsky, Adam. *Inside Apple: How America's Most Admired—and Secretive—Company Really Works.* New York: Business Plus, 2012.

Leschly, Stig, et al. "Amazon.com-2002." HBS No. 9-803-098. Boston: Harvard Business Publishing, rev. February 13, 2003.

Levin, R. C., Alvin Klevorick, Richard Nelson, and Sidney Winter. "Appropriating the Returns from Industrial R&D." *Brookings Papers on Economic Activity* (1987): 783—820.

Liebowitz, Stan. "How Reliable Is the Oberholzer-Gee and Strumpf Paper on File-Sharing?" University of Texas at Dallas. Working paper, 2007.

Martin, Gregory, and Ali Yurukoglu. "Bias in Cable News: Persuasion and Polarization." Working paper, May 27, 2016.

McCormack, Mark. *What They Don't Teach You at Harvard Business School: Notes from a Street-Smart Executive.* London: Bantam Press, 1986.

———. *What They Still Don't Teach You at Harvard Business School.* London: Bantam Press, 1990.

McGrath, Rita. "The Problem with Groupon's Business Model." *Harvard Business Review,* July 13, 2011.

Meyer, Philip. *The Vanishing Newspaper: Saving Journalism in the Information Age.* Columbia: University of Missouri Press, 2004.

Milgrom, Paul, and John Roberts. "Complementarities and Systems: Understanding Japanese Economic Organization." *Estudios Económicos* 9, no. 1 (Winter/Spring 1994): 3—42.

———. *Economics, Organization and Management.* Englewood Cliffs, NJ: Prentice-Hall, 1992.

Milkman, Katherine L., Liz Rees-Jones, and Jonah Berger. "The Secret to Online Success: What Makes Content Go Viral." *Scientific American,* April 14, 2015.

Moak, Jacob. "Regulation of the Pay Television Market." *Kentucky Law Journal* 103, no. 2 (January 2015): 291—309.

Moffett, Craig, et al. "The Dumb Pipe Paradox." Bernstein Research, 2006.

———. "U.S. Telecommunications, Cable & Satellite: The Dumb Pipe Paradox, Revisited." Bernstein Research, June 11, 2009.

Mortimer, Julie Holland, Chris Nosko, and Alan Sorensen. "Supply Responses to Digital Distribution: Recorded Music and Live Performances." *Information Economics and Policy* 24, no. 1 (March 2012): 3—14.

Moshkin, Nickolay, and Ron Shachar. "The Asymmetric Information Model of State Dependence." *Marketing Science* 21, no. 4 (2002): 1—20.

Mulligan, Mark. *Awakening: The Music Industry in the Digital Age.* CreateSpace Independent Publishing Platform, May 3, 2015.

Nalebuff, Barry. "Bundling as an Entry Barrier." *Quarterly Journal of Economics* 119, no. 1 (2004): 159—88.

Narayandas, Das, Sunil Gupta, and Rachna Tahilyani. "Flipkart: Transitioning to a Marketplace Model." HBS No. 516-017. Boston: Harvard Business Publishing, rev. March 14, 2016.

National Park Service. "Interagencies Final Report on Fire Management, 1989." nps. gov. October 25, 2000.

———. "The Yellowstone Fires of 1988." nps.gov. 2008.

Negroponte, Nicholas. *Being Digital.* New York: Knopf, 1995.

Nevo, Aviv, John Turner, and Jonathan Williams. "Usage-Based Pricing and the Demand for Residential Broadband." *Econometrica* (forthcoming).

Oberholzer-Gee, Felix. "BuzzFeed—The Promise of Native Advertising." HBS No. 714-512. Boston: Harvard Business Publishing, rev. August 15, 2014.

Oberholzer-Gee, Felix, Bharat N. Anand, et al. "The Economist." HBS No. 710-441.

Boston: Harvard Business Publishing, rev. July 14, 2010.

Oberholzer-Gee, Felix, and Koleman Strumpf. “The Effect of File Sharing on Record Sales.” *Journal of Political Economy* 115, no. 1 (February 2007).

———. “File Sharing and Copyright.” In Josh Lerner and Scott Stern, eds., *Innovation Policy and the Economy.* Chicago: National Bureau of Economic Research, 2010.

O’Reilly, Charles, and Michael Tushman, “The Ambidextrous Organization,” *Harvard Business Review* 82, no. 4 (2004): 74—81.

Palepu, Krishna, Bharat Anand, and Rachna Tahilyani. “Tata Nano—The People’s Car.” HBS No. 710-420. Boston: Harvard Business Publishing, rev. March 28, 2011.

Park, Sangin. “Quantitative Analysis of Network Externalities in Competing Technologies: The VCR Case.” *Review of Economics and Statistics* 86, no. 4 (November 2004): 937—45.

Piskorski, Mikolaj Jan. *A Social Strategy: How We Profit from Social Media.* Princeton, NJ: Princeton University Press, 2014.

Piskorski, Mikolaj Jan, et al. “Facebook.” HBS No. 808-128. Boston: Harvard Business Publishing, rev. March 20, 2014.

Porter, Michael. “The Five Competitive Forces That Shape Strategy.” *Harvard Business Review,* January 2008.

———. “What Is Strategy?” *Harvard Business Review,* November 1, 1996.

Porter, Michael E., and Gregory C. Bond. “Edward Jones.” HBS No. 700-009. Boston: Harvard Business Publishing, rev. June 15, 2000.

Prahalad, C. K., and Gary Hamel. “The Core Competence of the Corporation.” *Harvard Business Review,* May/June 1990.

Rayport, Jeffrey, and Louie Dickson. “Amazon.com (A).” HBS No. 897-128. Boston: Harvard Business Publishing, rev. April 9, 1998.

Reinhardt, Forest, et al. “Patagonia.” HBS No. 711-020. Boston: Harvard Business Publishing, rev. October 19, 2010.

Reinhart, Karen. *Yellowstone’s Rebirth by Fire: Rising from the Ashes of the 1988*

Wildfires. Helena, MT: Farcountry Press, 2008.

Rivkin, Jan. "Imitation of Complex Strategies." *Management Science* 46, no. 6 (June 2000): 824—44.

———. "Key Concepts in a Module on Strategic Failure." HBS No. 706-471. Boston: Harvard Business Publishing, rev. March 21, 2006.

———. "An Options-led Approach to Making Strategic Choices." HBS No. 702-433. Boston: Harvard Business Publishing, December 2001.

———. "Reproducing Knowledge: Replication Without Information at Moderate Complexity." *Organization Science* 12, no. 3 (May—June 2001).

Rob, Rafael, and Joel Waldfogel. "Piracy on the High C's: Music Downloading, Sales Displacement, and Social Welfare in a Sample of College Students." *Journal of Law and Economics,* 49, no. 1 (2006): 29—62.

Rochet, Jean-Charles, and Jean Tirole. "Platform Competition in Two-Sided Markets." *Journal of the European Economic Association* 1, no. 4 (June 2003): 990—1029.

———. "Two-Sided Markets: A Progress Report." RAND *Journal of Economics* 37, no. 3 (Autumn 2006): 645—67.

Rogers, Jim. *The Death and Life of the Music Industry in the Digital Age.* London: Bloomsbury Academic, May 9, 2013.

Rohlfs, Jeffrey. "A Theory of Interdependent Demand for a Communications Service." *Bell Journal of Economics,* no. 1 (Spring 1974): 16—37.

Rosen, Sherwin. "The Economics of Superstars." *American Economic Review* 71, no. 5 (December 1981): 845.

Sahni, Navdeep, and Harikesh Nair. "Native Advertising, Sponsorship Disclosure, and Consumer Deception: Evidence from Mobile Search-Ad Experiments." Working paper.

Salganik, Matthew J., Peter Sheridan Dodds, and Duncan J. Watts. "Experimental Study of Inequality and Unpredictability in an Artificial Cultural Market." *Science,* February 10, 2006.

Seamans, Robert, and Feng Zhu. "Responses to Entry in Multi-Sided Markets: The

Impact of Craigslist on Local Newspapers." *Management Science* 60, no. 2 (February 2014): 476—93.

Shachar, Ron, and Bharat Anand. "The Effectiveness and Targeting of Television Advertising." *Journal of Economics & Management Strategy* 7, no. 3 (Fall 1998): 363—96.

Shapiro, Carl. "Antitrust in Network Industries." United States Department of Justice, March 7, 1996.

Shapiro, Carl, and Hal Varian. *Information Rules; A Strategic Guide to the Network Economy.* Boston: Harvard Business Review Press, 1998.

Shih, Willy, Steve Kaufman, and David Spinola. "Netflix." HBS No. 607-138. Boston: Harvard Business Publishing, rev. April 27, 2009.

Shih, Willy, Howard Yu, and Fang Liu. "WeChat: A Global Platform?" HBS No. 9-615-049. Boston: Harvard Business Publishing, June 17, 2015.

Simpson, Ross. *The Fires of '88: Yellowstone Park and Montana in Flames.* Helena, MT: Farcountry Press, 1989.

Spence, Michael. "Job Market Signaling." *Quarterly Journal of Economics* 87, no. 3 (August 1973): 355—74.

Stone, Brad. *The Everything Store: Jeff Bezos and the Age of Amazon.* Boston: Little, Brown, 2013.

Tadelis, Steven, Chris Nosko, and Thomas Blake. "Consumer Heterogeneity and Paid Search Effectiveness: A Large-Scale Field Experiment." *Econometrica* 83, no. 1 (January 2015): 155—74.

Teixeira, Thales. "A Consumer-Centric Model of Viral Advertising Calibrated on Face-Tracking Data." Harvard Business School Working Paper, March 2014.

———. "The New Science of Viral Ads." *Harvard Business Review,* March 2012.

Tushman, Michael, and C. O'Reilly. *Winning Through Innovation: A Practical Guide to Leading Organizational Change and Renewal.* Boston, MA: Harvard Business School Press, 1997.

Varian, Hal. "Newspaper Economics: Online and Offline." Google Public Policy Blog,

March 2010.

Villalonga, Belén. "Diversification Discount or Premium? New Evidence from the Business Information Tracking Series." *Journal of Finance* 59 (2004): 479—506.

———. "Does Diversification Cause the 'Diversification Discount'?" *Financial Management* 33, no. 2 (2004): 5—27.

Waldfogel, Joel. "File Sharing and Sales Displacement in the iTunes Era," *Information Economics and Policy,* 22, no. 4 (2010): 306—14.

Walton, Sam, and John Huey. *Sam Walton, Made in America: My Story.* New York: Doubleday, 1992.

Watts, Duncan J., and Jonah Peretti. "Viral Marketing for the Real World." *Harvard Business Review,* May 2007.

Williams, James Allen, and Janet L. Yellen. "Commodity Bundling and the Burden of Monopoly." *Quarterly Journal of Economics* 90, no. 3 (August 1976): 475—98.

Winsor, John. *Beyond the Brand: Why Engaging the Right Customers Is Essential to Winning in Business.* Chicago: Dearborn Trade, 2004.

Wolff, Michael. *Television Is the New Television: The Unexpected Triumph of Old Media in the Digital Age.* London: Portfolio, 2015.

Yoffie, David, and Eric Baldwin. "Apple Inc. in 2015." HBS No. 715-456. Boston: Harvard Business Publishing, October 28, 2015.

Yoffie, David, and Renee Kim. "Wal-Mart Update, 2011." HBS No. 711-546. Boston: Harvard Business Publishing, rev. March 1, 2013.

Zakaria, Fareed. *In Defense of a Liberal Education.* New York: Norton, 2015.

Zhu, Feng, and Aaron Smith. "Baidu, Alibaba, and Tencent: The Three Kingdoms of the Chinese Internet." HBS No. 615-039. Boston: Harvard Business Publishing, January 13, 2015.

尾注

NOTES

引言

1988年黄石大火 本节对1988年黄石大火的描述主要来自以下出处：Rocky Barker, *Scorched Earth: How the Fires of Yellowstone Changed America* (Washington, DC: Island Press, 2005); Jeff Henry, *The Year Yellowstone Burned: A Twenty-Five-Year Perspective* (Lanham, MD: Taylor Trade, 2015); Mary Ann Franke, *Yellowstone in the Afterglow: Lessons from the Fires* (Mammoth Hot Springs, WY: National Park Service, 2000); Karen Wildung Reinhart, *Yellowstone's Rebirth by Fire: Rising from the Ashes of the 1988 Wildfires* (Helena, MT: Farcountry Press, 2008); Ross Simpson, *The Fires of '88: Yellowstone Park and Montana in Flames* (Helena, MT: Farcountry Press, 1989); "The Yellowstone Fires of 1988," National Park Service, U.S. Department of the Interior, 2008); Timothy Egan, "Ethic of Protecting Land Fueled Yellowstone Fires," *New York Times*, September 22, 1988; Mike Stark, "A Hellish Day: Yellowstone's Fires Devoured 165,000 Acres on 'Black Saturday,' " *Billings Gazette,* August 16, 2003; "Ex-Firefighter Relives Yellowstone's 'Black Saturday,' " NPR, last modified September 7, 2008, http://www.npr.org/templates/story/story.php?storyId=94324025; Michael Winerip, "Lessons From the Yellowstone Fires of 1988," *New York Times,* September 2, 2013.

一根还在燃烧的烟蒂 Barker, *Scorched Earth; Associated Press,* "Four Charged with Starting North Fork Fire," *Spokesman-Review* (Spokane, WA), January 31, 1989.

黑色星期六 Franke, *Yellowstone in the Afterglow;* "Ex-Firefighter Relives Yellow stone's 'Black Saturday,' " NPR, last modified September 7, 2008.

“像牙签一样咔嚓折断” 引自 *Fire,* Yellowstone National Park: Park Vision, accessed June 6, 2016, http://www.shannontech.com/ParkVision/Yellowstone/Yellow stone17.html.

黄石总面积的20% “The Yellowstone Fires of 1988.”

“巴比烤” Barker, *Scorched Earth,* p. 7.

“烧呀，宝贝，接着烧” J. Carrier, “Burn, Baby, Burn,” *Denver Post,* August 28, 1988, 13A.

“如此之久” *NBC Nightly News* transcript, September 7, 1988, as reported in Barker, *Scorched Earth,* p. 213.

“塔基不会允许” Barker, *Scorched Earth,* p. 199.

任其燃烧 出处同上，p. 190.

推土机推出 出处同上，pp. 199—200.

“铃儿响叮当” William C. Everhart, *Take Down Flag and Feed Horses* (Champaign, IL: University of Illinois Press, 1998), p. 195.

130万英亩 Gabe Fuentes, “Agoura Fire Plan Goes Up in Yellowstone's Smoke,” *Los Angeles Times,* September 22, 1988; Barker, *Scorched Earth,* p. 220; Reinhart, *Yellowstone's Rebirth by Fire,* p. 6.

200多万吨颗粒物 Barker, *Scorched Earth,* p. 220.

“火势扩散速度将……大幅减慢” 出处同上，p. 205.

Winerip, “Lessons from the Yellowstone Fires.”

毁灭性影响 Rinehart, *Yellowstone's Rebirth by Fire,* pp. 88—98; Barker, *Scorched Earth.*

阿拉伯之春 “The Arab Spring: A Year of Revolution,” *NPR,* December 17, 2011, accessed June 6, 2016, http://www.npr.org/2011/12/17/143897126/the-arab-spring-a-year-of-revolution; 之后《卫报》报道称，“掌掴”实际上并未发生：Elizabeth Day, “Fedia Hamdi's Slap Which Sparked a Revolution 'Didn't Happen,'” *Guardian*, April 23, 2011; “The Slap That Sparked a Revolution,” *Guardian*, May 14, 2011.

绝食抗议 D. K. Singh, “Making Peace with Political Class: The Story Behind the Consensus Over Lokpal Bill,” *Indian Express,* December 18, 2013; Ishaan Tharoor, “10. Anna Hazare's Hunger Fasts Rock India,” *Time,* December 7, 2011; Chandrahas Choudhury, “Indians Divide Over Policing a Watchdog: World View,” *Bloomberg View,* June 21, 2011; Sandeep Phukan and Sunil Prabhu, “Lokpal Bill Passed in Lok Sabha, but No Constitutional Status,” *NDTV,* last modified December 28, 2011.

40美元滞纳金 Willy Shih et al., “Netflix,” HBS No. 607-138 (Boston: Harvard Business School Publishing, rev. April 27, 2009); 一些叙述对40美元滞纳金的真实性提出了质疑，认为它是网飞虚构出来的故事，参见 Gina Keating, *Netflixed: The Epic Battle for America's Eyeballs* (New York: Portfolio/Penguin, 2012).

百视达选择 Greg Satell, “A Look Back at Why Blockbuster Really Failed and Why It Didn't Have To,” *Forbes,* September 5, 2014; Luis Alfonso Dau and David T. A. Wesley, “Netflix Inc.: Streaming Away from DVDs,” Northeastern University College of Business Administration no. W12850, April 5, 2012, via Harvard Business Publishing.

机会早在多年前就出现了 Bharat N. Anand et al., “eReading: Amazon's Kindle,” HBS No. 709-486 (Boston: Harvard Business Publishing, February 27, 2009).

下降了大约50% David Goldman, “Music's Lost Decade: Sales Cut in Half,” *CNN Money,* February 3, 2010; Tyler Durden, “How iTunes Destroyed the Music Business in 1 Simple Chart,” ZeroHedge.com, May 24, 2015.

更是锐减 Varian, “Google: Newspaper Economics,” Federal Trade Commission, rev. March 13, 2010; Michael Barthel, “Newspapers: Fact Sheet,” Pew Research Center, April 29, 2015; Vineet Kumar, Bharat N. Anand, et al., “The *New York Times* Paywall,” HBS No. 512-077 (Boston: Harvard Business Publishing, rev. January 31, 2013).

纷纷倒闭 Josh Sanburn, “5 Reasons Borders Went Out of Business (and What Will Take Its Place),” *Time,* July 19, 2011; Derek Thompson, “Books, Borders and Beyond: How Digital Tech Is Changing Retail,” *Atlantic,* July 20, 2011; Ben Sisario, “Record Stores Fight to Be Long-Playing,” *New York Times,* April 18, 2008.

为电视付费 Keach Hagey, “Cord-Cutting Is Accelerating,” *Wall Street Journal,* December 10, 2015.

电影院相继倒闭 Dorothy Pomerantz, “How Subscriptions Could Save Small Movie Theaters,” *Forbes,* October 22, 2014.

是个常见得多的起因 “The Yellowstone Fires of 1988.”

有文字记载的112年历史上 National Park Service, *Yellowstone in the Afterglow;* Egan, “Ethic of Protecting Land Fueled Yellowstone Fires.”

以异乎寻常的速度 出处同上。

几十年来火灾管理政策发展的结果 Barker, *Scorched Earth,* pp. 7—8.

Harris率领部队 出处同上，p. 4.

形成了独立的游览区域 出处同上，p. 65.

Aldo Leopold Barker 这样描述了Leopold通过一系列试验恢复被侵蚀的草原的结果：“大火爆开并释放出了本地的植物种子，使其得以萌发、茁壮生长。大火发生前顽强地入侵到这一地区的树苗和灌木被火烧死。经历了数百年频繁火灾并不断进化的近300种草原植物取代了入侵杂草，重新取得了对这一地区的控制。” Barker, *Scorched Earth,* p. 141.

减少动物种群数量……需求 出处同上，p. 165.

“在各种……方法中” Leopold, A.S., S.A. Cain, C.M. Cottam, I.N. Gabrielson, and T.L. Kimball, “Wildlife Management in the National Parks: The Leopold Report,” National Park Service, March 4, 1963.

牢牢地扎了根 公园管理局1970年颁布的新火灾管理政策指出：“栖息地内是否存在自然火，是促成本地动植物长久延续的生态因素之一。由自然原因引起的植被火，属自然现象，若有助于实现经批准的植被和/或野生生物管理目标，则可放任其燃烧。” (Barker, *Scorched Earth,* p. 168.)

在1972年到1987年 Egan, “Ethic of Protecting Land Fueled Yellowstone Fires.” Rinehart, *Yellowstone's Rebirth by Fire,* p. 17.

巴比任由大火燃烧 Barker, *Scorched Earth,* p. 190.

“爆炸出大量种子” Rinehart, *Yellowstone's Rebirth by Fire,* p. 90.

“15英尺高的美国黑松” Barker, *Scorched Earth,* p. 248; “Interagencies Final Report on Fire

Management, 1989," nps.gov, October 25, 2000; Lary M. Dilsaver, ed., *America's National Park System: The Critical Documents* (Lanham, MD: Rowman & Littlefield, 1994).

"从灰烬中" 大火发生后的几年里，自然火管理政策开始受到严格审查。但几年后，一个由农业部长任命的"火灾管理政策评审小组"得出了详细的评审结果，指出在规定情况下允许自然火燃烧的目标确乎合理，只不过政策需要改进完善，以确保大火是在"预先确定的条件"下燃烧。(*Report on Fire Management Policy: Departments of Agriculture and Interior,* December 14, 1988; 另见 Barker, *Scorched Earth,* pp. 220—21). 条件之一是不允许自然火和计划火在干旱年份燃烧。

"重生，重建，重新焕发生机" Rinehart, *Yellowstone's Rebirth by Fire,* p. 8.

900多个频道 "Industry Data," NCTA, accessed April 15, 2016, https:// www.ncta.com/industry-data.

上传到YouTube Anthony Wing Kosner, "YouTube Turns Seven Today, Now Uploads 72 Hours of Video Per Minute," *Forbes,* May 21, 2012; Susan Gunelius, "The Data Explosion in 2014 Minute by Minute," ACI Information Group, Featured Post, July 12, 2014. 这些内容很多都被称为"长尾"内容：参见 Chris Anderson, *The Long Tail: Why the Future of Business Is Selling Less of More* (New York: Hyperion Books, 2008).

5艾字节……数据 San Diego Supercomputer Center, accessed July 9, 2016, http://www.sdsc.edu/news_and_events/press_kit.html.

图1 由作者所建。感谢Dee Jeong帮助制作插图。

数字转型 Bharat N. Anand and Sophie Hood, "Schibsted," HBS No. 707-474 (Boston: Harvard Business Publishing, April 16, 2007).

2013年的付费墙尝试 Vineet Kumar, Bharat N. Anand, Sunil Gupta, and Felix Oberholzer-Gee, "The *New York Times* Paywall," HBS No. 512-077 (Boston: Harvard Business Publishing, rev. January 31, 2013).

"我们不知道" Richard Caves把这称作创意行业的"无人知晓"公理，参见 Richard E. Caves, *Creative Industries: Contracts Between Art and Commerce* (Cambridge: Harvard University Press, 2002).

"就算你搬来整个美国陆军" Associated Press, "Yellow stone Fires Grow," *Livingston Enterprise,* August 23, 1988.

第一部分

Schibsted董事会正开会 此处和本书其余部分有关Schibsted的信息主要来自以下出处：Bharat Anand and Sophie Hood, "Schibsted," HBS No. 707-474 (Boston: Harvard Business School Publishing, April 16, 2007); Schibsted年度报告，所列的多个公共信息来源，以及对多位公司主管的访谈。衷心感谢Schibsted以下主管几年来（2006年11月、2007年3月、2013年4月、2013年10月、2014年1月，以及电子邮件通信）接受我的采访：谢尔·阿莫特、Frode Eilertsen、Christian Printzell Halvorsen、埃斯蓬·埃吉尔·汉森、Jan Helin、Eduardo Jacucci、Birger Magnus、斯维勒·芒克、托里·佩德森、罗尔夫-埃里克·里斯达尔、泰耶·塞耶瑟斯、罗伯特·斯蒂恩、董事长欧勒·雅各布·桑德以及卡尔-尼克莱·韦斯曼。

"一切都出了问题" 2006年11月对Kjell Aamot的访谈。

"谁杀死了报纸？" "Who Killed the Newspaper?" *Economist,* August 24, 2006.

"为传统媒体的式微默哀" David Carr, "Mourning Old Media's Decline." *New York Times,* October 28, 2008.

线上业务开始盈利 Carol Matlack, "Norway's Schibsted: No. 3 in Online Classifieds," *Bloomberg Businessweek,* last modified October 14, 2010.

营业利润的35% "More Media, Less News," *Economist,* April 24, 2006.

扭亏为盈 Anand and Hood, "Schibsted."

几乎占集团总营业利润的60% *Schibsted Media Group: Annual Report 2011.*

中国的虚拟巨人 本节和本书其余部分有关腾讯的信息主要来自以下出处：腾讯年度报告；*Inside Tencent* (Beijing: Plus Eight Star, 2009); Ali Farhoomand and Elsha Yiu, "Tencent's Business Model," University of Hong Kong case number HK 1003 (through Harvard Business Publishing); Feng Zhu and Aaron Smith, "Baidu, Alibaba, and Tencent: The Three Kingdoms of the Chinese Internet," HBS No. 615-039 (Boston: Harvard Business Publishing, January 13, 2015); Willy Shih, Howard Yu, and Fang Liu, "WeChat: A Global Platform?" HBS No. 615-049 (Boston: Harvard Business Publishing, June 17, 2015); Marketline (London, May 2013), Jefferies (London, February 2013 and March 2013), J. P. Morgan (New York, April 2013) 等多份对腾讯控股有限公司的分析报告，以及下面所列的多个公共信息来源。衷心感谢腾讯的多位主管在2012年11月和2013年11月接受我的采访，特别感谢腾讯网络媒体事业群总编陈菊红的安排。利益披露：我曾于2013年受邀在腾讯网络媒体事业群成立10周年庆祝大会上有偿发表主题演讲《重塑媒体：新闻业的教训》。

马化腾和张志东 Arianna Huffington, "Pony Ma," *Time,* April 23, 2014; "Tencent's Ma Becomes China's Second-Richest Man on WeChat Mania," *Bloomberg Business;* Dorinda Elliott, "Tencent the Secretive, Chinese Tech Giant That Can Rival Facebook and Amazon," *Fast Company,* April 17, 2014.

给本地电信运营商和寻呼中心 Farhoomandr and Yiu, "Tencent's Business Model."

模仿西方 Huffington, "Pony Ma"; "Tencent's Ma Becomes China's," *Bloomberg Business;* Elliott, "Tencent the Secretive"; "An Internet with Chinese Characteristics," *Economist,* July 30, 2011.

美国在线（AOL）的ICQ Elliott, "Tencent the Secretive"; "AOL Acquires Instant Message Firm," *CNET,* June 8, 1998; "ICQ Celebrates 100 Million Registered Users," TimeWarner, May 9, 2001; Nikhil Celly and W. H. Lo, "Tencent: Expanding from China to the World," University of Hong Kong case no. HK1009, June 21, 2013.

如聊天室和移动服务 Elliott, "Tencent the Secretive"; Zhu and Smith, "Baidu, Alibaba, and Tencent: The Three Kingdoms of the Chinese Internet"; Celly and Lo, "Tencent"; "Internet Value-Added Service," Tencent, 2016.

减慢它前进的步伐 Bruce Einhorn, "Tencent: March of the Penguins," *Bloomberg Business,* April 4, 2011.

于一身……且全部免费 "Walkie Talkie," WeChat, 2015; Ryan Bushey, "300 Million People Use

WeChat to Text with Strangers, but Most Americans Probably Haven't Heard of It," *Business Insider,* December 16, 2013; Willy Shih et al., "WeChat: A Global Platform?"

比领英和推特加起来 腾讯、领英和推特的年度报告。

Hal Varian Hal Varian, "Newspaper Economics: Online and Offline," Google Public Policy Blog, March 2010; "Newspaper Economics: Online and Offline," presentation to Federal Trade Commission, March 9, 2010.

从20世纪80年代开始 "Demographic Trends in the 20th Century: Census 2000 Special Reports," United States Census Bureau, last modified November 2002.

总读报人数 Hal Varian, "Newspaper Economics."

下降了20% 美国报业协会。

74%……全部 出处同上。

图4 数据来自美国报业协会多个年份的资料；皮尤研究中心（stateofthemedia.org）多个年份的资料；美国人口调查局；Statista。感谢Carolyn Brown帮助收集数据。

每年只下降0.5% 数据来自《纽约时报》季度和年度报告。

"对通信服务的相互依赖的需求理论" Jeffrey Rohlfs, "A Theory of Interdependent Demand for a Communications Service," *Bell Journal of Economics,* no. 1 (Spring 1974): 16—37.

Richard Schmalensee Richard Schmalensee, "Jeffrey Rohlfs' 1974 Model of Facebook: An Introduction with A Theory of Interdependent Demand for a Communications Service by Jeffrey Rohlfs," *Competition Policy International* 7, no. 1 (Spring 2011).

苹果……正面交锋 David Yoffie and Eric Baldwin, "Apple Inc. in 2015," HBS No. 715-456 (Boston: Harvard Business Publishing, October 28, 2015); Erik Sandberg-Diment, "Personal Computers; Hardware Review: Apple Weighs In with Macintosh," *New York Times,* January 24, 1984; Michael Rogers, "Will Apple's Macintosh Beat IBM?" *Newsweek,* January 30, 1984.

观看次数最多的……之一 Jacquelyn Smith, "Experts and Viewers Agree: Apple's '1984' is the Best Super Bowl Ad of All Time," *Forbes,* January 30, 2012.

"个人电脑刚开始" 衷心感谢卡尔·夏皮罗在2014年11月接受我的采访。

网络化市场的反垄断政策 Carl Shapiro, "Antitrust in Network Industries," United States Department of Justice, March 7, 1996; 更多关于网络效应的早期文献，参见 Michael Katz and Carl Shapiro, "Network Externalities, Competition, and Compatibility," *American Economic Review,* June 1985; Michael Katz and Carl Shapiro, "Technology Adoption in the Presence of Network Externalities," *Journal of Political Economy,* August 1986; Joseph Farrell and Carl Shapiro, "Dynamic Competition with Switching Costs," RAND Journal of Economics, Spring 1988; Michael Katz and Carl Shapiro, "Product Introduction with Network Externalities," *Journal of Industrial Economics,* March 1992; and Michael Katz and Carl Shapiro, "Systems Competition and Network Effects," *Journal of Economic Perspectives,* Spring 1994. 早期对网络化市场战略的全面论述，参见 Carl Shapiro and Hal Varian, *Information Rules: A Strategic Guide to the Network Economy* (Boston: Harvard Business Review Press, 1998).

“我们靠网络外部性寻找机会” Tarun Khanna and David Yoffie, “Microsoft–1995 (Abridged),” HBS No. 799-003 (Boston, MA: Harvard Business Publishing), July 1998.

VHS……战胜Betamax Stanley M. Besen and Joseph Farrell, “Choosing How to Compete: Strategies and Tactics in Standardization,” *Journal of Economic Perspectives* 8, no. 2 (Spring 1994): 117–31; Sangin Park, “Quantitative Analysis of Network Externalities in Competing Technologies: The VCR Case,” *Review of Economics and Statistics* 86, no. 4 (November 2004): 937–45; Hiroshi Ohashi, “The Role of Network Effects in the US VCR Market, 1978—1986,” *Journal of Economics & Management Strategy* 12, no. 4 (Winter 2003): 447—94.

人们……下载它 Matthew J. Salganik, Peter Sheridan Dodds, and Duncan J. Watts, “Experimental Study of Inequality and Unpredictability in an Artificial Cultural Market,” *Science,* February 10, 2006.

他向我讲述了这些事件 衷心感谢斯考特·库克在2014年5月接受我的采访（所有引自他的话均来自这次访谈）。

雅虎拍卖最终关门大吉 “Yahoo Plans to Close U.S. Auction Site,” *New York Times,* May 9, 2007.

“这个沙盒里只有我一个人” Hayley Tsukayama, “Google Plus Review: Fun, Interesting, and Totally Empty,” *Washington Post,* June 30, 2011.

Facebook推出“Facebook平台” Mikolaj Jan Piskorski et al., “Facebook,” HBS No. 808-128 (Boston: Harvard Business Publishing, rev. March 20, 2014); Michael Arrington, “Facebook Responds to MySpace with Facebook Connect,” Tech Crunch, May 9, 2008.

集市 Stig Leschly et al., “Amazon.com-2002,” HBS No. 803-098 (Boston: Harvard Business Publishing, November 21, 2002).

“应用商店” John Markoff and Laura M. Holson, “Apple's Latest Opens a Developers' Playground,” New York Times, July 10, 2008.

到逾10亿人 Barbara Ortutay, “Facebook Tops 1 Billion Users,” Associated Press, October 4, 2012; Julie Sloane, “Facebook Got Its $15 Billion Valuation—Now What?” *Wired,* October 26, 2007. Arrington, “Facebook Responds”; Brad Stone, “Face book Aims to Extend Its Reach Across the Web,” *New York Times,* November 30, 2008; Charlene Li, “Facebook Connect—Another Step to Open Social Networks,” *Harvard Business Review,* May 17, 2008.

iPhone用户 “iPhone App Store Downloads Top 10 Million in First Weekend,” Apple.com, July 14, 2008.

当它把服务限制在 Judd Cramer and Alan Krueger, “Disruptive Change in the Taxi Business: The Case of Uber,” National Bureau of Economic Research, Working Paper No. 22083, March 2016.

“产品”型策略与“平台”型策略 另见 Jean-Charles Rochet and Jean Tirole, “Platform Competition in Two-Sided Markets,” *Journal of the European Economic Association* 1, No. 4 (June 2003), 990–1039; Mark Armstrong, “Competition in Two-Sided Markets,” *RAND Journal of Economics,* 37, no. 3 (Autumn 2006), 668–91; Jean-Charles Rochet and Jean Tirole, “Two-Sided Markets: A Progress Report,” *RAND Journal of Economics,* 37, no. 3 (Autumn 2006), 645—67.

在1996年 Nick Statt, "Rare Pokemon Card Attracts Record-Breaking $50k Offers on eBay," *CNET,* September 5, 2013.

间接的网络效应 Andrei Hagiu, "Strategic Decisions for Multisided Platforms," *MIT Sloan Management Review,* Winter 2014; Andrei Hagiu and Simon Rothman, "Net work Effects Aren't Enough," *Harvard Business Review,* April 2016; and Rita McGrath, "The Problem with Groupon's Business Model," *Harvard Business Review,* July 13, 2011.

Schibsted 本节和本书其余部分有关Schibsted的信息主要来自前文所列出处。

"请容我离题" 引自斯维勒·芒克的这句话和其他话均来自2006年11月、2013年4月和2013年10月的访谈以及电子邮件通信。

早在1995年 Anand and Hood, "Schibsted."

泰耶·塞耶瑟斯 引自泰耶·塞耶瑟斯的这句话和其他话均来自2006年11月和2013年10月的访谈。

罗伯特·斯蒂恩 所有引自罗伯特·斯蒂恩的话均来自2006年11月的访谈。

几年后……与雅虎 Miguel Helft and Steve Lohr, "176 Newspapers to Form a Partnership with Yahoo," *New York Times,* November 20, 2006; Anand and Hood, "Schibsted."

"了解业务……的人" 2006年11月对泰耶·塞耶瑟斯的访谈。

"广告部门" 出处同上。

"忘掉……某些行为" V. G. Govindarajan and Chris Trimble, *Ten Rules for Strategic Innovators: From Idea to Execution* (Boston: Harvard Business Review Publishing, 2005) 描述了"忘记、学习、借鉴"的理念，它与 Michael Tushman and Charles O'Reilly in *Winning Through Innovation: A Practical Guide to Leading Organi zational Change and Renewal* (Boston: Harvard Business Publishing, 1997) 和 Charles O'Reilly and Michael Tushman, "The Ambidextrous Organization," *Harvard Business Review* 82, no. 4 (2004): 74—81 所描述的"双元组织"有异曲同工之处。

互联网泡沫破裂 Anand and Hood, "Schibsted."

"不到一年" 2006年11月对罗伯特·斯蒂恩的访谈。

115%的市场份额 Schibsted年度报告。

"我们以为Blocket" 引自罗尔夫-埃里克·里斯达尔的这句话和其他话均来自2013年10月的访谈。

"如今估值" 出处同上，以及2016年7月与斯维勒·芒克的电子邮件通信。

"我们自己的Finn模式" Finn模式在奥地利也取得了成功，在Finn的技术和它的企业对消费者（B2C）的市场进入策略的基础上，与当地媒体公司Styria Medien集团于21世纪头10年中期成立了一家合资企业。按照斯维勒·芒克的说法，奥地利"证明了以这一技术和市场进入策略迅速扩大全球规模并非不可能之事"（2016年7月1日的电子邮件通信）。

"延迟管理" 2013年10月对泰耶·塞耶瑟斯的访谈。

合并了它们……的分类广告 Naspers现任CEO Bob Van Dijk，2007—2008年在Schibsted任职。

"我们仍……不确定" 2014年11月对卡尔·夏皮罗的访谈。

"我们最初是个非常小的团队" 除非另有说明，否则本节的所有引述均来自2013年10月对埃斯蓬·埃吉尔·汉森的访谈。

《创新者的窘境》 Clayton M. Christensen, *The Innovator's Dilemma: When New Technologies Cause Great Firms to Fail* (Boston: Harvard Business School Publishing, 1997).

“是分版块的” 2007年3月对托里·佩德森的访谈；另见 Anand and Hood, “Schibsted.” 内有对网络版和纸质版差别的描述。

ESPN Paul Melvin, “ESPN Launching New ESPN.com on Site's 20th Anniversary,” *ESPN Media Zone,* March 31, 2015.

包括《纽约时报》在内 Anand and Hood, “Schibsted.”

《纽约时报》付费墙 衷心感谢《纽约时报》以下主管在2013年4月、2013年10月、2014年4月和2016年3月接受我的采访：马丁·尼森霍尔茨、大卫·珀皮奇、保罗·斯穆尔和丹尼斯·沃伦。本节和本书其余部分有关《纽约时报》的信息主要来自这些访谈和以下出处：Vineet Kumar, Bharat Anand, Sunil Gupta, and Felix Oberholzer-Gee, “The *New York Times* Paywall,” HBS No. 512-077 (Boston: Harvard Business Publishing, rev. January 31, 2013)，公司季度和年度报告，以及引用的多个相关公共信息来源。

根据……确定……的决定 向不同的消费者收取不同的费用通常被经济学家称为“价格歧视”。设计价格歧视策略的挑战之一就是要确保消费者更喜欢为他们（而不是为其他消费群体）设计的捆绑定价——这在定价难题中被称为“激励兼容约束”。要确保激励兼容，就必须仔细了解不同消费者的偏好和购买决定之间的相互作用。

“拍脑门儿” 2013年11月对丹尼斯·沃伦的访谈。

“这一次的组织方式……不同于” 引自马丁·尼森霍尔茨的这句话和其他话均来自2013年4月的访谈。

“我们正……走出来” 引自丹尼斯·沃伦的这句话和其他话均来自2013年11月的访谈。

不会愿意为网上内容付费 Kumar, et al., “The *New York Times* Paywall.”

许多观察者持批评态度 Jason Rosenfeld, “*The New York Times*' Baffling On line Strategy,” *Silicon Exit,* July 5, 2015.

“大部分” 2013年4月对马丁·尼森霍尔茨的访谈和2013年10月对丹尼斯·沃伦的访谈。

Richard Fairbank和Nigel Morris 对第一资本策略的描述主要来自 Bharat Anand et al., “Capital One Financial Corp.,” HBS No. 700-124 (Boston: Harvard Business School Publishing, April 24, 2000).

美国……金融服务公司 “Capital One Earns Place on Fortune 500,” *Capital One,* April 14, 2013.

“有的‘翻墙’方法” 引自大卫·珀皮奇的这句话和其他话均来自2014年4月的访谈。

“人们会愿意为数字……付费吗” 引自保罗·斯穆尔的这句话和其他话均来自2014年4月的访谈。

“商品捆绑” William James Allen and Janet L. Yellen, “Commodity Bundling and the Burden of Monopoly,” *Quarterly Journal of Economics* 90, no. 3 (August 1976): 475—98. 另见 Adam Brandenburger and Barry Nalebuff, *Co-opetition* (New York: Currency Doubleday, 1997), pp. 250—51, 内有对价格歧视捆绑的更通俗的论述。尽管价格歧视把蛋糕做大了，但捆绑也被分析为是一种进入壁垒。参见 Barry Nalebuff, “Bundling as an Entry Barrier,” *Quarterly Journal of Economics* 119, no. 1 (2004): 159—88.

40亿段视频 Edmund Ingham, “4B vs. 7B: Can Facebook Overtake YouTube as No. 1 for Video Views and Advertisers,” *Forbes,* April 28, 2015.

“掐线族” Keach Hagey, “Cord-Cutting Is Accelerating,” *Wall Street Journal,* December 10, 2015; “Americans Cutting the Cable TV Cord at Increasing Pace,” *eMarketer,* December 10, 2015.

“一旦爆发便势不可当” Vikas Bajaj, “Ready to Cut the Cord?” *New York Times,* April 6, 2013.

五大运营商 2016年5月，Charter与时代华纳有线合并，成为美国第二大有线电视供应商。

“改变了音乐” 衷心感谢阿里·尤鲁克格鲁在2014年1月接受我的采访（引自他的这句话和其他话均来自这次访谈）。

Sling TV “Sling TV to Launch Live, Over-the-Top Service for $20 Per Month; Watch on TVs, Tablets, Computers, Smartphones, Game Consoles,” Dish.com, January 5, 2015; Emily Steel, “Dish Network Unveils Sling TV, a Streaming Service to Rival Cable (and It Has ESPN),” *New York Times,* January 5, 2015.

哥伦比亚广播公司（CBS）宣布 Sarah Perez, “CBS Announces Its Own Live TV and Streaming Service, CBS All Access,” *Tech Crunch,* October 16, 2014; Emily Steel, “Cord-Cutters Rejoice: CBS Joins Web Stream,” *New York Times,* October 16, 2014.

家庭影院（HBO）也发布了类似公告 Steel, “Cord-Cutters Rejoice.”

“最负盛名的电视网” Derek Thompson, “First HBO, Then CBS: The Cable Bundle Is Slowly Coming Apart,” *Atlantic,* October 16, 2014.

“捆绑销售没有任何前途” Victor Luckerson, “The Cable-TV Bundle is Finally Starting to Unravel,” *Time,* October 16, 2014.

各自得出了一些了不起的认识 相关论文有 Gregory S. Crawford and Ali Yurukoglu, “The Welfare Effects of Bundling in Multichannel Television Markets,” *American Economic Review* 102, no. 2 (April 2012): 643–85; Dmitri Byzalov, “Unbundling Cable Television: An Empirical Investigation,” working paper, July 2010. 另见 Jacob Moak, “Regulation of the Pay Television Market,” *Kentucky Law Journal* 103, no. 2 (January 2015): 291–309.

一份商业刊物 Jim Edwards, “TV Is Dying, and Here Are the Stats That Prove It,” *Business Insider,* November 24, 2013.

“哑管悖论” 参见 Craig Moffett et al., “The Dumb Pipe Paradox,” Bernstein Research, 2006; and Craig Moffett et al., “U.S. Telecommunications, Cable & Satellite: The Dumb Pipe Paradox, Revisited,” Bernstein Research, June 11, 2009.

“明显违反直觉” 衷心感谢克雷格·墨菲特在2015年3月和6月接受我的采访（所有引自墨菲特的话均来自这些访谈）。

一些规模较小的有线电视公司 Victor Luckerson, “This Small Cable Operator May Help Unravel the Pay TV Industry,” *Time,* October 1, 2014; Mari Silbey, “Is Dumb Pipe the Smart Move?” Light Reading, October 2, 2014, accessed June 7, 2016, http://www.lightreading.com/video/video-services/is-dumb-pipe-the-smart-move/d/d-id/711207.

Starz把……价格提高了 Julianne Pepitone, "Starz Videos Disappear from Netflix," *CNN Money,* February 29, 2012.

全部……的……35% Todd Spangler, "Netflix Streaming Eats Up 35% of Downstream Internet Traffic: Study," *Variety,* November 20, 2014; Adam Epstein, "Netflix Now Accounts for 35% of Bandwidth Usage in the US and Canada," *Quartz,* November 20, 2014.

无须额外费用 Michael Learmonth, "TV Everywhere—As Long As You Pay for It," *Advertising Age,* March 2, 2009; Andrew Hampp, "8 Things You Should Know About TV Everywhere," *Business Insider,* October 28, 2009.

从300美元暴跌至58美元 Emily Steel, "Netflix, Growing, Envisions Expansion Abroad," *New York Times,* July 21, 2014; Yahoo! Finance stock quotes.

网飞打了个漂亮的翻身仗 Julia Greenberg, "Netflix Is So Hot Because It Gives Us What We Want: TV," *Wired,* July 2, 2015.

时代华纳有线推出 Moffett的访谈；另见 Tom Lowry, "Time Warner Cable Expands Internet Usage Pricing," *Bloomberg,* March 31, 2009; Martin H. Bosworth, "Time Warner Cable Backs Down on Bandwidth Caps," *Consumer Affairs,* April 16, 2009.

巨型合并……450亿美元 Emily Steel et al., "Comcast Is Said to End $45 Billion Bid for Time Warner Cable," *New York Times,* April 23, 2015.

"使行业监管加快了10年" 墨菲特的访谈。

推出基于使用量的定价模式 墨菲特的访谈。对基于使用量的定价的少数几个学术研究之一是 Aviv Nevo, John Turner, and Jonathan Williams, "Usage-Based Pricing and the Demand for Residential Broadband," *Econometrica* (forthcoming). 他们用当前定价方案下的宽带使用量数据来估计基于使用量的多种定价方案实施后各自会发生什么情况。另见 "Moving Towards Usage-Based Pricing," report by Cisco Internet Business Solutions Group, March 2013; Bruce Upbin, "The Netflix Effect: Results from a Revealing Study in Canada," *Forbes,* January 7, 2011; Gillian Shaw, "Netflix and Usage-Based Billing: Does It Make a Difference to Your Internet Bill?" *Vancouver Sun,* January 27, 2011; Alex Sherman, "Netflix Viewing Seen Swelling U.S. Cable Bills Next Year: Tech," *Bloomberg Business,* November 30, 2011; David Lieberman, "Netflix Prepares to Respond as Broadband Providers Push Usage-Based Pricing," *Deadline,* September 25, 2013, accessed June 2016, http://deadline.com/2013/09/netflix-prepares-to-respond-as-broadband-providers-push-usage-based-pricing-596302.

"那个让宇航员在太空中活下去的家伙" 衷心感谢卡尔姆·拉卡尼在2013年12月接受我的采访。

NASA举行了为期两周的比赛 Kevin J. Boudreau and Karim R. Lakhani, "The Confederacy of Heterogeneous Software Organizations and Heterogeneous Developers: Field Experimental Evidence on Sorting and Worker Effort," in Josh Lerner and Scott Stern, eds., *The Rate and Direction of Inventive Activity Revisited* (Chicago: University of Chicago Press, 2012), pp. 483—502.

Bara Reyna 来自2016年6月与Lakhani的电子邮件通信。

这场比赛 Eva C. Guinan, Kevin J. Boudreau, and Karim R. Lakhani, “Experiments in Open Innovation at Harvard Medical School,” *MIT Sloan Management Review* 54, no. 3 (Spring 2013): 45—52.

“如果你认为社群” 衷心感谢阿尼尔·达什在2013年12月接受我的采访。本节所有引自达什的话均来自这次访谈。

马可·希尔注意到了 本杰明·马可·希尔，“Almost Wikipedia: What Eight Early Online Collaborative Encyclopedia Projects Reveal About the Mechanisms of Collective Action,” in *Essays on Volunteer Mobilization in Peer Production* (Ph.D. diss. Massachusetts Institute of Technology, 2013). 衷心感谢本杰明·马可·希尔在2014年1月接受我的采访。本节所有引自马可·希尔的话均来自这次访谈。

维基百科的规范 衷心感谢Alan Wu对维基百科规范的极为翔实的描述，2016年4月的访谈。

就在它的标题里 Anil Dash, “If Your Website's Full of Assholes, It's Your Fault,” anildash.com: A Blog About Making Culture, July 20, 2011, accessed June 9, 2016, http://anildash.com/2011/07/if-your-websites-full-of-assholes-its-your-fault.html.

亚马逊……Kindle 衷心感谢企鹅兰登书屋主管马库斯·杜乐盟和玛德琳·迈金托什在2013年10月接受我的采访。本节的信息参考了 Bharat Anand and Peter Olson, “The Random House Response to the Kindle,” HBS No. 709-486 (Boston: Harvard Business Publishing, February 27, 2009); Peter Olson and Bharat Anand, “The Kindle: Igniting the Book Business,” *Book Business* 12, no. 4 (June 2009): 26—28. 利益披露：我曾在2013年和2015年为企鹅兰登书屋的高管有偿教授高级管理课程。

“重新发明书籍” Steven Levy, “Amazon: Reinventing the Book,” *Newsweek,* November 17, 2007.

“如果让……生了根” Ken Auletta, “Publish or Perish: Can the iPad Topple the Kindle, and Save the Book Business?” *New Yorker,* April 26, 2010.

过去10年十大CEO “The Entrepreneurs of the Decade: 2000 to 2009,” *Inc.,* December 2009.

一个个重大难题和疑问就浮现出来了 Luis Alfonso Dau and David T. A. Wesley, “Netflix Inc.: Streaming Away from DVDs,” Northeastern University College of Business Administration no. W12850, via Harvard Business Publishing.

《正在消失的报纸》 Philip Meyer, *The Vanishing Newspaper: Saving Journalism in the Information Age* (Columbia: University of Missouri Press, 2004).

“9·11”事件发生后的第二年……6% “The Impact of September 11, 2001, on Aviation,” International Air Transport Association, 2010 report.

超过21%，高于几乎任何一家公司 雅虎财经。

公司的一些做法是众所周知的 本节有关沃尔玛的信息主要来自 Pankaj Ghemawat and Stephen Bradley, “Wal-Mart Stores in 2003,” HBS No. 704-430 (Boston: Harvard Business Publishing, rev. January 30, 2004); David Yoffie and Renee Kim, “Wal-Mart Update, 2011,” HBS No. 711-546 (Boston: Harvard Business Publishing, rev. March 1, 2013); Juan Alcacer, Abhishek Agrawal, and Harshit Vaish, “Walmart Around the World,” HBS No. 714-431 (Boston: Harvard Business Publishing, rev. December 6, 2013). 利益披露：我曾在2016年受邀在沃尔玛高级领导力项目中有偿发表演讲。

我们以亚马逊为例 有关亚马逊的信息主要来自 Stig Leschly et al., "Amazon.com—2002," HBS No. 803-098 (Boston: Harvard Business Publishing, rev. February 13, 2003); Pankaj Ghemawat, "Leadership Online (A): Barnes & Noble versus Amazon.com," HBS No. 798-063 (Boston: Harvard Business Publishing, rev. March 16, 2004); Jeffrey Rayport and Louie Dickson, "Amazon.com (A)," HBS No. 897-128 (Boston: Harvard Business Publishing, rev. April 9, 1998); John R. Wells et al., "Amazon.com, 2016," HBS No. 716-402 (Boston: Harvard Business Publishing, rev. May 10, 2016); Brad Stone, *The Everything Store: Jeff Bezos and the Age of Amazon* (Boston: Little, Brown, 2013). 以及公司年度报告。

图书出版商一直在承受 本节的信息主要来自对马库斯·杜乐盟和玛德琳·迈金托什的访谈（前文引用过）。Bharat Anand et al., "Random House," HBS No. 704-438 (Boston: Harvard Business Publishing, rev. April 2007); Anand and Olson, "The Random House Response to the Kindle."

一档全新的电视访谈节目——《真理战胜一切》 衷心感谢乌代·香卡在2013年11月和12月接受我的采访（本节的所有引述均来自这些访谈）。

策划新闻 本节主要来自 "Fast and Slow," Svenska Dagbladet report, August 28, 2012; Schibsted年度报告，以及对多位Schibsted主管的访谈（前文引用过）。

腾讯是……最有趣的 本节有关腾讯的信息主要来自前文所列的各个公共信息来源，以及2013年11月对该公司主管的访谈。

Facebook与腾讯 Facebook和腾讯各自的年度报告，以及雅虎财经。

信号的价值 Michael Spence, "Job Market Signaling," *Quarterly Journal of Economics* 87, no. 3 (August 1973): 355—74.

借广告传递它们的高档品质 Paul Milgrom and John Roberts, "Price and Advertising Signals of Product Quality," *Journal of Political Economy* 94, no. 4 (1986): 796—821.

在香港证券交易所 Nikhil Celly and W. H. Lo, "Tencent: Expanding from China to the World," University of Hong Kong case no. HK1009, June 21, 2013, Harvard Business Publishing.

"虚拟商品……还不成气候" 衷心感谢本·克莱克在2011年1月接受我的采访。

"你打算用假钱对付我们吗？" "*Diary of a Wimpy Kid 2: Rodrick Rules* Movie Clip 'Mom Bucks' Official (HD),' " video file, YouTube, posted by Clevver Movies, March 17, 2011.

首次推出 Rajiv Lal, "Harrah's Entertainment, Inc.", HBS No. 502-011 (Boston: Harvard Business Publishing, rev. June 14, 2004).

不可兑换的代金券 Alexis C. Madrigal, "Chuck E. Cheese's, Silicon Valley Startup: The Origins of the Best Pizza Chain Ever," *Atlantic,* July 17, 2013; David Wolman, *The End of Money* (Cambridge, MA: Da Capo Press, 2012).

中国央行 David Barboza, "In China, New Limits on Virtual Currency," *New York Times,* June 30, 2009; Geoffrey Fowler and Juying Qin, "QQ: China's New Coin of the Realm?" *Wall Street Journal,* March 30, 2007; David Barboza, "Internet Boom in China Is Built on Virtual Fun," *New York Times,* February 5, 2007.

微信的创始人 本节的信息主要来自前文所列的公共信息来源，以及2013年11月对多位腾讯主管的访谈。

TechCrunch……的一篇文章 Frank Yu, "Why WeChat Is a Chinese Mobile Game Changer for Tencent," *Tech Crunch,* July 16, 2012, accessed June 2016, http://technode.com/2012/07/16/why-wechat-is-a-chinese-mobile-game-changer-for-tencent.

第二部分

"最强体育人物" Bharat Anand and Kate Attea, "International Management Group (IMG)," HBS Case No. 702-409 (Boston: Harvard Business Publishing, rev. September 16, 2002).

这个行业几乎就是由他一手打造出来的 本节和本书其余部分有关Mark McCormack和IMG的信息主要来自 Anand and Attea, "International Management Group"; Mark McCormack, *What They Don't Teach You at Harvard Business School: Notes from a Street-Smart Executive* (London: Bantam Press, 1986); Mark McCormack, *What They Still Don't Teach You at Harvard Business School* (London: Bantam Press, 1990). 2002年3月和4月与Mark McCormack的谈话；以及所列的多个相关公共信息来源。

"我毫无胜算" 本节的所有引述均来自 Anand and Attea, "International Management Group."

好莱坞与硅谷之间……的"战争" Laura Sydell, "A California Civil War Over Internet Piracy," NPR.org, last modified February 23, 2012, accessed April 25, 2016, http://www.npr.org/2012/02/23/147294229/california-industries-spar-over-internet-piracy.

在2002年一个星期内 Felix Oberholzer-Gee and Koleman Strumpf, "The Effect of File Sharing on Record Sales," *Journal of Political Economy* 115, no. 1 (February 2007): 1—42.

在20世纪90年代后期，平均每年……3%至5% 有关CD销量的这一数据和其他数据均取自RIAA多个年份的资料。

"谁杀死了音乐行业？" 例如，参见 Stephen Deusner, "Who Killed the Music Industry?" *Salon,* December 3, 2012, accessed June 7, 2016, http://www.salon.com/2012/12/03/who_killed_the_music_industry/; Kabir Sehgal, "Who Killed the Music Industry?" CNBC.com, August 11, 2015, accessed June 7, 2016, http://www.cnbc.com/2015/08/11/who-killed-the-music-industry-commentary.html. 有关音乐行业变化的更详细的研究，参见 Steve Knopper, *Appetite for Self-Destruction: The Spectacular Crash of the Record Industry in the Digital Age* (New York: Free Press, 2009); Jim Rogers, The *Death and Life of the Music Industry in the Digital Age* (London: Bloomsbury Academic, 2013); Mark Mulligan, *Awakening: The Music Industry in the Digital Age* (CreateSpace Independent Publishing Platform, 2015); Bharat Anand and Estelle Cantillon, "The Music Industry and the Internet," HBS No. 703-513 (Boston: Harvard Business Publishing, rev. January 4, 2004).

现场演唱会票价 Alan B. Krueger and Marie Connolly, "Rockonomics: The Economics of Popular Music," *Handbook of the Economics of Art and Culture 1* (2006).

图9 此图改自 Krueger's "Land of Hope and Dreams: Rock and Roll, Economics, and Rebuilding the Middle Class," lecture delivered at Rock and Roll Hall of Fame and Museum, June 12, 2013. 从2003年至2014

年北美百大巡回演出的数据来自*Pollstar, Year End Business Analysis Reports.* 从1981年至2003年的数据来自Krueger。我们假定北美所有演唱会平均票价的增长速度与北美百大演唱会相同。感谢Ben Chowdhury在数据收集方面的帮助。

平均票价 数据来自Krueger和Connolly。

并不怎么在乎 当然也有例外；例如，参见 Taylor Swift, "For Taylor Swift, the Future of Music Is a Love Story," *Wall Street Journal,* July 7, 2014.

"它对我没什么影响" 本段文字引述的各位艺人的话来自：Jeff Stone, "Neil Young Says Internet Piracy Is the 'New Radio,' Campaigns for a New Musical Format," IBTimes.com, February 9, 2013, accessed March 24, 2016, http://www.ibtimes.com/neil-young-says-internet-piracy-new-radio-campaigns-new-musical-format-1073582; "Artists Speak Out on Music Piracy," UpVenue, accessed March 24, 2016, https://www.upvenue.com/article/1590-musician-stances-on-music-piracy.html; James Martin, "Radiohead's Ed O'Brien Interview Part 2," Midem Blog, 2010, accessed March 24, 2016, http://blog.midem.com/2010/01 /exc/; Mike Masnick, "Lady Gaga Says No Problem If People Download Her Music; The Money Is in Touring," TechDirt, May 24, 2010, accessed March 24, 2016, https:// www.techdirt.com/articles/20100524/0032549541.shtml; *Daily Mail* Reporter, "Sha-kira Hits Back at Lily Allen in Illegal Downloading Row as She Claims File-Sharing 'Brings Me Closer to Fans,' " *Daily Mail*, October 20, 2009.

艺人拿到手 Jan Rivkin and Gerritt Meier, "BMG Entertainment," HBS No. 701-003 (Boston: Harvard Business Publishing, rev. September 22, 2005); Neil Strauss, "Pennies That Add Up to $16.98: Why CD's Cost So Much," *New York Times,* July 5, 1995.

70%以上 Krueger and Connolly, "Rockonomics"; Felix Oberholzer-Gee and Koleman Strumpf, "File Sharing and Copyright," in *Innovation Policy and the Economy,* edited by Josh Lerner and Scott Stern (Chicago: National Bureau of Economic Research, 2010); *Billboard Staff, "Billboard* Money-Makers List: Music's Top Earners of 2014," *Billboard,* May 1, 2015.

1亿多美元 *Billboard* Staff, "*Billboard* Money-Makers List."

"冲击美国经济的诸多力量" Krueger, "Land of Hope and Dreams."

用20多万场演唱会的数据 本节描述了 Alan Krueger, "The Economics of Real Superstars: The Market for Rock Concerts in the Material World," *Journal of Labor Economics* 23, no. 1, pp. 1—30 的分析。另见 Krueger and Connolly, "Rockonomics," and Julie Holland Mortimer, Chris Nosko, and Alan Sorensen, "Supply Responses to Digital Distribution: Recorded Music and Live Performances," *Information Economics and Policy*, 24, no. 1 (March 2012): 3—14.

尽管顶级乐队 在另一个分析中，Mortimer et al. (2012) 显示，在1995—2004年，小乐队的演唱会收入比顶级艺人增长得快。

最近又由……普及开来 参见 the book by Adam Brandenburger and Barry Nalebuff, *Co-opetition* (New York: Currency Doubleday, 1997).

这两种产品就是互补品 类似的定义也适用于成本方面：如果同时生产两种产品的成本低于单独

生产一种产品的成本，那么这两种产品就是互补品。需求方面的互补性可以呈现出不同的形式：可以是技术上互补（硬件和软件）、行为上互补（如消费者连续购买两种产品的习惯），也可以是信息上互补（常见品牌）。我将在第二部分的其余部分探讨这些各不相同的互补品形式。在Berry等人的文章中，我们对产品互补形式的范围进行了更详细、更相关的分类。例如，它们可以是“数量互补品”（左鞋和右鞋）、“交叉类别互补品”（硬件和软件），也可以是“动态补充”（出现在不同时段的电视节目）等。参见 Steven Berry, Ahmed Khwaja, Vineet Kumar, Andres Musalem, Kenneth Wilbur, Greg Allenby, Bharat Anand, Pradeep Chintagunta, Michael Haneman, Przemyslaw Jeziorski, and Angelo Mele, “Structural Models of Complementary Choices,” *Marketing Letters* 25, no. 3 (September 2014): 245—56.

“说实话，我们是受益者” “Larry Vallon on How Music Piracy has Changed the Concert Business,” YouTube video file, uploaded by ArtistsHouseMusic, last accessed March 30, 2016, https://www.youtube.com/watch?v=xk-_zKFCdT4.

音乐互补品 参见 Bharat Anand and Alexander Galetovic, “Strategies That Work When Property Rights Don’t,” in Gary Libecap, ed., *Intellectual Property and Entrepreneurship,* vol. 15 (Greenwich, CT: JAI Press, 2004). 的讨论；and Oberholzer-Gee and Strumpf, “File Sharing and Copyright.”

图10 此图改自 Oberholzer-Gee and Strumpf, “File Sharing and Copyright.” 数字和实体销量的数据来自 RIAA *Year End Shipment Statistics;* iPod的销量数据来自苹果年度报告；演唱会销售数据来自 Pollstar *Year End Business Analysis Reports.* 2009年后，iPod的功能整合到了iPhone中；虽然iPhone对iPod销量的影响有各种各样的估计，但我们在此保守估计并认为，iPod的功能占iPhone内含价值的5%。此外，我们保守估计北美的iPod和iPhone销量多年来平均占全球销量的50%。感谢Ben Chowdhury在数据收集方面的帮助。

苹果与互补品 本节和下节的分析受到了与菲力克斯·奥伯霍尔泽-吉和David Yoffie多年来诸多谈话的巨大启发。

难以忽视的真相 本节和本书其余部分有关苹果的信息很大程度上参考了 David Yoffie and Mary Kwak, “Apple Computer—1999,” HBS No. 799-108 (Boston: Harvard Business Publishing, rev. May 24, 1999); David Yoffie and Michael Slind, “Apple Computer: 2006,” HBS No. 706-496 (Boston: Harvard Business Publishing, rev. May 30, 2007); David Yoffie and Penelope Rossano, “Apple Inc. in 2012,” HBS No. 712-490 (Boston: Harvard Business Publishing, rev. August 14, 2012); David Yoffie and Eric Baldwin, “Apple Inc. in 2015,” HBS No. 715-456 (Boston: Harvard Business Publishing, rev. October 28, 2015); Walter Isaacson, *Steve Jobs* (New York: Simon & Schuster, 2011), Adam Lashinsky, *Inside Apple: How America’s Most Admired—and Secretive—Company Really Works* (New York: Business Plus, 2012).公司年度报告，以及所列的相关公共信息来源。

市场份额仅占3% Dennis Sellers, “Mac OS Global Market Share Shows Promise,” *Macworld,* January 9, 2002, accessed March 30, 2016, http://www .macworld.com/article/1002940/marketshare.html.

“伟大得令人疯狂” 这就是史蒂夫·乔布斯在1984年的发布会上对Macintosh以及随后许多新产品的形容；另见 Jessie Hartland, *Steve Jobs: Insanely Great* (New York: Schwartz & Wade, 2015); *Billboard*

Staff, “Steve Jobs: A Collection of His Classic Quotes,” *Billboard,* last modified October 5, 2011.

iPod并非……第一款 Daryl Deino, “Five Portable Mp3 Players That Arrived Before the iPod,” Examiner.com, May 25, 2013, accessed June 7, 2016, http://www .examiner.com/list/five-portable-mp3-players-that-arrived-before-the-ipod.

从2002年至2013年……歌曲超百亿首 “iTunes Store Tops 10 Billion Songs Sold,” Apple press information, Apple.com, February 25, 2010, accessed June 7, 2016, https://www.apple.com/pr/library/2010/02/25iTunes-Store-Tops-10-Billion-Songs-Sold.html.

苹果几乎没有……赚到一分钱 Yoffie and Rossano, “Apple Inc. in 2012”; Yoffie and Baldwin, “Apple Inc. in 2015.” 据估计，苹果2016年从iTunes获得的利润略有增长，但与其余业务相比仍然很少。

只有大约130美元 Slash Lane, “iPod Classic: The Last Hurrah for HDD-Based iPods?” *AppleInsider,* October 11, 2007, accessed June 7, 2016, http://appleinsider .com/articles/07/10/11/ipod_classic_the_last_hurrah_for_hdd_based_ipods; *MacNN* staff, “iPod Classic May Be a ‘Stopgap’ Device,” *MacNN*, October 11, 2007, accessed June 7, 2016, http://www.macnn.com/articles/07/10/11/ipod.classic.teardown/.

“对音乐的几点想法”……“DRM免费”……“打造出真正具有可互操作性的音乐市场” Memorandum by Steve Jobs, “Thoughts on Music,” originally published on Apple’s website, February 6, 2007, accessed March 30, 2016, http://web .archive.org/web/20080517114107/; http://www.apple.com/hotnews/thoughtsonmusic.

这些数字没有增加多少 “Apple’s iTunes Store Passes 35 Billion Songs Sold Milestone,” *MacDailyNews,* May 29, 2014, accessed March 30, 2016, http://mac-dailynews.com/2014/05/29/apples-itunes-store-passes-35-billion-songs-sold-milestone-itunes-radio-now-has-40-million-listeners/.

“如果一切都可在所有设备上播放” John Markoff, “Jobs Calls for End to Music Copy Protection,” *New York Times.*

轮胎制造商提供餐厅指南 这个例子要归功于菲力克斯·奥伯霍尔泽-吉。

“这不是一个设备，而是一种服务” Jeff Bezos quoted in Steven Levy, “Amazon: Reinventing the Book,” *Newsweek.*

2009年……塔塔汽车 此处和本书别处有关塔塔纳努汽车的信息主要来自 Krishna Palepu, Bharat Anand, et al., “Tata Nano—The People’s Car,” HBS No. 710-420 (Boston: Harvard Business Publishing, rev. March 28, 2011)，以及所列的公共信息来源。

安全隐患 本段的信息也来自 Vikas Bajaj, “Tata’s Nano, the Car That Few Want To Buy,” *New York Times,* December 9, 2010; Pankaj Doval, “Cheapest Car Tag Hit Tata Nano: Creator,” *Times of India,* August 21, 2014; Vipin Nair, “Tata Doubles Nano Warranty, Adds Maintenance Plan as Sales Fall,” Bloomberg.com, December 9, 2010.

收益超过了 苹果季度和年度报告。

集9个应用程序……于一身 Yoni Heisler, “The History and Evolution of iOS, from the Original iPhone to iOS9,” BGR.com, February 12, 2016, accessed June 6, 2016, http://bgr.com/2016/02/12/ios-history-iphonefeatures-evolution/.

占了……55%以上 Katy Huberty et al., *The Mobile Internet Report,* Morgan Stanley research report, December 2009.

在……头三天 “iPhone App Store Downloads Top 10 Million in First Weekend,” Apple Press info, July 14, 2008.

而安卓的市场份额则超过了75% Brad Reed, “It Could Be Worse: IDC Pegs BlackBerry’s Market Share at 0.6%,” BGR.com, February 12, 2014, accessed June 6, 2016, http://bgr.com/2014/02/12/blackberry-market-share-q4-2013.

甚至稀奇古怪的……配件 John Fuller, “10 Bizarre iPod Accessories,” HowStuff Works.com, accessed March 30, 2016, http://electronics.howstuffworks.com/bizarre-ipod-accessory.htm.

一个普通的智能手机用户 Felix Richter, “The Average Smartphone User Has Installed 26 Apps,” Statista, September 5, 2013.

“公司总是……给予充分的重视” 衷心感谢拜瑞·内勒巴夫在2014年2月和2016年5月接受我的采访。

看这些摩擦 参见 Anand and Galetovic, “Strategies That Work When Property Rights Don’t” 对部门之间冲突的相关讨论。

“扒歌、混制、烧盘” “Apple Unveils New iMacs with CD-RW Drives & iTunes Software: Rip, Mix, Burn Your Own Custom Music CD’s,” Apple Press info, February 22, 2001, accessed March 30, 2016, https://www.apple.com/pr/library/2001/02/22Apple-Unveils-New-iMacs-With-CD-RW-Drives-iTunes-Software.html.

2014年年初，我们分析了 Bharat Anand、Brajesh Kumar、Venkat Srinivasan和Rage Frameworks的研究人员进行的研究。

最近还有Facebook的“即时文汇”（2015年推出，目的在于加快文章上传速度）很大程度上依赖于各大传统发布机构的文章。

在同一个总称下 例如，参见斯洛伐克报纸在“钢琴媒体”这个总称下建立联合付费墙的种种尝试。(William Baker, “A National Paywall that Works: Lessons from Slovakia,” Columbia Journalism Review, February 4, 2012, and Catalina Albeanu, “It Takes Commitment: Lessons from Piano Media’s paywalls,” Journalism.co.uk, 21 April 2015, accessed July 11, 2016, https://www.journalism.co.uk/news/it-takes-commitment-lessons-from-piano-media-s-national-paywalls/s2/a564829.) 2015年，钢琴媒体和另一家付费墙技术公司TinyPass合并成一家公司，名为“钢琴”。

并拿走其中的70% Thomas Catan, Jeffrey A. Trachtenberg, and Chad Bray, “U.S. Alleges E-Book Scheme,” *Wall Street Journal,* April 11, 2012.

随后……的反垄断调查 *U.S. v. Apple, Inc.,* et al. (July 10, 2013).

将盗版的影响量化 Stephen Siwek, “The True Cost of Sound Recording Piracy to the U.S. Economy,” report by the Institute for Policy Innovation, August 21, 2007.

《阻止网络盗版法案》 “H.R. 3261—Stop Online Piracy Act,” Congress.gov, last modified December

16, 2011.

图13、图14 所有销量数据均来自 RIAA *Year End Shipment Statistics.* 图14里，CD单位销量峰值已标准化为100。感谢Jonny Moran和Ben Chowdhury在数据收集方面的帮助。

在2005年的一项研究中 Oberholzer-Gee and Strumpf, "The Effect of File Sharing."

"这是个……时刻" 衷心感谢菲力克斯·奥伯霍尔泽-吉在2013年8月接受我的采访。

不是论文找到了 这篇论文和随后出现的关于同一话题的论文受到了严格审查。一种批评认为它们的分析犯了"合成谬误"：在专辑层面观察到文件共享和CD销量之间存在关系，并不必然意味着在总体上也存在这样的关系；参见 Stan Liebowitz, "How Reliable is the Oberholzer-Gee and Strumpf Paper on File-Sharing?" University of Texas at Dallas, Working Paper (2007). 理想的数据还应按人（而不是按专辑）测定下载量和销量。其他关于这一话题的研究采用了调查方法；例如，参见 Rafael Rob and Joel Waldfogel, "Piracy on the High C's: Music Downloading, Sales Displacement, and Social Welfare in a Sample of College Students," *Journal of Law and Economics* 49, no. 1 (2006): 29—62; and Joel Waldfogel, "File Sharing and Sales Displacement in the iTunes Era," *Information Economics and Policy* (2010), 22, no. 4, 306—14.

它可能来自 Joe Flint and Shalini Ramachandran, "Cord-Cutting Weighs on Pay TV," *Wall Street Journal,* August 6, 2015; 另见 Craig Moffett et al., "The Poverty Problem," Bernstein Research, 2011, 它分析了2008—2009年的经济衰退对最低的五分之一收入和付费电视需求的预估影响。

2014年，网飞的净推荐值 Rhys Wesley, "Net Promoter News: 2014 US Net Promoter Benchmarks at a Glance," CustomerGauge, March 13, 2014, accessed March 25, 2016, https://customergauge.com/news/2014-net-promoter-benchmarks/.

部分得益于最高法院的一项裁决 Stan J. Liebowitz, "The Elusive Symbiosis: The Impact of Radio on the Record Industry," *Review of Economic Research on Copyright Issues* 1, no. 1 (2004): 93—118.

在……环球影业诉讼索尼一案中 "1984: U.S. Supreme Court Decides *Universal v. Sony,* as VCR Usage Takes Off," History.com, 2016, accessed March 25, 2016, http://www.history.com /this-day-in-history/u-s-supreme-court-decides-universal-v-sony-as-vcr-usage-takes-off.

最细致的一项 Bart J. Bronnenberg, Jean-Pierre Dubé, and Carl F. Mela, "Do Digital Video Recorders Influence Sales?", *Journal of Marketing Research* 47, no. 6 (December 2010): 998–1010.

2012年，一家广播电视网 "NBC Universal's Prime-Time Olympic Viewership Soars Despite Time Delay," Instant.ly, accessed March 25, 2016, https://www.instant .ly/images/marketing/case-studies/Instantly_NBCOlympics_CaseStudy.pdf.

1983年……的一项著名调查 R. C. Levin et al., "Appropriating the Returns from Industrial R&D," *Brookings Papers on Economic Activity,* 1987, 783–820. 分析并发表了调查结果。

重复了这项研究 W. Cohen et al., "Protecting their Intellectual Assets: Appropriability Conditions and Why U.S. Manufacturing Firms Patent (Or Not)," National Bureau of Economic Research, 2000, Working Paper No. 7552.

Michele Boldrin和David Levine Michele Boldrin and David K. Levine, *Against Intellectual*

Monopoly (Cambridge: Cambridge University Press, 2010). 另见 Michele Boldrin and David K. Levine, "The Case Against Patents," *Journal of Economic Perspectives* 27, no. 1 (Winter 2013): 3—22.

这一领域的著述者 另见 James Anton and Dennis Yao, "Expropriation and Inventions: Appropriable Rents in the Absence of Property Rights," *American Economic Review* 84, no. 1 (March 1994): 190—209; James Anton and Dennis Yao, "Start-ups, Spin-offs, and Internal Projects," *Journal of Law, Economics & Organization* 11, no. 2 (October 1995): 362—78; Anand and Galetovic, "Strategies That Work When Property Rights Don't" ; Bharat Anand and Alexander Galetovic, "How Market Smarts Can Protect Property Rights," *Harvard Business Review,* December 2004.

你可以把这个清单……扩充下去 现在，领带的例子在哈佛商学院研究战略的同事当中可谓人尽皆知，尽管我还不清楚谁是这个例子的原创者。Michael Porter, "The Five Competitive Forces That Shape Strategy," *Harvard Business Review,* January 2008. 也提到了这个例子。

"理解"的难题 Jan Rivkin, "Key Concepts in a Module on Strategic Failure," HBS No. 706-471 (Boston: Harvard Business Publishing, rev. March 21, 2006), 1—15.

对……纸质版和数字版的互补性 Matthew Gentzkow, "Valuing New Goods in a Model with Complementarities: Online Newspapers," *American Economic Review* 97, no. 3 (June 2007): 713–44. Berry et al., "Structural Models of Complementary Choices." 考察了评估互补性时存在的挑战以及经济学、营销学和战略学文献中已有的解决这一问题的一系列方法。

梦幻体育游戏 有关梦幻体育游戏的信息主要来自 Nando Di Fino, "A New Kind of Pocket Protection," *Wall Street Journal,* September 1, 2009; Ben McGrath, "Dream Teams," *New Yorker,* April 13, 2015; Adam Satariano, "How Fake Sports Are Turning Man Cave Dwellers into Millionaires," *Bloomberg Businessweek,* January 15, 2015; Chris Chafin, "Living the Dream," *Fast Company,* April 29, 2015; Leigh Steinberg, "Fantasy Football Madness," *Forbes,* August 28, 2012; Nico Newman, "History of Fantasy Sports," Fantasy-Sport.net, November 4, 2015, accessed March 25, 2016, https://fantasy-sport.net/history-of-fantasy-sports/; Miranda Green, "NFL's Shadow Economy of Gambling and Fantasy Football Is a Multibillion Dollar Business," *Daily Beast,* Octo-ber 6, 2012, accessed June 7, 2016, http://www.thedailybeast.com/articles/2012/10/06/nfl-s-shadow-economy-of-gambling-and-fantasy-football-is-a-multibillion-dollar-business.html; Nicholas David Bowman et al., *Fantasy Sports and the Changing Sports Media Industry: Media, Players, and Society* (Lanham, MD: Lexington Books, 2016); Jay Correia, *Daily Fantasy Sports* (Pennsauken, NJ: BookBaby, 2016). 也万分感谢Varun Anand许多关于梦幻体育游戏的信息量极大的对话。

印度电视市场 本节有关印度电视大战的信息主要来自 Bharat Anand and Tarun Khanna, "Must Zee TV," HBS No. 700-102 (Boston: Harvard Business Publishing, rev. February 2003); Bharat Anand, "Competing over the Airwaves," *Smart Manager* Q102 (January–March 2002): 22—36. 衷心感谢Zee TV主管在1999年接受我的采访，也衷心感谢乌代・香卡在2013年11月、12月和2015年3月接受我的采访。

"竞争日益激烈" 1999年10月对Zee TV主管的访谈。

这种"只进不出"的模式 例如，参见 Roland Rust and Mark Alpert, "An Audience Flow Model of

Television Viewing Choice," *Marketing Science* 3 (Spring 1984): 113—27; Ron Shachar and John Emerson, "Cast Demographics, Unobserved Segments, and Heterogeneous Switching Costs in a TV Viewing Choice Model," *Journal of Marketing Research* 37 (May 2000): 173–86; Nickolay Moshkin and Ron Shachar, "The Asymmetric Information Model of State Dependence," *Marketing Science* 21, no. 4 (2002): 1–20; Bharat Anand and Ron Shachar, "Advertising, The Matchmaker," *RAND Journal of Economics* 42, no. 2 (Summer 2011): 205—45.

这里至少有四类联系在起作用 Ron Shachar and Bharat Anand, "The Effectiveness and Targeting of Television Advertising," *Journal of Economics & Management Strategy* 7, no. 3 (Fall 1998): 363—96; Bharat Anand and Ron Shachar, "Brands as Beacons: A New Source of Loyalty to Multiproduct Firms," *Journal of Marketing Research* 41, no. 2 (May 2004): 135—50.

设法了解……重要性 Shachar and Anand, "The Effectiveness and Targeting of Television Advertising."

"《谁会成为百万富翁》这档节目……成功" This and other quotes in this section are from interviews with Uday Shankar in November 2013 and December 2013.

图17、图18 NFL的合同金额来自 Kevin G. Quinn, *The Economics of the National Football League: The State of the Art* (New York: Springer, 2012). 常规赛观众数据来自尼尔森媒体研究。感谢Ben Chowdhury在数据收集方面的帮助。

据认为，NBC……豪掷 本节有关20世纪90年代电视业交易的信息来自 Bharat Anand and Catherine M. Conneely, "Fox Bids for the NFL–1993," HBS No. 704-443 (Boston: Harvard Business Publishing, December 11, 2003); Bharat Anand and Catherine M. Conneely, "Fox and the NFL–1998," HBS No. 704-444 (Boston: Harvard Business Publishing, December 2003); Bill Carter, "The Media Business: Outbid on Pro Football, NBC Retains 'E.R.' in Record Pact," *New York Times,* January 15, 1998; "'ER' Doctors Rescue NBC," *CNN Money,* January 14, 1998.

比其他任何频道的3倍还高 Frank Bi, "ESPN Leads All Cable Networks in Affiliate Fees," *Forbes,* January 8, 2015.

"超级明星经济学" Sherwin Rosen, "The Economics of Superstars," *American Economic Review* 71, no. 5 (December 1981): 845—58.

"迫使有线电视运营商" Bharat Anand and Kate Attea, "News Corporation," HBS No. 9-702-425 (Boston: Harvard Business Publishing, rev. June 27, 2003).

"我们不会亏钱" Adam Bryant, "Beyond the Bottom Line: The New Math of TV Sports," *New York Times,* January 18, 1998.

靠同样的逻辑赚得盆满钵溢 有关Howard Stern和天狼星XM电台签约的信息来自 Howard Kurtz and Frank Ahrens, "Sirius Lands a Big Dog: Howard Stern," *Washington Post,* October 7, 2004; Felix Gillette, "Can SiriusXM Survive Without Howard Stern?" *Bloomberg Business,* March 11, 2015; Peter Lauria, "Howard Stern's New Deal: $2K a Minute," *Daily Beast,* last modified December 2009, accessed March 25, 2016, http://www.thedailybeast.com/articles/2010/12/09/howard-sterns-sirius-deal-the-400-million-contract.

html; Georg Szalai, "Sirius XM Radio Ended 2010 with More Subscribers than Netflix," *Hollywood Reporter,* February 15, 2011.

收视率的差距 Jonathan Mahler, "The Tiger Bubble," *New York Times Magazine,* March 24, 2010. 另见 "Tiger's Impact on Golf Ratings," ESPN.com, February 19, 2010, accessed June 7, 2016, http://espn.go.com/blog/sportscenter/post /_/id/32264/tigers-impact-on-golf-ratings; and Roger Pielke, Jr., "Measuring the Tiger Effect," *Sporting Intelligence,* August 6, 2014.

"这项运动里没有人" Interview with Phil Mickelson on *Charlie Rose Show,* July 25, 2011, accessed June 7, 2016, https://charlierose.com/videos/13705.

"我过得当然不像国王那么奢侈" Mahler, "The Tiger Bubble."

"1996年，只有9名……选手" Donna Barbie, ed., *The Tiger Woods Phenomenon* (Jefferson, NC: McFarland, 2012).

2013年……一项研究 Kevin Y. C. Chung, Timothy P. Derdenger, and Kannan Srinivasan, "Economic Value of Celebrity Endorsements: Tiger Woods' Impact on Sales of Nike Golf Balls," *Marketing Science* 32, no. 2 (March 1, 2013): 271—93.

他通常都会参加的……下降了47% "Tiger's Return Expected to Make PGA Ratings Roar," Nielsen, February 25, 2009, accessed March 25, 2016, http://www.nielsen.com/us/en/insights/news/2009/tigers-return-expected-to-make-pga-ratings-roar.html.

2009年……电视网……要价减少了30% Michael McCarthy, "Financial Impact for Golf Felt All Around with Tiger Woods Gone," *USA Today,* January 28, 2010.

确切地说，大约100亿美元 Christopher Knittel and Victor Stango, "Celebrity Endorsements, Firm Value and Reputation Risk: Evidence from the Tiger Woods Scandal," *Management Science* 60, no. 1 (January 2014).

在一项……饶有趣味的研究中 Ken Hendricks and Alan Sorensen, "Information and the Skewness of Music Sales," *Journal of Political Economy* 117, no. 2 (April 2009): 324—69.

图20 此图转自 Hendricks and Sorenson, "Information and the Skewness of Music Sales."

《布谷鸟的呼唤》 Liz Bury, "Cuckoo's Calling by JK Rowling: Did You Know?" *Guardian,* July 15, 2013; "JK Rowling Revealed as Author of *The Cuckoo's Calling,*" BBC News, July 14, 2013, accessed March 25, 2016, http://www.bbc.com/news /entertainment-arts-23304181; James B. Stewart, "Long Odds for Authors Newly Published," *New York Times,* August 30, 2013; Ewan Spence, "The Real Winner of The Cuckoo's Calling Was Amazon, not J.K. Rowling," *Forbes,* July 15, 2013.

在2011年，10部影片全是 "1981 Domestic Grosses," Box Office Mojo, March 29, 2016, accessed March 30, 2016, http://www.boxofficemojo.com/yearly/chart/?yr=1981&p=.htm.

约有20% Stephen Follows, "Hollywood Sequels by the Numbers," June 15, 2015, last accessed March 30, 2016, https://stephenfollows.com/hollywood-sequels-by-the-numbers.

最近做了一个实验 Bharat Anand and Aleksander Rosinski, "The Impact of Brands and Advertising on Perceptions of Editorial Quality," working paper.

图21a—c 这些图来自Anand和Rosinski的研究中的实验处理。

一位名叫亚历克斯·固特的艺人 "GootMusic YouTube Channel Stats," VidStatsX, last modified March 25, 2016.

"从根本上改变了我们整个新闻模式" 衷心感谢彼得·杜·托伊特在2015年10月接受我的采访（本节的所有引述均来自这次访谈）。

图22 数据取自彼得·杜·托伊特, *Beeld.*

"持怀疑立场的人说，电子书" 衷心感谢安妮·米西特在2013年10月接受我的采访（本节的所有引述均来自这次访谈）。

电视制作公司与……的纵向合并 有关广播电视网的行业史，参见 Pankaj Ghemawat, "Fox Broadcasting Company," HBS No. 9-387-096 (Boston: Harvard Business Publishing, rev. April 2, 1993).

最近一项关于……垂直整合的研究 Gregory Crawford et al., "The Welfare Effects of Vertical Integration in Multichannel Television Markets," National Bureau of Economic Research, Working Paper No. w21832, December 2015. 他们不仅考察了避免双重标记带来的好处，还考察了限制竞争分销商获得内容的封锁效应，而且发现，"节目取得规则"可以让市场在没有相关成本的情况下获得整合的好处。另见 Tasneem Chipty, "Vertical Integration, Market Foreclosure, and Consumer Welfare in the Cable Television Industry," *American Economic Review* 91, no. 3 (June 2001): 428—53.

组合模式 对于观察到的这一行为（也被称为"搭售"），另一个反竞争的原因是，拥有市场力量的公司将频道捆绑起来会让其他公司更难进入；参见 Barry Nalebuff, "Bundling as an Entry Barrier," *Quarterly Journal of Economics*, 119, no. 1, 159—87.

1996年……福克斯新闻 参见 Anand and Attea, "News Corp." "*The State of the News Media 2012,*" Pew Research Center's Project for Excellence in Journalism, 2012, accessed June 7, 2016, http://www.pewresearch.org/2012/03/19/state-of-the-news-media-2012/.

每个用户……10美元 Jesse Holcomb, Amy Mitchell, and Tom Rosenstiel, "Cable: CNN Ends Its Ratings Slide, Fox Falls Again," The State of the News Media 2012, Pew Center's Research Project for Excellence in Journalism, last accessed July 13, 2016, http://www.stateofthemedia.org/2012/cable-cnn-ends-its-ratings-slide-fox-falls-again/.

当腾讯决定……推出 衷心感谢陈菊红在2013年11月接受我的采访。

Schibsted发现了另一种……方式 衷心感谢斯维勒·芒克在2013年4月和10月接受我的采访，也衷心感谢卡尔-尼克莱·韦斯曼在2014年1月接受我的采访（本节的所有引述均来自这些访谈）。

它们事后利用联系 Bharat Anand, "Corporate Strategies for Media and Entertainment Businesses," HBS No. 705-479 (Boston: Harvard Business Publishing, rev. April 13, 2005). 也考察了"事前"与"事后"协同效应的区别及其对企业的意义。

"报道在变" 衷心感谢乌代·香卡在2013年11月和12月接受我的采访。

我们观察数据时 Anand and Shachar, "Brands as Beacons: A New Source of Loyalty to Multiproduct Firms."

2003年一项……研究 Walter McDowell and Steven Dick, "Has Lead-in Lost Its Punch? An Analysis of Prime-Time Inheritance Effects Comparing 1992 with 2002," *International Journal on Media Management* 5, no. 4 (2003): 285—93. 在随后的一篇论文中，Constança Esteves-Sorenson和Fabrizio Perretti利用（更准确的）意大利收视数据得到了类似的结果：Constança Esteves-Sorenson and Fabrizio Perretti, "Micro-Costs: Inertia in Television Viewing," *Economic Journal* 122, no. 563 (September 2012): 867—902.

"精选内容套餐终于重获价值" 衷心感谢安德鲁·拉什巴斯在2013年11月接受我的采访（本节的所有引述均来自这次访谈）。

掀起了收视狂潮 Paul J. Gough, "NBC Has Best Saturday Since 1990," *Hollywood Reporter*, August 17, 2008, accessed March 27, 2016, http://www.hollywood reporter.com/news/nbc-has-best-saturday-1990-117622; "Michael Phelps: Saturday Night Fever on NBC," *Variety*, August 17, 2008; Bill Carter, "NBC Banks on Olympics as Springboard for New Shows," *New York Times*, August 12, 2012; "The Final Numbers Are In: Olympics a Huge Success for NBC," *Sports Media Journal*, August 13, 2012.

IMG的故事 本节有关IMG的信息主要来自前文所列出处。

比较了……市值 Larry H. P. Lang and Rene M. Stulz, "Tobin's Q, Corporate Diversification, and Firm Performance," *Journal of Political Economy* 102, no. 6 (December 1994): 1248—80.

"你完全可以在了解了广告主的需求后" Lawrie Mifflin, "Making a Media Giant: The Overview; Viacom to Buy CBS, Forming 2D Largest Media Company," *New York Times*, September 8, 1999.

"我确实认为" Randall Stross, "Why Bricks and Clicks Don't Always Mix," *New York Times*, September 18, 2010.

"当巴诺书店……开设" 出处同上。

"明星S曲线" 衷心感谢彼得·奥尔森在2013年9月接受我的采访。

《决战舍伍德》 Richard Sandomir, "Golf; Duval-Woods Rushing to Daylight," *New York Times*, July 21, 1999.

给了……370万新西兰元 "Ticket Sales Poor for New Zealand Open," *Golf Today*; "New Zealand Open Facing Big Loss," *Golf Today*, January 2002.

"它是唯一……的公司" "Online Extra: Peyton Manning's IMG Dream Team," *Bloomberg Business*, July 12, 2004.

提出了一个新观点 C. K. Prahalad and Gary Hamel, "The Core Competence of the Corporation," *Harvard Business Review*, May/June 1990.

一直争论激烈 Jose Manuel Campa and Simi Kedia, "Explaining the Diversification Discount," *Journal of Finance* 57, no. 4 (August 2002): 1731—62; Belén Villalonga, "Does Diversification Cause the 'Diversification Discount'?" *Financial Management* 33, no. 2 (2004): 5—27; Belén Villalonga, "Diversification Discount or Premium? New Evidence from the Business Information Tracking Series," *Journal of Finance* 59 (2004): 479–506; Bharat Anand and Samhita Jayanti, "Strategies of Unrelated Diversification," HBS No. 705-480 (Boston: Harvard Business Publishing, April 2005).

多元经营的公司……的比例 Bharat Anand and Dmitri Byzalov, "Systematic Heterogeneity versus Average Effects in the Returns to Diversification," working paper, 2011.

第三部分

"我周游于世界各地" 衷心感谢埃斯蓬·埃吉尔·汉森在2013年10月接受我的采访（本节的引述均来自这次访谈）。

"智慧与无知之间的激烈角逐" 本节和本书其余部分有关《经济学人》的信息主要来自以下出处：Felix Oberholzer-Gee, Bharat Anand, and Lizzie Gomez, *"The Economist,"* HBS No. 710-441 (Boston: Harvard Business Publishing, rev. July 14, 2010). 多个年份的公司年度报告；Andreas Kluth, "Answering Questions about *The Economist*," andreaskluth.org, June 12, 2008, accessed June 6, 2016, https://andreaskluth.org/2008/12/06/answering-questions-about-the-economist; Andreas Kluth, "A Generalist among Generalists—I Move On," andreaskluth.org, March 19, 2009, accessed June 6, 2016, https://andreaskluth.org/2009/03/19/a-generalist-among-generalists-i-move-on/; Michael Hirschorn, "The Newsweekly's Last Stand: Why *The Economist is thriving while Time* and *Newsweek* fade," Atlantic, July–August 2009. 以及所列的相关公共信息来源。衷心感谢安德鲁·拉什巴斯和John Micklethwait在2009年5月、11月和2010年2月接受我的采访（我们在HBS的《经济学人》案例中加入了这些访谈），也衷心感谢克里斯·斯蒂布斯在2013年10月和12月接受我的采访以及随后与我通过电子邮件交流。

全职记者不到90人 2013年12月与克里斯·斯蒂布斯的电子邮件通信。

每年支付100多美元的 到2016年，订阅价格约为每年150美元。

数字产品创新 2014年，《经济学人》首次通过旗下的"经济学人浓咖啡"付费智能手机应用程序推出每日简报，旨在"每天清晨的几分钟里让你掌握最新动态"（Economist.com，2014年11月6日）。内容仍忠于它的传统风格：篇幅紧凑，风趣诙谐，不含链接。

"封闭的网站……越来越" John Battelle, "From Pull to Point: How to Save *The Economist* and the *Journal* from Irrelevance," battellemedia.com, October 11, 2004.

订阅收入增长了6% Oberholzer-Gee, Anand, et al., "*The Economist.*"

广告收入和营业利润 《经济学人》年度报告。

从2000年至2015年 出处同上。

"《经济学人》标榜自己" Hirschorn, "The Newsweekly's Last Stand."

"拿任何一篇……文章" 2009年和2011年对安德鲁·拉什巴斯的访谈。

"是每周的内容套餐" 此处和本书其余部分引自克里斯·斯蒂布斯的话均来自2013年10月和12月的访谈。

同一个声音 "Why Are *The Economist's* Writers Anonymous?" *Economist*, September 4, 2013.

"《经济学人》的营销" Oberholzer-Gee, Anand, et al., "*The Economist*." 另见 Samuel Chan, "*The Economist*: Advertising or Ego Satisfaction?" October 9, 2012, http://www.officialsamuel.com/blog/the-economist-advertising/.

“独家的智识洞见而非独家的信息发布” David Carr, “*Newsweek's* Journalism of Fourth and Long,” *New York Times*, May 23, 2009.

“随着新闻机构数量” Jon Meacham, “Jon Meacham: The Editor's Desk,” *Newsweek*, October 13, 2007.

“尽管提高订阅” Matt Pressman, “Why *Time* and *Newsweek* Will Never Be *The Economist*,” Vanity Fair, April 20, 2009.

以1美元的价格卖掉了该杂志 Dealbook, “*Newsweek's* Price Tag: $1,” *New York Times*, October 7, 2010.

首先……明确提出 Paul Milgrom and John Roberts, “Complementarities and Systems: Understanding Japanese Economic Organization,” *Estudios Económicos* 9, no. 1 (Winter/Spring 1994): 3—42.

“我们认为，这些特征” 出处同上。

《经济学、组织与管理》 Paul R. Milgrom and John Roberts, *Economics, Organization, and Management* (Englewood Cliffs, NJ: Prentice-Hall, 1992).

“何为战略” Michael E. Porter, “What Is Strategy?” *Harvard Business Review*, November 1, 1996.

刘易斯·卡罗尔……的……《爱丽丝镜中奇遇记》 Lewis Carroll, *Through the Looking Glass, and What Alice Found There* (New York: Macmillan, 1898). 参见 William Barnett, *The Red Queen Among Organizations: How Competitiveness Evolves* (Princeton: Princeton University Press, 2008).

“当符合……的决策” Jan Rivkin, “Imitation of Complex Strategies,” *Management Science* 46, no. 6 (June 2000): 824—44.

研究领域相去甚远的学者 衷心感谢扬·里夫金在2014年2月接受我的采访。参见 Jay Forrester, “Systems Dynamics and the Lessons of 35 Years,” in Kenyon De Greene, ed., *A Systems-Based Approach to Policy Making* (New York: Springer, 1993); Stuart Kauffman, *The Origins of Order: Self-Organization and Selection in Evolution* (Oxford: Oxford University Press, 1993); S. Kauffman and S. A. Johnsen, “Co-Evolution to the Edge of Chaos: Coupled Fitness Landscapes, Poised States, and Co-Evolutionary Avalanches,” *Journal of Theoretical Biology* 149 (1991): 467–505.

最著名的例子也许 本节和第三部分以及其余部分有关沃尔玛的信息主要来自哈佛商学院案例：Ghemawat and Bradley, “Wal-Mart Stores in 2003”; Yoffie and Kim, “Wal-Mart Update, 2011”; Alcacer, Agrawal, and Vaish, “Walmart Around the World”，公司年度报告，以及所列的公共信息来源。

约7亿英里 “Drive for Walmart,” Walmart.com, last accessed March 30, 2016; http://careers.walmart.com/career-areas/transportation-logistics-group/drivers/.

其中就包括公司创始人……的一本 Sam Walton and John Huey, *Sam Walton, Made in America: My Story* (New York: Doubleday, 1992).

在……阿肯色州罗杰斯市 “Walmart: Our History,” Walmart.com, 2016, http://corporate .walmart.com/our-story/our-history.

爱德华·琼斯公司 本节有关爱德华·琼斯公司的信息主要来自 David Collis and Troy Smith, “Edward Jones in 2006: Confronting Success,” HBS No. 707-497 (Boston: Harvard Business Publishing, rev.

March 21, 2012); David Collis and Michael Rukstad, “Can You Say What Your Strategy Is?” *Harvard Business Review*, April 2008, pp. 1–9. 衷心感谢David Collis关于这一话题的谈话。

全行业最高的 Michael Porter and Gregory Bond, “Edward Jones,” HBS No. 700-009 (Boston: Harvard Business Publishing, rev. June 15, 2000).

“最适合工作的地方” “Edward Jones Ranks No. 6 on *Fortune* Magazine's Best Companies to Work For List,” Edward Jones, August 3, 2015.

Reed Hastings……创立了网飞 本节有关网飞的信息主要来自 Willy Shih et al., “Netflix,” HBS No. 607-138 (Boston: Harvard Business Publishing, rev. April 27, 2009), and Keating, *Netflixed.*

《数字化生存》 Nicholas Negroponte, *Being Digital* (New York: Knopf, 1995).

“绝版” 出处同上。

“刷剧” Brian Stelter, “New Way to Deliver a Drama: All 13 Episodes in One Sitting,” *New York Times*, January 31, 2013. Michael Wolff最近提出了这样一个观点：网飞的新模式越来越向传统电视靠拢，而非将后者取而代之。参见 Michael Wolff, *Television Is the New Television: The Unexpected Triumph of Old Media in the Digital Age* (London: Portfolio, 2015).

行业观察者预言报业的末日即将来临 本节有关《纽约时报》付费墙的信息主要来自 Kumar, Anand, et al., “The *New York Times Paywall.*”

“每一家报社都关注着这场实验” Tom Ashbrook, “Fees and Free-Riders: The News Content Paywall Debate,” *WBUR: On Point with Tom Ashbrook,* March 28, 2011.

“《纽约时报》面临的……迥然不同” Arthur Sulzberger, interviewed for “Riptide: What Really Happened to the News Business,” a project of the Shorenstein Center on Media, Politics, and Public Policy, 2013—2014.

“在现代媒体业” Jeff Roberts, “*New York Times* CEO Calls Digital Pay Model ‘Most Successful’ Decision in Years,” Gigaom, May 20, 2013, accessed June 2016, https://gigaom.com/2013/05/20/new-york-times-ceo-calls-digital-pay-model-most-successful-decision-in-years.

“创业公司应明智地避免” Peter Vogel, “3 Lessons That Startups Can Learn from Facebook's Failed Credits Experiment,” *TechCrunch,* October 13, 2012, accessed June 6, 2016, http://techcrunch.com/2012/10/13/3-lessons-that-startups-can-learn-from-facebooks-failed-credits-experiment; 另见 Tim Peterson, “Facebook Gives Up on Facebook Credits,” *Adweek,* June 20, 2012.

看看沃尔玛就知道了 本节的信息主要来自 Alcacer et al., “Walmart Around the World,” and Ghemawat and Bradley, “Walmart Stores in 2003.” Pankaj Ghemawat清晰地阐述了研究地理距离对商业扩张之影响的框架，参见 “Distance Still Matters: The Hard Reality of Global Expansion,” *Harvard Business Review* 79, no. 8 (2001): 137—47.

加拿大、墨西哥和英国 Alcacer et al., “Walmart Around the World.”

工会力量强大的 Mark Landler and Michael Barbaro, “Wal-Mart Finds That Its Formula Doesn't Fit Every Culture,” *New York Times*, August 2, 2006.

在足球狂热国度巴西……美式橄榄球 出处同上。

冰钓小屋 Ian Katz, "Wal-Mart Spoken Here," *Bloomberg Business*, last modified June 23, 1997.

"复制与模仿" Jan W. Rivkin, "Reproducing Knowledge: Replication Without Information at Moderate Complexity," *Organization Science* 12, no. 3 (May—June 2001).

"鲜易" Tiffany Hsu, "Tesco to Pull Out of U.S. and Sell Fresh & Easy Markets," *Los Angeles Times*, April 17, 2013; Tom Geoghegan, "Why Is Tesco Struggling in the US?" *BBC News*, May 5, 2011.

"难以重新点燃" Rivkin, "Reproducing Knowledge."

Flipkart是……领先的电商 本节的信息主要来自 Narayandas et al., "Flipkart: Transitioning to a Marketplace Model," HBS No. 516-017 (Boston: Harvard Business Publishing, rev. March 14, 2016). 以及所列的公共信息来源。

最近向我阐述了 衷心感谢Binny Bansal在2015年11月接受我的采访（本节的所有引述均来自这次访谈）。

他们……大获成功的原因 Nivedita Bhattacharjee and Clara Ferreira-Marques, "India's E-Commerce Giant Flipkart in No Rush to Go Public," *Business Insider*, May 7, 2015.

"我们有个数字单元" 衷心感谢乌代 · 香卡在2015年3月接受我的采访，也衷心感谢阿基特 · 莫亨在2015年8月接受我的采访（本节的所有引述均来自这些访谈）。

"而……综合的选择" 把决策作为"综合的战略选择"来制定是一种根植于战略配适思想的做法；参见 Jan Rivkin, "An Options-Led Approach to Making Strategic Choices," HBS No. 702-433 (Boston: Harvard Business Publishing, December 2001), and A. G. Lafley and Roger Martin, *Playing to Win: How Strategy Really Works* (Boston: Harvard Business Review Press, February 5, 2013).

"重要的……不是你的组织" 衷心感谢安德鲁 · 拉什巴斯在2014年11月接受我的采访（本节的所有引述均来自这次访谈）。

由于数字出版销量稳定在市场20%左右的水平 Andrew Nusca, "Print Books Are Far From Dead. But They're Definitely on the Decline," *Fortune,* September 24, 2015; Alexandra Alter, "The Plot Twist: E-Book Sales Slip, and Print Is Far From Dead," *New York Times,* September 22, 2015.

在顾客满意度……名列前茅 有关西南航空的信息主要来自 James Heskett and Roger Hallowell, "Southwest Airlines-1993 (A)," HBS No. 694-023 (Boston: Harvard Business Publishing, rev. April 2, 1997), and Ramon Casadesus-Masanell et al., "Two Ways to Fly South: Lan Airlines and Southwest Airlines," HBS No. 707-414 (Boston: Harvard Business Publishing, rev. March 15, 2010).

"忍住说'是'的冲动" 衷心感谢克里斯 · 斯蒂布斯在2013年10月接受我的采访（本节的所有引述均来自这次访谈）。

"因为报纸……变成天然的垄断者" 衷心感谢克拉克 · 吉尔伯特在2013年10月接受我的采访（本节的所有引述均来自这次访谈）。

与200个合作伙伴建立了"一稿多登"的有偿共享合作关系 *Deseret News Staff, "Deseret News* Leadership Recognized As Innovator of the Year," *Deseret News*, September 18, 2013.

1984年总统竞选期间 多个出处记录了Stahl与Darman在1984年的对话，参见 Dan Schill, *Stagecraft and Statecraft: Advance and Media Events in Political Communication* (Lanham, MD: Lexington Books, 2009).

几年前 Bharat Anand and Rafael Di Tella, "Perceived Media Bias: Some Evidence on the Impact of Prior Beliefs and Source Awareness," working paper, 2009.

两名记者之间 这段谈话以2002年Bill O'Reilly和Dan Rather在福克斯新闻的《O'Reilly因素》上的真实对话为基础。

网站加载速度 "Using Site Speed in Web Search Ranking," *Google Webmaster Central Blog*, April 9, 2010; 另见 Robinson Meyer, "72 Hours with Facebook Instant Articles," *Atlantic*, October 23, 2015.

便捷的……叫车和……支付 Leena Rao, "UberCab Takes the Hassle Out of Booking a Car Service," *TechCrunch*, July 5, 2010; Alexia Tsotsis, "Why Use UberCab When Calling a Cab Is Cheaper?" *TechCrunch*, October 26, 2010; Michael Arrington, "What If UberCab Pulls an Airbnb? Taxi Business Could (Finally) Get Some Disruption," *TechCrunch*, August 31, 2010.

福克斯新闻仍决定进军这个市场 Bharat Anand et al., "CNN and the Cable News Wars," HBS No. 707-491 (Boston: Harvard Business Publishing, rev. July 23, 2007).

差异化是福克斯新闻战略的核心 参见 Neil Bendle and Leon Li, "Fox News: Competing to Deliver the News," Case No. 13243 (Ivey Publishing, rev. Aug 20, 2013); Stefano DellaVigna and Ethan Kaplan, "The Fox News Effect: Media Bias and Voting," *Quarterly Journal of Economics* 122 (2007): 1187—1234; and Gregory Martin and Ali Yurukoglu, "Bias in Cable News: Persuasion and Polarization," working paper, May 27, 2016.

我们……考察了差异化 Bharat Anand and Dmitri Byzalov, "Spatial Competition in Cable News: Where Are Larry King and O'Reilly in Latent Attribute Space?" working paper, 2009.

"让有趣的变得重要、重要的变得有趣" 2014年10月对有线电视退休主管的访谈。

制作一部电影的平均成本 Pamela McClintock, "$200 Million and Rising: Hollywood Struggles with Soaring Marketing Costs," *Hollywood Reporter*, July 31, 2014.

制片公司的开支增长了 Eric Buchman, "Why Are Movies More Expensive to Make than Ever When Tech Makes Them Easier to Make?" *Digital Trends*, December 10, 2014, accessed June 6, 2016, http://www.digitaltrends.com/movies/why-hollywood-movies-are-more-expensive-to-make-than-ever.

结果……首映……令……焦躁不安 Kirsten Acuna, "Movie Studios Are Setting Themselves Up for Huge Losses," *Business Insider*, March 6, 2013.

前期……大笔营销费用 Anita Elberse, *Blockbusters: Hit-Making, Risk-Taking, and the Big Business of Entertainment* (New York: Henry Holt, 2013); McClintock, "$200 Million and Rising."

独立制片公司，如焦点影业、福克斯探照灯影业 Sharon Waxman, "With Acquisition, Lions Gate Is Now Largest Indie," *New York Times,* December 16, 2003.

首先，它们付给明星的片酬更少——不过是预付的 引述均来自2013年至2015年对电影制作公司高管的访谈。

没有几家美国公司……可比肩于 本节有关丹纳赫的信息主要来自 Bharat Anand, David Collis, and Sophie Hood, “Danaher Corporation,” HBS No. 708-445 (Boston: Harvard Business Publishing, rev. November 30, 2015); 雅虎财经的股价信息。

“鉴于DBS的重要地位……很容易” 本节所有引自拉里·卡尔普的话均来自2014年11月和2015年11月的访谈。

事实并非如此。让我们再次……看看它在这方面的经历 本节的信息来自2012年11月和2013年11月参观腾讯期间的个人观察，以及2014年11月对Caitlyn Chen和Dylan Zhang的访谈，对此我深表感激；另见 Willy Shih et al., “WeChat: A Global Platform?”

第四部分

“广告的未来” Michael Schrage, “Is Advertising Dead?” *Wired*, February 1, 1994.

“就是不知道是哪一半” “John Wanamaker,” *Advertising Age*, The Advertising Century: A Special Report, March 29, 1999.

“在互联网应许的一对一世界里” Esther Dyson, “Intellectual Value: A Radical New Way of Looking at Compensation for Owners,” *Wired*, December 1994.

互联网是交互的 John Deighton et al., “The Future of Interactive Marketing,” Harvard Business Review, November/December 1996. 有关在线广告如何影响广告市场结构的经济分析，以及隐私与目标群体定位之类的相关权衡，参见 David Evans, “The Online Advertising Industry: Economics, Evolution, and Privacy,” *Journal of Economic Perspectives* (2009), 23, no. 3, 37—60.

高达88% Michael Lewis, “Boom Box,” *New York Times Magazine*, August 13, 2000.

“如果没人看广告” 出处同上。

很少有公司……引起人们如此巨大的兴奋 Caroline McCarthy, “Facebook Ads Makes a Flashy Debut in New York,” *CNET*, last modified November 6, 2007, accessed March 9, 2016, http://www.cnet.com/news/facebook-ads-makes-a-flashy-debut-in-new-york/.

这些信息大多 Vauhini Vara, “Facebook Gets Personal with Ad Targeting Plan,” *Wall Street Journal*, August 23, 2007

实际点击了广告 Dave Chaffey, “Display Advertising Clickthrough Rates,” Smart Insights, April 2016, accessed June 6, 2016, http://www.smartinsights.com/internet-advertising/internet-advertising-analytics/display-advertising-clickthrough-rates.

正逐年下降 Dan Mitchell, “Online Ad Revenues Soar, but That’s No Reason to Cheer,” *Fortune*, December 19, 2012; PricewaterhouseCoopers, *IAB Internet Advertising Revenue Report: 2012 Full Year Results* (Interactive Advertising Bureau (IAB), 2013).

美国家庭……40% *The Total Audience Report: Q4* 2014 (n.p.: Nielsen, 2015).

400亿美元 Nick Petrillo, *IBISWorld Industry Report 51512: Television Broadcasting in the US* (IBISWorld, 2016).

拥有DVR的家庭和没有DVR的家庭 Bart J. Bronnenberg, Jean-Pierre Dubé, and Carl F. Mela, “Do

Digital Video Recorders Influence Sales?” *Journal of Marketing Research* 47, no. 6 (December 2010): 998—1010.

尽管Facebook掌握了海量的用户数据 Jim Edwards, “DATA: Google Totally Blows Away Facebook on Ad Performance,” *Business Insider*, last modified May 15, 2012, accessed March 9, 2016, http://www.businessinsider.com/data-google-totally-blows-away-facebook-on-ad-performance-2012-5. 福雷斯特研究公司2013年对395家大公司的营销人员进行的一项调查显示，Facebook创造的“商业价值低于其他任何数字营销方式”。参见 Nate Elliott, “An Open Letter to Mark Zuckerberg,” October 28, 2013, accessed June 6, 2016, http://blogs.forrester.com /nate_elliott/13-10-28-an_open_letter_to_mark_zuckerberg.

《富裕社会》 John Kenneth Galbraith, *The Affluent Society*, 3rd ed. (Boston: Houghton Mifflin, 1976).

极有价值的信息 最早为广告的信息（匹配）作用提供正式理论的一篇论文是 Gene Grossman and Carl Shapiro, “Informative Advertising with Differentiated Products,” *The Review of Economic Studies* 51, no. 1 (1984): 63—81. 欲全面回顾广告之争，参见 Kyle Bagwell, *The Economics of Advertising* (2001), (Cheltenham, UK: Edward Elgar). 营销学文献还聚焦于广告对行为的其他一些影响方式，例如通过情感（影响情绪、感情）或身份。

伯克利分校教授史蒂文·泰迪里斯 衷心感谢史蒂文·泰迪里斯在2015年12月接受我的采访（本节的所有引述均来自这次访谈）。

一系列实验 Steven Tadelis, Chris Nosko, and Thomas Blake, “Consumer Heterogeneity and Paid Search Effectiveness: A Large-Scale Field Experiment,” *Econometrica* 83, no. 1 (January 2015): 155—74.

自己的报告 David Chan et al., “Incremental Clicks Impact of Search Advertising,” Google Inc. research report, accessed June 6, 2016, http://static.googleusercontent .com/media/research.google.com/en//pubs/archive/37161.pdf.

电视节目预告片 Bharat Anand and Ron Shachar, “Advertising the Matchmaker,” *RAND Journal of Economics* 42, no. 2 (Summer 2011): 205—45. 另见 Daniel Ackerberg, “Empirically Distinguishing Informative and Prestige Effects of Advertising,” *RAND Journal of Economics* 32, no. 2 (2001): 316—33.

“有些广告主” “Pop-up Guidelines & Best Practices: A Discussion around our Final Recommendation,” Interactive Advertising Bureau report (2004), accessed July 14, 2016, http://www2.mediamind.com/data/uploads/resourcelibrary/iab_pop-up guidelinesindustryreview.pdf.

“点击广告” “Cisco Annual Security Report: Threats Step Out of the Shadows,” news release, January 30, 2013.

尼尔森才改变其……方法 Jason Lynch, “A First Look at Nielsen’s Total Audience Measurement and How It Will Change the Industry: Rollout Begins in December,” *Adweek*, October 20, 2015; Troy Dreier, “Nielsen to Roll Out Total Audience Measurement Tool in December,” streamingmedia.com, last modified October 23, 2015, accessed March 9, 2016, http://www.streamingmedia.com/Articles/News /Online-Video-News/Nielsen-to-Roll-Out-Total-Audience-Measurement-Tool-in-December-107153.aspx.

在线CPM价位很低且呈下降趋势 PricewaterhouseCoopers, *IAB Internet Advertising Revenue Report: 2013 Full Year Results* (Interactive Advertising Bureau (IAB), 2014).

纸质CPM Mitchell, "Online Ad Revenues Soar."

在数字广告上 "Digital Ad Spending Benchmarks by Industry: The Complete eMarketer Series," eMarketer.com, May 2014, accessed June 6, 2016, https://www.emarketer.com/public_media/docs/Digital_Ad_Spending_Benchmarks_by_Industry-The_Complete_eMarketer_Series-05092014-FINAL.pdf. 经济体范围内数字广告在总广告支出中占的比重大于多数公司数字广告支出的比重，因为花钱做数字广告的企业的行业分布要比花钱做电视广告等其他媒体广告的企业广泛得多。

能解决营销难题 最近一项关于"动态重定向"的研究表明，由于仅仅根据浏览历史向人们推送广告的做法无法将已经决定是否购买产品的人和尚未决定的人区分开来，因此公司可能会浪费很多钱。具体而言，研究表明，个性化重定向广告可能不如通用性品牌广告的效果好。参见Anja Lambrecht and Catherine Tucker, "When Does Retargeting Work? Information Specificity in Online Advertising," *Journal of Marketing Research* 50, no. 5 (2013): 561—76.

"很长的路要走" Logan Koepke, "Online Ads' Black Box a Mystery, Even to Companies Themselves," EqualFuture, July 8, 2015, accessed June 6, 2016, https://www.equalfuture.us/2015/07/08/online-ads-black-box-adfisher.

"信誉扫地" David Dobbs, "*The Atlantic*, Scientology, and the Theft of Credibility," *Wired*, January 16, 2013.

"《大西洋》科学会门的教训" Dan Gillmor, "The Lessons of the Atlantic's Scientology 'Sponsor Content' Blunder," *Guardian*, January 16, 2013.

"我们犯了大错" Statement from *The Atlantic*, magnetmail.net, last modified January 2013, accessed March 9, 2016, https://www.magnetmail.net/actions/email_web_version.cfm?recipient_id=699462885&message_id=2459857&user_id=NJG_Atlan&group_id=0&jobid=12656579.

《美国偶像》上……的可口可乐杯 Theresa Howard, "Real Winner of 'American Idol': Coke," *USA Today*, September 9, 2002, MONEY, 6B.

为沃尔格林连锁品牌……新的冰淇淋口味 Samantha Bomkamp, "Walgreen Has Starring Role in 'Celebrity Apprentice' Finale," *Chicago Tribune*, May 13, 2013.

LG集团的家庭娱乐系统 "LG Invites 'All-Star Celebrity Apprentice' Viewers to Chat Live with Joan Rivers," *PR Newswire*, last modified April 24, 2013, accessed March 9, 2016, http://www.prnewswire.com/news-releases/lg-invites-all-star-celebrity-apprentice-viewers-to-chat-live-with-joan-rivers-204471441.html.

"在大多数传统内容机构" 衷心感谢珍妮特·巴利斯在2015年5月接受我的采访（本节所有引自她的话均来自这次访谈）。

"我们是第一家" 衷心感谢保罗·贝瑞在2015年8月接受我的采访。

回想一下……那个……实验 Anand and Rosinski, "The Impact of Brands and Advertising on Perceptions of Editorial Quality."

广告不光能帮上广告主的忙 在一个更复杂的随机实验中，斯坦福大学教授Sahni和Nair（2016年）考察了Zomato平台（一个用于餐厅搜索的移动应用程序）上的原生广告对购买倾向和混淆倾向的影响。通过分析20多万用户的数据，他们发现，原生广告并非靠“诱骗”消费者购买来发挥作用：消费者在看完原生广告后会继续搜索，并且，他们即使最终“决定选择广告宣传的那家餐厅，也是通过搜索或自然点击的方式找到它的”，这表明，“消费者很傻很天真”的观点证据不足。参见 Navdeep Sahni and Harikesh Nair, “Native Advertising, Sponsorship Disclosure, and Consumer Deception: Evidence from Mobile Search-Ad Experiments,” working paper.

“新闻编辑人员过去坚信” 衷心感谢拉朱·纳里塞蒂在2013年7月和2015年9月接受我的采访。

“我接下来的事业便由此开启” 衷心感谢约翰·温莎在2014年11月、12月和2015年1月接受我的采访（本书本部分所有引自他的话均来自这些访谈）。

《超越品牌》 John Winsor, *Beyond the Brand: Why Engaging The Right Customers Is Essential to Winning in Business* (Chicago: Dearborn Trade, 2004).

13次 参见 “Fruit of the Loom Names Crispin Porter + Bogusky New Ad Agency of Record,” BusinessWire, last modified November 30, 2012, accessed March 9, 2016, http://www.businesswire.com/news/home/20121130005625/en/Fruit-Loom-Names%C2%A0Crispin-Porter-Bogusky-New%C2%A0Ad-Agency; Maureen Morrison, “A Tale of Two Crispins: Why There Won’t Be Another Agency of the Decade,” *Advertising Age*, February 4, 2014; “MDC Partners Congratulates Crispin Porter + Bogusky on Being Named ‘Agency of the Decade,’ ” *PR Newswire*, last modified December 16, 2009, accessed March 9, 2016, http://www.prnewswire.com/news-releases/mdc-partners-congratulates-crispin-porter-bogusky-on-being-named-agency-of-the-decade-79410487.html.

《自营销》 Alex Bogusky and John Winsor, *Baked In: Creating Products and Businesses That Market Themselves* (Chicago: B2 Books/Agate, 2009).

某些电视广告病毒式传播的原因 Thales Teixeira, “A Consumer-Centric Model of Viral Advertising Calibrated on Face-Tracking Data,” Harvard Business School Working Paper, March 2014; Thales S. Teixeira, “The New Science of Viral Ads,” *Harvard Business Review*, March 2012.

关于《纽约时报》文章分享量的研究 Jonah Berger, *Contagious: Why Things Catch On* (New York: Simon & Schuster, 2013); Katherine L. Milkman, Liz Rees-Jones, and Jonah Berger, “The Secret to Online Success: What Makes Content Go Viral,” *Scientific American*, April 14, 2015; John Tierney, “Good News Beats Bad on Social Networks,” *New York Times*, March 18, 2013.

“策划病毒式传播” Thales Teixeira and Alison Caverly, “Mekanism: Engineering Viral Marketing,” HBS No. 512-010 (Boston: Harvard Business Publishing, rev. April 16, 2013); Mark Borden, “The Mekanism Guarantee: They Engineer Virality,” *Fast Company*, May 1, 2010; Lewis Howes, “How to Go Viral on YouTube: The Untold Truth Behind Getting Views,” *Forbes*, August 9, 2012.

BuzzFeed只能……挑选 Felix Oberholzer-Gee, “BuzzFeed—The Promise of Native Advertising,” HBS No. 714-512 (Boston: Harvard Business Publishing, rev. August 15, 2014); David Rowan, “How BuzzFeed Mastered Social Sharing to Become a Media Giant for a New Era,” *Wired*, January 2, 2014.

“病毒式传播提升度” Sarah Kessler, “BuzzFeed’s Jonah Peretti Is the Stephen Hawking of Radical

Skateboarding Birds," *Fast Company*, September 14, 2012.

发表了一篇论文 Duncan J. Watts and Jonah Peretti, "Viral Marketing for the Real World," *Harvard Business Review*, May 2007, 22—23.

宝洁的……广告 出处同上。

1.5亿独立访客 Oberholzer-Gee, "BuzzFeed—The Promise of Native Advertising."

幽默、动物、列表和图片 Oberholzer-Gee, "BuzzFeed—The Promise of Native Advertising"; Andrew Rice, "Does BuzzFeed Know the Secret?" *New York* magazine, April 7, 2013; Lukas I. Alpert, "BuzzFeed Nails the 'Listicle'; What Happens Next?" *Wall Street Journal*, January 29, 2015.

"研究证明……分享量格外地高" Oberholzer-Gee, "BuzzFeed—The Promise of Native Advertising."

Buzzfeed的模型 Oberholzer-Gee, "Does BuzzFeed Know the Secret?" *New York.*

"失败者则活活饿死" Oberholzer-Gee, "BuzzFeed—The Promise of Native Advertising."

"他们就将完爆对手" Oberholzer-Gee, "Does BuzzFeed Know the Secret?"

"别买这件夹克" Tim Nudd, "Ad of the Day: Patagonia," *Adweek,* November 28, 2011; "Don't Buy This Jacket," Patagonia, last modified 2011, accessed March 10, 2016, http://www.patagonia.com/email/11/112811.html.

"在购买前……三思" "Don't Buy This Jacket, Black Friday and the *New York Times*," *The Cleanest Line* (Patagonia company blog), last modified 2011, accessed March 10, 2016, http://www.thecleanestline.com/2011/11/dont-buy-this-jacket-black-friday-and-the-new-york-times.html.

《旧衣新穿》 "Worn Wear: a Film About the Stories We Wear—Presented by Patagonia," video file, 27:52, YouTube, posted by Patagonia, November 20, 2013, accessed March 10, 2016, https://www.youtube.com/watch?v=z20CjCim8DM.

一系列免费修补指南 "Worn Wear," Patagonia, last modified 2016, accessed March 10, 2016, http://www.patagonia.com/us/worn-wear; "Patagonia Care & Repair," iFixit, last modified 2016, accessed March 10, 2016, https://www.ifixit.com/Patagonia.

成立于1973年 Forest Reinhardt et al., "Patagonia," HBS No. 711-020 (Boston: Harvard Business Publishing, rev. October 19, 2010); "Company History," Patagonia, accessed March 10, 2016, http://www.patagonia.com/us/patagonia.go?assetid=3351.

可拨打免费热线 Paul B. Brown, "In 1988, Patagonia Was Full of Anti-Marketers," *Inc.,* March 1988.

比别家都持久耐穿的 Brown, "In 1988, Patagonia."

超过了40% Kyle Stock, "Patagonia's Confusing and Effective Campaign to Grudgingly Sell Stuff," *Bloomberg Business*, last modified November 25, 2013; Kyle Stock, "Patagonia's 'Buy Less' Plea Spurs More Buying," *Bloomberg Business*, August 28, 2013.

"给予比接受更好吗？" Erik Oster, "EVB, Victors & Spoils Give 'The Gift of Giving' for JCPenney," *Adweek*, December 8, 2014.

该网站观看次数最多的广告之一 Garett Sloane, "JCPenney's 4 Cent Video Ads on Twitter Could

Threaten YouTube's Longtime Dominance," *Adweek*, February 17, 2015.

先考虑社交，再考虑产品 Mikolaj Jan Piskorski, *A Social Strategy: How We Profit from Social Media* (Princeton, NJ: Princeton University Press, 2014).

《解码》 Anita Elberse and Kwame Owusu-Kesse, "Droga5: Launching Jay-Z's *Decoded*," HBS No. 513-032 (Boston: Harvard Business Publishing, July 25, 2012).

为客户创作广告文案 Lauren Johnson, "Why Facebook Is Taking More of Its Advertising Work In-House," *Adweek,* October 1, 2015; Issie Lapowsky, "Tumblr Launches Creative Agency to Connect Artists with Advertisers," *Wired*, January 22, 2015; Ava Seave, "BuzzFeed's Director of Creative: 'Authentic Content Earns the Right to go Viral,' " *Forbes,* November 26, 2013.

"大型零售业史上最糟糕的表现" Jim Edwards and Charlie Minato, "How Ex-CEO Ron Johnson Made JCPenney Even Worse," *Business Insider*, last modified April 8, 2013, accessed March 10, 2016, http://www.businessinsider.com/ron-johnson-disaster-timeline-apple-guru-failed-at-jcpenney-2013-4?op=1.

从84%降到了56% Dominic Green, "JCPenney Redesigned Its Logo So Many Times Nearly Half of America No Longer Recognizes It," *Business Insider*, last modified May 8, 2013, accessed March 10, 2016, http://www.business insider.com/jcpenneys-new-logo-2013-5.

"@jcpenney: Who kkmew theis was" Danielle Wiener-Bronner, "JCPenney's 'Drunk' Super Bowl Tweets Were Really Just a Mitten-Selling Stunt," *Wire,* last modified February 3, 2014; Neha Prakash, "J.C. Penney Is Having a Little Too Much Fun at the Super Bowl," *Mashable,* last modified February 2, 2014, accessed March 10, 2016, http://mashable.com/2014/02/02/jc-penny-super-bowl/#Sdo6vmbUiqqB.

金额的15% Patricia Winters Lauro, *The Media Business: Advertising;* "New Methods of Agency Payments Drive a Stake Through the Heart of the old 15% Commission," *New York Times,* April 2, 1999.

广告公司抬高成本的动机 出处同上。

"如果你没有在思考如何……建立联系" "Secrets of Creative Management: Timeless Wisdom from David Ogilvy," citing quotes from *The Unpublished David Ogilvy* (New York: Crown, 1987).

"革命已然拉开帷幕" "Creative Destruction," *Economist*, June 28, 2014.

近三个世纪以来……的交付方式从未发生改变 Joel Rose, "How to Break Free of Our 19th-Century Factory-Model Education System," *Atlantic*, May 9, 2012.

一位常春藤盟校的教授 Michael Pupin, "Professor-Inventor Predicts Radio Universities," *Popular Science Monthly*, February 1923.

"国家变成了新的校园" Susan Matt and Luke Fernandez, "Before MOOCs, 'Colleges of the Air,' " *Chronicle of Higher Education*, April 23, 2013, accessed June 9, 2016, http://chronicle.com/blogs/conversation/2013/04/23/before-moocs-colleges-of-the-air.

"课堂会被废除吗？" 出处同上。这句话引自Bruce Bliven在1924年写给《新共和》的文章。

哥伦比亚大学、塔夫茨大学、威斯康星大学和哈佛大学 Matt and Fernandez, "Before MOOCs, 'Colleges of the Air.' "

“渐渐地，问题开始出现” 出处同上。

或教育机构 Matt Novak, “Predictions for Educational TV in the 1930s,” Smithsonian.com, last modified May 29, 2012, accessed March 10, 2016, http://www.smithsonianmag.com/history/predictions-for-educational-tv-in-the-1930s-107574983/?no-ist.

至少……一门在线课程 “2014 Online College Students: Comprehensive Data on Demands and Preferences,” Learning House, last modified 2014, accessed March 10, 2016, http://www.learninghouse.com/ocs2014-report; Carl Straumsheim, “Identifying the Online Student,” *Inside Higher Ed*, last modified June 3, 2014, accessed March 10, 2016, https://www.insidehighered.com/news/2014/06/03/us-releases-data-distance-education-enrollments.

哈佛模式……变为“混合型大学” Kevin Carey, *The End of College* (New York: Riverhead Books, 2015).

“是讲得通的——理论上讲得通” 出处同上。

一个多世纪前……首先表达的 出处同上。

也就是40%以上的本科生 “Skills for America's Future Community College Facts,” Aspen Institute, last modified 2016, accessed March 10, 2016, http://www.aspeninstitute.org/policy-work/economic-opportunities/skills-americas-future/what-we-do/community-college-facts.

所在家庭的……大学生 “2014 Fact Sheet,” American Association of Community Colleges, last modified 2014, accessed March 10, 2016, http://www.aacc .nche.edu/AboutCC/Documents/Facts14_Data_R3.pdf.

众多教育改革计划的 “Building American Skills Through Community Colleges,” White House, accessed March 10, 2016, https://www.whitehouse .gov/issues/education/higher-education/building-american-skills-through-community-colleges.

100所高等院校 Bureau of Labor Statistics, *The Prominence of Boston Area Colleges and Universities*, by Denis M. McSweeney and Walter J. Marshall (2009).

在……一书中指出 Richard Arum and Josipa Roksa, *Academically Adrift: Limited Learning on College Campuses* (Chicago: University of Chicago Press, 2011).

一家硅谷的对冲基金 Sal Khan, *The One World Schoolhouse: Education Reimagined* (New York: Twelve, 2013); Claudia Dreifus, “It All Started with a 12-Year-Old Cousin,” *New York Times*, January 27, 2014; Theresa Johnston, “Salman Khan: ‘Keep It Simple,’ ” Stanford Graduate School of Business, last modified February 22, 2012, accessed March 10, 2016, https://www.gsb.stanford.edu/insights/salman-khan-keep-it-simple; Richard Adams, “Sal Khan: The Man Who Tutored His Cousin—and Started a Revolution,” *Guardian*, April 23, 2013.

“最不适合学习的时候” Khan, *The One World Schoolhouse.*

“她说她全家人” Adams, “Sal Khan: The Man Who Tutored His Cousin—and Started a Revolution.”

“免费的世界一流教育” Colleen Walsh, “Education Without Limits,” *Harvard Gazette*, last modified May 9, 2013.

“都只有我一人” Khan, *The One World Schoolhouse.*

“10倍还多” 出处同上。

7.5亿次 Sally Peck, Matthew Pendergast, and Kat Hayes, “A Day in the Life of Khan Academy: The School with 15 Million Students,” *Telegraph*, April 23, 2015.

在线上跟Khan David A. Kaplan, “Innovation in Education: Bill Gates' Favorite Teacher,” *Fortune*; Peck, Pendergast, and Hayes, “A Day in the Life.”

谷歌也投资了 Clive Thompson, “How Khan Academy Is Changing the Rules of Education,” *Wired*, July 15, 2011.

《时代》杂志“100位最具影响力人物” Bill Gates, “The World's 100 Most Influential People: 2012—Salman Khan,” *Time*, April 18, 2012.

300万美元……试验 “Khan Academy Resources for Maximizing Mathematics Achievement: A Postsecondary Mathematics Efficacy Study,” Institute of Education Sciences, last modified 2014, accessed March 10, 2016, http://ies.ed.gov/funding/grantsearch/details.asp?ID=1521.

特龙曾先后是……计算机科学教授 Steven Leckart, “The Stanford Education Experiment Could Change Higher Learning Forever,” *Wired*, March 20, 2012.

谷歌眼镜 Max Chafkin, “Udacity's Sebastian Thrun, Godfather of Free Online Education, Changes Course,” *Fast Company*, November 14, 2013.

“这个时刻起了催化剂一般的作用” 出处同上。

在第411位 出处同上。William J. Bennett, “Is Sebastian Thrun's Udacity the Future of Higher Education?” *CNN*, last modified July 5, 2012, accessed March 10, 2016, http://www.cnn.com/2012/07/05/opinion/bennett-udacity-education/.

“我不能再在斯坦福教书了” Chafkin, “Udacity's Sebastian Thrun, Godfather.”

“edtech” Sarah Perez, “Software Eats Education: With $15 Million in Series B Funding, Andreessen Horowitz Bets on Udacity,” *TechCrunch*, last modified October 25, 2012, accessed March 10, 2016, http://*techcrunch*.com/2012/10/25/software-eats-education-with-15-million-in-series-b-funding-andreessen-horowitz-bets-on-udacity/; Cat Zakrzewski, “Udacity Raises $105 Million Series D, Bringing Valuation to $1 Billion,” TechCrunch, last modified November 11, 2015, accessed March 10, 2016, http://techcrunch.com/2015/11/11/udacity-raises-105-million-series-d-bringing-valuation-to-1-billion/.

edX Katie Koch, “Educating Harvard, MIT—and the World,” *Harvard Gazette*, last modified May 2, 2012.

3000万美元 出处同上。

在内容合作方面 “EdX Announces New Membership Structure; Expands edx.org,” *edx*, last modified March 6, 2014, accessed March 10, 2016, https://www.edx.org/press/edx-announces-new-membership-structure.

课程……是免费的 Tamar Lewin, “Harvard and M.I.T. Team Up to Offer Free Online Courses,” *New York Times*, May 2, 2012.

“MOOC年” Laura Pappano, “The Year of the MOOC,” *New York Times*, November 2, 2012.

“MOOC革命终于来了” Thomas L. Friedman, “The Professors' Big Stage,” *New York Times*, March

5, 2013.

连续10年呈暴跌态势 Srikant Datar, David Garvin, and Patrick Cullen, *Rethinking the MBA: Business Education at a Crossroads* (Boston: Harvard Business Review Press, 2010).

曾写过一个"扁平的世界" Thomas L. Friedman, *The World Is Flat: A Brief History of the Twenty-First Century* (New York: Farrar, Straus & Giroux, 2005).

颠倒课堂 Maureen J. Lage, Glenn J. Platt, and Michael Treglia, "Inverting the Classroom: A Gateway to Creating an Inclusive Learning Environment," *Journal of Economic Education* 31, no. 1 (Winter 2000): 30—43.

萨尔曼·可汗最近称 Khan, *The One World Schoolhouse.*

在线教育……浩劫 Clayton M. Christensen, *Disrupting Class: How Disruptive Innovation Will Change the Way the World Learns,* expanded ed. (New York: McGraw-Hill, 2011).

围绕本科教育掀起的更大范围争论 有关这一争论的不同观点，参见 Fareed Zakaria, *In Defense of a Liberal Education* (New York: Norton, 2015); Nannerl Keohane, "The Liberal Arts as Guideposts in the 21st Century," *Chronicle of Higher Education*, January 29, 2012; Scott Gerber, "How Liberal Arts Colleges Are Failing America," *Atlantic*, September 24, 2012; Victor Davis Han-son, "The Modern University Is Failing Students in Every Respect," *National Review*, April 9, 2015, accessed June 6, 2016, http://www.nationalreview.com/article/416673 /modern-university-failing-students-every-respect-victor-davis-hanson; Debra Humphreys and Patrick Kelly, "How Liberal Arts and Sciences Majors Fare in Employment," National Center for Higher Education Management Systems and the Association of American Colleges and Universities, 2014; "It Takes More than a Major: Employer Priorities for College Learning and Student Success," Hart Research Associates, April 10, 2013.

"在线教育革命迷失方向" Eric Westervelt, "The Online Education Revolution Drifts Off Course," NPR, last modified December 31, 2013, accessed March 11, 2016, http://www.npr.org/2013/12/31/258420151/the-online-education-revolution-drifts-off-course.

三名杰出的MBA二年级学生 这里提到的为"管理者经济学"课程合作开发内容的团队成员有：MBA学生Erin Arnold、Ben Peterson和Carolyn Wintner，博士生Thomas Covert，研究助理Jonathan Dahlberg和（后来加入的）Katherine Boren，以及课程经理Li Feng。我的同事珍妮丝·哈蒙德和V. G.纳拉亚南有同样出色的团队与他们密切合作。

"three-to-five-minute rule" 我们在创建HBX学习模式方面所做的核心尝试是将案例教学法应用于数字环境，与此同时，有关"学习科学"的文献也不断涌现。参见最近的一篇令人印象深刻的论述：Peter Brown, Henry Roediger, and Mark McDaniel, *Make It Stick: The Science of Successful Learning* (Cambridge, MA: Belknap Press of Harvard University Press, 2014).

甩掉它们 Ramon Casadesus-Masanell and Maxime Aucoin, "Cirque du Soleil—The High Wire Act of Building Sustainable Partnerships," HBS No. 709-411 (Boston: Harvard Business Publishing, rev. February 10, 2010).

造成这一局面的诸多原因 在"Key Concepts in a Module on Strategic Failure," HBS No. 706-471 (Boston: Harvard Business Publishing, rev. March 21, 2006) 中，扬·里夫金概述了企业失败的诸多原因。

在技术背景下，Rebecca M. Henderson和Kim B. Clark描述了一个重要的失败原因：企业对现有产品架构的锁定。参见 “Architectural Innovation: The Reconfiguration of Existing Product Technologies and the Failure of Established Firms,” *Administrative Science Quarterly* 35, no. 1 (1990): 9—30.

在……一书中 Christensen, Disrupting Class.

与媒体的说辞如出一辙 “Online Education: The Disruption to Come,” *Economist*, February 11, 2014; Todd Hixon, “Higher Education Is Now Ground Zero for Disruption,” *Forbes*, January 6, 2014.

最初在20世纪90年代中期……阐述 Joseph L. Bower and Clayton M. Christensen, “Disruptive Technologies: Catching the Wave,” *Harvard Business Review*, January 1995; Clayton M. Christensen, *The Innovator's Dilemma: When New Technologies Cause Great Firms to Fail* (Boston: Harvard Business Publishing, 1997, 2000).

远远超出了克里斯坦森的定义 Clayton M. Christensen, Michael E. Raynor, and Rory McDonald, “What Is Disruptive Innovation?” *Harvard Business Review*, December 2015.

自然规律 另见 Joshua Gans, *The Disruption Dilemma* (Cambridge, MA: MIT Press, 2016); Joshua Gans, “The Other Disruption,” *Harvard Business Review*, March 2016; Andrew King and Baljir Baatarogtokh, “How Useful Is the Theory of Disruptive Innovation?” *MIT Sloan Management Review*, Fall 2015.

“能开始HBX CORe的学习，我实在兴奋极了” 2014年6月蕾拉·西拉杰发给作者的电子邮件；西拉杰欣然同意我把她的邮件转在这里。

“还记得我说过” Lucas Carvalho, “HBX CORe: Harvard Business School—Week 1,” LinkedIn blog, March 3, 2015, accessed June 6, 2016, https://www.linkedin.com/pulse/hbx-harvard-business-school-week-1-lucas-carvalho.

HBX Live John A. Byrne, “Harvard Business School Really Has Created the Classroom of the Future,” *Fortune*, August 25, 2015.

“MOOC会干掉大学吗？” “Will MOOCs Kill University Degrees?” *Economist*, October 1, 2013; 另见 Zocalo Public Square, “Will Technology Kill Universities?” *Time*, March 18, 2015; Anne VanderMey, “Why Online Education Won't Kill Your Campus,” *Fortune*, October 28, 2013.

“线上学习是否只是昙花一现的风潮？” Juan Cristóbal Bonnefoy, “MOOCs in Development: Fad or Future?” *Americas Quarterly*, Summer 2014; Michael Horn, “Avoid the Hype: Online Learning's Transformational Potential,” *Forbes*, June 6, 2013.

当在线教育 例如，参见 John Hechinger, “Southern New Hampshire, A Little College That's a Giant Online,” *Bloomberg*, May 9, 2013; Ilya Pozin, “Private Company Solves US Education Problem,” *Forbes*, November 15, 2012; Anya Kamanetz, “Minerva Strives for Affordable Elitism,” *New York Times*, November 1, 2013; and Claire Cain Miller, “Extreme Study Abroad: The World Is Their Campus,” *New York Times*, October 30, 2015.

图书在版编目（CIP）数据

引火线 /（美）巴哈拉特・阿南德著；黄文钰译 . —
北京：文化发展出版社有限公司，2018.8
ISBN 978-7-5142-2454-2

Ⅰ . ①引… Ⅱ . ①巴… ②黄… Ⅲ . ①企业经营管理
Ⅳ . ① F272.3

中国版本图书馆 CIP 数据核字（2018）第 191304 号

版权登记号：图字 01-2018-7460

引火线

著　者：［美］巴哈拉特・阿南德
译　者：黄文钰

责任编辑：肖润征
出版发行：文化发展出版社（北京市翠微路 2 号 邮编：100036）
网　址：www.wenhuafazhan.com
经　销：各地新华书店
印　刷：北京嘉业印刷厂

开　本：710mm × 1000mm 1/16
字　数：430 千字
印　张：26.5
印　次：2018 年 11 月第 1 版 2018 年 11 月第 1 次印刷
I S B N：978-7-5142-2454-2
定　价：58.00 元

如发现图书质量问题，可联系调换。质量投诉电话：010-82069336